Mondialisation et déséquilibres Nord-Sud

P.I.E. Peter Lang

Bruxelles · Bern · Berlin · Frankfurt am Main · New York · Oxford · Wien

Claude SERFATI (dir.)

Mondialisation et déséquilibres Nord-Sud

« Regards sur l'International »
n° 6

Le colloque « La mondialisation contre le développement ? » (MONDEV) s'est tenu sur le site d'Alembert de l'Université de Saint-Quentin-en-Yvelines les 10 et 11 juin 2004. Il était organisé par le C3ED (Centre d'économie et d'éthique pour l'environnement et le développement), UMR IRD-UVSQ n° 063.

Nous remercions l'Université de Versailles Saint-Quentin-en-Yvelines et l'Institut de recherche pour le développement (IRD) pour leur soutien financier. Nous tenons également à remercier les rapporteurs pour leurs commentaires et leurs suggestions.

© P.I.E. PETER LANG s.a.
Éditions scientifiques internationales
Bruxelles, 2006
1 avenue Maurice, B-1050 Bruxelles, Belgique
www.peterlang.com ; info@peterlang.com

Imprimé en Allemagne

ISSN 1780-5414
ISBN 10 : 90-5201-325-X
ISBN 13 : 978-90-5201-325-1
D/2006/5678/38

Information bibliographique publiée par « Die Deutsche Bibliothek »

« Die Deutsche Bibliothek » répertorie cette publication dans la « Deutsche National-bibliografie » ; les données bibliographiques détaillées sont disponibles sur le site <http://dnb.ddb.de>.

Table des matières

8

Économie(s) politique(s) de la mondialisation

Claude SERFATI

Enseignant-Chercheur, C3ED,
Université de Saint-Quentin-en-Yvelines

Introduction

La théorie dominante, telle qu'elle est mise en œuvre dans les politiques néolibérales, est purement « économique » ; elle ignore les dimensions *politiques*, ce qui selon ses défenseurs, lui confère un caractère scientifique indiscutable. À l'inverse, les représentants de l'hétérodoxie n'hésitent pas à souligner le rôle central des *institutions* dans l'économie et soulignent fréquemment les enjeux politiques des questions économiques. Ainsi que ce chapitre le montre, cette opposition est inexacte. Il existe en réalité une diversité d'économies *politiques* de la mondialisation, qui seront classées dans ce chapitre en trois courants.

La théorie dominante n'est pas muette face aux transformations radicales induites par la mondialisation. Certes, Samuelson examine les effets de la mondialisation sur les États-Unis dans le strict cadre de la loi des avantages comparatifs. Les États sont conçus comme des « enveloppes » des facteurs de production capital et travail. Sur la base de ces hypothèses et « en suivant la filiation classique, [il] analyse les équilibres des flux commerciaux avec l'hypothèse d'un solde nul du mouvement de capitaux », c'est-à-dire avec une balance des paiements courants des Etats-Unis équilibrée, alors qu'en réalité, le déficit a dépassé 500 milliards de dollars en 2005, et que leur puissance asymétrique dans les échanges internationaux n'est guère discutable (2004, p. 143). D'autres économistes du courant dominant vont néanmoins plus loin et abordent les enjeux politiques soulevés par la mondialisation. Les réformes connues sous le nom de Consensus de Washington recommandaient la libéralisation et la déréglementation des marchés, la privatisation des industries, le développement de droits de propriété, etc. (Williamson, 1990). Une seconde génération de réformes a pris le relais au milieu des années 1990. Elle confirmait et même amplifiait les recommandations précédentes mais soulignait la nécessité de favoriser une bonne gouvernance. La théorie dominante considère désormais que la globalisation est un processus qui doit être soutenu par trois principes : libéralisation (et déréglementation), privatisation et bonne gouvernance. Ces objectifs politiques à atteindre ne sont pas des « suppléments d'âme » ajoutés à la liste des mesures économiques, ils font totalement corps avec elles. L'économie orthodoxe devient aujourd'hui plus *politique* parce que la mondialisation mine les égoïsmes des États, dont l'intervention est suspecte sauf lorsqu'il s'agit de corriger des « défaillances du marché ». L'*intégration* et l'*interdépendance* produites par la mondialisation ne s'arrêtent pas au domaine économique, elles dégagent un large horizon pour renouer avec l'économie (politique) comme science morale, qui était au cœur du projet d'A. Smith (Sen, 1999)[1]. Tel est également l'objectif du *Contrat global* proposé par l'ONU aux responsables des grands groupes industriels mondiaux (février 2000). L'orthodoxie considère donc que l'économie est la force motrice, mais que la réalisation du marché mondial exige l'ingérence politique pour briser les résistances au succès de l'économie de marché, et faire de chaque individu un porteur de droits de propriété.

L'économie politique du « post-consensus de Washington » appelée de ses vœux par J. Stiglitz est en rupture avec la précédente et elle revendique l'ajournement des mesures préconisées par les Institutions financières internationales (1998). La mondialisation ne signifie pas le parachèvement des « lois du marché », elle a au contraire amplifié et même créé de nouvelles défaillances du marché. Il existe ainsi des « défaillances du marché génériques » liées à l'information et à la coordination entre les agents (Rodrik, 2004, p. 3). Le marché est certes une institution, mais les économies nationales fonctionnent sur la base d'une large variété d'autres institutions de type politique, culturel, etc. qui sont également importantes. Le rôle de l'État est donc primordial, il ne peut être confiné aux quelques fonctions régaliennes, car la réduction des inégalités constitue un facteur de la croissance et non pas son sous-produit. Confirmant les mises en garde sur le danger des inégalités sociales que Keynes formule en conclusion de la *Théorie générale*, elle établit une interdépendance entre la réduction des inégalités et la croissance économique. La réponse ne peut être que planétaire, et certains proposent la mise en place d'un « nouveau compromis de Bretton Woods » qui concilierait la globalisation (l'intégration économique), le rôle des États-nations et la démocratie (Rodrik, 2000).

---

[1] Comme le déclarait le directeur du FMI « A [...] key feature is the convergence between respect for ethical values and the search for economic efficiency and market composition », M. Camdessus, discours à la CNUCED X, Bangkok, février 2000.

L'économie politique radicale met l'accent sur les interactions nouvelles entre l'économie et le politique qui caractérisent la mondialisation actuelle. Le néolibéralisme cherche à mettre en œuvre un projet politique, que Polanyi avait appelé la « société de marché », fruit d'une conception qui tient « pour équivalentes l'économie et les relations contractuelles, et les relations contractuelles et la liberté » (Polanyi, 1983). L'extension des marchés repose avant tout sur un élargissement des droits de propriété. La mondialisation ne peut donc pas être réduite à une extension géographique du capitalisme, mais à la conquête de nouveaux domaines d'accumulation fructueuse. Le développement des droits de propriété sur les processus du vivant et sur l'activité intellectuelle porte témoignage que toutes les activités humaines et naturelles, y compris celles qui conditionnent la reproduction de la vie des populations, ont vocation à être privatisées. La nécessité pour l'État d'assurer la sécurité des droits de propriété s'accroît au rythme de l'élargissement des sphères de la propriété privée. La protection de ces droits ne repose pas seulement sur l'appareil juridique de plus en plus inspiré par le droit anglo-saxon, mais sur le recours à l'arsenal « sécuritaire », qu'il soit directement employé par les institutions étatiques ou confié par délégation à des agences privées, dont les sociétés militaires privées qui se créent en quantité, sont un exemple bien documenté dans les guerres et les opérations de maintien de la paix contemporaines.

I. La trinité orthodoxe : libéralisation-privatisation-bonne gouvernance

Il n'est pas exact d'affirmer que la théorie dominante, telle qu'elle est mise en œuvre dans les politiques néolibérales, est purement « économique » et qu'elle ignore les dimensions *politiques* de l'économie. Certes, les dix principes du « Consensus de Washington »[2], centrés sur l'équilibre budgétaire, la privatisation des industries, la libéralisation et la déréglementation des marchés, et la protection des droits de propriété offrent une rusticité certaine (Williamson, 1990). Le Consensus révèle la confiance mise dans la capacité des « marchés », lorsqu'ils sont bien (c'est-à-dire peu) réglementés, à assurer la croissance et le progrès social. Ainsi, « la preuve est clairement établie que la croissance bénéficie aux pauvres, même si aucune mesure spécifique de type *"croissance pour les pauvres"* n'est prise. Les bénéfices se diffusent à tous » (Williamson, 2002, p. 11). En sorte que les questions économiques de base

---

[2]   Pour Williamson, les institutions de Washington incluent : le FMI, la Banque mondiale, la Banque inter-américaine pour le développement, et le Trésor américain (1990).

peuvent être discutées à l'écart des questions politiques de la démocratie, car les premières relèvent de la science positive et les secondes de jugements normatifs (1993, p. 1330).

Cette position n'a toutefois pas tenu longtemps, et l'analyse « orthodoxe » de la mondialisation a rapidement trouvé son *économie politique*[3]. Peu de temps après que les règles du « Consensus de Washington » eussent été formulées, une seconde génération de réformes est apparue. La mise en place d'une « bonne gouvernance » a été au centre de ces réformes institutionnelles recommandées par les IFI, elle a reçu le support de la théorie dominante. Il importe peu ici de savoir si cette prise en compte des institutions par les IFI et leurs penseurs résulte de l'échec de leurs politiques[4], de l'influence de leurs critiques (en particulier celles formulées par Stiglitz et les défenseurs du post-consensus), ou de l'exhumation de pans de la théorie dominante qui avaient été négligés au profit d'un « fondamentalisme du marché » qui, selon Williamson, aurait mal compris le message du Consensus. On sait en effet que, même sur le plan de la cohérence interne de la théorie, l'idée qu'il faut choisir entre justice sociale et « efficacité » (c'est-à-dire optimalité au sens de Pareto) n'a pas de fondement sérieux (Guerrien, 1989, p. 54)[5]. En somme, « sur le plan économique, le défi est de montrer pourquoi la mondialisation est désirable au sens de Paréto tout en imaginant des mécanismes de transferts compensatoires » (Wyplosz, 2002, p. 304).

L'objectif de la « bonne gouvernance » est la mise en place d'institutions – car il en faut pour créer les « mécanismes » – qui permettent de rendre la mondialisation « désirable ». L'intégration dans l'agenda des IFI de la « bonne gouvernance » révèle à sa manière que la formule : « les institutions comptent », qui a longtemps servi de cri de ralliement

---

[3] En réalité, la théorie néoclassique possède son économie politique depuis plusieurs dizaines d'années. La théorie des *choix publics* s'est développée pour appliquer la théorie (néoclassique) des choix rationnels à « *l'homo politicus* » (Shughart II, Tollison, 2005, p. 1). Son influence sur l'évolution de l'analyse de la mondialisation par la théorie dominante est évidente.

[4] Le rapport 2005 du *World economic forum* publié par un groupe de réflexion entièrement acquis aux bénéfices du « marché » souligne les déséquilibres généraux qui menacent le système d'échange mondial.

[5] L'idée d'un « tout-marché » dans le Consensus ne résiste d'ailleurs pas à l'analyse ; cf. le principe n° 2 énoncé par Williamson : *Les dépenses publiques doivent être réorientées des domaines politiques sensibles qui reçoivent plus de ressources que leur rendement économique ne le justifie [...] vers les domaines négligés qui ont des rentabilités économiques élevées et les capacités d'améliorer la répartition des revenus, tels que l'enseignement primaire, la santé et les infrastructures.*

aux hétérodoxes, est aujourd'hui assez stérile[6]. Il est vrai que selon les promoteurs de ces réformes, la 2e génération de mesures destinées à créer des institutions solides (« oubliées » dans la première version), tout autant que la première, était orientée vers la déréglementation (du marché du travail, dans un continent où la main-d'œuvre *informelle* représente pourtant plus de 60 % des actifs), la privatisation (des services publics et sociaux) et la protection (des investisseurs privés)[7]. En d'autres termes, les institutions doivent être créées au profit du marché, comme le rappelle la Banque mondiale (World Development Report, 2002). Plus fondamentalement, pour la pensée orthodoxe, le « marché » est l'institution souveraine qui doit primer sur toutes les autres institutions.

La bonne gouvernance est aujourd'hui clairement orientée vers le soutien aux pratiques démocratiques des États nationaux, car la situation des IFI est un peu différente (voir plus loin). La *responsabilité*, qui implique de rendre des comptes (*accountability*), la *transparence*, la lutte contre la *corruption*, forment les principes de base qui permettent à la *société civile* de faire entendre sa voix et de faire progresser la démocratie, au besoin à l'aide d'une intervention contraignante venue de l'extérieur.

La démocratie s'est indiscutablement imposée, aux côtés de la libéralisation et de la déréglementation des marchés, comme une variable explicative fondamentale de la croissance dans le cadre de la mondialisation. Ce n'était pas gagné d'avance. Il y a quelques années seulement, une partie du courant dominant considérait que l'existence de démocraties était une entrave à la croissance économique. Un régime démocratique favorise une explosion de la demande, et donc de la consommation, elle décourage l'épargne qui est un moteur de l'investissement (Barro, 2000). À l'inverse, un régime autoritaire permet au gouvernement d'être abrité des pressions catégorielles. Les syndicats de salariés sont en général puissants, ils sont *a priori* considérés comme une menace, parce

---

[6] La formule est d'ailleurs reprise dès 1998 au sein de la Banque mondiale, dans le titre du rapport pour l'Amérique latine *Beyond the Washington Consensus : Institutions matter* (Burki, Perry, 1998).

[7] Ainsi, le rapport observait que la première génération de mesures avait été efficace dans la réduction de la pauvreté et des inégalités, et qu'il convenait de promouvoir désormais le « renforcement de l'environnement légal et réglementaire (en particulier la déréglementation du marché du travail, et l'amélioration des réglementations destinées à favoriser les investissements privés dans les infrastructures et les services sociaux) » (cité par Williamson, 1999). Il est vrai que cette seconde génération de mesures fut proposée quelques mois seulement avant l'effondrement de l'Argentine, qualifié de « bon élève du FMI » pour avoir mis en œuvre la première génération de réformes…

qu'ils sont en mesure d'organiser la « capture » de l'État démocratique au compte des intérêts particuliers et contre l'intérêt général. En conséquence,

les pays dans lesquels les coalitions favorables à la redistribution des revenus ont été rendues impuissantes (emasculated) ou supprimées par un gouvernement totalitaire ou une occupation militaire étrangère devraient connaître une croissance relativement stable une fois qu'un ordre légal et stable a été établi (Olson, 1982, p. 75).

La priorité doit donc être mise sur la croissance qui conduit à l'amélioration du niveau de vie, d'où émergera ensuite la liberté politique. Celle ci est donc un « bien de luxe » qui n'émerge qu'à partir d'un certain seuil de développement (R. Barro, dans son ouvrage *Democracy and growth*, pp. 23-24 cité dans *Freedom House*, 2005). Le libéralisme économique, condition de la croissance et de la prospérité, est d'ailleurs parfaitement compatible avec le totalitarisme, comme ce fut le cas au Chili, bien que « les crimes commis au cours de ces années, n'étaient en rien nécessaires, et ne peuvent être justifiés comme faisant partie d'un effort de guerre » (Barro, 2004, p. 105). En réalité, l'histoire suggère qu'il y a deux types de dictateurs : ceux dont l'intérêt personnel entre en conflit avec la recherche de croissance, et ceux dont les intérêts débouchent sur une préoccupation en accord avec le développement économique[8] (Barro, 2000, p. 48). La boucle de l'économie politique dominante était donc formulée ainsi : croissance ⇒ élévation du niveau de vie ⇒ développement de la démocratie. Pour une partie du courant dominant, la démocratie n'est plus aujourd'hui un objectif dérivé mais complémentaire de la libéralisation et à la privatisation.

L'adhésion du courant dominant, au cours des années 1990, à la nécessité de la démocratie comme support de la bonne gouvernance et de la croissance économique est sans doute, sur le plan théorique, aussi fragile que la recherche de « bons » dictateurs. Cette indécision à choisir entre démocratie et dictature tiendrait à la difficulté du courant dominant à construire une véritable théorie de l'État (Przeworski, Limongi, 1993). Il reste que le chemin qui conduit de l'acceptation (même résignée) de la dictature au programme de promotion de la démocratie (la bonne gouvernance) reproduit en quelque sorte le chemin qui va de Hobbes à Locke. Confrontés à l'émergence du marché capitaliste, les deux philosophes proposent des réponses opposées. Le souverain est contraint, selon Hobbes, d'user de l'absolutisme pour empêcher la guerre de « tous

---

[8]   Il faut préciser que cette argumentation était également partagée par certains « développementalistes », qui considéraient généralement que la croissance économique était une priorité, la démocratie devait suivre comme un corollaire de l'amélioration du niveau de vie des populations.

contre tous » qui est encouragée par le marché. Locke, qui écrit après la *Glorieuse révolution* (1688), qui renverse la monarchie, cherche au contraire à montrer que la réconciliation est possible entre les principes d'*égalité* entre les hommes (proclamé en 1689 par la *Bill of rights*) et le développement des inégalités qui accompagne l'expansion du capitalisme. Dans l'état de nature, les hommes sont propriétaires de leur personne (donc de leur activité de travail), de leurs biens, et ils sont libres. Ce sont ces qualités que Locke veut universaliser, mais l'état de guerre qui résulterait de cette situation doit conduire à établir une hiérarchie. Le conflit éventuel ou réel entre la propriété des biens et l'existence de droits humains est tranché en faveur des premiers, car l'activité humaine, à commencer par celle qui consiste à améliorer la nature par son travail, ne serait rien si elle n'était pas assortie de la possibilité pour l'homme de s'en approprier les résultats de façon *privée*. En sorte que la propriété privée est la condition de la liberté (Duchrow, Hinkelammert, 2004).

L'*homo œconomicus* tel qu'il est aujourd'hui envisagé par la théorie dominante est plus que jamais lockéen, car son existence repose sur les droits de propriété (et leur protection). Les politiques de « bonne gouvernance » démocratiques fondées sur la responsabilité, la transparence et la lutte contre la corruption, cherchent donc le développement de la propriété privée, comme cela est fréquemment rappelé par les responsables des Institutions financières internationales et les défenseurs de l'orthodoxie. Le rappel peut être brutal : « nous voulons que ces pays (les pays en développement, C.S.) ouvrent leur économie, mettent en place des règles de droit, développent la propriété privé et toutes les autres mesures qui ont marché ailleurs » (Meltzer, 2000, p. 4). Le conseil peut également être bienveillant lorsqu'il vient de la Directrice adjointe du FMI[9] (Krueger, 2002). Il est dans tous les cas fondé sur l'hypothèse que *les droits de propriété privée* [qui constituent le 10e principe du Consensus, C.S.]

> visent certainement à défendre ceux qui sont détenteurs de droits de propriété, mais l'amélioration du fonctionnement de ces droits avantage à coup sur les pauvres, parce que les gens qui sont particulièrement dans l'incapacité de défendre leur propriété privée quand les droits sont mal définis sont principalement les pauvres (Williamson, Juin 1999, p. 6).

Au cours des années 1990, les programmes de privatisation menés dans les pays du sud ont essentiellement concerné les infrastructures

---

[9] Cf. « Le contrôle de l'État sur l'économie, un cadre institutionnel hostile aux marchés, des barrières commerciales, des droits de propriété faiblement enracinés, une mauvaise gouvernance et la corruption n'ont apporté ni croissance économique, ni réduction de la pauvreté ».

collectives. Selon cette théorie il conviendra désormais de porter l'effort sur la terre, qui constitue à la fois une ressource cruciale dans de nombreux pays et sur laquelle existent encore dans les pays du sud des formes de propriété communautaire, collective ou accaparée par des gouvernements. Le développement de droits de propriété est un impératif urgent (Deininger, 2003). L'objectif affiché serait de permettre aux paysans de devenir propriétaire et d'assurer ainsi à leur famille une vie décente aux propriétaires (Toulmin, 2005).

Le choix du terme de *gouvernance* n'est pas fortuit. Il est clairement distinct de celui de *gouvernement*, et il renvoie à l'idée du déclin de leur rôle dans la mondialisation (Rosenau, 1992, p. 23). La gouvernance ouvre ainsi la voie au « dépassement » de la légitimité des États par ceux de la personne humaine dans le sens lockéen. Le temps est révolu où la liberté des individus qui composent la *société civile*, pour reprendre le langage de la philosophie politique, était limitée par la souveraineté de l'État, ou au contraire que celui-ci était irrévocablement victime d'une « capture », comme le pensent les économistes des choix publics, qui « *appliquent les lois de l'économique au marché politique* ». En effet, à la suite des travaux d'Olson (1982, pp. 138-142)[10], les économistes du courant dominant considèrent que le libre-échange et la liberté de circulation du capital produits par la mondialisation constituent le meilleur moyen de réduire la recherche de rentes par ceux qui soumettent l'État à leurs intérêts particuliers.

La primauté donnée au terme de gouvernance et la dénégation des gouvernements comme organe souverain ont deux conséquences : d'un côté, la reconnaissance des nouveaux acteurs de la société civile auxquels il faut faire de la place lorsqu'on veut promouvoir la démocratie (communautés, minorités, etc.) ; d'un autre côté, la voie ouverte à l'ingérence de la « communauté internationale » dans les affaires d'un pays, afin de promouvoir la « bonne gouvernance » contre les pratiques gouvernementales inefficaces, frappées d'une corruption endémique[11]. L'ingérence de la communauté internationale qui passe nécessairement, mais pas exclusivement, par les institutions économiques internationales, pose elle-même un problème aux économistes du courant dominant. Ce sont en effet des organisations inter-étatiques, donc victimes d'une « capture » par les États-membres. Tirole préconise un système de gouvernance des IFI qui mette fin ou au moins réduise les pressions politiques exercée : « *la* démocratie représentative ne résout pas forcé-

---

[10] « Le libre-échange et la mobilité internationale du capital permettent d'échapper aux coalitions favorables à la redistribution » (1982, p. 142).

[11] Cette ingérence peut même prendre une forme militaire. Sur les nouvelles interactions entre défense et sécurité économique, voir Serfati (2004).

ment le problème de base, car la politique est souvent incité à suivre l'opinion publique » (2002, p. 296). L'indépendance, une certaine absence de transparence dans les processus de décision, la création d'une équipe permanente de haut niveau à la direction des IFI lui paraissent des solutions à mettre en œuvre.

II. Post-consensus et « Nouveau compromis de Bretton Woods »

L'orthodoxie néolibérale, fondée sur la croyance que la globalisation des marchés produirait la convergence des économies nationales et le bien-être pour les populations, a été sérieusement contestée dans la seconde partie de la décennie 1990. La critique la plus célèbre, sinon la plus influente, est venue de J. Stiglitz, qui appela à l'ajournement des mesures préconisées par les IFI et proposa de mettre en place « un post-consensus qui dispose de plus d'instruments et adopte des objectifs plus larges » (1998).

L'hypothèse théorique qui fonde ces critiques est que les imperfections ne sont pas des défaillances ponctuelles ou temporaires des marchés, elles en sont des éléments constitutifs. Il existe des « défaillances du marché génériques » qui sont liées à l'information et à la coordination entre les agents (Rodrik, 2004, p. 3). La mondialisation ne balise donc pas une route qui irait vers le parachèvement des « lois du marché », elle a au contraire amplifié les défaillances du marché, et elle en a même révélé de nouvelles.

Dans ces conditions, le rôle de l'État, qui est primordial, ne doit pas être confiné aux quelques fonctions régaliennes, ni à un rôle de correcteur des « imperfections » et des défaillances du marché. Il doit promouvoir une politique résolue qui, à l'inverse de la « convergence universelle » des modèles de croissance à la Solow/Williamson, prendrait en compte les différences de niveaux de croissance et les configurations institutionnelles nationales. La revendication d'une *politique industrielle* (l'expression englobe en fait une vaste gamme d'interventions de l'État dans l'économie nationale) n'est plus taboue (Rodrik, 2004). Il n'est pas pour autant question de renouer avec les théories et politiques « développementalistes » qui furent en vogue dans les deux décennies d'après-guerre. Leur discrédit, qui est aussi indéniable que l'échec de l'agenda du Consensus de Washington, fournit une remarquable opportunité historique de réinventer des politiques industrielles. Ces dernières doivent alors prendre en charge les services fondamentaux tels que l'éducation, la santé, les infrastructures de communication mais aussi la protection environnementale. Plus encore, elles doivent fournir des *incitations* à la découverte et l'innovation technologique, financer des projets risqués mais à fortes retombées bénéfiques sur les plans social et économique. Ces politiques doivent donc faire une large place à la promotion des activités qui favorisent l'acquisition et le développement des connaissances. Sur ce plan, les propositions de l'OMC sont dangereuses en ce qu'elles favorisent excessivement l'extension des droits de propriété intellectuelle, alors que toutes les questions relatives à la diffusion internationale des connaissances doivent être abordées du point de vue du développement des peuples (Sitglitz, 2004).

L'économie politique du post-consensus réclame que l'État promeuve une politique de réduction des inégalités. En accord avec les mises en garde faites par Keynes dans la *Théorie générale* sur le danger des inégalités sociales pour l'avenir du capitalisme, elle établit une interdépendance entre la réduction des inégalités et la croissance économique des économies de marché. L'hypothèse est que l'économie est concernée avec la production de richesses, alors que la politique s'intéresse à la redistribution (Alesina, Rodrik, 1994). Jusqu'ici, le cadre demeure assez classique, et la référence au théorème de l'électeur médian, un des fondements des *Public Choices* accentue plutôt cette impression. La rupture avec l'orthodoxie vient toutefois de l'interdépendance entre l'économie et la politique et surtout de la primauté des choix économiques qui sont préconisés. Les inégalités de revenus qui existent dans un pays sont un frein à sa croissance macroéconomique. La taxation du capital, également envisagée par Keynes, est une mesure qui peut être utile pour réduire les inégalités, et les tests économétriques confirment cette hypothèse. De plus, « l'agnosticisme » initialement affiché quant à la nature du régime politique (démocratique ou autocratique) qui doit conduire ces politiques de redistribution (Alesina, Rodrik, 1994, p. 478) est modifié dans Rodrik (1997, p. 2). Un régime politique fondé sur la démocratie produit en effet une croissance de long terme et lui assure plus de stabilité ; il résiste mieux aux chocs macroéconomiques, et les salaires y sont plus élevés. La démocratie n'est pas un « luxe » que les pays pauvres ne pourraient se payer. L'existence de régimes démocratiques ne réduit pas la croissance dans les pays pauvres, contrairement à certaines affirmations, et la démocratie n'a pas à être sacrifiée sur l'autel du développement (Przeworski, 2004, p. 21).

La boucle bien-être-social-démocratie-croissance qui constitue le pilier de l'économie politique du post-consensus est ainsi bouclée, mais les inférences y sont nettement différentes de celles proposées par l'orthodoxie. La réduction des inégalités est à l'origine de la croissance et plus précisément du développement des pays les plus pauvres (Stiglitz, 2001). Cette proposition va à l'inverse de celle de Barro, qui estime que la relation de causalité qui va de la croissance vers l'amélioration du niveau de vie (et enfin vers la démocratie, « bien de luxe »), hypothèse proposée par Lipset il y a plus de quarante ans, demeure valide (2000, p. 49).

Les critiques de l'orthodoxie néolibérale ne contestent pas qu'un énorme défi soit aujourd'hui à relever. Le cercle vertueux bien-être social ⇒ démocratie ⇒ croissance, qui a été testée et vérifiée dans de nombreux pays, est menacée à l'échelle de la planète, car il existe un « triangle d'incompatibilité (*trilemme*) entre la globalisation intégrale (élimination de toutes les barrières aux flux commerciaux et de capitaux), le système d'États-nations souverains, et la démocratie » (Rodrik, 2004). Il n'est possible que de concilier deux des trois termes, et on aura compris que Rodrik préconise de restreindre le processus de globalisation, parce qu'il est incompatible avec la démocratie. La globalisation menée par le Consensus de Washington est en effet un projet politique, non une fatalité économique; il convient donc de lui opposer un autre projet politique fondé sur une globalisation mieux maîtrisée. Pour maintenir et approfondir la démocratie, il faut sacrifier la globalisation intégrale et construire un nouveau « Compromis de Bretton Woods » qui comme celui adopté en 1944, laisse suffisamment de marges d'autonomie aux États-nations et maintienne la démocratie (2004, p. 17)[12].

Les propositions de Stiglitz sont différentes. La mondialisation économique a progressé à un rythme plus rapide que la mondialisation politique (Stiglitz, 2004). L'ordre du jour est donc de créer les institutions politiques internationales qui prendront en charge la *gouvernance globale*. L'économie politique orthodoxe considère que cette mission incombe aux organisations internationales, mais qu'il faut redéfinir leurs missions pour tirer les enseignements de la crise asiatique (1997) et de l'effondrement de l'économie de l'Argentine (2000). Stiglitz considère que le FMI a perdu beaucoup de sa légitimité politique en raison de l'échec de ces politiques (peu de croissance et pauvreté croissante des pays du sud) et que l'unilatéralisme de l'Administration Bush la discrédite pour prendre des initiatives internationales incontestées. Au plan national, les forces démocratiques avaient calmé les ardeurs du capitalisme, lui donnant « une face humaine » (2004, p. 9). La gouvernance globale prend donc un sens fort, celui de la mise en place d'un « gouvernement mondial » (*Id.* 2004, p. 3).

---

[12] Ce projet est donc différent du pronostic établi quelques années plus tôt, qui devait conduire à un *fédéralisme mondial* (Rodrik, 2000)

III. L'économie politique radicale

L'économie politique radicale affirme également que les processus de mondialisation économique résultent en bonne partie d'une construction politique. Les politiques néolibérales, initiées par le gouvernement Thatcher et l'Administration Reagan, ont été mises en place par les gouvernements des autres pays développés et relayés dans les pays du sud par les institutions financières internationales (Helleiner, 1994). La déréglementation des marchés ne procède d'aucun automatisme, mais de l'action collective menée en faveur de catégories et de classes sociales rentières ainsi que de groupes financiers. Ainsi, la réglementation néolibérale (habituellement qualifiée de « déréglementation ») dont Enron a bénéficié, a concerné les marchés de l'électricité (réseaux de distribution) et celle des marchés financiers de produits dérivés liés à l'énergie. Elle a été construite par une coalition d'institutions étatiques et de groupes privés, dont l'interaction a sans doute été plus dense et plus puissante que l'alliance qui unissait, par le truchement des commandes publiques, l'État keynésien aux entreprises publiques ou privées qui en étaient bénéficiaires au cours des décennies d'après-guerre (Roturier, Serfati, 2004).

Il est nécessaire de parler d'une économie politique de la mondialisation, mais en prenant en compte les interactions nouvelles entre l'économie et le politique. Le type de relations qui s'était construit dans le cadre des configurations nationales depuis la Seconde Guerre mondiale reposait sur une intervention politique pour limiter les effets dévastateurs du marché. Au plan international, l'ordre qui prévalait est qualifié de « libéralisme encastré » par Ruggie, qui désigne par là les fonctions stabilisatrices et de contrepoids à la toute puissance du marché qui furent exercés par les organisations internationales et les régimes internationaux. Un nouvel ordre s'est mis en place au cours des années 1980. Les politiques néolibérales ne diffèrent pas seulement des politiques keynésiennes par leurs objectifs macroéconomiques (politique monétaire vs politique budgétaire, distribution en faveur du capital plutôt que du travail, etc.). Elles cherchent à mettre en œuvre un projet de société tout à fait différent, ce que Polanyi avait appelé la « société de marché », fruit d'une conception qui tient « pour équivalentes l'économie et les relations contractuelles, et les relations contractuelles et la liberté » (1983, p. 331). Cet objectif est facilité par la liberté donnée au capital de se déplacer avec une grande mobilité et d'exercer ainsi ses effets destructeurs sur les économies nationales et la cohésion sociale. Le marché a désormais le monde comme terrain de jeu, et les résistances nationales sont de ce fait singulièrement affaiblies.

Une approche complémentaire insiste sur le fait que l'extension des marchés repose avant tout sur un élargissement des droits de propriété. Le marché est en effet une catégorie trop générale, et l'histoire montre que les rapports sociaux qui organisent les marchés peuvent être fort différents. La mondialisation n'est donc pas identifiable à une extension géographique du capitalisme, mais à la conquête de nouveaux domaines d'accumulation fructueuse. La privatisation de terres « communes », que les experts de la Banque mondiale incitent à mettre en œuvre, se traduit par un changement de rapports de propriété et non pas par un accroissement des territoires ou de l'échelle de la production agricole. Cette politique évoque le mouvement d'*enclosure* qui précéda et accompagna la révolution industrielle en Angleterre. L'appropriation privée ne concerne pas uniquement la terre. Les droits de propriété sur les processus du vivant et sur l'activité intellectuelle montrent que toutes les activités humaines et naturelles, y compris celles qui conditionnent les conditions de reproduction des populations, sont susceptibles d'être privatisés. Une nouvelle étape d'*accumulation primitive* est en cours. Cette expression, employée par A. Smith, est utilisée dans un sens critique par Marx. Il désigne ainsi des relations sociales dans lesquelles la violence est directement utilisée, à la différence du contrat de travail standard qui régit le rapport entre le capitaliste et le salarié, qui sont deux individus libres.

L'expression « accumulation primitive » est trompeuse puisqu'elle semble désigner une période initiale et qui se serait close avec l'avènement du salariat de masse. Or, la systématisation des droits de propriété n'a pas forcément pour corollaire le développement du salariat. S'il est absurde de parler de la « fin du travail » alors que le nombre de producteurs de valeurs n'a jamais été aussi important, on ne peut pour autant identifier ce processus à l'extension du salariat tel qu'il s'est déroulé continûment depuis plus d'un siècle dans les pays développés. Le travail « informel », catégorie « molle » créée par les institutions internationales pour tenir compte d'une réalité largement dominante dans de nombreux pays en développement et pays émergents, recouvre parfois des formes violentes de rapport social. Un autre fait marquant de la mondialisation est l'importance des « guerres pour les ressources » (qualifiées parfois de « nouvelles guerres ») qui déchirent les pays du sud, et particulièrement l'Afrique subsaharienne, auxquelles est consacrée une abondante littérature. Ces guerres ne traduisent pas une insuffisance de « bonne gouvernance », un *retard* de ces pays à s'inscrire dans la globalisation, comme l'affirment les experts de la Banque mondiale. Des groupes multinationaux, des gouvernements des pays développés, parfois certaines institutions internationales sont, à des degrés divers, impliqués directement ou indirectement dans l'économie de production/

prédation qui constitue la base matérielle de ces « nouvelles guerres » (Serfati, 2004).

*

* *

Les contributions qui sont rassemblées dans cet ouvrage sont des versions révisées de communications présentées au colloque « *Mondialisation contre développement ?* »[13]. Ce colloque poursuivait le travail mené sur les questions de la mondialisation lors d'un précédent colloque organisé par le C3ED (Serfati, 2003).

Ces contributions, développent toutes une critique de l'économie dominante, abordent sous des angles différents les enjeux que la mondialisation pose aux relations entre les pays du « Nord » et ceux du « Sud ». Les relations Nord-Sud constituent une composante majeure des processus de mondalisation contemporaine. Elles ne peuvent être abordées que sous l'angle géographique mais elles renvoient également à des rapports socio-économiques qui sont hiérarchisés et polarisés entre pays, mais également à l'intérieur des pays. La mondialisation s'accompagne de désastres pour une grande partie des pays du Sud, et d'une montée des inégalités et de calamités qui s'abattent sur les populations les plus vulnérables. Les contributions proposées dans cet ouvrage[14] analysent les pouvoirs, les asymétries, les déséquilibres qui caractérisent l'économie politique de la mondialisation, mais discutent également des alternatives qui sont proposées. La première partie est consacrée au pouvoir de la finance et à son rôle dans les processus de mondialisation. Dans le premier chapitre, F. Chesnais analyse les rapports économiques et politiques qui permettent à un capital de placement financier concentré de se valoriser au moyen de prélèvements sur l'économie effectués par la médiation des marchés de titres de dette et de propriété des entreprises. Il examine ensuite les changements dans les cibles de l'investissement direct à l'étranger des grands groupes industriels transnationaux. Il conclut par quelques remarques sur le processus de « balkanisation » politique à l'œuvre dans de très nombreuses économies. Dans le chapitre

[13] Ce colloque était organisé par le Centre d'Économie et d'Éthique pour l'Environnement et le Développement (C3ED, UMR IRD-UVSQ n° 063) à l'université de Versailles Saint-Quentin-en-Yvelines les 10-11 juin 2004. Une autre partie des contributions, publiée par G. Froger (2006), porte sur l'étude des relations entre les processus de mondialisation et les discours et pratiques du développement durable ; elle questionne en particulier les politiques publiques mises en place par les économies en développement sous l'impulsion des organisations internationales et analyse le rôle de nouveaux acteurs dans l'ordre mondial.
[14] Je remercie Sahondra Razakatiana pour le travail de préparation du manuscrit destiné à l'éditeur.

suivant, C. Serfati discute la thèse selon laquelle la libéralisation des flux d'échanges financiers et commerciaux serait aujourd'hui un facteur de paix entre les nations, parce qu'elle élève leur degré d'interdépendance et d'intégration économiques. Des arguments similares avaient déjà été avancés dans la phase antérieure de forte internationalisation des échanges (1880-1914), alors que la montée en puissance de la finance et le développement du militarisme se sont pourtant mutuellement épaulés et contribué au partage de la planète par quelques pays développés.

La deuxième partie de l'ouvrage est consacrée aux asymétries et déséquilibres des échanges économiques contemporains entre les pays du Nord et ceux du Sud. C. Deblock, dans un cadre d'analyse institutionnaliste, montre que les États-Unis n'ont pas trois agendas commerciaux (bilatéral, régional et multilatéral), mais un seul. Cet agenda vise à enraciner dans la règle de droit leur vision d'un monde capitaliste, prospère et pacifique et, ce faisant, à construire les institutions internationales à l'image de leurs propres institutions. Depuis les années 1990, ils mettent l'accent sur les garanties (droits de propriété, liberté de transferts de fonds, etc.) qui doivent être accordée à leurs investisseurs). Dorval Brunelle analyse pour sa part l'agenda des États-Unis dans les Amériques. La chronologie qu'il fournit indique clairement que les difficultés et les résistances qu'ils rencontrent les conduisent à infléchir leur comportement. Les dirigeants des États-Unis ne dévient pas pour autant de leurs objectifs, dont l'un d'entre eux est la mise en place d'une « communauté des démocraties » au centre de laquelle la sécurité nationale des États-Unis est étroitement associée au libre-échange et à l'intégration régionale. Le pouvoir asymétrique exercé par les pays du Nord n'est pas l'apanage des États-Unis, ainsi que le montre le chapitre rédigé par C. Mainguy, qui aborde les conséquences de la coopération entre l'UE et les pays ACP. Les accords de Lomé, dont les résultats furent jugés négatifs, ont été remplacés par les accords de Cotonou. Les théories dominantes (fondées sur les avantages comparatifs) arguent des bénéfices de l'intégration Nord-Sud (Afrique/UE) retirés par les pays du sud. En fait, les accords de partenariat économiques visent à ouvrir un peu plus les marchés des pays du sud aux produits européens et à induire une désindustrialisation et des baisses de recettes fiscales non négligeables.

La troisième partie de l'ouvrage fournit un éclairage sur les conséquences sanitaires et environnementales de relations aussi inégalitaires entre les pays du Nord et les pays du Sud. Comme le démontre le chapitre rédigé par A. Hamdouch et M.-H. Depret, les droits de propriété intellectuelle dans l'industrie du médicament, qui sont défendus par les pays industrialisés, contribuent à renforcer ce que les auteurs appellent le « sous-développement endogène » des pays du Sud. La limitation de l'accès aux médicaments les plus essentiels, conjuguée à d'autres fléaux (absence d'eau potable, faiblesse des dépenses publiques de santé, etc.), conduit à des situations sanitaires désastreuses pour des centaines de millions d'individus. Les délocalisations des activités fortement polluantes des industries des pays du nord vers le sud, auxquelles le chapitre de S. Rousseau est consacré, aggravent la situation des populations les plus vulnérables. L'affirmation qu'elles pourraient contribuer à la croissance des pays les moins développés, qui feraient ainsi jouer un de leurs avantages comparatifs, est contredite par les données du PNUD.

Les chapitres qui composent la quatrième partie analysent les conditions qui permettraient de réduire les fortes inégalités et asymétries actuelles. Dans le chapitre qu'elle a rédigé, S. Moreira tire un bilan des études économétriques consacrées à l'efficacité de l'aide sur la croissance économique des pays du Sud. La trentaine d'études examinées fournit des indications sur cette relation, mais elles sont plutôt défaillantes sur les autres variables, économiques, politiques et institutionnelles qui pourraient influer sur cette relation. La même prudence nécessaire est soulignée dans le chapitre écrit par G. Stefania et F. d'Elia, qui indiquent que l'aide est sans doute utile, mais qu'un niveau conséquent de dépenses publiques est indispensable pour réduire les inégalités et l'évolution du degré de pauvreté des pays du sud. Au contraire, les « bonnes politiques » (*sound policies*) qui préconisent la stabilisation macroéconomique, la « bonne gouvernance » et dans le même temps la réduction des dépenses publiques, s'accompagnent au niveau global d'écarts très importants et croissants des indices de développement humain. La comparaison entre la Chine et l'Inde, proposée par J.-C. Berthod dans son chapitre, souligne que l'analyse géopolitique est un élément déterminant lorsqu'on s'intéresse à l'intervention de l'État, alors qu'elle est largement ignorée par les études macroéconomiques « standards ». Elle est néanmoins indispensable pour comprendre pourquoi la Chine tire un plus grand profit que l'Inde des IDE. Les motifs géopolitiques internes expliquent également la forte concentration des IDE au cœur des lieux de pouvoir du système chinois, ce qui se traduit par des déséquilibres géographiques importants et accentue les dysfonctionnements économiques.

La cinquième partie souligne l'implication nécessaire des agents sociaux dans les politiques qui visent à réduire les inégalités. Dans un chapitre consacré à la technologie, qui est à la fois une composante et un vecteur de la mondialisation, G. Caire explique que la technologie porte également témoignage de rapports de pouvoir déséquilibrés. Dans l'espace mondialisé contemporain, la diffusion de la technologie passe par les communautés scientifiques, les complexes militaro-industriels et les firmes multinationales, mais elle est également soumise à des freins légaux, économiques ou comportementaux. Sa gouvernance requiert des processus d'optimisation, dans une perspective économique, et de démocratisation, dans une perspective sociale.

Les dimensions sociales sont également présentes en particulier dans le chapitre que D. Drache nous propose. La marginalisation sociale et l'injustice résultent pour une part importante du type d'intégration économique produit par la mondialisation contemporaine. L'inclusion sociale – définie par une « vie satisfaisante » (*good life*) mais aussi par la possibilité pour chaque être humain d'y accéder – exige la construction de liens politiques et sa reconnaissance comme objectif prioritaire. Le plan d'Action du sommet de Québec semble avoir ouvert une brèche dans ce sens en liant intégration économique et sociale.

La dernière partie de l'ouvrage comporte deux chapitres qui sont beaucoup moins optimistes sur les solutions adoptées ou proposées. A. Saludjian montre comment les courants néostructuralistes, pourtant issus des analyses critiques des décennies d'après-guerre, intègrent depuis les années 1990 des éléments de la théorie dominante (néoclassique). Ils se traduisent, sur le plan des politiques économiques, par des recommandations qui ne sont pas foncièrement différentes de celles du FMI et de la Banque mondiale dont le bilan en termes de vulnérabilité aux crises, de fragilité politique et de panorama social désastreux, pour les pays qui les ont mis en œuvre, doivent être tirés. Enfin D. Uzunidis propose pour les pays du Sud une autre organisation qui s'oppose au « cadre légal mondial d'accumulation » que les pays développés et les institutions internationales ont créé. Les politiques néo-mercantilistes qu'ils pratiquent ruinent en effet les pays du Sud qui ont accepté l'ouverture non contrôlée de leur économie. Les solutions passeraient alors par une réhabilitation du rôle de l'État, une priorité aux dépenses sociales et d'infrastructures, un système centralisé de l'épargne domestique, et une ouverture internationale différenciée en fonction des objectifs nationaux.

Références

Alesina, A. et Rodrik, D., « Distributive Politics and Economic Growth », *The Quaterly Journal of Economics*, vol. 109, n° 2, mai, pp. 465-490, 1994.

Barro, R., « Democracy and Growth », *Journal of Economic Growth*, vol. 1, n° 1, pp. 23-24, 1996.

Barro, R., *Les facteurs de croissance économique. Une analyse transversale par pays*, Économica, Paris, 2000.

Barro, R., *Rien n'est sacré ! Des idées en économie pour le nouveau millénaire*, Économica, Paris, 2004.

Burki, J. et Perry, G., *Beyond the Washington Consensus : Institutions matter*, WB, Washington,1998.

Deininger, K., *Land Policies for Growth and Poverty Reduction*, The International Bank for Reconstruction and Development/The World Bank, Washington DC, 2003.

Duchrow, U. et Hinkelammert, F., *Property for people, not for profit, Alternatives to the global tyranny of capital*, Zed Books, Londres, 2004.

Freedom House, « The Contributions of Economic Growth to Democracy », htpp://wwww.freedomhouse.org/research/freeworld/2000/essay3d.tm, accès 15/09/2005.

Froger, G., *Mondialisation et développement durable ?*, P.I.E. Peter Lang, Bruxelles.

Guerrien, B., *L'économie néoclassique*, Repères, La Découverte, Paris, 1989.

Helleiner, E., *States and the Reemergence of Global Finance, From Bretton Woods to the 1990s*, Cornell University Press, 1994.

Krueger, A., « Supporting Globalization », Remarks at the 2002 Eisenhower National Security Conference for the 21st Century : Anticipating challenges, Seizing Opportunities, Building Capabilities, 26 septembre 2002, htpp://www. imf.org/external/np/speeches/2002/092602a.htm.

Maddison, A., *L'économie mondiale : une perspective millénaire* Études du centre de développement, OCDE, Paris, 2001.

Meltzer, A., « A System in Turmoil », IntellectualCapital.com, 13 avril 2000, htpp://www.IntellectualCapital.com/issues/issue364/item9060.asp.

Olson, M., *The Rise and Decline of Nations. Economic Growth, Stagflation, and Social Rigidities*, Yale University Press, New Haven et Londres, 1982.

Polanyi, K., *La grande transformation ; Aux origines politiques et économiques de notre temps*, Gallimard, Paris, 1983.

Przeworski, A. et Limongi, F., « Political Regimes and Economic Growth », *Journal of Economic Perspectives*, vol. 7, n° 3, Summer, pp. 51-69, 1993.

Przeworski, A., « Democracy and Economic Development », in Mansfield, E. et Sisson, R., *Political interests and Public Interest*, Ohio University Press, Colombus, 2004, accès : http://www.nyu.edu/gsas/dept/politics/faculty/ przeworski/papers/sisson.pdf.

Rodrik, D., « How Far International Integration Go », *The Journal of Economic Perspectives*, vol. 14, n° 1, Winter, pp. 177-186, 2000.

Rodrik, D., « Industrial Policy for the Twenty-first Century », Paper prepared for UNIDO, septembre 2004, htpp://www.ksg.harvard.edu/rodrik/.

Rosenau, J., « Governance, order, and change in world politics », in Rosenau, J. et Czempiel, E.-O. (dir.), *Governance without Government : Order and Change in World Politics*, Cambridge University Press, Cambridge, 1992.

Roturier, P. et Serfati, C., « Enron, la "communauté" et le capital financier », *Revue de l'IRES*, n° 40, pp. 1-30, 2002/3.

Samuelson, P., « Where Ricardo and Mil Rebut and Confirm Arguments of Mainstream Economists Supporting Globalisation », *Journal of Economic Perspectives*, vol. 18, n° 3, Summer, pp. 135-146, 2004.

Sen, A., *L'économie est une science morale*, La Découverte, Paris, 1999.

Serfati, C., *Impérialisme et militarisme au vingt-et-unième siècle*, Éditions Page2, Lausanne, 2004.

Shughart, W. et Tollison, R., « Public choice in the new century », *Public Choice*, 124, pp. 1-18, 2005.

Stiglitz, J., « More Instruments and Broader Goals : Toward the Post-Washington Consensus », World Institute for Development Economic Research (WIDER), *Annual Lectures*, 2, Helsinki, 1998, http://www2.gsb.columbia.edu/faculty/jstiglitz/.

Stiglitz, J., « Development Thinking at the Millenium », Annual World Bank Conference on Development Economics, pp. 13-38, 2001.

Sitglitz, J., « The Future of global governance », Initiative for Policy Dialogue (IPD), *Working Paper series*, 2004.

Tirole, J., « La gouvernance des institutions internationales », in Jacquet, P., Pisany-Ferry, J et Tubiana, L., *Gouvernance mondiale, Conseil d'Analyse économique*, La documentation française, pp. 291-301, 2002.

Toulmin, C., « Securing land and property rights in Subsaharian-Africa : the role of local institutions », revised version of « Securing land and property rights in Africa : improving the Investiment climate », in *World Economic Forum, Global Competitiveness Report 2005-06*, Suisse, 2005.

Williamson, J., « What Washington Means by Policy Reform », in Williamson, J., ed., *Latin American Adjustment : How Much Has Happened ?* (Washington Institute for International Economics), 1990, http://www.iie.com/publications/author_bio.cfm ?author_id=15.

Williamson, J., « What should the Bank Think about the Washington Consensus ? », Paper prepared as a background to the *World Bank's World Development Report 2000*, juillet 1999, http://www.iie.com/publications/author_bio.cfm ?author_id=15.

Williamson, J., « The Washington Consensus and beyond », 2002, http://www.iie.com/publications/author_bio.cfm ?author_id=15.

World Development Report 2002, *Building Institutions for Markets*, Washington D.C., 264 p., 2002.

Wyplosz, C., « L'économie en avance sur les institutions », in Jacquet, P., Pisany-Ferry, J. et Tubiana, L., *Gouvernance mondiale*, Conseil d'Analyse économique, La documentation française, 2002.

PREMIÈRE PARTIE

LE POUVOIR DE LA FINANCE

Mondialisation du capital, nature et rôle de la finance et mécanismes de « balkanisation » des pays aux ressources convoitées

François CHESNAIS

Professeur émérite à l'Université de Paris-XIII-Villetaneuse

Le but de cette contribution est de poser quelques jalons pour l'analyse de certains des problèmes créés aujourd'hui par la mondialisation du capital pour la majorité des pays dits « en développement ». Nous verrons plus loin les difficultés d'analyse créées par la très grande hétérogénéité des situations résultant de l'extension très grande donnée par les organisations économiques internationales aux pays groupés sous ce nom. La question est abordée plus particulièrement sous l'angle de la finance. Par « finance » on entend les institutions et les rapports économiques et politiques qui permettent à un capital de placement financier concentré, centralisé aujourd'hui entre les mains des institutions spécialisées connues sous le nom d'investisseurs institutionnels – les fonds de pension et de placement collectif ou *Mutual Funds*, les grandes sociétés d'assurance et les grandes banques – de se valoriser au moyen de prélèvements sur l'économie qui se font par la médiation des marchés de titres de dette et de propriété des entreprises. Le travail comporte un examen des changements dans les stratégies d'investissement direct à l'étranger des grands groupes industriels transnationaux à la faveur de la libéralisation et sous la pression des exigences de rentabilité des actionnaires. Il se termine par quelques remarques sur le processus de « balkanisation » que la libéralisation a enclenché dans un nombre croissant de pays.

I. Mondialisation

Le terme « mondialisation » désigne un régime institutionnel international spécifique, aussi bien économique que politique, dont le principal, sinon l'unique bénéficiaire est le capital concentré. Ce régime, dont le plein épanouissement et l'emprise proprement planétaire datent des années 1990, est issu de deux processus. Le premier est le mouvement interne au capital des économies centrales, dont l'un des traits spécifiques, aujourd'hui comme hier, est de chercher à surmonter les limites à la rentabilité qu'il rencontre dans les pays qui sont sa base, par l'expansion vers l'extérieur[1]. L'autre tient à la mise en œuvre, sous l'effet de traités multilatéraux ou bilatéraux, mais aussi de la projection internationale des positions de domination économique et politique des États membres du G7, de politiques systématiques de libéralisation et de déréglementation du commerce, des flux financiers et des investissements directs, comme de privatisation des entreprises publiques. Ces politiques ont été préparées, dès le milieu des années 1970 par les plans d'ajustement structurel du FMI et rodées sous les régimes de dictature militaire au Chili, mais aussi de façon encore plus significative par la dictature militaire en Argentine. Mais il a fallu attendre l'arrivée au pouvoir de Margaret Thatcher et de Ronald Reagan pour qu'elles commencent à être appliquées à des rythmes très différenciés dans les pays capitalistes industriels et à être imposer systématiquement aux pays en développement les plus ouverts aux pressions des pays et des organisations internationales jusqu'à leur codification lors du « Consensus de Washington ». Au tournant des années 1990, l'effondrement de l'Union soviétique et la chute du « socialisme réel » bureaucratique, sont venus faciliter et accélérer ce processus. L'implosion de l'ancien bloc soviétique a influencé le déroulement des dernières phases de négociations de l'Cycle d'Uruguay menées au sein du Gatt et a déterminé le vaste mandat donné à l'OMC par le Traité de Marrakech de 1993[2]. Accouplée à la « démocratie », le néolibéralisme, idéologie du capitalisme déréglementé, a pu exploiter la prise de conscience du terrible bilan répressif du stalinisme comme de la faillite économique de la gestion bureaucratique, pour se parer d'une nouvelle légitimité et se présenter comme la seule forme possible d'organiser l'économie où que ce soit dans le monde.

Le régime institutionnel de la mondialisation est marqué de façon centrale par le degré très élevé de liberté de circulation et d'action qu'il garantit aux firmes multinationales (FMN)[3], aux banques internationales, mais aussi aux organisations capitalistes plus récentes et moins bien

---

[1] Pour une formulation contemporaine de cette analyse souvent considéré comme propre à la théorie de l'impérialisme du début du 20e siècle.

[2] Le témoignage des négociateurs américains est explicite quand à l'effondrement des résistances à leurs propositions qui a suivi la « chute du Mur » fin 1989.

[3] Ici les termes firmes multinationales (FMN) et sociétés transnationales (STN) sont considérés comme identiques.

connues que sont les investisseurs financiers « institutionnels ». Il leur a ouvert à toutes des possibilités accrues et des formes nouvelles d'appropriation de richesses produites hors des pays centraux. Certaines sont liées à l'organisation en réseaux des groupes industriels. D'autres transitent par les marchés financiers libéralisés tandis que d'autres encore reposent sur des mécanismes tels que le nouveau régime de la propriété intellectuelle institué dans le cadre de l'OMC. Le régime institutionnel international de la libéralisation et de la déréglementation sert de support au fonctionnement dans les économies centrales, à commencer par les États-Unis, d'un régime d'accumulation particulier, qu'on peut nommer financiarisé ou à dominante financière[4], mais aussi, si on est mieux disposé face à l'épargne institutionnelle des salariés stables des pays avancés, comme un régime « patrimonial »[5]. Le terme régime financiarisé désigne plusieurs traits particuliers. Citons *inter alia*, l'actionnariat boursier contrôlé par les gestionnaires des fonds de pension et de placement financier (les *Mutual Funds*) en tant que forme prédominante de propriété du capital ; le rôle central joué par le niveau des cours des titres en Bourse et les exigences de rentabilité du nouvel actionnariat, dans le rythme et l'orientation sectorielle de l'investissement et dans les circuits de bouclage macroéconomiques ; le remodelage des stratégies industrielles et des formes d'organisation du travail, ainsi que le redéploiement de l'investissement pour répondre aux exigences de rentabilité des placements du nouvel actionnariat. Le bilan de la libéralisation et du nouveau régime d'accumulation dans la majorité des pays centraux du système mondial a été très médiocre : crise financière très grave suivie de plus d'une décennie de quasi stagnation au Japon ; stagnation et début de désindustrialisation en Europe. Il n'y a qu'aux États-Unis que l'émergence et la consolidation du nouveau régime ont été suivies d'une phase de croissance indiscutable. L'étude des déficits domestiques mais aussi et surtout extérieurs des États-Unis montre que les flux de marchandises et d'argent « oisif » organisés sur la base de l'échange, le rapatriement de profits industriels et de plus-values financière et de ponctions massives reposant sur le service de la dette des pays débiteurs, ont été l'une des conditions centrales de la croissance américaine des années 1990[6].

La consolidation de la mondialisation en tant que régime institutionnel international fonctionnant au profit du capital concentré a conduit, moyennant une accentuation supplémentaire des mécanismes de la centralisation et de la concentration, à un nouveau bond dans la polarisa-

---

[4] C'est le terme que j'emploie depuis 1997.
[5] Tel est le cas de Michel Aglietta.
[6] Voir Duménil ; Lévy dans Chesnais (dir.).

tion de la richesse et à l'évolution des systèmes politiques vers la domination d'oligarchies économiques et politiques tournées vers l'enrichissement et la reproduction de leur domination. Ce sont leurs intérêts qui dictent les décisions qui accélèrent la crise écologique planétaire. Celle-ci menace déjà directement la reproduction de la vie chez les peuples et dans les couches sociales les plus démunies et vulnérables[7]. Dans les pays capitalistes centraux, ces oligarchies possèdent leurs bases sociales les plus solides là où dominent les systèmes de retraite par capitalisation et les plans d'épargne salariale. Ceux-ci font de leurs bénéficiaires des individus dont l'appartenance sociale est éclatée, d'un côté celle de salariés et de l'autre des gens dont le sort est lié au cours de la Bourse et à l'efficacité des ponctions rentières. Leur capacité à se différencier politiquement de la bourgeoisie en est diminuée, souvent fortement.

La centralisation et la concentration accrue du capital et le nouveau bond dans l'accentuation de la polarisation de la richesse ne sont pas des processus propres au « Nord ». Le régime international de la mondialisation du capital a renforcé partout les droits de propriété et les mécanismes d'appropriation fondée sur l'exploitation du travail ou les prélèvements rentiers. La transition accélérée au capitalisme de la Chine a renforcé le processus mondialement. La position sociale et le pouvoir politique de toutes les oligarchies sont renforcés par la mutation ordonnée de l'appareil du Parti communiste chinois. Dans des secteurs précis du « Sud » – la banque et les services financiers, l'agro-industrie, les mines et les métaux de base – on constate une accentuation analogue dans la centralisation et la concentration du capital. Les pays dans lesquels la formation d'oligarchies « modernes » puissantes est allée de pair avec de forts processus endogènes d'accumulation financiarisée et la mise en valeur « d'avantages comparatifs » conformes au besoin des économies centrales – atouts naturels pour les produits de base et/ou exploitation d'une main-d'œuvre industrielle très bon marché – ont été intégrés au fonctionnement du régime international de la mondialisation. Ce processus ne va pas sans tensions. On les constate dans les rapports entre la Chine et les pays membres de l'ancienne Triade, ou encore à l'OMC entre les oligopoles exportateurs de l'agro-industrie des pays du « Sud » et les pays du Nord protecteurs des mêmes intérêts chez eux. Dans beaucoup de cas, il s'agit en effet moins de vraies tensions entre « Nord » et « Sud », que de tensions entre fractions du capital concentré internationalisé, dont la propriété peut appartenir, sous forme de titres en Bourse au même groupe relativement étroit des fonds de pension et des *Mutual Funds* les plus puissants. Ces tensions sont consubstantielles au remodelage de l'espace mondial de relations économiques et politiques

---

[7]   Voir Chesnais ; Serfati ; Harribey ; Löwy.

dans le cadre du régime institutionnel de la libéralisation et de la déréglementation. Celui-ci est marqué par des rapports entre pays, comme à des relations entre « État et capital » à l'intérieur de chaque espace national (là où celui-ci a vraiment existé), qui diffèrent aussi bien du système précédent d'échanges commerciaux sur la base de l'interdépendance entre pays conservant un certain degré d'autonomie que des formes antérieures de multinationalisation des firmes.

II. Un capitalisme dominé par les investisseurs financiers

L'un des moteurs de ces transformations a été la reconfiguration du pouvoir interne au capital au profit des possesseurs de patrimoines financiers importants mais surtout des gestionnaires des « investisseurs institutionnels ». On entend par là les organisations financières spécialisées, bancaires mais surtout non bancaires (fonds de pension ou de placement financier collectif et compagnies d'assurance) dont la fonction est de valoriser l'argent centralisé entre leurs mains au truchement de placements en actions ou en obligations sur les marchés de titres, dits « marchés financiers ». Dans le passé, à partir des années 1880-1990, le capitalisme a déjà connu une phase marquée par une forte accumulation d'argent tournée vers cette forme de valorisation. Le krach de 1929, la grande crise et la Seconde Guerre mondiale y avaient mis fin. Une nouvelle phase a pris son envolée vers 1980 et a atteint à la fin des années 1990 des niveaux sans précédent à la fois en terme de montant et de degré de centralisation des sommes cherchant à se valoriser par le truchement des marchés de titres. Les grands groupes industriels y ont contribué en destinant une fraction croissante de leurs profits à une valorisation de ce type. Ils ont accentué leurs traits de groupe financier « à dominante industrielle » en prenant la forme de holding. Après une période où leurs activités ont été soumises à des fins de reconstruction d'infrastructures et d'expansion des moyens de production, les banques sont redevenues des foyers de l'accumulation financière. Celle-ci est l'essence même de l'activité des compagnies d'assurance. Ce sont cependant les systèmes de retraites privés par capitalisation (les « fonds de pension ») créés à la fin de la Seconde Guerre mondiale dans les pays anglo-saxons et au Japon, ainsi que les fonds de placement « collectifs » (les *Mutual Funds*) apparus dans leur sillage, qui sont aujourd'hui la clef de voûte de la centralisation et de l'accumulation financières. Ils sont l'épine dorsale des marchés financiers. Ceux-ci semblent dotés de la capacité magique de « transcender » la thésaurisation stérile du « bas de laine » en transformant l'argent en une valeur qui « rend ». Ici la lecture de Marx est incontournable : « Dès qu'il est prêté ou s'il est investi dans l'entreprise, dès qu'il rapporte un revenu distinct du profit d'entreprise, l'intérêt pousse (à l'argent) que son propriétaire dorme ou veille, soit chez lui ou en voyage, de jour comme de nuit. Le vœu pieux du thésaurisateur se trouve réalisé dans le capital porteur d'intérêt [...] ». Ses « économies », son « épargne » ont acquis « la propriété de créer de la valeur, de rapporter de l'intérêt (ou d'engranger des dividendes et des plus-values boursières), tout aussi naturellement que le poirier porte des poires »[8]. La distance et l'indifférence aux problèmes de la production, l'ignorance quasi complète des conditions dans lesquelles la valeur est créée et appropriée, comme des investissements nécessaires à la reproduction élargie ont toujours été consubstantiels à cette croyance fétiche dans la capacité de l'argent de se valoriser par lui-même[9]. Hanna Arendt fait des réflexes psychologiques associés à la position économique des groupes sociaux bénéficiaires de revenus à caractère rentier, l'un des éléments constitutifs de l'impérialisme et du totalitarisme que celui-ci porte en germe (Arendt, 1982). Ceux qu'il faut saigner à blanc doivent être aussi distant que possible dans l'espace, mais également aussi bas et insignifiant que possible dans l'échelle de la reconnaissance comme êtres humains.

C'est en partant des investisseurs institutionnels et plus spécifiquement encore de la pratique des gestionnaires de fonds[10] que l'analyse de « l'hégémonie du rentier et de l'oligarchie financière sur les autres formes de capital » (Lénine, 1952) doit être abordée. Cette « hégémonie » signifie notamment deux choses. D'abord que c'est au compte des institutions financières spécialisées et des actionnaires-propriétaires dont elles gèrent l'argent, que les mécanismes d'appropriation et de centralisation de valeur et de plus-value au niveau mondial fonctionnent, que ce soit par le bais du service des intérêts de la dette publique ou de la gestion des groupes industriels conformément à la « *corporate governance* ». Ensuite, que depuis le milieu des années 1980, c'est dans un contexte macro-économique et institutionnel façonné de plus en plus par le tribut offert capital argent rentier, que se déroule l'activité économique d'ensemble et que se mènent toutes les lutte sociales. Au nombre des mécanismes particulièrement importants et pervers on trouve les déficits budgétaires créés par la baisse continue de l'imposition du capital et de la richesse et le grossissement de la dette publique qui en résulte. Dans les pays où la classe ouvrière avait conquis des acquis sociaux, les politiques d'austérité pour « maîtriser les déficits » et le

---

[8] Marx, *Le Capital*, livre III, chapitre XXIV. Pour une discussion des implications de la « distance » par rapport à la production, voir le premier chapitre dans Chesnais (dir.), *op. cit.*

[9] Voir le premier chapitre dans Chesnais (dir.), *op. cit.*

[10] Voir *inter alia*, Sauviat, dans Chesnais (dir.), *op. cit.*

service des intérêts de la dette des États sont devenus l'un des principaux vecteurs des « réformes ». Dans les pays capitalistes périphériques et dominés, ils ont été les leviers de « l'ajustement structurel » du FMI, des privatisations au bénéfice des investisseurs institutionnels et des entreprises étrangères (privées ou encore nationalisées) et enfin du pillage accéléré des ressources naturelles pour exporter et « payer la dette ».

L'acquisition de la propriété des groupes industriels et leur contrôle selon les modalités du « *corporate governance* » a été un pas décisif pour le capital de placement financier. Sans elle l'accumulation financière contemporaine se serait heurtée, bien plus tôt que cela n'a été le cas, à de grandes difficultés de valorisation. Les intérêts perçus sur la dette publique des États, ceux des pays avancés comme ceux des pays subordonnés, si élevé que soit leur montant cumulé, ne suffisait pas. Le terme « capitalisme boursier » n'est pas sans fondement. Aujourd'hui les fonds possèdent 40 % des actions cotées à Wall Street et sur les autres marchés de titres d'entreprises américains. C'est un pourcentage analogue qui est détenu par ces investisseurs dans les entreprises du CAC 40 français. Sans groupes industriels capables d'extraire et de centraliser au profit des actionnaires, un montant élevé de plus value, le capitalisme de marché financier n'aurait pas acquis son immense pouvoir social. Mais il ne pouvait pas s'agir n'importe quel type de groupe. Pour satisfaire les exigences des actionnaires, il a été nécessaire de remodeler les groupes industriels, de les arracher aux modes de fonctionnement propres à l'ère des compromis sociaux « sociaux-démocrates » et à la période que l'École de la Régulation désigne du terme d'accumulation « fordiste ». À cet effet, les managers des groupes disposent de moyens puissants venant des effets combinés de la libéralisation des échanges et des mouvements de capitaux et des nouvelles technologies. Dans les pays capitalistes centraux, la liberté d'action offerte par la libéralisation leur permet de faire peser sur leurs salariés la menace (qui peut d'ailleurs devenir effective) de délocaliser leurs sites de production vers les pays où la main-d'œuvre est bon marché et les salariés sont peu ou pas protégés ou pour y asseoir des réseaux de production par sous-traitance. Même dans les pays où il a sa base, le grand groupe industriel coté en Bourse est organisé pour ponctionner la valeur créée au sein d'autres firmes, autant ou même plus que d'en produire dans ses propres sites. Les petites firmes en font les frais et leurs salariés en subissent tout le poids. Dans les pays périphériques, l'entrée du nouvel actionnariat dans le capital des groupes industriels pris conjointement avec l'imposition de la libéralisation et de la privatisation, a transformé l'investissement direct. Dans beaucoup de pays il est plus que jamais, fût-ce avec de nouvelles cibles, un pur mécanisme de prédation.

III. Les canaux de captation et de centralisation de la valeur vers les centres financiers

Les organisations internationales classent les flux financiers interntionaux servant de canaux d'appropriation de la valeur produite dans les pays extérieurs à l'OCDE, en cinq rubriques principales : les prêts bancaires, les achats de titres obligataires sur les marchés où ils sont émis, les investissements directs, les investissements de portefeuille, c'est-à-dire les achats de titres d'entreprises là où ils sont émis, et l'aide publique au développement. Les deux premiers canaux sont ceux afférents à la dette extérieure des États, mais aussi dans certains pays à celle des banques et des entreprises locales. Le canal de l'investissement direct est celui où les entreprises étrangères viennent organiser directement l'exploitation des ressources locales en énergie, en produits de base et en demi-produits des « pays d'accueil » ; maximiser elles-mêmes par une gestion directe les flux de revenus à la suite de l'achat de banques locales ou d'entreprises de services publics libéralisées offrant des marchés captifs très lucratifs ; enfin, dans le cas d'un très petit nombre de pays, y produire localement pour le marché domestique de biens de consommation (durables et non durables), mais aussi dans quelques cas pour l'exportation, vers les pays d'origine des maisons-mères ou vers des pays tiers. Dans les cas où il y a investissement de portefeuille portant sur des titres d'entreprises, les investisseurs institutionnels laissent ce travail aux firmes locales en leur appliquant les règles de la « *corporate governance* ». S'agissant enfin de l'aide publique au développement, réduite à une peau de chagrin, il est entendu qu'il s'agit d'une « aide liée » dont le pays « donataire » doit bénéficier en retour.

Les achats de titres obligataires sur les marchés où ils sont émis ainsi que les investissements de portefeuille, sont l'apanage de ce que la finance mondiale nomme dans son jargon les « marchés (financiers) émergents ». Ouverts aux opérations du capital financier à partir du début des années 1990, ils sont à distinguer des places financières plus anciennes comme Hong-Kong et Singapour nées comme relais de la City de Londres dans le cadre de l'ancienne zone sterling. Il peut s'agir de places financières nouvelles comme dans certains pays du sud-est asiatique et en Chine. Dans d'autres cas, il s'agit en fait de marchés financiers anciens (comme en Argentine), qui ont connu, à la suite de la crise de 1929 un régime de contrôle stricte des mouvements de capitaux. Les pays dotés d'une place financière sont peu nombreux : une douzaine en Asie et en Amérique latine, auxquels s'ajoutent ceux de l'Afrique du Sud (Johannesburg) et de la Turquie[11]. Il s'agit en fait des pays nommés

---

[11] Voir la carte page 21 dans Carroué, 2004.

précédemment « nouveaux pays industriels » (NPI), dont les États-Unis, le FMI et leurs alliés et représentants locaux formés dans les universités américaines selon le credo néo-libéral, ont organisé la libéralisation et le décloisonnement des marchés financiers. Le marché boursier permet l'acquisition du capital des entreprises locales pour autant qu'elles ne soient pas absorbées par des FMN. L'existence d'un marché obligataire domestique interconnecté avec les marchés financiers des pays du centre du système permet la titrisation de la dette publique. De ce fait, depuis vingt-cinq ans, pris globalement, les prêts bancaires ont reculé régulièrement au bénéfice des émissions de titres obligatoires négociables comme mécanisme de constitution et de reproduction de la dette publique. Dans les pays qui ont un déficit budgétaire chronique en raison d'une fiscalité totalement orientée en faveur des l'oligarchie et des classes moyennes et qui possèdent un marché financier libéralisé, cette dette obligataire a une composante extérieure mais aussi intérieure. S'agissant de la première, les emprunts extérieurs négociés avec des groupes de banques (les prêts « syndiqués ») ont cédé la place à l'émission au « prix du marché » de titres libellés en dollars, qui sont négociés soit sur les marchés transnationalisés comme sur l'un des compartiments du marché obligataire local. Ouvrir aux fonds de pension et aux *Mutual Funds* une forme d'appropriation du surplus précédemment réservé aux banques a été l'un des objectifs de la libéralisation financière des « marchés émergents ». Les titres émis ont souvent une maturité courte ou très courte et les investisseurs peuvent les vendre à tout moment. Les taux d'intérêt sont calculés en référence au taux américains (le différentiel est nommé le « *spread* »), selon le risque-pays établi par les agences de notation. Ils sont toujours élevés – de deux à trois fois supérieures au taux de référence – et en période de crise financière ils peuvent représenter jusqu'à cinq fois le taux de base. Cependant la libéralisation et la déréglementation financières ont profité aussi aux banques internationales. Celles-ci se sont vues offertes la possibilité d'acheter des pans entiers du système bancaire de certains pays et ainsi de participer aux profits financiers très élevés (intérêts sur les titres et profits spéculatifs de marché) associés à la dette obligataire intérieure. Ainsi les banques internationales ont-elles pu bénéficier pleinement du processus récent de substitution partielle de la dette publique domestique à la dette extérieure[12]. L'acquisition de titres à circulation interne est une activité très rentable puisque les taux d'intérêt sont alignés sur les taux des émissions internationales accrus d'un pourcentage variable résultant tant du « ris-

---

[12] À propos de cette substitution, on consultera le dernier rapport de la Banque mondiale sur le « financement du développement ».

que-pays » que du contenu précis de la politique macroéconomique du pays et des choix politiques qui la sous-tendent[13].

L'examen de l'évolution des différentes modalités de flux financiers à partir des centres financiers mondiaux se heurte aux grandes difficultés d'analyse tenant au fait que la catégorie « pays en développement » ne correspond ni à des critères d'ensemble du « développement », ni à une appartenance à des entités économiques continentales. Les statistiques proposent, tout au plus, un découpage entre les pays à « *middle income* » et à « *low income* ». La catégorie « pays en développement » englobent des pays qui dépassent le cercle de ceux désignés de façon lâche comme du « Sud ». Elle inclût la Chine (aujourd'hui une puissance industrielle et un pays créancier majeur des États-Unis), mais aussi la Russie et tous les pays d'Europe centrale et orientale de l'ancien bloc soviétique, qui sont membres de l'OCDE et maintenant souvent de l'Union européenne, de même que ceux de l'ex-Yougoslavie. Elle inclût aussi que le Mexique, membre de l'ALCA depuis 1994 et de l'OCDE depuis 1990.

Tableau 1. Flux nets de capitaux aux « pays en développement » 1996-2004 et pour mémoire flux de rapatriements de salaires (milliards de dollars des États-Unis)

	1996	1997	1998	1999	2000	2001	2002	2003	2004
IDE net	128.4	168.1	171.5	182.4	166.2	174.8	154.0	151.8	165.5
Inv. net de porte-feuille	32.9	22.6	6.6	12.7	12.4	6.0	5.8	24.8	26.8
Flux net de dette (long et moyen terme), dont :	82.5	84.8	85.0	21.6	7.4	- 6.6	0.9	24.9	55.4
Obligations	49.5	38.2	39.7	29.8	17.5	11.0	11.2	28.1	63.0
Prêts bancaires	30.7	43.8	50.4	- 6.8	- 5.8	- 11.0	- 3.8	3.1	- 1.8
Flux net de dette (court terme)	37.4	9.2	- 64.5	- 20.1	- 7.9	- 23.9	2.8	48.9	53.6
Rapatriements de salaires	56.7*	-	-	-	76.8	84.6	99.0	116.0	125.8

* 1995

Source : World Bank, *Global Development Finance 2005*, tableaux 1.1 et 1A.1.

---

[13] Ainsi le Brésil offre des taux positifs réels de 14 % en fonction d'une politique dont les banques détentrices de la dette interne sont les seules bénéficiaires.

Au niveau agrégé qui est celui des publications de la Banque mondiale, les données du tableau 1 permettent de constater les mouvements suivants, dont on peut considérer qu'ils expriment à grands traits les priorités de placement des investisseurs institutionnels. Les chiffres concernent les flux et non les stocks dont l'évolution est nécessairement toujours plus lente. À la faveur de la libéralisation des investissements et des échanges, comme de la mise en place par les investisseurs institutionnels du « corporate governance » dans les groupes industriels transnationaux[14], l'IDE s'affirme comme la forme la plus importante et la moins volatile de flux financier tourné vers la captation de la richesse dans les « pays en développement ». L'IDE a subi de façon atténuée seulement les contrecoups des crises financières qui ont secoué les pays à « marché émergent ». Sa baisse en 2002 et 2003 a été suivie d'une hausse qui le rapproche des niveaux de la fin des années 1990. Le flux net d'investissement en titres de propriété des entreprises locales est faible et extrêmement volatile. En 2003 et en 2004, ils se sont dirigés presque exclusivement vers la Chine, l'Inde, l'Asie du Sud-Est et l'Afrique du Sud[15]. Les flux nets de capitaux tournés vers la captation de surplus par la voie de la dette étrangère (publique mais aussi privée) sont également devenus très volatiles en raison de la forte chute des crédits bancaires après les crises financières asiatiques, sud-américaines et russe de 1997-1998 et leur substitution par des flux de placement en titres obligataires de court comme de moyen termes. Cette substitution peut sembler ne pas avoir compensé la chute des crédits bancaires. C'est oublier dans les pays à marché financier « émergent » la montée en puissance, rappelée plus haut, de l'endettement interne des gouvernements comme des entreprises. Il nous a semblé intéressant d'ajouter au tableau une dernière ligne qui montre le montant très importants des rapatriements de salaires gagnés à l'étranger.

L'un des traits les plus nouveaux de la dernière décennie et plus encore des années 2002-2004 a été la très forte augmentation des réserves de change des pays classés comme « en développement ». Elles s'élevaient fin 2004 à près de 1 600 milliards de dollars, soit un montant jamais atteint auparavant. Considérée globalement, il est supérieur au total de la dette extérieure publique de l'ensemble des pays groupés sous

---

[14] Le terme franglais « industriel » traduit l'influence incontournable de l'économie industrielle anglo-saxonne. Il englobe aussi bien le secteur manufacturier que l'ensemble des activités de service.

[15] Voir World Bank, *op. cit.* tableau 1.3.

cette dénomination[16]. La Chine en détient 38 % à elle seule. Si on y ajoute la Russie et l'Inde, trois pays en détiennent plus de la moitié. Une fraction importante de ces réserves, notamment celles de la Chine, est recyclée dans les pays capitalistes centraux, principalement aux États-Unis. Cela conduit la Banque mondiale à écrire que « les pays en développés sont désormais des exportateurs nets de capital vers le reste du monde »[17]. On saisit là les très grandes confusions qu'une définition si large peut engendrer, tant de la catégorie « pays en développement » que de la notion « d'exportation de capital » qui englobe des choses aussi différentes que les flux d'intérêts du service de la dette, les flux de dividendes des investissements de portefeuille, les flux de profits de l'investissement direct ou encore les placements de la Banque de Chine en bons du Trésor des États-Unis. L'accumulation de réserves n'a été suivie d'aucune réduction significative de la dette. Dans plusieurs cas importants est allée de pair avec un accroissement de l'endettement. L'amélioration de la solvabilité apportée par les réserves le permet, alors que la détention par les élites oligarchiques de la dette de leur « propre pays » à partir des marchés financiers centraux ou des paradis fiscaux, de même l'imbrication entre le personnel politique et les milieux financiers y contribuent fortement. Plus de 200 milliards de dollars de dettes nouvelles ont été contractées de 2002 à 2004, notamment par le Brésil et le Mexique, mais aussi par l'Argentine après la conclusion des négociations avec ses créanciers.

IV. Les nouvelles stratégies des FMN et les cibles actuelles de l'investissement direct

Il faut maintenant faire quelques observations relatives à l'investissement direct à l'étranger (IDE) dont la prédominance ainsi que le degré plus élevé de stabilité des flux a été noté plus haut. Deux raisons le justifient. La première c'est que la balance des paiements des États-Unis comme de tous les pays industriels siège de FMN enregistre un solde positif des revenus de l'investissement à l'étranger. La seconde tient au fort accroissement de la financiarisation de la propriété du capital des groupes industriels transnationaux. Le capital est entre les mains d'un actionnariat qui exige des flux élevés de dividendes et de répartition de bénéfices sous d'autres formes. S'agissant des pays capitalistes centraux le rôle des marchés boursiers comme mécanismes d'appropriation de

---

[16] À la fin de 2004, les PED disposaient de 1 591 milliards $ sous forme de réserves de change, soit plus que le total de leur dette publique externe, 1 555 milliards $ (World Bank, *op. cit.* tableaux en annexe pages 161 et 165).

[17] *Ibid.*, p. 56.

valeur et de surplus ainsi que leur place dans les bouclages macro-éco-nomiques ont fait l'objet de beaucoup de travaux. Cela paraît moins vrai pour les pays destinataires de l'IDE.

Le cadre actuel des opérations de captation et de centralisation de valeur et de surplus par le biais de l'IDE est fixé par les « innovations institutionnelles » majeures du régime politique international de la mondialisation : la libéralisation de échanges et des investissements de l'OMC et les traités bilatéraux d'investissement encore plus favorables aux FMN que les États-Unis, les pays de l'Union européenne et le Japon ont fait signer à de nombreux pays en leur faisant miroiter des promes-ses de « croissance ». Ces pays ne sont pas logés à la même enseigne. On ne peut plus travailler sur le développement en postulant que les pays dits maintenant du « Sud » constitueraient un ensemble tant soit peu homogène, encore moins un front de pays ayant des intérêts com-muns. On a affaire à des pays dont l'histoire longue, puis les trajectoires politiques très contrastées suivies au cours de la seconde moitié du 20e siècle, déterminent des formes d'insertion différenciées dans l'éco-nomie mondiale, des niveaux distincts de subordination vis-à-vis des pays capitalistes centraux et des degrés différents d'éclatement de leurs structures politiques.

Nous exclurons l'IDE entrant en Chine de la typologie qui suit, mais nous mentionnerons l'IDE sortant. Tant la dimension de l'IDE entrant que le cadre politique et social où les FMN opèrent en font un cas abso-lument à part, même si tel ou tel trait de leurs opérations peut ressembler à ce qui se passe dans d'autres pays. L'Inde est également un cas à part qui nous conduit à ne pas l'insérer dans la typologie proposée. Le capitalisme indien s'est protégé de la pénétration des FMN plus que les autres capitalismes périphériques. Aujourd'hui il leur offre une base industrielle spécialisée, en informatique mais aussi en biotechnologie, pour des opérations de délocalisation par sous-traitance effectuée à l'aide des technologies de l'information et de la communication. En s'en tenant à une typologie sommaire les motifs actuels de l'IDE dans les pays capitalistes subordonnés peuvent présentés comme suit. Le premier motif est celui qui a été important dès le début de la domination colo-niale et impériale. Beaucoup de ces pays possèdent toujours des produits de base indispensables pour l'économie des pays capitalistes centraux : de nombreuses matières premières minérales et agricoles, le pétrole, mais aussi le gaz naturel devenu toujours plus important et maintenant l'eau, ressource convoitée dont le transfert à longue distance est à l'étude. Après avoir sembler reculer, l'investissement direct dans ces ressources de base a repris une grande importance. Les cibles ont changé en partie et le cercle des acteurs industriels s'est élargi pour inclure les nouveaux groupes oligopolistiques appartenant à des pays du « Sud »[18]. La convoitise des sources de matières premières énergétiques a toujours la clef des politiques qui s'affrontent au Moyen Orient. Il explique les rivalités inter-impérialistes et le cortège de guerres provoquées par elles dans les pays d'Afrique riches en minerais stratégiques. À la suite d'avancées technologiques et une intensification des productions agricoles dans les pays capitalistes centraux, il a semblé que hormis le pétrole, des minerais stratégiques comme l'uranium et de quelques cultures tropicales, au premier chef le bois, ces pays se soient rendus beaucoup moins dépendant des sources de matières premières situées dans les pays périphériques. La science et la technologie permettaient de leur substituer des produits industriels de sorte que l'IDE s'en détournait[19]. En termes de montant absolu des investissements cela peut toujours sembler le cas. Les pays dits « à revenus bas ou très bas » ne reçoivent que des montants faibles d'IDE. C'est en méconnaître l'importance stratégique. Les dernières années du 20ᵉ siècle ont vu le début d'une nouvelle phase dans laquelle le gaspillage effréné des ressources élémentaires, notamment l'énergie et l'eau, du fait du mode de vie et des normes de consommation du « capitalisme avancé », ainsi que des « progrès technologiques » dans des domaines tels que l'exploration des fonds marins profonds, sont venus créer des perspectives de haute rentabilité sur l'exploitation et l'acheminement à très longue distance du gaz naturel et de l'eau ou dans l'exploitation de gisements minéraux. S'agissant de l'Amérique latine, les ressources en gaz et en eau de la cordillère des Andes, de même que les richesses tant du sous-sol que sous-marines de la Patagonie sont devenues des cibles des FMN spécialisées et l'objet d'une très grande convoitise.

Le second motif de l'investissement direct est l'exploitation du marché intérieur des pays ciblés. Dans certains cas, celle-ci peut se combiner avec une intégration d'éléments ciblés de la base industrielle de l'économie d'accueil dans l'organisation productive internationale de la FMN. L'IDE a été l'instrument, notamment en Amérique latine, d'une vaste mutation dans la propriété du capital. Depuis dix ans les trois quarts de l'IDE, certaines années même près de 90 % du total, ont consisté en des opérations d'achat d'entreprises existantes, sans création de capacités nouvelles[20]. Dans beaucoup de pays, la privatisation des

---

[18] Ainsi les groupes chinois cherchent-ils à contrôler l'approvisionnement extérieur en minerai à l'aide d'IDE au Brésil, tandis que le groupe énergétique public brésilien Petrobras a des IDE importants en Bolivie.

[19] C'est l'analyse qui est encore présentée dans Chesnais, 1997.

[20] Voir *World Investment Report, 2002*.

entreprises publiques a été au cœur du changement de propriété, mais le capital national privé est également passé aux mains des acquéreurs étrangers. Ces acquisitions sont parties intégrantes du processus de fusion-acquisition qui a suivi l'entrée des fonds de pension et des *Mutual Funds* dans le capital des groupes industriels, à partir de la fin des années 1980 aux États-Unis, puis au cours des années 1990 dans la grande majorité des pays capitalistes centraux. Dans les pays périphériques ciblés les effets destructeurs des changements de propriété en termes de synergies industrielles et de « capital humain » sont encore plus forts que ceux observés dans les pays au centre du système.

Aujourd'hui, il est indispensable de distinguer la production manufacturière de l'exploitation des industries de services. Un très petit nombre de pays seulement intéressent les FMN en tant que débouchée pour des biens manufacturiers produits localement. Tous ou presque intéressent les multinationales des services de base (eau, téléphone, électricité). Commençons par les premiers. L'exportation et la vente au moyen de filiales de commercialisation sont redevenues l'option préférée des groupes. Mais ils voient obligés de produire sur place dans les pays où le marché intérieur de produits de consommation durable et non durable a une grande ou une très grande dimension. Les FMN continuent à créer des filiales de production lorsque cette forme de présence directe sur le marché s'impose à cause de la dimension du marché et de l'importance stratégique régionale du pays (c'est le cas du Brésil) ou en raison de la présence ancienne de rivaux oligopolistiques mondiaux dont il faut contrer les stratégies localement. Là il y a donc investissement direct dans le secteur industriel. Chaque fois que c'est possible, il prend la forme du rachat et de la restructuration d'entreprises appartenant au capital local. Les composants sont importés. Il n'y a guère plus qu'en Chine et en Inde que des clauses d'approvisionnement local subsistent, et le but des FMN et des pays du G7 est de les faire sauter là comme ailleurs.

S'agissant des stratégies des FMN manufacturières, l'autre fonction qu'une certaine catégorie de pays peut remplir est de servir, dans des industries intensives en main d'œuvre, de base pour des opérations de sous-traitance délocalisée requérant une main-d'œuvre industrielle à la fois qualifiée (ou même très qualifiée), très disciplinée et très bon marché. Cette stratégie n'exige pas d'investissement, ou tout au plus les « nouvelles formes d'investissement »[21], les coûts importants étant laissé à la charge du pays d'accueil et des firmes locales postulant au statut de sous-traitant. La présence est très souvent passagère, de quelques années.

---

[21] Voir le développement donné dans Chesnais, *op. cit.*, au travail initial de Oman, 1984.

Comme le nombre des pays candidats à ce type de relation est supérieur aux besoins du capital, compte tenu de la faiblesse générale du taux moyen mondial de croissance et d'accumulation, la stratégie des FMN consiste à mettre les pays en concurrence et à l'intérieur des pays les régions et les sites. Ainsi le Mexique, mais aussi la Thaïlande et les Philippines ont vu les contrats de sous-traitance disparaître au profit de la Chine. La sous-traitance internationale s'est maintenant étendue aux firmes productrices de logiciels et à beaucoup d'activités de services reposant sur l'informatique.

À côté de la nouvelle vague d'investissement dans les ressources de base, l'autre aspect crucial des quinze dernières années a été la mainmise des FMN sur les grands services de base à la suite de la privatisation des entreprises publiques ou la vente des firmes privées. Tous les pays ou presque intéressent les multinationales des services de base. Pour le gestionnaire de fonds de pension ou de *Mutual Fund* en quête de flux de revenus stables, il n'y a pas (ou il ne semblait pas y avoir) de meilleur placement que celui des actions des grands groupes auxquels l'exploitation des anciens services publics échoit à la suite des privatisations. Dans des pays ayant connu un degré de développement réel comme l'Argentine, les gens qui se sont habitués au gaz, à l'électricité, au téléphone, à l'eau du robinet sont des « consommateurs captifs » et des « vaches à lait », sources de revenus réguliers absolument sûrs. Dans de tels pays, comme dans les métropoles, les anciennes entreprises publiques sont d'autant plus attractives que l'État y a fait, avec les impôts de la collectivité, de très importants investissements qui assureront des rendements sans que les infrastructures aient à être rénovées pendant des années. C'est si vrai que dès que les pays d'accueil se rebiffent à la suite de conflits politiques, mais aussi de simples déconvenues (les pannes d'électricité à Sao Paulo), les concessionnaires se retirent. Mais des pays très pauvres peuvent aussi être ciblés, ne fût-ce que pour cet élément sans lequel la vie n'est pas possible, à savoir l'eau. Celle-ci manque dans beaucoup de pays et là où elle existe elle fait défaut à toutes les populations qui émigrent vers les villes. Fortes de l'appui des gouvernements, les FMN de l'eau n'hésitent donc pas à considérer que les gens les plus pauvres des bidonvilles et des urbanisations « sauvages » (c'est-à-dire spontanées) représentent un marché et doivent mis dans l'obligation d'acheter la ressource la plus vitale à la vie. Les révoltes populaires réprimées dans le sang, avant d'être victorieuses au moins momentanément, de Cochabamba en Bolivie et d'Arequipa au Pérou, ont répondu à cette prétention dont la racine est dans le capitalisme de marché boursier.

V. « Balkanisation » et « Impérialisme libéral »

Si la dette extérieure et les politiques d'ajustement structurelles et de privatisation menées conformément aux préceptes du « consensus de Washington », ont été le levier initial de la désindustrialisation de certains pays (l'Argentine est un parfait exemple) et dans un nombre bien plus grands de processus de dislocation sociale très forts, le relais a donc été pris par les stratégies d'investissement remodelées par les « opportunités » offertes par la libéralisation et les exigences du nouvel actionnariat. La théorie de la stratégie managériale de la globalisation enseigné dans les Business Schools, enseigne aux cadres dirigeants des FMN qu'ils n'ont plus à se préoccuper des « économies » au sens antérieur du terme, comme économies ouvertes au moyen des échanges et partiellement de l'investissement étranger direct, mais demeurant néanmoins encore autocentrées. Aujourd'hui grâce à la libéralisation des échanges et des traités bilatéraux d'investissements, ils n'ont plus à connaître que des « marchés » et des « sites » ciblés et circonscrits. Depuis quinze ans les opérations des FMN relèvent de ce qui a été nommé l'implantation « glocale » (contraction des mots « globalisation » et « local »), à savoir une interconnexion taillée sur mesure au cas par cas, au bénéfice des firmes étrangères, entre les avantages des sites « riches en actifs spécifiques » et l'existence des grands marchés auxquelles ces firmes ont un accès privilégié sinon exclusif[22]. Dans quelques cas, comme en Chine du Sud-est ou dans un petit nombre d'États de la Fédération du Brésil, le « glocal » comporte des retombées et consolide la position de régions, souvent de micro-régions, bien dotées en infrastructures et en personnel hautement qualifié. Dans d'autres régions des mêmes économies et dans beaucoup de pays, les opérations des FMN traduisent sans fard une relation de prédation pure et simple : d'un côté les concessions pour l'exploitation de ressources énergétiques (gaz autant que pétrole) ou minières et maintenant pour acheter, ou mieux dire voler, l'eau, de l'autre les concessions de services de base, sans vrai investissement ou presque et à tarification monopolistique. Au plus fort de la crise politique argentine, parmi les nombreux projets évoqués il y a eu celui de la formation d'un consortium économico-financier très puissant qui aurait pu proposer d'acheter la Patagonie à l'Argentine.

Les résultats du « glocal » et des investissements de pure extraction-prédation conduisent à quelque chose de différent et de beaucoup plus

---

[22] Pour toutes ces notions et la très forte sélectivité des opérations du capital libéralisé et déréglementé, voir *La mondialisation du capital, op. cit.*, notamment les chapitres VI et XI.

grave que le « dualisme » diagnostiqué il y a quarante ans comme l'une des infirmités des pays en développement, à savoir des formes particulières, extrêmement graves, de ce que les géographes économiques nomment « l'économie d'archipel »[23]. Dans les pays capitalistes centraux celle-ci comporte une polarisation des activités autour des grandes villes métropoles et dans des régions névralgiques, dont les politiques régionales ont beaucoup de mal à combattre les effets de « désertification » ailleurs. Dans les pays capitalistes dominés, « l'économie d'archipel » comporte à la fois une accentuation paroxystique de formes d'urbanisation paupérisée et à un mitage souvent très poussé du tissu économique. Les mondialisation née de la libéralisation transforme les pays une simple juxtaposition de territoires placés dans la dépendance de relations extraverties commandées par l'investissement de telle ou telle FMN, accompagnés de ces immenses concentrations de gens chassés de leurs terres ou privés de travail par les entreprises. Même là où les guerres intestines ne provoquent pas le déplacement de populations réfugiées immenses, la dislocation économique née de la libéralisation contraint les gens à émigrer vers les agglomérations urbaines et quand c'est possible vers l'étranger. Sur le plan politique *stricto sensu*, le pendant ou plus mieux la conséquence de « l'économie d'archipel » est l'éclatement des structures étatiques créées au cours des phases historiques antérieures. L'heure est donc aux demandes d'autonomie régionales formulées par les fractions oligarchiques satisfaites des retombées régionales de la présence étrangère, voire les menaces de sécession brandies par elles : l'État de Monterrey au Mexique, la province de Santa Cruz dans la Bolivie amazonienne en sont des exemples. Mais ce évidemment pas l'effet le plus grave. Partout où l'histoire a légué des ressentiments et des haines (celles qu'on nomme « ancestrales »), le poids des ponctions économiques au profit de l'étranger et la dislocation des cohésions peut conduire des peuples exploités ou dépossédés reportent sur ceux qui, plus petits, plus faibles qu'eux-mêmes, leur sont désignés comme étant « différents », les frustrations, les injustices et les haines dont ils ne comprennent pas – et dont on leur cache soigneusement – les causes véritables. Tel est le terreau de la violence en Afrique. Les germes de celle-ci peuvent exister de façon endogène à l'état larvé, mais c'est à la faveur de la mondialisation et à cause des formes prises par celle-ci que cette violence éclate.

Les cas les plus accentués de dislocation économique et politique ont vu le surgissement dans la pensée stratégique de la notion des « *Failed States* ». Telle est, après les « *Rogue States* » (les États voyous), la catégorie nouvelle créée sortie des *Think Tanks* et des ministères des

---

[23] Une version rassurante de cette caractérisation est proposée par Veltz, 1996.

Affaires étrangères et de la Défense des États-Unis et du Royaume Uni. Les « *Failed States* » sont les États incapables d'assurer la sécurité des investissements étrangers, soit parce qu'ils sont confrontés à des situations répétés de révolte des masses urbaines et/ou rurales, soit parce qu'ils sont en voie d'éclatement politique du fait de questions souvent caractérisées comme ethniques. L'existence de tels États justifie un « nouvel impérialisme », « moderne », « bienveillant », d'autant plus nécessaire que les « *Failed States* » peuvent aussi être des foyers de recrutement pour les organisations terroristes[24]. Elle peut appeler l'intervention militaire de la part de la « communauté internationale », mais aussi des mesures de mise sous tutelle avoisinant la re-colonisation. Celles-ci peuvent concerner y compris des pays considérés peu de temps auparavant comme des « modèles ». Ainsi, toujours pour l'Argentine, au plus fort de la crise politique et financière de 2001-2002, des études de faisabilité ont été menées aux États-Unis et au FMI sur la mise sous tutelle financière directe du gouvernement Duhalde, alors que des fonctionnaires du FMI avaient déjà des bureaux à la banque centrale et au ministère des Finances. Les formes d'intervention politique que l'Union européenne songe à faire en « coopération » avec les États dont les flux migratoires sont perçus comme une menace, par exemple l'aide à la création de formes de camps de « rétention » (lire d'internement) *in situ*, relèvent de la même logique.

Un effort considérable a été fait par les économistes se réclamant tant de l'École de la régulation que de la filiation intellectuelle marxiste ou marxienne, pour comprendre les ressorts du capitalisme de marché financier, ses rapports avec la libéralisation et la déréglementation et ses conséquences pour la société des pays capitalistes centraux. Ne faudrait-il pas un travail équivalent, qui ne peut être mené que dans une optique critique ou fortement critique, pour énoncer les formes et les conséquences que ce capitalisme libéralisé, dominé par un certain type d'actionnariat, a dans les pays périphériques dépendants et dominés ? Le renouveau de la théorie du développement, dans le sens ambitieux où celle-ci était comprise dans les années 1950 et 1960, est à ce prix.

Références

Aglietta, M., « Le capitalisme de demain », *Notes de la Fondation Saint-Simon*, n° 101, novembre 1998.

Amin, S., *L'accumulation à l'échelle mondiale* (Introduction), Ifan, Dakar et Anthropos, Paris, 1970.

---

[24] Sur le « nouvel impérialisme », ses racines et ses prétentions, voir Serfati, 2004.

Arendt, H., *Les origines du totalitarisme : l'impérialisme*, Fayard, Paris, 1982 pour la traduction française, 1951 pour l'édition originale.

Carroué, L., *La mondialisation en débat*, La Documentation française, Paris, 2004.

Chesnais, F., « L'émergence d'un régime d'accumulation à dominante financière », *La Pensée*, n° 309, janvier-mars 1997.

Chesnais, F., *La mondialisation du capital*, seconde édition élargie, Éditions Syros, Paris, 1997.

Chesnais, F. (dir.), *La finance mondialisée : racines sociales et politiques, configuration et conséquences*, Éditions La Découverte, Paris, 2004.

Harribey, J.-M. et Löwy M. (dir.), *Capital contre nature*, Actuel Marx Confrontation, PUF, Paris, 2003.

L'impérialisme, stade suprême du capitalisme, Éditions Sociales, Paris, 1952, p. 55.

Oman, C., *Les nouvelles formes d'investissement*, Centre de Développement de l'OCDE, Paris, 1984.

Serfati, C., *Impérialisme et militarisme : actualité du 21ᵉ siècle*, Éditions Page2, Lausanne, 2004.

Stewart, T., *The GATT Cycle d'Uruguay, A Negotiating History*, Kluwer Academic Press, Deventer, Pays-Bas, 1994.

Veltz, P., *Mondialisation, villes et territoires : l'économie d'archipel*, PUF, Paris, 1996.

World Bank, *Global Development Finance 2005*, Washington DC, avril 2005, chapitre 4.

World Investment Report 2002, United Nations, Genève, figure 1.7.

Finance et militarisme : qu'avons-nous appris du passé ?

Claude SERFATI

Enseignant-chercheur, C3ED,
Université de Saint-Quentin-en-Yvelines

Introduction

Les processus de mondialisation qui se déroulent depuis deux décennies ont suscité un débat sur leurs similitudes et différences avec ceux qui prirent place entre le dernier quart du 19ᵉ siècle et la Première Guerre mondiale. Cette période est en effet souvent qualifiée de « première mondialisation » à la suite des travaux d'historiens économistes, en particulier ceux de P. Bairoch (1994). Les thèmes de comparaison qui attirent l'attention des chercheurs sont assez nombreux. Puisque un maître mot qui caractérise la « mondialisation » est celui d'intégration et d'interdépendance croissantes[1] (Held *et al.*, 1999), les recherches portent sur l'impact de l'échange international et de l'ouverture des frontières sur la convergence des économies nationales. En fait, lorsqu'on définit la convergence comme la réduction continue des écarts de niveaux de vie entre les pays riches et les pays pauvres (Williamson, 1996), il semble que la période actuelle ait creusé les inégalités (Galbraith ; Wang, 2002). Depuis deux décennies, les inégalités de revenus et de patrimoine ont également augmenté au sein des pays développés, alors qu'elles diminuèrent dans les pays européens au cours de la « première mondialisation » (Batou, 2000 ; Piketti, 2000). Le rôle de la finance au cours des deux périodes de mondialisation est également discuté. L'ampleur de l'intégration financière est principalement mesu-

---

[1]   Selon une définition classique, La mondialisation est caractérisée par une transformation de l'organisation de l'espace des relations sociales et des transactions, telles qu'on peut les mesurer par leur intensité, leur extension, leur rapidité et leur l'impact (Held *et al.* 1999).

rée par le montant des flux de capitaux longs (investissements directs à l'étranger, obligations) puisque les placements de capitaux à court terme sont mal connus. Les facteurs qui favorisent une plus grande intégration financière aujourd'hui qu'hier, tels que le contexte institutionnel (Bordo, Eichengreen, Irwin, 1999), la diminution des coûts de transports et plus généralement la baisse des coûts de transactions (Baldwin, Martin, 1999) sont également analysés. Le passé est mobilisé pour analyser la récurrence des crises et chocs financiers qui depuis plus de deux décennies secouent les différents segments des marchés financiers internationaux et rappellent les nombreuses crises – Kindleberger recense un total de 22 crises – qui éclatèrent entre 1870 et 1914 (1978).

En revanche, la mise en perspective des contextes géopolitiques est rarement abordée, ce qui est étonnant puisqu'ils constituent des composantes majeures du cadre institutionnel des deux périodes de mondialisation. Le partage du monde par quelques grandes puissances sous la forme de la colonisation ou de sphères d'influence protégées, offre un contraste avec la période contemporaine, marquée par la prolifération du nombre d'États souverains. Alors que le monde fut partagé pour une grande part entre quelques grandes puissances, Milanovic observe que Williamson et Lindert, qui travaillent sur les comparaisons entre les deux périodes, n'utilisent pas une seule fois les mots colonialisme, esclavage, ou colonisation dans leurs écrits (2003)[2]. On peut d'autre part noter que la catégorie de l'impérialisme est aujourd'hui rarement mobilisée, y compris par les marxistes, qui lui substituent souvent le terme d'empire et l'appliquent exclusivement au cas des États-Unis. Le terme impérialisme, assorti d'adjectifs (bienveillant, libéral, post-moderne, réticent, etc.) est plus fréquemment employé par les défenseurs de la mondialisation, qui désignent ainsi la responsabilité qui incombe aux pays développés et à la communauté internationale, d'étendre à l'échelle planétaire, au besoin par la force dans les pays « faillis » ou « voyous », les bienfaits de la paix, de la démocratie et de l'économie de marché (Serfati, 2004). Certains estiment d'ailleurs que le G8 devrait constituer un nouveau « concert des nations » susceptible d'imposer la sécurité collective (Kirton, 2005).

Ce chapitre est centré sur les enseignements que la « première mondialisation » permet de tirer quant aux relations entre l'expansion mondiale du capitalisme et l'augmentation du militarisme et des guerres. Plus précisément, l'objectif est de discuter la thèse selon laquelle l'ouverture des économies nationales et l'absence d'entrave aux flux d'échanges

---

[2]   À titre d'exemple, la Dutch East Indies company pilla entre 7,4 % et 10,3 % du Revenu national indonésien entre 1868 et 1930 selon Maddison (2001).

sont aujourd'hui un facteur de paix entre les nations parce qu'elles élèvent leur degré d'interdépendance et d'intégration économiques.

Cette thèse n'est pas nouvelle, elle était déjà présente dans les textes des fondateurs de l'économie politique et fut reprise au cours de la première mondialisation et jusqu'à la veille de la Première Guerre mondiale. A. Smith, Ricardo et leurs disciples pensaient que le commerce de biens qui se développerait grâce à la division internationale du travail, et à la suppression des obstacles protectionnistes, stimulerait la paix et la prospérité des peuples (Fontanel, Coulomb, 2003). Cette position optimiste devint intenable en raison de la tournure conflictuelle prise par le capitalisme mondial à partir des années 1870-1880. La pensée économique modifia alors sa perspective. La finance, grâce à ses tendances « cosmopolites », devint l'institution susceptible d'assurer une intégration harmonieuse mondiale (Angell, 1911 ; Polanyi, 1983). Au début du 21e siècle, les thèses dominantes demeurent fondamentalement optimistes, mais l'analyse des forces motrices capables de réaliser une intégration planétaire pacifique est toutefois amendée à la suite de la barbarie produite par les guerres du siècle dernier. Après le commerce des biens, et un siècle plus tard la finance, il convient aujourd'hui de promouvoir une intégration globale (et pas seulement mondiale au sens territorial), sur les plans commercial (dans le sens très extensif que lui donne l'OMC qui y inclut le commerce de la propriété intellectuelle et des processus du vivant), financier, mais aussi politique (la bonne gouvernance fondée sur la démocratie).

La thèse d'une mondialisation intégratrice donc pacifique, est développée sous différents aspects. Elle a été formulée de façon journalistique – « les pays qui hébergent des McDonalds ne se font pas la guerre » car ils sont « enserrés dans le camisole dorée de la mondialisation » c'est-à-dire trop attachés à ses bienfaits pour verser dans les conflits armés (Friedman, 2000, p. 248). Elle peut être exprimée de façon plus politique : le libre-échange est inscrit dans l'«axe du bien» dans l'agenda de sécurité nationale de l'Administration Bush (Serfati, 2004). Enfin, elle est défendue sur un plan plus théorique. Selon le groupe d'économistes de la Banque mondiale, le retard de globalisation et de bonne gouvernance est une cause majeure qui explique que certains pays du sud soient déchirés par les « nouvelles guerres » (Collier *et al.*, 2003). Plus généralement, la littérature d'économie politique internationale s'intéresse aux conséquences bénéfiques de l'interdépendance sur les relations pacifiques entre les nations. Le lien entre démocratie, libre-échange et paix est certes complexe, et les défenseurs de la thèse se demandent si c'est la démocratie ou bien le libre-échange qui est le plus efficace pour pacifier les relations. Les effets stimulants (le « doux commerce » espéré par Montesquieu) et le rôle positif tenu par les flux de capitaux (IDE et prêts) du Nord vers les pays du Sud (croissance économique, transferts de technologie) apportaient déjà leur contribution à la paix. Désormais, la globalisation contemporaine, « définie comme une intégration économique, politique et sociale croissante des États et des sociétés dans les liens très étroits de l'interdépendance » (de Soysa, Gleditsch, 2002, p. 26) associe à ces deux facteurs « l'extension des institutions démocratiques et une adhésion sans précédent à l'idéologie de l'économie de marché » (p. 30). Il faut donc créditer la « *paix capitaliste* », dont la « *paix démocratique* » est une composante, des avantages tirés de l'amélioration de la sécurité internationale (Weede, 2004, p. 170).

I. Paix libérale et capitaliste

Les économistes classiques n'ont pas éludé la question des relations entre l'économie et les conflits. Smith était optimiste, il estimait que les nations ne s'engageaient dans la guerre que dans le cas où l'espoir de gains l'emportait sur les coûts prévus. Or, la croissance économique produite par le capitalisme, ainsi que le développement du commerce international élèvent inexorablement ces coûts, que les économistes qualifieraient aujourd'hui de « coûts d'opportunité ». Smith observe néanmoins que la « richesse des nations » comporte un risque : elle augmentait les bénéfices qu'une nation moins développée peut tirer de l'appropriation des richesses et risque de l'inciter à une attitude belliqueuse. La croissance des dépenses militaires est donc un passage obligé pour les pays riches (Goodwin, 1991).

A. La finance pacifique – parce que cosmopolite

Les espoirs portés par Smith et les libéraux, tels que J.B. Say ou S. Mill, sur l'esprit pacifique du capitalisme durent être confrontés à la course aux armements menée par les pays capitalistes dominants à la fin du 19e siècle (figures 1 et 2). La croissance des dépenses militaires des grandes puissances européennes au cours de cette période est considérable, en valeur absolue mais également en proportion du PIB. Les dépenses militaires absorbent plus du quart des budgets publics de l'Allemagne, de la France et de la Grande-Bretagne[3] (Ferguson, 2002).

---

[3] Le total des dépenses publiques en proportion du PIB représente pour la moyenne des pays dominants 10 % en 1880, 11,7 % en 1913, contre 41 % aujourd'hui pour les pays de l'OCDE.

**Figure 1. Taux de croissance des dépenses militaires
entre 1879-1880 et 1912-1913**

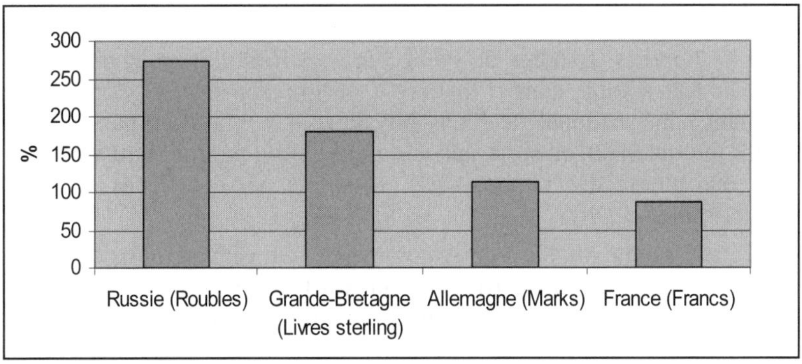

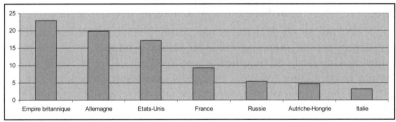

Source : B.R Mitchell (1998).

**Figure 2. Dépenses de guerre des grands pays,
1913 (milliards de dollars)**

Source : Kennedy (1991).

La « mondialisation » prit largement la forme d'une conquête du monde, dont les États européens menèrent la charge sous des formes de coercition directes (colonisation) ou indirectes (dépendance très forte), et de guerres entre eux. Les évènements semblaient donc déclasser la thèse libérale. Toutefois, le débat fut à nouveau ouvert au début du 20ᵉ siècle[4]. Le publiciste N. Angell en fut un animateur notable avec son ouvrage « *La grande illusion. Une étude des relations entre les capacités militaires des nations et leurs avantages économiques et sociaux* » (1910). La thèse défendue est que l'intégration internationale croissante des économies nationales exclut très probablement le risque de guerre,

---

[4] D. Carnégie créa en 1910 une fondation la *Carnégie Endowment for International Peace*. La fondation finança un programme de recherches sur les causes de la guerre qui rassembla sous la direction de J.B. Clark une brochette d'économistes réputés des plus grands pays de la planète, dont P. Leroy-Beaulieu et C. Gide, A. Böhm-Bawerck, et M. Pantaleoni.

tant les coûts seraient élevés par rapport aux gains. La raison essentielle qui rend les guerres entres pays développés caduques parce qu'inutiles, est « l'interdépendance financière complexe qui relie les capitales de la planète... La complexité de la finance moderne rend New York dépendant de Londres, Londres de Paris, Paris de Berlin, à un degré qui n'a jamais été atteint dans l'histoire ». L'interdépendance fondée sur l'échange international de biens physiques est amplifiée par celle du crédit international, en sorte que « la richesse qui pourrait être accaparée (par une guerre de conquête) est remplacée par des lignes de crédit insaisissable » (338).

Ce n'est donc plus le « doux commerce » en général, mais celui pratiqué par la finance en particulier, qui est porteur de paix, car celle-ci possède un statut singulier au sein du capitalisme. La grande mobilité du capital-argent, son aptitude à se jouer des frontières dans sa quête de valorisation, en somme sa capacité à prendre le visage de l'universalité et à circuler sans support matériel qui puisse être indûment capturé, rend la guerre inutile. L'argent n'a ni odeur ni nationalité, et le capital financier vogue de place en place, de pays en pays au gré de la rentabilité promise. Il est « insaisissable » et rend donc les guerres inutiles.

K. Polanyi[5] s'est également appuyé sur le mouvement particulier du capital-argent par rapport à celui du capital productif et du commerce pour développer la thèse suivante : pendant un siècle, la Haute finance assura la paix entre les pays européens[6]. Bien que l'équilibre des rapports de force établi par le Concert des nations qui se mit en place dès la chute de l'empire napoléonien, fut un facteur de paix, Polanyi considère que ceci n'aurait pas suffi sans le rôle tenu par la Haute finance. Son cosmopolitisme lui évitait de dépendre d'un seul gouvernement. « Il échut par *détermination fonctionnelle* à la haute finance d'éviter la guerre » (1983, p. 33, souligné par moi, C.S.). Certains de ses membres pouvaient certes trouver profit à de « petites guerres » localisées, « et le commerce et la finance furent responsables de nombreuses guerres coloniales », mais ces petites guerres ne gênaient pas « l'exercice tranquille des affaires » (pp. 36-37). Le bilan général est positif : « on leur doit (aux membres de la Haute finance, C.S.) aussi d'avoir évité les guerres générales » (p. 33). La haute finance put réaliser cette performance, parce qu'elle forma « le lien tout trouvé entre l'organisation économique de la vie internationale » (p. 38).

---

[5]   Pour la proximité – apparemment surprenante – entre Angell et Hobson, voir Cain, 1978, p. 580.

[6]   Vayrinen écrit que Polanyi n'avait aucun intérêt pour les thèses libérales telles que celles défendues par Angell. Il classe toutefois avec des réserves Polanyi dans le club des théoriciens de la « paix libérale » (2002, 22).

Pour Polanyi, la « détermination fonctionnelle » du capital financier ne suffit cependant pas à expliquer son rôle pacificateur. La Haute finance réalisa en quelque sorte un « capitalisme collectif » qui cherchait à mettre en avant les intérêts communs des bourgeoisies et des États nationaux, et à limiter leurs rivalités. Le fait que la Haute finance soit composée de familles aux ramifications internationales nombreuses, dont les Rothschild sont les plus représentatifs, n'est pas une cause, mais plutôt une conséquence de la création institutionnelle de la Haute finance (Polanyi, 1983).

Cet argument développé par Polanyi est intéressant, parce qu'il renvoie à une hypothèse de base de l'économie politique internationale. La « gouvernance » des « biens collectifs internationaux » ne peut être assurée par la seule puissance hégémonique, elle requiert une coopération multilatérale. Ainsi, le système monétaire international fondé sur l'étalon-or qui régna jusqu'en 1914 exigeait non seulement que la Grande-Bretagne « joue le jeu » de la stabilité[7], mais aussi la participation des autres pays à ce jeu en cas de risque de défaillance de l'hégémon. La Haute finance était un acteur déterminant, parfois contraignant, de cette coopération étatique internationale. Lors de la faillite de Baring (1890), les Rothschild agissent de façon à assurer les mouvements d'or entre les deux banques centrales afin d'éviter que les politiques monétaires n'entrent pas trop en conflit. La Banque de France avança pour trois mois un prêt en or d'un montant de 2 millions de livres. Ce type de prêts fut répété à l'occasion d'autres crises en 1906 et 1907. Nathan Rothschild écrivit alors à son cousin en France : « il est très important de savoir si cela était nécessaire et même impératif à l'avenir, une main secourable serait tendue de l'autre côté de la Manche pour sauver la vieille Dame de Threadneedle Street » (la Banque d'Angleterre) (2000, pp. 399-400). Dans le contexte d'émergence d'une économie mondiale, qui est restée fondée sur un système inter-étatique (un système international au sens strict) de « gouvernance », elle a accompli certaines fonctions qui sont désormais exercées par les organisations financières internationales (FMI, Banque mondiale et plus récemment OMC).

La Haute finance fut fréquemment en mesure de réduire les tensions internationales. Le montage de prêts internationaux à l'initiative de consortiums bancaires internationaux s'émancipait souvent des affrontements militaires latents. Quelques mois après la fin de la guerre franco-allemande de 1870, les dirigeants du Crédit lyonnais écrivaient à « nos amis de Berlin » (cité par Bouvier *et al.*, 1986, p. 102). Au début des

---

[7] Grâce à une balance des paiements excédentaire, la Grande-Bretagne accumulait des réserves (contrairement aux États-Unis depuis trois décennies) bien que sa balance commerciale fût déficitaire, ce qui traduisait sa perte de leadership industriel.

années 1900, les banques allemandes et françaises participèrent ensemble à des montages financiers en Turquie, au Maroc, en Espagne, Russie, Amérique du Sud, Afrique, qui bien souvent n'apparaissaient pas dans leurs bilans (Feis, 1974, 1ʳᵉ édition 1930, p. 197). La coopération fondée sur l'opération financière internationale montée par les banques, plus « policée » était plus facile que le recours à l'investissement direct international, ouvert à la concurrence et donc « plus sauvage » (Bouvier *et al.*, 1986, p. 101).

II. Critique de la thèse

La thèse qui assigne à la finance la représentation des aspirations « cosmopolites » ou universalistes du capitalisme, et de là un rôle-clé de défenseur de la paix (libérale ou capitaliste) est discutable. D'abord, l'opposition entre d'une part les intérêts d'une finance cosmopolite et d'autre part ceux d'États dominés par des groupes nationalistes et protectionnistes est infondée. La haute finance eut recours aux États, sollicita leur aide et parfois leur intervention militaire pour faire respecter les droits de propriété financiers. Ensuite, la haute finance tira un large profit de l'augmentation des budgets militaires et développa des alliances fructueuses avec les producteurs d'armes, elle contribua à faire de l'industrie d'armement une sphère de valorisation fructueuse.

A. La Finance a besoin des États (et réciproquement)

L'hypothèse de Polanyi est contestée sur le plan empirique. Son argument est que La haute finance a porté son effort sur l'évitement des « guerres majeures » – c'est-à-dire celles qui n'avaient pas pour objectif la conquête coloniales. Entre 1815 et la Seconde Guerre mondiale, on recense 81 guerres coloniales (Human Security Report, 2005). La Grande-Bretagne engagea 13 guerres importantes entre 1815 et 1880 (France, citée par Vayrynen, 2002). De plus, la finance n'a empêché ni la guerre de Crimée, ni la guerre de 1870. Or, cette guerre « majeure » modifia la configuration géoéconomique au cours des décennies suivantes et facilita la domination mondiale du capital financier anglais[8].

Ces « échecs » de la finance à empêcher les guerres ne sont pas fortuits. Ainsi que le déclare Feis en conclusion d'un ouvrage de référence, il est difficile de croire les manuels d'économie lorsqu'ils disent que l'achat et la vente de titres sont une affaire privée, décidée en fonction des goûts et de l'opinion des épargnants, dont les résultats sont des pertes ou des gains occasionnés par des décisions privées (1974, p. 156).

---

[8] En 1860, la France et la Grande-Bretagne sont encore pratiquement à égalité dans le montant des prêts à l'étranger (Ferguson, 2002, p. 297).

En réalité, la haute finance ne put déployer son réseau d'implantations, d'investissements et de placements à l'étranger que grâce à l'appui des États dominants.

Les raisons ne manquent pas pour expliquer cette interaction entre la finance et ses États nationaux.

1) la pénétration des capitaux étrangers dans les pays « neufs », qu'on qualifierait aujourd'hui de pays émergents, fut souvent soutenue par de fortes pressions diplomatiques, et parfois militaires, exercées sur les gouvernements des pays d'accueil. Pas plus que l'addiction des tribus indiennes à l'alcool lors de la colonisation ibérique, l'augmentation de l'endettement des pays de la périphérie au 19e siècle ne résulta de la volonté souveraine des pays emprunteurs.

Le degré de proximité entre les institutions financières créancières et leurs gouvernements fut variable selon les pays. En France, l'importance de l'État dans le développement du capitalisme et dans la vie sociale, voire son omniprésence dans certaines activités[9] financières, explique sa présence fréquente aux côtés des investisseurs. Les relations privilégiées que le capital financier français entretint avec la Russie avaient une « surdétermination » politique évidente, fréquemment relayée par les médias à partir des années 1890. La souscription de certains emprunts émis en France au profit du Tsar, étaient même selon le président du Conseil Ribot, « un véritable devoir patriotique »[10] (Girault, 1997, p. 169). Ces dimensions politiques ne dénotent évidemment pas une absence de préoccupation pour la rentabilité de ces emprunts. Les procédures d'émission des emprunts procuraient de substantielles commissions aux banques, et les taux d'intérêt étaient bien supérieurs à ceux des obligations émises en France. Le rendement élevé incitait même fréquemment les institutions financières (Caisse nationale des retraites pour la Vieillesse, Caisse des dépôts et consignations, Crédit foncier) à souscrire à la totalité de l'emprunt, ce qui laissait l'épargnant hors de l'émission (Feis, 1974, p. 143).

Le rayonnement du capital financier anglais était souvent suffisamment puissant pour pouvoir se passer d'une intervention gouvernementale aussi directe qu'en France (Farnetti, 1994). En somme, la *pax britannica*, impliquant le « laisser-faire », était la forme la mieux adaptée à l'expansion du capital financier anglais. D'autres facteurs (la doctrine Monroe des États-Unis en Amérique latine marquait l'influence

---

[9] L'article 5 du décret de 1880 dispose que le gouvernement français peut à tout moment interdire l'émission d'une obligation étrangère en France (Feis, 1974, p. 121).

[10] On recensa après la guerre mondiale 1,6 millions de déclarations individuelles de porteurs français d'emprunts russes.

des États-Unis) limitaient également les ambitions militaires britanniques. Le rôle de l'État fut néanmoins important, comme en témoignent les interventions militaires destinées à faciliter l'exportation de capitaux britanniques dans la république des Boers, en Afrique de l'Est, Égypte, Turquie, et en Chine[11].

2) Au cours du dernier quart du 19e siècle, le soutien des États européens ne fut pas seulement nécessaire pour ouvrir de nouveaux marchés au capital financier en quête de placement. Lorsque les flux de capitaux devinrent massifs, la question de la garantie accordée aux créanciers devint centrale, tout comme celle de la protection des droits de propriété sur le capital productif. Au début du 19e siècle (1824-25) puis dans les années 1870, les aventures du capital financier avaient été marquées par des défauts assez retentissants, en particulier en Amérique latine, ce qui rendit les investisseurs prudents lors de la nouvelle vague de placements des décennies suivantes[12] (Taylor, 2003). La mise en place d'un cadre institutionnel beaucoup plus contraignant était donc indispensable. L'initiative fut prise par les investisseurs financiers qui créèrent des organisations de défense de leurs intérêts, dont la plus connue est la Corporation of Foreign Bondholders (encadré).

Les rentiers s'organisent

La Corporation of Foreign Bondholders (CFB), créée en 1868, est la plus connue des organisations de défense des créanciers. Elle fut officiellement reconnue par le Parlement anglais en 1898, et son conseil de direction est composé de 21 membres, dont 6 membres sont nommés par les banques, 6 membres par la Chambre de commerce de Londres et 6 membres par cooptation. Elle constituait donc un groupe de pression efficace, qui pouvait dans un premier temps bloquer l'accès du pays défaillant à de nouveaux prêts sur le marché londonien. Son action sur les autres places financières européennes était également possible dans la mesure où les émissions d'emprunts par les pays demandeurs étaient réalisées simultanément sur plusieurs places. La liste des membres dirigeants du CFB témoigne de leur forte affinité sociale avec le gouvernement (Mauro, Yafeh, 2003). L'efficacité de l'action des créanciers apparaît dans la diminution très nette et continue du nombre et de la durée défauts à partir de 1892 (*Id.*)

---

[11] Cain et Hopkins estiment que la Perse représente un cas particulier. La City s'est désintéressée de la Perse à l'exception de la fièvre spéculative de 1909-1911. Ce fut le gouvernement qui prit les initiatives, pour des raisons géopolitiques (crainte d'une emprise russe trop forte) mais aussi pour renforcer la position du capital britannique : « plus nous les forçons à emprunter, plus nus renforçons notre influence politique sur leur gouvernement », déclarait le ministre britannique à Téhéran en 1903 (1994, p. 415).

[12] À la fin des années 1880, le montant cumulé des défauts encourus par la Grande-Bretagne sur des titres gouvernementaux émis à Londres s'élevait à 70 millions de £ sur un total de 123 millions de £ (Rippy cité par Taylor, 2003, p. 41).

> La CFB fut assez influente pour obtenir que les recettes fiscales et les taxes douanières soient utilisées au remboursement des dettes, et parfois elle réussit à faire directement collecter ces impôts par ses représentants (Kelly, 1997).
>
> L'action de la CFB était limitée par le fait que la légalité d'une action engagée par des créanciers individuels contre des États souverains fut considérée comme non fondée jusqu'au début des années 1950. Ce principe fut progressivement écorné dans les années de globalisation financière.

Cependant, l'initiative privée était insuffisante pour faire respecter le paiement de la dette par les pays endettés. Le problème ne se posait pas dans les territoires colonisés et donc soumis aux règles de droit et au régime de propriété favorable au capital. Dans le cadre du « concert des nations » – et du partage du monde entériné à la Conférence de Berlin (1884) – les pays européens légalisaient leur domination sur une partie de la planète. Le remboursement des sommes avancées et un niveau de taux de retour sur investissement qui satisfasse les actionnaires, étaient donc facilités par la possibilité d'utiliser la force militaire en toute liberté. L'incapacité du souverain ou du gouvernement à honorer sa dette fut d'ailleurs un vecteur non négligeable de la conquête coloniale ou de son élargissement. La souscription des banques et du gouvernement français à des emprunts marocains émis par un Sultan ruiné, permit de consolider le contrôle de la France. En contrepartie des prêts[13], les revenus douaniers du Maroc furent utilisés en garantie et placés sous la supervision des créanciers français, qui purent placer un représentant dans chaque port pour vérifier la collecte. De même, le refus du gouvernement égyptien de respecter le plan franco-anglais de paiement de la dette (plan Goschen-Joubert, 1876-1879) conduisit, à partir de 1882, à l'occupation de l'Égypte par les armées anglaises.

Cependant, si la colonisation représentait la forme la plus « classique » de l'impérialisme, un ensemble d'arguments pesés, de facteurs contraignants et parfois le hasard, aboutirent à des formes de domination politique plus « informels », parfois moins coûteux et souvent plus efficaces pour faire respecter les droits du capital financier. Les interventions militaires ponctuelles – parfois la menace d'intervenir – permirent de faire honorer le paiement de la dette, comme au Venezuela (1902), à Haïti (1914), au Honduras et au Mexique (1910-14) et au Guatemala (1913).

---

[13] L'accord financier avec le Sultan (juin 1904) fut très favorable à Paribas, chef de file de dizaines de banques. Le montant de l'emprunt s'éleva à 62 millions de francs, le Maroc n'en reçut que 48 millions (le reste étant empoché par les créanciers sous formes de commissions, réduction du nominal par rapport au prix d'émission, etc.). Sur cette somme, 10 millions seulement parvinrent réellement dans le pays, le reste servant à rembourser des dettes antérieures.

Le cas de l'Amérique latine, et plus particulièrement celui de l'Argentine révèle la subtilité et de l'étendue des canaux d'influence qui encouragèrent des États souverains à devenir des partenaires subordonnés. Il n'y eut certes pas de partition formelle du continent, mais le Foreign Office se départit progressivement de ses idéaux non-interventionnistes en raison de l'importance stratégique des intérêts britanniques en Amérique latine. À la veille de la Première Guerre mondiale, l'Argentine pouvait être considéré comme un « dominion honorifique »[14] (Cain et Hopkins, 1994, p. 315). La coopération entre la Grande-Bretagne et l'Argentine fut flexible au cours du 19ᵉ siècle, mais celle-ci ne transigea jamais sur l'engagement d'honorer le paiement de sa dette. Le président Avellaneda déclara même que l'Argentine « accepterait avec plaisir de souffrir de privations et de faim » pour maintenir sa réputation internationale et le credit-rating de son gouvernement national, et il introduisit immédiatement un programme d'austérité (*Id.*, p. 292). Il en alla de même après la crise de la Baring (1890).

3) L'attitude pacifique et « cosmopolite » de la haute finance est opposée au comportement « nationaliste » du capital industriel. Celui-ci, parce qu'il mobilise la force de travail, implante des équipements pour faire produire des biens, est enraciné dans des systèmes économiques et des rapports sociaux territorialisés et nationaux. Les défenseurs de cette thèse concluent donc que industriels étaient enclins à faire pression sur leurs gouvernements pour obtenir des subventions, la mise en place de mesures protectionnistes, l'ouverture de marchés dans les pays récalcitrants.

Cette opposition entre le comportement de deux fractions capitalistes est réductrice. Le capital-argent centralisé par les banques et autres institutions financières et placé à l'extérieur du pays d'origine croisa souvent le chemin du capital industriel. Certes, les investissements directs à l'étranger (IDE) représentaient une part des exportations de capitaux plus restreinte qu'aujourd'hui, et les prêts aux gouvernements étaient très importants. Ainsi, en 1914, environ 70 % des investissements de long terme de la Grande-Bretagne et de la France étaient constitués d'obligations gouvernementales et de chemins de fer (Bloomfield, cité par Bairoch, Kozul-Wright, 1996, p. 13).

Ces fonds qui affluaient des pays développés vers les pays emprunteurs y retournaient dans des proportions importantes. C'est évident dans le cas d'obligations sur les chemins de fer qui générèrent des flux d'importations massives de matériels, d'aciers, etc. par les sociétés de

---

[14] En 1914, environ 50 % du capital productif de l'Argentine (à l'exception de la terre) était la propriété des étrangers, et pour la plus grande partie de la Grande-Bretagne.

chemins de fer constituées dans les pays emprunteurs. L'autre grande partie des flux d'exportations de capitaux qui était composée d'obligations émises au profit des gouvernements, procurait les mêmes avantages aux industries des pays créanciers. Elles sont qualifiées d'« emprunts liés » par R. Girault (1997, p. 40) parce que pays emprunteurs s'engageaient à laisser les entreprises européennes à investir dans la production nationale et importaient souvent du matériel de guerre. Les prêts du gouvernement français à la Russie, à la Bulgarie (1904 et 1907), à la Grèce (1879 et 1893) répondirent à ces objectifs (Feis, 1974, pp. 275-285).

En somme, le capital financier avait besoin de la production pour asseoir son emprise et en tirer des revenus. Les institutions financières des pays Européens nouaient donc des rapports privilégiés avec les industriels de leur pays. Un journal s'en désolait en 1914, en constatant que « la finance peut bien être par essence cosmopolite, dans le monde moderne, elle est contrainte d'adopter une nationalité » (cité par Ferguson, 1999, p. 412).

B. Finance, guerre « marchands de canons »

Les relations entre le capital financier et les industriels ont également concerné l'industrie d'armement. Les exportations de capitaux sous forme de prêts gouvernementaux furent souvent liées à des engagements des pays emprunteurs d'acheter du matériel militaire aux entreprises du pays prêteur. Au début du 20ᵉ siècle, les emprunts franco-russes donnèrent lieu à un fructueux commerce des armes. Ces marchés donnèrent même lieu à des conflits entre consortiums bancaires et industriels français. La Société générale était actionnaire d'un consortium anglais-franco-belge d'armements, alors que l'Union parisienne, banque rivale de la Société générale avait des liens importants avec Schneider, le plus important producteur français de matériel militaire. La rivalité entre les deux concurrents et l'attrait du contrat étaient tels que Schneider s'allia même en 1914, avec l'entreprise tchécoslovaque Skoda, une filiale du groupe allemand Krupp, pour tenter de prendre une participation dans l'entreprise russe Poutilov.

Les ventes d'armes réalisées grâce à ces « emprunts liés » ont contribué pour une part limitée à l'accélération de la hausse des dépenses militaires à partir de la fin du 19ᵉ siècle, mais elles furent très fructueuses pour les grandes entreprises européennes qui produisaient des armes. Ce type de conditionnalité mis à l'octroi de prêts n'était pas fortuit, il reflétait souvent des puissantes coalitions d'intérêts. Des liaisons intenses existaient dans les pays européens et aux États-Unis entre les banques et les entreprises produisant des armes, comme en témoigne le nom de « banques d'armement » données à la Banque de l'Union Parisienne (Schneider), la Deutsche Bank, Morgan (Du Pont, Bethlehem, Steel Corp., US Steel Corp.) (Engelbrecht et Hanighen, 1934, p. 128). Les Rothschild, en dépit du fait qu'ils symbolisaient par leurs réseaux familiaux l'essence de la haute finance, n'en firent pas moins des affaires dans le réarmement des grandes puissances. Ils tirèrent des bénéfices d'emprunts anglais destinés à la marine et à Vickers, pendant que la branche autrichienne investissait dans une entreprise qui fournissait du fer et de l'acier nécessaires à la marine.

Cette collusion a conduit à des interrogations sur les parts respectives des banques, institutions financières dominantes, et des entreprises d'armement dans l'accélération du militarisme au début du 20e siècle tenue par (pour un résumé de ce débat, voir Tooley, 2005). On retrouve ici le débat sur les rôle des « intérêts catégoriels » (sectional interests) parmi lesquels Schumpeter compte les marchands d'armes et les banques qui ont conquis à cette époque une place centrale dans les pays Européens et contribué à la résurgence d'un impérialisme « atavique » et à la guerre, en dépit des bases foncièrement pacifiques du capitalisme (Schumpeter, 1983).

Ces intérêts catégoriels pro-militaristes ont selon certains constitué une véritable « internationale des armements », – dont le négociant emblématique a été B. Zaharoff – et dont l'action fut sans doute plus influente que l'action pacifique de la Haute finance entrevue par Polanyi (Neumann, 1934). Dans la décennie qui précède la Première Guerre mondiale, les entreprises industrielles productrices d'armes, comme les entreprises des autres secteurs, ont créé des cartels. Le cartel international des poudres réunissait des entreprises implantées dans tous les grands pays européens, alliés ou rivaux. Deux ans avant la guerre de 1870, Alfred Krupp écrivait à Napoléon III pour lui proposer son nouveau catalogue et en particulier ses canons d'acier (Lehmann-Russbüldt, 1930, p. 38). Les producteurs d'armes, même en association avec les banquiers, ne sont pas les seuls responsables de la course aux armements et leur responsabilité dans le déclenchement des guerres est vivement contestée par certains historiens (Trebilcock, 1970).

C. Capital financier, institutions et fonction

Les institutions et familles qui ont dominé la haute finance au cours du 19e siècle possèdent des origines qui sont souvent antérieures à la formation des États-nations européens. Le rôle que Polanyi assigne aux Rothschild et leur relation au gouvernement britannique soucieux de paix rappelle celui que l'oligarchie financière des *nobilii vecchi*, joua auprès des princes de Gêne à la fin du 16e siècle (Arrighi, 1994). Ils formèrent le même type de « main invisible » qui permit aux princes – puis deux siècles plus tard à l'Angleterre – d'étendre leur contrôle politique et économique sur un horizon bien plus vaste que si ils avaient dû déployer la main visible de l'appareil d'État et de la coercition militaire (*Id.*, 167).

C'est une chose d'observer que le « ciment » idéologique de la Haute finance, qu'il soit fait des religions du livre ou de l'idéal de la franc-maçonnerie, de même que la constitution de sa fortune, fondée sur la valorisation de l'argent, forme universelle de la richesse, ont incité ses membres à contourner les frontières, et parfois révélé aux yeux des observateurs, une posture « internationaliste ». C'est toute autre chose d'en conclure que la Haute Finance a été le plus puissant facteur de paix dans la période de « première » mondialisation. Cette affirmation ne semble pas tenable à la lumière des éléments rassemblés dans ce chapitre. En fait, en dépit de ses tendances « cosmopolites », les institutions dominantes du capital financier ont largement dessiné les caractéristiques du système « stato-centré » d'économie mondiale qui a dominé cette période. À la fin du 19ᵉ siècle, l'emprise croissante de la finance sur l'économie a contribué, parmi d'autres facteurs, à la multiplication des guerres de conquête, et au dénouement des rivalités nationales dans les guerres mondiales du 20ᵉ siècle. La configuration de la Haute finance, s'est d'ailleurs progressivement transformée sur le plan idéologique en relation avec les modifications économiques et les changements de rapports de force inter-impérialistes. Un examen précis de la composition des élites qui composaient la Haute finance indique ces transformations. L'idéologie libérale internationaliste dominée par la Grande-Bretagne et fondée sur le cosmopolitisme de la franc-maçonnerie a laissé place à la fin du 19ᵉ siècle aux propositions d'accroissement de l'ingérence étatique dans l'économie (van der Pijl, 1998, pp. 106-117).

La Première Guerre mondiale, puis la crise de 1929-1931 ont sonné le glas de cette configuration qui n'était de toute façon pas la seule à exister au cours de la « première mondialisation ». Ainsi, Hilferding définit le capital financier comme la « fusion du capital bancaire et du capital industriel sous la domination des banques » (1902, p. 318.) Cette caractérisation reflète l'importance des espaces socio-économiques nationaux, le rôle décisif des États dans les développements de l'impérialisme de cette époque. La définition de Hilferding constitue certes une généralisation excessive du « modèle allemand », et à ce titre elle a été critiquée. En Angleterre, l'hégémonie du capital financier remonte à la fin du 18ᵉ siècle. D'autre part, sa structure sociale ne repose pas sur une interdépendance accrue des capitaines d'industrie et des représentants des banquiers qui siègent dans les instances de direction des entreprises, comme dans le cas de l'Allemagne décrit par Hilferding, mais sur cette classe sociale qualifiée de « *gentlemanly* » par Cain et Hopkins, qui plonge ses origine dans l'aristocratie rentière (1994, p. 24).

En somme, les formes organisationnelles du capital financier évoluent dans le temps. Elles peuvent également être différentes selon les pays à la même époque. La Haute finance étudiée par Polanyi est une forme d'organisation du capital financier, et l'alliance « banque-industrie » décrite par Hilferding en a été une autre. Au-delà de cette diversité, le capital financier accomplit des fonctions spécifiques, dont F. Braudel a montré qu'elles sont bien antérieures au 19e siècle. Ces fonctions sont liées à la capacité de l'argent, de se valoriser grâce à la circulation (achat/vente ou prêts/emprunts) d'actifs financiers. Elles établissent un type de rapport social entre le créancier et son débiteur qualitativement différent de celui qui existe entre un employeur et son salarié dans le processus de production. Il reste que le capital financier dépend, *in fine*, des richesses produites par le travail (Chesnais, 1994 ; Serfati, 1996)

III. Quels enseignements pour la mondialisation contemporaine ?

Au cours des années 1990, les thèses qui relient expansion mondiale et paix ont été actualisées. L'intégration et l'interdépendance croissantes à l'échelle de la planète associent désormais dans le « paquet global » de la mondialisation : la libéralisation des flux commerciaux et financiers, la privatisation des industries et les objectifs politiques (la bonne gouvernance fondée sur la démocratie). Les partisans de cette thèse réfutent l'idée qu'il s'agit d'une répétition d'idées anciennes et font valoir les différences majeures entre les deux périodes de mondialisation. Depuis la fin de la Seconde Guerre mondiale, les grands pays développés ne se sont pas affrontés par les armes et les risques que leurs rivalités économiques, souvent âpres, ne dégénèrent en conflits militaires sont nuls. Les mérites en reviennent, au moins au plan économique, à l'interdépendance de plus en plus forte.

Si la relation, voire la corrélation positive, entre l'intégration économique (financière et commerciale) et une paix durable semble établie à l'intérieur de la zone des pays développés[15], comment, expliquer que la

---

[15]   Cette affirmation est valide pour les pays de la « zone transatlantique », définie ici en tant qu'espace géopolitique composé de « pays occidentaux ». La question complexe des rapports entre rivalités économiques et antagonisme militaire n'est pas pour autant caduque. Elle demeure bien actuelle comme on peut le vérifier, entre autre, dans l'attitude ambivalente des États-Unis vis-à-vis de la Chine, premier partenaire économique et principal pays dont l'objectif des gouvernements Américains est d'empê-

violence armée règne sur une aussi grande partie de la planète ? La mesure précise des guerres et conflits armés fait l'objet de divergences, mais la quasi-totalité des analyses considèrent que « le monde est moins sûr qu'il y a quinze ans » (UNDP, 2005, p. 191). Deux types opposés de réponses sont donnés à ce constat. Les défenseurs de la « mondialisation pacifique » estiment que ces conflits, largement confinés dans les régions pauvres de la planète, témoignent précisément d'un retard pris par les pays belligérants dans l'adoption des mesures économiques (économie de marché, ouverture des frontières, etc.) et politiques (« bonne gouvernance » fondée sur des pratiques démocratiques) qui assurent le succès de la mondialisation contemporaine. Le fait que la majeure partie des conflits (souvent qualifiés de « guerres pour les ressources ») soient intra-étatiques conforte l'hypothèse qu'ils résultent, non de l'environnement institutionnel qui est créé, voire imposé par la mondialisation, mais de diverses causes internes (clivages « ethniques », activités de groupes criminels, pillage des ressources naturelles par les communautés en guerre, etc.) (Collier *et al.*, 2003). Une analyse opposée à celle-ci considère que ces guerres ne se situent pas dans un « ailleurs » situé hors de la mondialisation. L'interdépendance produite par la mondialisation est un processus hiérarchisé qui produit de fortes inégalités entre pays. Le tribut perpétuel de la dette qui accélère l'implosion des États les plus vulnérables, la détérioration des recettes d'exportation, la pauvreté d'une partie importante de la population, la possibilité de « recycler » sur les marchés financiers internationaux déréglementés les revenus tirés du pillage des ressources naturelles, portent leur part de responsabilité importante dans le déclenchement puis dans la prolongation de ces guerres (Serfati, 2004).

Affirmer que la mondialisation apaise les relations internationales semble d'autre part contredite par la militarisation croissante de la planète. Le taux annuel d'augmentation des dépenses militaires mondiales sur la période 1995-2004 est de 2,5 % (en dollars constants), et l'augmentation a concerné toutes les régions de la planète, quoiqu'à des degré divers (+7 % en Europe, +21 % en Asie-Océanie, +33 % en Amérique, +40 % au Moyen-Orient, +43 % en Afrique) (SIPRI, 2005). Les prétendus « dividendes de la paix » qui devaient être récoltés à la suite de la disparition de l'URSS et la fin de la guerre froide, ont laissé place à une militarisation croissante de la planète, qui était perceptible avant le 11 septembre 2001 (Serfati, 2001).

---

cher qu'il ne devienne, au plan militaire, un « concurrent de même niveau » (*peer competitor*).

A. Nouvelle configuration des relations finance-armement

Des changements majeurs des relations entre la finance et l'armement ont également pris place au cours des années 1990. Les formes organisationnelles de la finance globale ont changé, à la suite de la montée en puissance des investisseurs institutionnels ou fonds d'investissement (fonds de pension, fonds mutuels, fonds spéculatifs). Leur présence active dans les grands groupes industriels mondiaux a fait émerger de nouvelles formes de gouvernement d'entreprise œuvre dont la priorité est la création de « valeur pour l'actionnaire ». En sorte que la place centrale tenue par les marchés financiers dans la régulation du capitalisme contemporain, constitue une mutation institutionnelle majeure.

Ces changements ont également affecté les groupes de l'armement essentiellement situés dans les pays qui appartiennent à la zone transatlantique. Les dépenses militaires des pays de l'OCDE ont représenté plus de 80 % des dépenses militaires mondiales en 2004 (d'un montant de 975 milliards de dollars, SIPRI, 2005), et leur part est encore plus importante en matière de production d'armes et de R&D militaire. Les fonds d'investissement ont pris une part très active dans les processus de concentration industrielle et dans le gouvernement d'entreprise des grands groupes de l'armement américains, et plus récemment dans les groupes européens. L'alliance des « marchands de canon » et des « banques d'armement » mise en évidence au début du 20e siècle ne correspond plus à la réalité présente. D'une part, la plupart des grands groupes de l'armement ne restreignent pas leurs activités à la défense. Ils bénéficient de financements publics et privés cumulés pour exploiter les nouvelles opportunités de valorisation crées par les marchés prometteurs de la sécurité, dont la partie privée (hors dépenses publiques militaires et sécuritaires) représentaient selon des estimations prudentes, entre 100 et 120 milliards de dollars (OCDE, 2004). D'autre part, aux États-Unis, le contrôle des investisseurs institutionnels et des autres actionnaires sur les groupes de l'armement s'exerce par le truchement des marchés boursiers (Mampaey, Serfati, 2004). Ce « contrôle externe » des groupes semble bien en phase avec leur gestion interne conduite par les managers. Depuis le début de la décennie, l'évolution du cours des valeurs boursières des groupes de l'armement surpasse largement celle des indices généraux (Dow Jones, S&P, etc.). L'importance des guerres ainsi que la montée de l'insécurité et des menaces qui justifient selon les gouvernements la forte croissance des dépenses militaro-sécuritaires, semblent aujourd'hui convaincre les marchés financiers que la « guerre sans limites » est une formule qui s'applique également à leur horizon temporel. Elles donnent également à la puissance militaire, et d'abord à celle que possèdent les États-Unis, un rôle qui pour être différent de celui tenue lors de la « première mondialisation », n'en est pas moins déterminant (Serfati, 2005).

Références

Angell N., *The Great Illusion*, G.P. Putnam's Sons, New York et Londres, 1911.

Arrighi, G., *The Long Twentieth Century. Money, Power, and the Origins of Our Times*, Verso, Londres, 1996.

Bairoch, P., *Mythes et paradoxes de l'histoire économique*, La Découverte, Paris, 1994.

Bairoch, P., Kozul-Wright, R., « Globalization myths : some historical reflections on integration, industrialisation and growth in the world economy », *UNCTAD Discussion papers*, n° 113, mars 1996.

Baldwin, R. ; Martin, P., « Two waves of globalisation : superficial similarities, fundamental differences », *NBER*, WP 69040, Cambridge, MA, 1999.

Batou, J., « De l'impérialisme de 1900 à la mondialisation de l'an 2000 », *Recherches internationales*, 62, pp. 25-40, 2000.

Bordo, M., Eichengreen, B. et Irwin, D., « Is Globalization today really different than globalisation a hundred years ago ? », *NBER*, WP 7195, Cambridge, MA, 1999.

Bouvier, J., Girault, R. et Thobie, J., *L'impérialisme à la française, 1940-1960*, Éditions la Découverte/Textes à l'appui, Paris, 1986.

Cain, P., « J.A. Hobson, Cobdenism, and the Radical Theory of Economic Imperialism », *Economic History Review* 33, pp. 463-90, 1978.

Cain, P. et Hopkins, A., *British Imperialism*, Tome 2 : *Innovation and Expansion*, 1688-1914, Longman, Londres et New York, 1994.

Cameron, R., *La France et le développement économique de l'Europe*, 1800/1914, Éditions du Seuil, Paris, 1971.

Chesnais, F., *La mondialisation du capital*, Alternatives économiques, Syros, Paris, 1994.

Collier, P., *et al.*, *Breaking the Conflict Trap : Civil War and Development Policy*, World Bank, 2003.

De Soysa, I. et Gleditsch, N., « The Liberal Globalist Case », in Björn Hettne et Bertil Odén (dir.), *Global Governance in the 21st Century : Alternative Perspectives on World Order*, Almqvist & Wiksell, Stockholm, 2002.

Engelbrecht, H. et Hanighen, F., *Marchands de morts. Essai sur l'industrie internationale des armes*, Flammarion, Paris, 1934.

Farnetti, R., *L'économie britannique depuis 1873*, Armand Colin, Paris, 1994.

Feis, H., *Europe The World's Banker. An account of European Foreign Investment and The Connection of World Finance with Diplomacy Before the War*, Augustus Kelley Pub., Clifton, 1974 (1re édition 1930).

Ferguson, N., *The House of Rotschild. The World's Banker 1849-1999*, Penguin Books, Londres, 2000.

Ferguson, N., *The Cash Nexus. Money and Power in the Modern World*, Penguin Books, Londres, 2002.

Fontanel, J. et Coulomb, I., « Disarmament : a century of economic thought », *Defence and Peace economics*, vol. 14, n° 3, pp. 193-208, 2003.

Friedman, T., *The Lexus and the Olive Tree*, Harper Collins, Londres, 2000.

Galbraith, J. et Kum, H., « Inequality and Economic Growth : Data Comparisons and Econometric Tests », *UTIP Working Paper*, n° 20, University of Texas, 2002.

Girault, R., *Diplomatie européenne. Nations et impérialismes, 1874-1914*, Armand Colin, Paris, 1997.

Goodwin, C., « National Security in Classical Political Economy », in Goodwin, C. (dir.), *Economics and National Security. A History of their Interaction*, Annual Supplement to vol. 23, *History of Political Economy*, Duke University Press, Durham et Londres, 1991.

Held, D., Mc Grew, A., Goldblatt, D. et Perraton, J., *Global transformations, Politics Economics and Culture*, Polity Press, Cambridge, 1999.

Hilferding, R., *Le Capital financier*, Les Éditions de Minuit, Paris, 1970.

Human Security Report, *War and Peace in the 21st Century*, Oxford University Press, Oxford, 2005.

Kelly, T., « Ability and Willingness To Pay in the Age of Pax Americana, 1880-1914 », *Explorations in Economic History*, vol. 35, pp. 31-58, 1997.

Kennedy, P., *Naissance et déclin des grandes puissances*, Petite Bibliothèque Payot/Documents, Paris, 1991.

Kindleberger, C., *Manias, Panics, and Crashes. A History of Financial Crises*, John Wyley & Sons, New York, 1978.

Kirton, J., « From Collective Security to Contert : The UN, G8, and Global Security Governance », Paper prepared for the Conference on « Security Overspill : Between Economic Integration and Social Exclusion », Centre d'Études Internationales et Mondialisation, Université de Québec à Montréal, Octobre 27-28, 2005.

Lehmann-Russbüldt, Ö., *L'internationale sanglante des armements*, L'Églantine, Bruxelles, 1930.

Maddison A., *L'économie mondiale : une perspective millénaire*, Études du centre de développement, OCDE, Paris, 2001.

Mampaey, L. et Serfati, C., « Les groupes de l'armement et les marchés financiers : vers une convention "guerre sans limites" ? », in Chesnais, F. (dir.), *La finance mondialisée. Racines sociales, et politiques, configuration, conséquences*, La Découverte, Paris, pp. 223-251.

Mauro, P. et Yafeh, Y., « The Corporation of Foreign Bondholders », *IMF Working paper*, WP/03/107, 30P, Washington DC, 2003.

Milanovic, B., « The two Faces of Globalization : Against Globalization as We Know it », *World Development*, vol. 31, n° 4, pp. 667-683, 2003.

Mitchell, B., *International Historical Statistics : Europe, 1750-1993*, Stockton Press, New York, 1998.

Neumann, R., *Sir Basil Zaharoff. Le roi des armes*, Éditions Grasset, Paris, 1934.

OCDE, *L'économie de la sécurité*, Paris, 2004.

Piketti, T., « Top Income Shares in the Long run : an overview », *Journal of the European Economic Association*, vol. 3, n° 2-3, pp. 1-11, 2000.

Polanyi, K., *La grande transformation ; Aux origines politiques et économiques de notre temps*, Gallimard, Paris, 1983.

Ruggie, J., « International regimes, transactions and change : embedded liberalism in the postwar economic order », *International Organization*, vol. 36, n° 2, pp. 379-415, 1982.

Schumpeter, J., *Impérialisme et classes sociales*, Champs-Flammarion, Paris, 1983.

Serfati, C., « Le rôle actif des groupes à dominante industrielle dans la financiarisation de l'économie », in Chesnais, F. (dir.), *La Mondialisation financière, Genèse, enjeux et coûts*, Syros, Paris, 1996.

Serfati, C., *La mondialisation armée : le déséquilibre de la terreur*, Textuel, Paris, 2001.

Serfati, C. (dir.), *Enjeux de la mondialisation : un regard critique*, Éditions Octares, Toulouse, 2003.

Serfati, C., *Impérialisme et militarisme au vingt-et-unième siècle*, Éditions Page2, Lausanne, 2004.

Serfati, C., « Le rôle du pouvoir militaire des États-Unis dans la mondialisation », in Hugon, P. et Michalet, C.-A. (dir.), *Les nouvelles régulations de l'économie mondiale*, Karthala, Paris, 2005.

Stockholm International Peace Research Institute, *SIPRI Yearbook 2005 : Armaments, Disarmaments and International Security*, Oxford University Press, Oxford, 2005.

Taylor, A., « Foreign capital in Latin America in the nineteenth and twentieth century », *NBER*, WP 9580, Cambridge, MA, mars 2003.

Tooley, H., « Merchants of Death revisited : Armaments, Bankers, and the First World War », *Journal of Libertarian Studies*, vol. 19, n° 1, Winter 2005, pp. 37-78, 2005.

Trebilcock, C., « Legends of the British Armament Industry 1890-1914 : A revision », *Journal of Contemporary History*, vol. 5, n° 4, pp. 3-19, 1970.

UNDP, « Human Development Report 2005. International cooperation at a crossroads ; Aid, Trade and Security in an Unequal World », Washington DC, 2005.

Van der Pijl, K., *Transnational classes and International Relations*, Routledge, Londres, 1998.

Vayrynen, R., « Peace, Market, and Society : Karl Polanyi's contribution to the theory of war and peace » Paper presented for the 43th Annual Convention of the International Studies Association, New Orleans, 23-27 mars 2002, http: www.isanet.org/archive/vayrinen, accès le 30/09/2005.

Weede, E., « The Diffusion of Prosperity and Peace by Globalization », *The Independent Review*, IX, n° 2, Fall, pp. 165-186, 2004.

Williamson, J., « Globalization, Convergence, and History », *The Journal of Economic History*, vol. 56, n° 2, juin 1996, pp. 277-306, 1996.

DEUXIÈME PARTIE

DÉSÉQUILIBRES DES RELATIONS COMMERCIALES NORD-SUD

Nouveau régionalisme, ou régionalisme à l'Américaine ?

Le cas de l'investissement

Christian DEBLOCK

Professeur titulaire, faculté de science politique et de droit
Directeur, Centre Études international et Mondialisation (CEIM)
UQAM

L'engagement, de plus en plus systématique, des États-Unis (USA) dans le bilatéralisme et le régionalisme (B&R) à partir des années 1980 ne pouvait manquer de soulever questions et interrogations. Beaucoup d'autres pays se sont également engagés dans cette voie, mais le cas des USA se démarque cependant très nettement de celui des autres. En effet, si certains ont pu voir dans cet engagement une nouvelle expression de leur unilatéralisme, un nouvel indice de leur désintérêt croissant pour le multilatéralisme, voire même une offensive de la part des USA qui n'aurait d'autre finalité que de chercher à affaiblir les pays en développement (PED) et à « prendre le contrôle de l'OMC pour remodeler l'organisme en fonction des intérêts des lobbies américains » (Bhagwati et Panagariya, 2003), toutes ces explications rendent mal compte de trois ordres de faits. À savoir : (1) que les USA n'ont pas trois agendas commerciaux, bilatéral, régional et multilatéral, mais un seul ; (2) que l'objectif n'est pas de déstabiliser le SCM, mais plutôt de le renforcer ; (3) qu'une même ligne directrice guide leur démarche depuis la guerre, soit inscrire la liberté économique dans la règle de droit, une ligne dont l'opérationnalisation par de multiples voies, dont le B&R.

Ces constats nous obligent à aborder la démarche américaine de façon particulière, du moins d'une manière différente de celle des autres pays. Plusieurs grilles de lecture s'offrent à nous. Nous avons pris le parti de reprendre à notre compte la grille institutionnaliste et de l'appliquer au cas de l'investissement. Ce cas présente en effet un double intérêt. Un intérêt d'ordre empirique tout d'abord, et ce, pour trois raisons : (1) de, l'après-guerre à aujourd'hui, les USA n'ont eu de cesse de faire reconnaître par la communauté internationale les principes de liberté, de protection et de promotion de l'investissement ; (2) ils ont multiplié les initiatives pour atteindre cet objectif, passant d'une enceinte internationale à l'autre, mais également d'un niveau de négociation commerciale à l'autre ; et (3) si le droit international de l'investissement qui est en train d'émerger porte clairement leur empreinte et témoigne de leur capacité d'influence, le fait qu'aucun accord international n'ait encore été signé montre, également, les problèmes que soulève la construction d'un droit mondial dans un monde westphalien, notamment à partir du droit d'un État, aussi puissant soit-il. Un intérêt d'ordre théorique ensuite, dans la mesure où il nous donne l'occasion d'appliquer trois concepts-clés de l'institutionnalisme au cas des accords régionaux, soit celui de contractualisation des rapports de coopération, celui de coordination des comportements et celui de stabilité du cadre d'action par la dépendance au sentier.

Le texte sera divisé en deux parties. Dans la première partie, nous allons reprendre et préciser les termes du débat sur le régionalisme[1]. La deuxième partie sera consacrée au cas plus spécifique de l'investissement. En conclusion, nous tirerons quelques leçons de notre analyse.

I. Bilatéralisme, régionalisme et multilatéralisme

A. Les termes du débat

Le débat sur les USA et le nouveau régionalisme s'est orienté dans trois directions différentes. Une première direction, que nous pouvons qualifier de fonctionnaliste, a été prise par ceux pour qui ce débat participe du débat plus général sur la libéralisation des échanges et la contribution des accords commerciaux régionaux (ACR) à la création des institutions de l'économie mondiale. Une seconde direction, que nous pouvons qualifier de structuraliste, a été prise par ceux pour qui les changements de stratégie opérés dans la politique commerciale américaine participent du débat plus général sur les transformations du système économique international, lesquelles transformations ont pour effet de reposer dans des termes nouveaux non seulement la construction des institutions du marché, mais également les rapports entre les États à l'intérieur de ce système. Une troisième façon d'aborder le régionalisme consiste à partir directement des USA et de leur projet de construire les

---

[1] Il n'existe pas de définition claire du régionalisme. En fait, on serait presque porté à dire que, pour l'OMC, tout accord qui n'est pas multilatéral est, par le fait, même régional. Nous préférons faire la distinction entre régionalisme et bilatéralisme et réserver le terme de régionalisme aux grandes initiatives régionales.

institutions du marché mondial à partir de leurs propres institutions. C'est celle que nous retiendrons.

1. Une perspective fonctionnaliste

Une première manière d'aborder le bilatéralisme et, d'une façon générale, le régionalisme, consiste à y voir soit la soupape de sécurité d'un système commercial multilatéral (SCM) englué (Griswold, 2003), soit un moyen de faire bouger les choses, « du bas vers le haut ». Entre le bilatéralisme, le régionalisme et le multilatéralisme, il y aurait en quelque sorte complémentarité, mais aussi plusieurs voies possibles pour atteindre l'objectif final, la libéralisation des échanges à l'échelle universelle, certaines étant plus rapides que d'autres. C'est la position, entre autres, de l'OMC[2].

Les théories de l'intégration ont largement montré dans le passé que les accords commerciaux régionaux (ACR) présentaient de nombreux avantages et qu'à défaut d'avoir immédiatement le libre-échange universel, ceux-ci pouvaient être considérés comme une option de « deuxième rang » tout à fait acceptable. De nouveaux arguments sont venus alimenter le débat. On peut en identifier cinq principaux. Les ACR permettraient : (1) de servir de « laboratoire institutionnel », de faire émerger des standards communs entre les participants et de préparer ainsi le terrain à un accord plus général (Lawrence, 1996) ; (2) « d'approfondir » l'intégration et de passer ainsi d'une intégration de facto à une intégration de jure (Oman, 1994) ; (3) de répondre sur le plan institutionnel aux tendances naturelles des échanges à se concentrer et à se polariser sur de grands marchés (Krugman, 1991) ; (4) d'offrir aux PED un environnement institutionnel plus propice aux échanges et aux investissements et ainsi de favoriser leur intégration dans l'économie mondiale (Schiff et Winters, 2003) ; ou encore, (5) de créer un « effet de domino », les pays laissés en dehors des ACR étant incités à rejoindre le mouvement pour ne pas en faire les frais (Baldwin, 1997).

Les arguments sont divers, mais ce qui les rapproche, c'est le fait que le régionalisme est abordé uniquement sous l'angle de l'ouverture des marchés, et ce, dans une perspective fonctionnaliste, que ce soit pour résoudre un problème d'action collective, l'adoption de normes communes par exemple, ou pour adapter les institutions aux exigences d'une économie mondiale toujours plus intégrée. De la sorte, si les ACR sont jaugés à l'aulne d'un idéal à atteindre, le libre-échange universel, le politique se trouve par le fait même instrumentalisé, avec le résultat que

---

[2] L'OMC définit le régionalisme comme « les mesures prises par les gouvernements pour libéraliser ou faciliter le commerce à l'échelle régionale, parfois au moyen de zones de libre-échange ou d'unions douanières ».

les ACR ne sauraient être autre chose que des constructions destinées uniquement à faciliter les échanges et le bon fonctionnement des marchés. Entre le bilatéralisme, le régionalisme et le multilatéralisme, il n'y aurait donc qu'une différence de niveau, sans profondeur politique. Outre le fait qu'elle soit fort complaisante envers les grandes puissances et ceux qui les suivent, préférant voir en ceux-ci des pionniers du libre-échange, une sorte d'avant-garde qui ouvrirait la route aux autres, cette manière de voir les choses ne peut que minimiser les risques de dérive du SCM, sinon les risques de détournement du commerce et de fragmentation de l'économie mondiale en méga blocs. Autre problème : la question du chevauchement des normes et standards (Bhagwati, 1998), voire de leur concurrence, est évacuée. L'idée est que les meilleures pratiques doivent finir par s'imposer et que, par-delà les différences d'un modèle normatif à l'autre, il y a néanmoins convergence de vue autour d'un noyau dur de principes communs.

2. Une perspective structuraliste

Une seconde manière d'aborder le problème consiste à voir dans le B&R une forme de réaction des États aux évolutions du système international, lesquelles ont une incidence tant sur la construction des institutions internationales que sur les rapports de puissance au sein de ce système.

L'idée qui prévaut est que la mondialisation, en s'approfondissant, vient non seulement redéfinir et réorganiser les rapports économiques entre les États, mais également le cadre général dans lequel ceux-ci rivalisent entre eux dans la création de richesses, source de leur prospérité et de leur puissance. Côté face, une nouvelle diplomatie commerciale serait ainsi à l'œuvre, marquée, d'un côté, par la montée en puissance de ces nouveaux acteurs de la scène économique internationale que sont les firmes multinationales et de l'autre, par l'émergence d'un nouveau type de concurrence systémique, portée autant par les entreprises que par les États eux-mêmes. Côté pile, un nouvel ordre économique international serait en émergence, marqué, d'un côté, par l'entrée en force des acteurs privés dans le débat sur la définition des normes du marché et, de l'autre, par la convergence des normes nationales et internationales qu'imposerait l'intégration en profondeur des marchés. Sous l'influence des forces du marché, un double mouvement serait ainsi à l'œuvre à l'intérieur du système économique international, orientant les politiques commerciales des États dans deux directions opposées : l'une, vers la coopération et l'harmonisation des règles, et l'autre, vers la rivalité et l'exacerbation des conflits commerciaux (Spindler, 2003). Quid dans ce cas du régionalisme ?

Il y a deux manières de répondre à la question. Une première manière consiste à partir de l'hypothèse selon laquelle deux tendances à l'œuvre dans l'économie mondiale, soit la mondialisation d'un côté et la régionalisation de l'autre, la seconde serait la plus déterminante, auquel cas, le régionalisme participerait soit d'une nouvelle géoéconomie du monde, soit d'un nouveau *modus operandi* entre entreprises et gouvernements. Dans le premier cas, le nouveau mercantilisme prendrait la forme d'alliances stratégiques, lesquelles répondraient à l'objectif de réorganiser les structures de pouvoir et les modes d'interaction à la lumière des dynamiques régionales non seulement entre les États dans chacune des grandes régions économiques du monde, mais également entre ces régions au sein de l'économie mondiale[3]. Dans le second cas, le régionalisme est également ancré dans la dynamique économique régionale, mais obéit à une autre finalité : accommoder les entreprises de telle manière qu'en libéralisant les échanges et en harmonisant les règles sur leur espace « naturel », celles-ci puissent gagner en efficacité et, de la sorte, créer plus de richesses, donc plus de bien-être pour les populations concernées[4].

La seconde manière consiste à présenter le régionalisme comme un moyen pour les grandes puissances de redéfinir les termes de leur sécurité dans un contexte de mondialisation. C'est la voie prise par les néoréalistes. L'argument se décline dans ce cas en trois points : (1) des deux forces motrices de l'économie globale que sont l'efficacité économique et les ambitions nationales, la seconde demeure du point de vue de sa stabilité, la plus importante (Gilpin, 2005) ; (2) avec la mondialisation toutefois, la distribution des « capacités » entre les États est devenue plus inégale, plus diffuse aussi, ce qui engendre de nouvelles tensions qu'aucune grande puissance ne peut gérer, seule : les nouveaux équilibres de puissance demandent au contraire une gestion en co-responsabilité de la stabilité du système (Waltz, 2000), dans le cadre de ce que Kupchan appelle un Concert général des nations (Kupchan, 1998) ; (3) le régionalisme n'est pas une alternative au système des États, mais, plutôt, un « dilemme de sécurité » qu'il s'agit de jauger à l'aulne des avantages qu'il procure en termes de création de richesse, de puissance et de loyauté (Gilpin, 2001). En clair, comme le rappellent Nye et Keohane[5], le propre de toute « puissance débonnaire », c'est sa capacité de fixer les agendas internationaux et de peser sur les institutions internationales (Ikenberry et Kupchan, 1990), et, en ce sens, le

---

[3]   Voir par exemple Lee, 1999.

[4]   Milner dans Mansfield et Milner (dir.), 1997 et 1999.

[5]   Keohane et Nye, 2002.

régionalisme, tout comme le bilatéralisme et le multilatéralisme, en est un moyen.

Il existe une autre explication néo-réaliste : les USA seraient atteints par ce que nous pouvons appeler le « syndrome britannique ». L'argument se décline également en trois points : (1) ayant fait du libre-échange une règle de conduite universelle, les USA n'ont pas les moyens d'en imposer l'application à leurs partenaires commerciaux ; (2) ayant ouvert leur marché, ils n'ont pas de marge de manœuvre pour obtenir de ces derniers la réciprocité ; (3) à défaut de pouvoir reculer en raison des risques de représailles, le bilatéralisme reste la seule option possible. L'explication porte cependant davantage sur le bilatéralisme que sur le régionalisme ; elle s'inscrit aussi dans le débat plus général sur l'impérialisme, débonnaire (soft) ou informel (O'Brien et Clesse, 2002).

Ces deux explications replacent les grandes puissances, et tout particulièrement les USA, au centre du débat et redonnent ainsi toute la place qui leur revient aux ambitions qui sont les leurs, notamment lorsqu'il s'agit de modeler le système international à leur image et dans leur intérêt. Mais quid des autres pays qui acceptent de se prêter au jeu, surtout si c'est pour aller contre leurs propres intérêts ? Certains, comme Guzman (Guzman, 1997-1998), y voient un cas classique de dilemme de prisonnier ; une explication qui rejoint la théorie des dominos mais pour montrer l'inverse, soit que le B&R sont un jeu de dupes. C'est l'idée que reprend Gruber (2001). Le fait, dit-il, que deux pays signent un accord, ne signifie pas nécessairement que cet accord soit à l'avantage des deux parties, surtout s'il y a asymétrie de pouvoir, mais le perdant connaît les règles du jeu ; il signe dans le plein exercice de sa souveraineté, mais pour des raisons défensives parce que le gagnant a toujours la possibilité de procéder sans lui. Aussi, plutôt que de rester sur la touche, autant choisir la moins mauvaise des solutions, avec « effet boule de neige » (*bandwagoning*).

La perspective réaliste apporte un éclairage fort utile pour comprendre les stratégies d'alliances que nouent les grandes puissances dans le cadre de grands partenariats économiques, voire les stratégies d'interférence, les conflits d'influence ou encore les effets de détournement de commerce associés aux ACR. Cela dit, pour « impériales » que soient les ambitions des USA ou de toute autre puissance, (1) sauf à parler de soumission, aucun pays ne va accepter des règles ou signer un accord avec un autre s'il n'est pas convaincu des avantages qu'il peut en tirer[6], et (2) on ne peut nier la nécessité objective d'avoir des règles communes

---

[6] Gruber prend pour illustrer ses vues un très mauvais exemple, celui de l'ALENA.

(Delmas-Marty, 1998 ; Keohane, 1984), lesquelles doivent à la fois rallier l'adhésion de tous les pays et répondre aux besoins du marché. Pour les fonctionnalistes, le problème trouve sa solution dans l'intérêt général, les institutions de la mondialisation étant politiquement désincarnées et orientées exclusivement vers la recherche d'efficacité. Pour les structuralistes, au contraire, celles-ci portent l'empreinte des grandes puissances, mais si ceci constitue un point de départ, comment ne pas admettre également que celles-ci reposent sur des valeurs et des principes qui vont au-delà des intérêts de puissance, voire les transcendent ?

3. Une perspective institutionnaliste

Comme le faisait remarquer Ruggie, les réalistes ont beau dire que leurs analyses touchent à l'essentiel, « il ne s'ensuit pas pour autant que ce qu'ils laissent de côté n'est pas important. Et que les institutions ne sont pas importantes » (Ruggie 1992). La perspective institutionnaliste se démarque des perspectives précédentes dans la mesure où il s'agit d'expliquer le monde tel qu'il se construit et non tel qu'il devrait être, tel qu'il tient ensemble et non tel qu'il survit tant bien que mal dans le chaos des rapports de puissance (Ruggie, 1998). Ce constat a servi de point de départ à plusieurs programmes de recherche centrés sur le rôle des idées, des intérêts et des institutions dans la politique commerciale des USA (Goldstein, 1993). Trois grandes conclusions se dégagent de ses travaux.

a. Les constats

Tout d'abord, comme l'ont très bien montré les différents auteurs du numéro spécial de la revue *International Organization*[7] consacré à la question, il ressort clairement qu'il existe un biais pro-libre-échangiste dans la politique économique internationale (PEI) des USA depuis l'adoption de la Loi sur la réciprocité commerciale en 1934. Non seulement les idées libre-échangistes sont fortement incrustées dans les institutions de l'État, mais également les positions officielles n'ont jamais dérogé à ce principe d'une administration présidentielle à l'autre, ce qui donne à la PÉI des USA à la fois une très grande cohérence et continuité. Fondamentalement, le libre-échange est perçu par les élites politiques comme « un progrès pour l'économie américaine, pour le leadership commercial des États-Unis et leur politique étrangère, et pour l'économie mondiale dans son ensemble »[8]. De plus, la relative autonomie dont jouit l'exécutif, tant vis-à-vis du Congrès que des groupes de pression, fait en sorte que les pressions protectionnistes ont ainsi tou-

---

[7] *International Organization*, 1988.
[8] Bergsten, *op. cit.* Voir également, Schott, 2002.

jours pu être circonscrites, mais aussi que les négociateurs américains ont toujours pu disposer de la légitimité nécessaire pour promouvoir le libre-échange dans les différentes enceintes internationales.

Ensuite, les travaux sur le multilatéralisme, ceux de Ruggie en particulier (Ruggie, 1992 ; Caporaso, 1992), ont montré que ce qui caractérise celui-ci comme cadre de coopération internationale, ce n'est pas tant le nombre des acteurs que les principes qui le gouvernent ; trois en particulier, soit ceux d'indivisibilité, d'universalité et de réciprocité diffuse. Dans sa version moderne cependant, le multilatéralisme est marqué du sceau des USA. D'une part, ceux-ci sont parvenus à faire passer non seulement leur vision d'un monde capitaliste, prospère et pacifique (Eckes et Zeiler, 2003), mais également leur conception d'une économie mondiale qui devait être régie par la règle de droit, la concurrence pacifique sur des marchés ouverts et le respect des droits individuels et de propriété[9]. D'autre part, si du multilatéralisme on peut parler comme d'une forme de « pluralisme ordonné »[10], ce pluralisme est de type « procédurier », dans le sens où il doit y avoir un « consensus explicite » sur les principes et les règles tel qu'une fois celui-ci établi, toutes les parties n'aient d'autre choix que de s'y conformer, qu'elles aient ou non pris part à la négociation (Miller, 2000). Le GATT et aujourd'hui l'OMC reflètent clairement ces deux dimensions : (1) on y retrouve l'esprit original du projet, soit libérer le commerce de toute entrave artificielle et faire de celui-ci le vecteur de la prospérité, de la paix et du progrès ; (2) il enracine dans le droit trois grands principes, soit celui de la clause de la nation la plus favorisée, celui de l'égalité de traitement et celui de réciprocité, trois principes qui, à toutes fins pratiques, verrouillent le système et, en principe du moins, excluent tout écart de comportement.

Enfin, de nombreux travaux ont porté sur le leadership des USA dans les affaires économiques internationales, et notamment sur une autre des lignes directrices de leur PÉI : étendre la règle de droit dans les relations économiques internationales. Mis à part le fait que ce point permet de distinguer clairement l'ordre libéral d'après-guerre de celui qui l'a précédé, il permet également de souligner l'exceptionnalité de la position des USA, sur trois points en particulier. Premièrement, les USA demeurent attachés à l'idée selon laquelle le libre-échange doit être

---

[9] Les origines de cet ordre se trouvent dans le programme en quatorze points du président Woodrow Wilson, mais tout le monde s'accorde à dire qu'il fut en grande partie l'œuvre de Cordell Hull, secrétaire d'État du président Roosevelt et récipiendaire, en 1945, du prix Nobel pour la paix. Sur sa vision du commerce et du libre-échange, voir Allen, 1953.

[10] Delmas-Marty, *op. cit.*

considéré comme un bien public universel, un bien dont la fourniture et l'accès relèvent de la responsabilité collective, mais qu'il revient aux USA, pour des raisons tant morales que politiques, de promouvoir. Deuxièmement, si les traités constituent l'une des façons les significatives de « produire des normes légales internationales », la promotion des intérêts américains à l'échelle internationale, « signifie concrètement le plus souvent la promotion des standards américains »[11]. Troisièmement, les USA n'ont jamais eu la prétention d'être au-dessus de la « communauté internationale », ni cherché non plus à la diriger. Par contre, ils ont toujours considéré que leur statut au sein de cette communauté était à la fois spécial et particulier[12], ce qui non seulement les rend à la fois juge et partie des évolutions du SCM, mais également les autorise à sanctionner tout comportement déviant ou toute pratique jugée déloyale.

b. Trois hypothèses de travail

De ces trois séries de constats, il ressort que, du point de vue des USA du moins, le B&R ne peuvent être considérés comme un défaut de construction du SCM (Dam, 1963), ni même comme l'une de ses soupapes de sécurité. Encore moins s'agit-il de voir dans l'engagement des USA dans ces deux voies le signal d'un désengagement ou d'un désintérêt croissant de leur part pour le multilatéralisme. Celui-ci, comme le libre-échange, est profondément ancré dans la démarche qui les conduit à vouloir jouer un rôle décisif dans la construction d'un ordre juridique mondial qui porte les mêmes valeurs et repose sur les mêmes principes que ceux qui servent de fondement à leurs propres institutions.

Cela dit, si l'engagement des USA envers le SCM reste, malgré les avatars et les déconvenues, indéfectible, il est aussi pour eux une source permanente de frustration. Pire, au fur et à mesure que leur déficit commercial se creuse de manière abyssale, ils ont de plus en plus le sentiment que le monde est devenu un grand réseau de relations commerciales asymétriques avec, au centre, un grand marché ouvert et, autour, des pays qui ne jouent pas les règles du jeu (Lovett, Eckes et Brinkman, 2004). De plus, même si, comme le souligne Klein[13], le droit international est largement taillé sur le modèle du droit américain et que le droit américain est finalement très peu perméable au droit international, il n'en demeure pas moins que, non seulement les USA rencontrent de plus en plus de résistance dans les négociations internationales, mais également que les accords signés ont de plus en plus d'incidences sur leur propre législation.

---

[11] Klein dans Nolte, 2003.

[12] Kwakwa dans Byers et Nolte (dir.), 2003.

[13] Klein, *op. cit.*

Partant de là, nous pouvons envisager le recours au B&R à la fois comme une forme de réaction de la part des USA aux évolutions mal maîtrisées du SCM et comme un moyen grâce auquel il leur est possible de répondre aux demandes, souvent pressantes, des acteurs économiques de la mondialisation. Mais, au risque de nous répéter, la construction des institutions économiques internationales relève également d'un projet beaucoup plus ambitieux, celui de faire du monde un marché unifié et codifié par les valeurs américaines. Ceci nous conduit dès lors à considérer les trois voies, bilatérale, régionale et multilatérale, non seulement comme étroitement imbriquées les unes dans les autres dans le cadre d'un même projet (hypothèse 1), mais également comme trois stratégies (hypothèse 2) qu'il est possible d'utiliser de manière complémentaire pour opérationnaliser ce projet. La stratégie consistera à changer de niveau ou de lieu de négociation (*forum shifting*) dès lors qu'il y a blocage, mais aussi à faire jouer l'effet de « cliquet » ou de « crémaillère », en maillant les négociations les unes aux autres et en les coordonnant de telle manière qu'elles s'enchâssent les unes dans les autres. C'est ce que montrent fort bien Braithwaite et Drahos (2000) à propos des droits de propriété intellectuelle, et que nous entendons montrer aussi dans le cas de l'investissement,

Si l'un des objectifs recherchés est de construire les institutions de la mondialisation, du « bas vers le haut » autant de « haut en bas » et, une fois celles-ci mises en place de créer une « dépendance au sentier » qui sera d'autant plus forte que le système sera verrouillé, un point demeure cependant : ces institutions n'ont d'autre objet que de créer un espace de coordination significative entre des unités juridiquement autonomes et souveraines et de réorganiser ainsi les relations économiques qu'elles entretiennent entre elles selon des principes et des standards communs, autrement dit américains. Ceci nous conduit à avancer une troisième hypothèse, à savoir que les accords commerciaux, de quelque nature qu'ils soient, sont des « formes organisationnelles hybrides » (Ménard, 2003), un concept emprunté au champ de l'économie industrielle mais que nous pouvons appliquer avec profit à celui des relations internationales. Ces arrangements institutionnels sont aussi nombreux que protéiformes, mais tous ont pour traits communs d'être de type contractuel, de préserver l'autonomie des acteurs, de reconnaître la symétrie des droits des acteurs, du moins sur le plan formel, et d'introduire entre ces derniers des modalités de gouvernance par délégation d'autorité dans un certain nombre de domaines de leur champ d'action. Le consensus, coordination et l'autorité constituent les trois concepts-clés de ces formes institutionnelles hybrides que sont les accords commerciaux dans la mesure où leur raison d'être est de mettre en place un cadre normatif commun doté d'un mécanisme de coordination *ad hoc*, « avec une autorité plus ou moins étendue, visant à contrôler les partenaires et à stabiliser l'arrangement institutionnel »[14]. Quant aux modalités l'exercice de l'autorité, elles peuvent prendre des formes variées, allant de la confiance à la domination d'un acteur sur les autres, en passant par l'influence et la persuasion (Martin, 1997), ce qui permet de la sorte de rendre compte : (1) des jeux d'intérêt et de puissance qui accompagnent toute négociation ; (2) de la capacité d'une puissance hégémonique comme les USA d'en orienter le résultat ; (3) de la variété des accords selon le degré d'engagement des acteurs et les formes que prendra la coordination des activités, les deux grands modèles étant les accords d'association et les partenariats ; et (4) du degré d'intégration recherché dans les relations économiques entre les acteurs, selon que cette intégration sera en surface ou en profondeur.

Dans la suite du texte, nous nous proposons de voir comment cette stratégie a été appliquée dans le cas de l'investissement et quels en ont été les résultats.

B. La stratégie de la crémaillère à l'épreuve des faits

Dans les débats internationaux sur l'investissement, deux périodes peuvent être clairement identifiées : avant et après 1980.

L'une des grandes priorités américaines après la guerre était de faire reconnaître le traitement de la nation la plus favorisée et le traitement national comme les deux piliers juridiques sur lesquels devait reposer le nouvel ordre international, que ce fût dans le domaine du commerce, de l'investissement ou de tout autre domaine des affaires économiques internationales. Lors des négociations de La Havane, ils éprouveront cependant beaucoup de difficulté à en étendre l'application à l'investissement. La Charte aborde à peine la question, au chapitre III ; elle invitait néanmoins la future Organisation mondiale du commerce à élaborer un accord ou une déclaration de principe sur les lignes directrices à suivre en matière d'investissement et les pays membres à conclure entre eux des accords en vue d'accorder un traitement juste et équitable à l'investissement étranger. Mais comme la Charte ne sera jamais ratifiée et que, parallèlement, le GATT ne traitera pas de l'investissement, on restera sur un vide juridique, que les USA chercheront à combler dans d'autres forums internationaux. Le dossier de l'investissement va ainsi se promener entre les Nations unies (et la CNUCED), l'OIT, la Banque mondiale et l'OECE/OCDE. Mais les choses progresseront peu. Aucun accord international ne sera signé, et si plusieurs codes et déclarations

---

[14] *Ibid.*, p. 7.

furent adoptés[15], leur portée restera limitée, trop en tout cas pour satisfaire les USA (Muchlinski, 1999 ; Brewer et Young, 1998).

À partir des années 1980, les choses vont changer du tout au tout. Dans une conjoncture internationale devenue beaucoup plus favorable aux pays industrialisés et aux investisseurs étrangers, le débat juridique sur l'investissement ne va plus porter sur les droits des États, mais sur ceux des entreprises. Les négociations vont également prendre d'autres voies que celles prises jusque là. Celle du bilatéralisme tout d'abord, avec le résultat que les accords bilatéraux vont commencer à proliférer, sous l'impulsion des Européens mais également des USA qui les rejoindront rapidement sur ce terrain. Celle du régionalisme ensuite, avec le lancement de grandes initiatives régionales prenant forme de partenariats. Celle du GATT enfin, où les USA intensifieront leurs efforts pour élargir les négociations commerciales à de nouveaux domaines, la propriété intellectuelle, l'investissement et les services en particulier.

1. La voie multilatérale

Les années 1980 marquent un tournant majeur tant dans les débats sur l'investissement que dans la PEI des USA, plus engagés que jamais sur la scène internationale dans la promotion du libre-échange et la défense des droits de l'investisseur. Comme le dira sans ambages le président Reagan (1983), l'objectif était de réduire, sinon d'éliminer, les mesures gouvernementales discriminatoires et de mettre en place un régime international de l'investissement fondé sur les principes du traitement national et de la nation la plus favorisée. Déjà, les USA avaient tenté, mais en vain, d'inclure l'investissement dans les négociations du cycle de Tokyo. Ils reviendront à la charge dans le cycle suivant, avec plus de succès cette fois, appuyés qu'ils seront, cette fois-ci, par les Européens : malgré l'opposition farouche de certains PED, l'Inde et le Brésil principalement, ils parviendront à mettre l'investissement à l'agenda des négociations.

Ces négociations, dites du Cycle d'Uruguay, produiront deux résultats majeurs. Tout d'abord, l'Accord général sur le commerce des services (AGCS) étend l'application du traitement NPF et du traitement national aux entreprises étrangères. Ensuite, l'investissement fait l'objet

---

[15] Mentionnons notamment les codes de libéralisation de l'OCDE, de même que la Déclaration de 1976 de l'OCDE, accompagnée de quatre instruments, dont les Principes directeurs à l'intention des entreprises multinationales et l'instrument relatif au traitement national. Sans oublier la création, en 1965, du Centre international pour le règlement des différends relatifs aux investissements (CIRDI) et, en 1966, celle de la Commission des Nations unies pour le droit commercial international (CNUDCI). Pour une synthèse, voir CNUCED, 1999.

d'un accord spécifique « sur les mesures concernant les investissements et liées au commerce » (MIC). Cet accord reconnaît explicitement trois choses : (1) le rôle de l'investissement, au même titre que le commerce, dans la croissance ; (2) le principe de la libre concurrence ; et (3) le fait que « certaines mesures concernant les investissements peuvent avoir des effets de restriction et de distorsion des échanges ». Dans son contenu, l'accord impose aux membres de ne pas appliquer de mesures qui soient incompatibles avec les dispositions de l'article III du GATT de 1994 relatif à l'application du traitement national, de même qu'avec celles de l'article XI relatif à l'élimination des restrictions quantitatives. À toutes fins pratiques, cela revient à accorder à l'investissement étranger le traitement national et à bannir toute mesure qui viendrait imposer certaines obligations particulières, en matière de contenu local, d'importation ou d'exportation ou de transferts de fonds par exemple.

Cela dit, malgré des progrès incontestables, l'investissement n'a été abordé dans les négociations du cycle de l'Uruguay que par le truchement du commerce, et les dispositions de l'accord MIC sont très en deçà de ce que l'on retrouve dans les accords bilatéraux. Pressés tout comme les Européens d'obtenir un accord international de grande portée, les USA vont de nouveau se tourner vers l'OCDE[16], où les discussions avaient déjà commencé en 1991. Les négociations débuteront en septembre 1995, soit six mois à peine après la signature des accords de Marrakech, et devaient être complétées en 1997. Elles visaient trois objectifs[17] : (1) établir un accord multilatéral sur l'investissement fixant « des normes élevées pour la libéralisation des régimes en matière d'investissement et pour la protection des investissements et avec des procédures efficaces de règlement des différends » ; (2) consolider et renforcer les engagements existants, que ce soit dans le cadre des codes et autres accords internationaux ou des accords bilatéraux ; et (3) renforcer le régime commercial multilatéral et établir des règles qui viendraient harmoniser les régimes nationaux et internationaux existants.

Ces négociations échoueront. En partie en raison du conflit qui opposa les Européens aux Américains sur la libéralisation de l'investissement et sur les dispositions relatives aux litiges investisseur-État, en partie en raison des critiques très vives formulées par certains PED déniant toute légitimité à l'OCDE comme forum de négociation, et en partie en raison de la campagne très active menée par les ONG et la société civile (Deblock ; Brunelle, 1999). De nouveau renvoyé à l'OMC, le dossier de l'investissement sera l'une des causes principales de

---

[16] Sur les positions américaines, voir Smythe, 1998.
[17] Engerin 1996, Fatouros, dans *Document OCDE*, 1996.

l'échec de la conférence ministérielle de Seattle qui devait lancer le « cycle du millénaire ». À Doha, les pays membres de l'OMC préfèreront renvoyer le dossier aux groupes de travail et attendre avant d'inclure l'investissement dans les négociations qu'une décision soit prise « par consensus explicite » en conférence ministérielle, mais la conférence qui se tiendra à Cancún en septembre 2003 butera de nouveau sur le dossier de l'investissement et se conclura sur un nouvel échec. Finalement, les membres de l'OMC s'entendront à Genève à la fin juillet 2004 sur un compromis qui permettra de relancer le cycle de Doha, mais non sans avoir retiré ce dossier (et d'autres tout aussi litigieux) des négociations.

2. La voie bilatérale

Pour les PED, au premier rang desquels on retrouve l'Inde et le Brésil, et maintenant la Chine, tout accord multilatéral sur l'investissement soulève cinq types de problèmes : (1) de flexibilité dans l'application des dispositions ; (2) d'autonomie dans la conduite des politiques du développement ; (3) d'indépendance économique nationale ; (4) d'application du droit national en cas de différend investisseur-État ; et (5) d'incapacité de se soustraire à la procédure obligatoire d'un mécanisme de règlement des différends comme celui de l'OMC. D'un autre côté, l'investissement international est devenu un élément-clé du développement et de l'intégration compétitive dans l'économie mondiale. Le problème n'étant plus dès lors de contrôler l'investissement mais, au contraire, de l'attirer, la création d'un environnement institutionnel favorable à celui-ci devient, par le fait même, un ingrédient de toute politique économique orientée dans ce sens. Dans quelle mesure les accords sur l'investissement ont un impact effectif sur l'investissement étranger et celui-ci sur le développement, la question est plus que jamais posée. Toujours est-il que s'agissant de donner des assurances aux investisseurs et de démontrer le sérieux des réformes économiques entreprises, la voie est ainsi tracée pour un rapprochement entre PED et pays développés, lequel rapprochement ne peut que conduire les PED à devoir accepter individuellement des standards d'investissement qu'ils rejetteraient collectivement. Trois grands types d'instruments sont utilisés par les USA sur le plan bilatéral : les traités bilatéraux de l'investissement, les accords de libre-échange et les accords de coopération.

a. Les Traités bilatéraux sur l'investissement

Les USA, comme beaucoup d'autres pays, recouraient aux Traités d'amitié, de commerce et de navigation (TACN)[18]. Ceux-ci constituent la plus ancienne forme de protection, mais leur portée juridique est limitée et les PED étaient réticents à les signer. Les USA vont progressivement délaisser cette voie dans les années 1960 et concentrer leurs efforts sur le GATT, du moins pour les questions commerciales. Face à la vague de vague de nationalisations et à la prolifération des mesures restrictives, les USA vont se doter vers la fin des années 1970 d'un programme de Traités bilatéraux sur l'investissement (TBI)[19].

Le premier traité a été signé avec Panama, le 27 octobre 1982, et le dernier, avec l'Uruguay, le 25 octobre 2004. En date de juillet 2005, ils en ont signé 48, mais 39 seulement sont en vigueur, ce qui est relativement peu en comparaison de l'Union européenne qui en compte près de 1000, l'Allemagne arrivant en tête avec 119 traités.

Préparé en étroite collaboration avec le secteur privé, ce programme[20] s'inspirait des accords européens et du modèle développé par l'OCDE[21]. Il y ajoute cependant des disciplines additionnelles, en matière de prescriptions de résultats et de règlement des différends notamment. De plus, il ne s'applique pas seulement au traitement et à la protection des investissements déjà établis, mais également aux conditions d'entrée et d'établissement. Il a été révisé à plusieurs reprises, la dernière révision datant de 2003 pour tenir compte de la Loi sur le commerce extérieur de 2002[22].

Le programme repose sur un certain nombre de principes, portant notamment sur (1) la protection des droits de propriété ; (2) la liberté économique ; (3) la non-discrimination dans les affaires ; (4) la neutrali-

---

[18] Voir à ce sujet Kunzer, 1983.

[19] Voir à ce sujet Gann, 1985 ; Vandevelde, 1993 ; Piper, 1979 ; Dolzer, Stevens, 1995.

[20] En ligne sur le site du Département d'État : http://www.state.gov/e/eb/ifd/c644.htm.

[21] Le modèle européen était basé sur le projet de convention dit Abs-Shawcross datant de 1959. L'OCDE avait également produit, en 1967, un projet de convention sur la protection de la propriété étrangère. Voir à ce sujet, *Houde et Yannaca-Small*, 2004.

[22] On notera que dans la section 2102 relative aux objectifs de négociation, le législateur précise très en détail les objectifs à atteindre dans les domaines de l'investissement et de la propriété intellectuelle. Le texte fait aussi explicitement référence aux principes juridiques et aux pratiques établies aux États-Unis pour ce qui a trait aux normes en matière d'expropriation, de même que pour ce qui a trait aux normes en matière de traitement juste et équitable. Le texte prend également soin de souligner que les investisseurs étrangers aux États-Unis ne doivent pas se voir octroyer des droits supérieurs à ceux qui sont octroyés aux investisseurs des États-Unis aux États-Unis.

té de l'État vis-à-vis du marché ; et (5) le respect de la moralité et de l'ordre public. Il établit un ensemble incompressible de règles, que l'on retrouve dans tous les accords signés, soit : (1) le traitement national et le traitement de la nation la plus favorisée ; (2) la protection et la sécurité intégrale de l'investisseur ; (3) le bannissement de toute prescription ; (4) la liberté de choix des dirigeants ; (5) la liberté dans les transferts des fonds ; et (6) une indemnisation « prompte, adéquate et effective » en cas d'expropriation, ce qu'on appelle la « formule Hull ». On notera par ailleurs la référence à l'arbitrage international en cas de litige. Enfin, on relèvera que les USA prennent toujours soin : (1) de voir eux-mêmes au respect et à l'application des engagements souscrits ; (2) de voir à ce que les droits reconnus dans les accords n'excèdent pas ceux qui sont reconnus dans leur propre législation ; (3) d'inclure des exceptions en rapport avec leurs propres pratiques ; (4) de s'assurer que l'arbitrage exclut toute forme d'interprétation possible, ce qui permet d'établir une certaine étanchéité entre le droit international et leur droit national.

b. Les accords de libre-échange

Les accords de libre-échange (ALE) ont une portée plus large et plus contraignante que les TBI. Ils permettent aussi d'aborder certaines questions connexes comme la protection des droits de propriété intellectuelle, la concurrence, les marchés publics, etc. Dans certains cas, ils sont aussi l'occasion d'élargir et d'améliorer les dispositions contenues dans les TBI, surtout les plus anciens. C'est par exemple le cas des négociations actuelles avec Panama. Par contre, comme le programme des TBI a été mis en phase avec le programme des ALE, l'inclusion d'un chapitre sur l'investissement dans un ALE ne devient dans ce cas pas nécessaire. C'est le cas, par exemple, de l'accord signé avec le Bahreïn. On peut même penser que les TBI offrent plus de flexibilité, n'étant pas assujettis aux mêmes obligations internationales que celles que l'on retrouve dans les ALE.

Le premier ALE signé par les USA l'a été avec Israël. Depuis, ils ont signé des ALE avec le Canada, le Mexique, la Jordanie, le Chili, Singapour, cinq pays d'Amérique centrale (El Salvador, Guatemala, Honduras, Nicaragua, Costa Rica), la république dominicaine, l'Australie, le Maroc et le Bahreïn. Des négociations sont en cours avec l'Afrique du Sud et l'Union douanière d'Afrique australe (SACU), la Thaïlande, Panama, trois pays andins, soit la Colombie, l'Équateur et le Pérou (et éventuellement la Bolivie), les Émirats arabes unis et Oman.

Dans cette cascade d'accords, que l'on peut qualifier d'association, le point tournant reste la signature, en 1987, de l'Accord de libre-échange avec le Canada (ALECAN), suivie, en 1992, de celle de l'Accord de libre-échange nord-américain (ALENA). Ces deux accords marquent ce qu'un auteur a appelé le « triomphe des négociateurs américains » (Kurtz, 2002), et « reflètent parfaitement la conception américaine de la non-discrimination appliquée à l'investissement »[23]. Au point d'ailleurs que les dispositions relatives à l'investissement contenues dans le chapitre 11 de l'ALENA serviront de modèle à l'AMI. Il faut aussi souligner deux choses[24]. Tout d'abord, le Canada est le premier partenaire commercial des USA et que le Mexique en est rapidement devenu le second, ce qui ne donne que plus d'importance à l'accord. Ensuite, en acceptant de négocier un ALE avec le Mexique, un PED rappelons-le, les USA ne pouvaient que susciter les convoitises chez beaucoup de pays du continent américain et faire boule de neige. Enfin, de là à étendre le libre-échange à l'ensemble des Amériques, il n'y aura qu'un pas, rapidement franchi avec, dans un premier temps, le lancement de l'Initiative pour les Amériques par le président Bush en juin 1990, puis, dans un deuxième temps, celui de projet de zone de libre-échange des Amériques (ZLEA) par le président Clinton en décembre 1994.

c. Les accords-cadres

Les TBI et les ALE ne sont pas les seuls instruments dont disposent les USA pour faire avancer leur agenda commercial. Parmi les autres instruments, il faut notamment mentionner les accords-cadres sur le commerce et l'investissement (Trade and Investment Framework Agreement, TIFA).

Ceux-ci n'ont pas la même portée que les accords de libre-échange, mais établissent néanmoins un cadre permanent de coopération, facilitent l'accès aux marchés et permettent d'assurer un meilleur suivi de la mise en œuvre des accords multilatéraux, y compris dans les pays qui ne sont pas membres de l'OMC, tout en préparant le terrain à des formes plus avancées de coopération, voire à un éventuel accord de libre-échange. En fait, ces accords visent à étendre progressivement la règle de droit et à introduire plus de transparence, de prévisibilité et de sécurité dans les relations d'affaires que les entreprises et les investisseurs américains ont ou peuvent avoir dans les pays concernés. Les États-Unis attachent actuellement beaucoup d'importance à la signature de ces accords-cadres. En particulier, tout pays candidat au libre-échange doit non seulement être membre de l'OMC, mais également avoir signé un TIFA avec les États-Unis. Les USA ont signé plus d'une quarantaine d'accords-cadres.

---

[23] Graham, dans Rugman (dir.), 1994.

[24] Sur l'ALECAN et l'ALENA, voir Brunelle, Deblock, 1989 et Brunelle, Deblock (dir.), 2004.

3. La voie régionale

Le régionalisme est, dans la politique commerciale des USA, directement associé à la formation de partenariats économiques avec des PED. On peut les diviser en deux grands groupes.

a. Les accords préférentiels

Tout d'abord, il y a les accords préférentiels régionaux. Les trois plus importants actuellement sont : (1) le partenariat commercial avec les pays du Bassin des Caraïbes (Caribbean Basin Trade Partnership Act, CBTPA) ; (2) l'initiative en faveur de l'Afrique subsaharienne, régie par la Loi sur la croissance et les perspectives économiques de l'Afrique (African Growth and Opportunity Act, AGOA) ; et (3) l'accord commerce-drogue avec les pays andins, qui est d'un genre particulier et est régi par la Loi sur les préférences commerciales en faveur des pays andins et l'éradication des drogues (Andean Trade Promotion and Drug Eradication Act, ATPDEA).

Ces accords répondent à l'objectif général de faciliter l'accès des PED au marché des USA, mais tous comportent également des dispositions particulières concernant la protection, la libéralisation et la promotion des investissements. Les dispositions n'ont peut-être pas un caractère aussi rigide que dans le cas des TBI et des ALE, mais elles sont néanmoins très fortes. Les privilèges commerciaux sont également assortis de très nombreuses conditions dont, notamment, celles d'avoir établi une économie de marché et éliminé les barrières commerciales, ce qui inclut la reconnaissance du traitement national, la protection de la propriété intellectuelle, et un mécanisme de règlement des différends.

b. Les grandes initiatives régionales

Les initiatives régionales, avec, entre autres finalités, la création de grandes zones de libre-échange, constituent un second groupe de partenariats. Il y en a quatre actuellement : (1) la zone de libre-échange des Amériques (ZLEA) ; (2) la zone de libre-échange projetée dans le cadre du Forum de coopération économique Asie-Pacifique (APEC) ; (3) l'Initiative en faveur des pays de l'ANASE (Enterprise for ASEAN Initiative) ; et (4) l'Initiative en faveur du Grand Moyen-Orient (Middle East Free Trade Area, MEFTA).

Il est difficile de comparer ces initiatives les unes aux autres, les intérêts stratégiques des USA n'étant pas les mêmes d'une région à l'autre et les niveaux d'engagements différents. Elles ont néanmoins pour traits communs de viser la formation de grands espaces économiques intégrés par le marché et, dans le cadre des plans d'action, de combiner cet objectif à d'autres objectifs, dans les domaines de la sécurité, de la gouvernance et de la démocratie notamment. Ces partenariats prennent timidement en compte les différences de taille et de niveau de développement et les projets d'intégration sont, d'une façon générale, moins contraignants sur le plan des engagements que les ALE, mais le processus de négociation obéit aux mêmes déterminants et le moule est le même. Ainsi, par exemple dans le cas le cas de la ZLEA, le mandat qui avait été confié au groupe de négociation sur l'investissement, était suffisamment large pour accommoder tous les participants, mais aussi suffisamment clair pour qu'il n'y ait aucun doute possible sur les finalités : « établir un cadre juridique juste et transparent qui crée un environnement stable et prévisible qui protège les investisseurs, leurs investissements et les flux respectifs sans créer des obstacles aux investissements extra-hémisphériques ». Un mandat sensiblement identique à celui qui avait été défini pour les négociations de l'AMI.

Autre particularité de ces projets : ils acceptent la coexistence des accords bilatéraux ou sous-régionaux avec la zone de libre-échange. Du moins en autant (1) qu'ils améliorent les règles et disciplines de l'OMC, (2) que les droits et les obligations prévus par ces accords ne sont pas couverts dans la ZLE, ou (3) qu'ils surpassent les droits et les obligations de la ZLE. Ces trois points sont clairement énoncés dans les principes et objectifs de la négociation de la ZLEA[25], ce qui revient à accorder ipso facto à une accord comme l'ALENA une supériorité sur tout autre accord et à en faire un modèle vers lequel devrait converger la ZLE une fois mise en place.

D'une façon générale cependant, ces grandes initiatives n'ont guère produit jusqu'ici les résultats escomptés. Les négociations se sont avérées toujours beaucoup plus difficiles que prévu. À commencer dans les Amériques, une région où, pourtant, les chances de réussite étaient les plus grandes[26]. Suite à l'entente intervenue entre le Brésil et les USA à l'automne 2003, le processus de négociation a peut-être été sauvé du naufrage, mais il n'en demeure pas moins que les ambitions du projet ont considérablement été rabaissées : six des neuf principaux thèmes de négociation, dont l'investissement, ont été renvoyés à Genève où, à toutes fins pratiques, rien ne bouge, avec le résultat qu'il ne reste aux tables de négociations que les questions d'accès aux marchés[27]. Cela dit, dans les Amériques comme ailleurs, ces grandes initiatives ont malgré tout permis aux USA d'établir un cadre plus ou moins formel de coopé-

---

[25] Déclaration ministérielle de San Jose relative aux principes et objectifs généraux des négociations : http://www.ftaa-alca.org/Ministerials/SanJose/SanJose_f.asp.

[26] Voir à ce sujet Deblock et Turcotte, 2005.

[27] Deblock, 2005. Voir également GAO, 2004, http://www.sice.oas.org/geograph/north/ Gao.pdf.

ration, d'ouvrir des négociations commerciales qui n'auraient sans doute pas pu avoir lieu en dehors d'un tel cadre et d'étendre ainsi leur réseau d'ALE (Feinberg, 2003).

4. Les résultats

Ce rappel des faits complété, le temps est venu de nous poser l'inévitable question : cette stratégie est-elle efficace ? Il y a deux manières de répondre à la question. La première consiste à juger de l'efficacité de la stratégie eu égard aux objectifs visés, et la seconde à regarder la stratégie à la lumière de ses effets.

Tableau 1 : États-Unis : Traités bilatéraux et Accords de libre-échange dans les Amériques

	TBI		ALE		
	Signés	En vigueur	Négociation	Signés	En vigueur
Haïti	12-déc-79				
Grenade	1-mai-82	2-mars-85	Canada	5-nov-83	31-déc-84
Panama	26-oct-78	29-mai-87			
Argentine	13-nov-87	19-oct-90	ALENA	16-déc-89	31-déc-89
Trinité-et-Tobago	25-sept-90	25-déc-92			
Jamaïque	3-févr-90	6-mars-93	Chili	5-juin-99	31-déc-99
Équateur	26-août-89	10-mai-93			
El Salvador	9-mars-95	9-mars-95	Amérique centrale		
Bolivie	16-avr-94	5-juin-97	El Salvador	27-mai-00	
Honduras	30-juin-91	10-juil-97	Guatemal	27-mai-00	
Nicaragua	30-juin-91		Honduras	27-mai-00	
Uruguay	4-nov-01		Nicaragua	27-mai-00	
			Costa Rica	27-mai-00	
			Rép. Dom.	4-août-00	
			Négociations en cours		
			Panama	25-avr-00	
			Bolivie		
			Colombie	17-mai-00	
			Équateur	17-mai-00	
			Pérou	17-mai-00	6-déc-01
			ZLEA	mars-94	

a. Vers un régime international de l'investissement ?

Si l'objectif des USA est la signature d'un accord international de grande portée, la réponse est immédiate et sans appel : on peut parler d'échec. Une telle réponse nous paraît cependant un peu courte. D'une part, parce que convergence institutionnelle il y a néanmoins et, d'autre part, parce que les USA ont renforcé leur emprise sur un très grand nombre de pays.

Nous avons insisté plus haut sur le caractère relativement rigide des programmes américains de TBI et d'ALE. Tous les accords sont faits dans le même moule, et, si certains accommodements sont toujours possibles, trois règles prévalent : (1) chaque accord signé fait précédent ; (2) les gains obtenus deviennent la norme pour toute négociation ultérieure ; et (3) dans le cadre des initiatives régionales, les accords signés doivent faire levier sur les négociations plurilatérales. Ces accords restent spécifiques ; ils ne peuvent, en conséquence, avoir la même portée juridique qu'un accord international. Cela dit, qu'on le veuille ou non, on assiste à l'émergence de mégablocs dans le domaine de l'investissement (CNUCED, 2003), avec, d'un côté, forte concentration des investissements internationaux sur les trois pôles de la triade (USA, UE et Japon) et, de l'autre, une concentration toute aussi forte des accords sur l'investissement autour d'eux. Cette vision des choses n'est pas complète dans la mesure où les pays signataires d'un accord, avec les USA par exemple, sont eux-mêmes engagés dans la voie bilatérale, avec le résultat que les accords signés, en incorporant les dispositions contenues dans les accords signés avec un grand partenaire commercial, contribuent à la diffusion de son modèle.

Beaucoup de pays échappent encore formellement à ces règles, mais, en pratique, les pressions des marchés les poussent à aller dans cette direction. Pour les investisseurs, ne pas avoir d'accord sur l'investissement n'est pas en soi un obstacle à l'investissement, ce que démontre le cas de la Chine, de l'Inde ou du Brésil qui n'ont jamais souscrit à de telles exigences. Mais, ceux-ci ont des attentes en matière de gouvernance et de pratiques publiques, notamment sur le plan de la transparence et de la prévisibilité, auxquelles il est de plus en plus difficile pour les acteurs publics d'échapper. En clair, par delà la prolifération des accords, il existe un certain nombre de règles qui font désormais consensus et que celles-ci déterminent les pratiques et les politiques publiques. Ceci nous conduit à conclure que, même s'il n'y a pas encore pour le moment d'accord international, il y a néanmoins diffusion d'un, sinon plusieurs modèles. En fait, plus la toile des accords s'étend, plus le modèle ou les modèles se diffusent. Formellement, mais également informellement, dans la mesure où les investisseurs en internalisent les dispositions dans leurs pratiques, pressant ainsi les gouvernements à s'y conformer à leur tour. Le phénomène est très visible dans les Amériques où il y a bel et bien émergence d'un régime de l'investissement (Eden, 1996 ; Haslam, 2005 ; Robert, 2001 ; Bachand, 2001). Les USA ont tissé une étonnante toile d'accords dans les Amériques (tableau 1), suivis en cela par de très nombreux pays qui ont tissé leur propre toile[28]. Parallèlement, on notera que, si nous prenons le commerce et les investissements comme indicateurs d'influence, il est quand même impressionnant de constater que ce n'est pas moins de 90 % du commerce total que les USA font avec le reste du continent et près de 90 % de leurs investissements directs qui sont couverts par des accords bilatéraux ou plurilatéraux (tableau 2). C'est donc dire à quel point les pressions se font sentir sur les pays récalcitrants, le Brésil en particulier, des pressions qui viennent tout autant des USA et des pays qui les suivent, que des opérateurs commerciaux eux-mêmes.

Tableau 2. USA : commerce de marchandises et investissements directs dans les Amériques					
en pourcentage					
		Commerce de marchandises			Investissements
		Importations		Exportations	
		2000	2004	2000	2004	2003
Hémisphère occidental		36,0	34,7	44,5	44,1	27,7
(en % du total monde)						
Accords de libre-échange en vigueur						
	ALENA	83,3	80,7	82,9	82,9	51,2
	Chili	0,7	0,9	1,0	1,0	2
Accords de libre-échange signés						
	Amérique centrale*	2,7	2,6	2,6	3,2	0,7
	Rép. dominicaine	1,0	0,9	1,3	1,2	0,2
Accords de libre-échange en négociation						
	Panama	0,1	0,1	0,0	0,5	1,3
	Pays andins**	2,5	3,0	1,8	2,3	1,4
Initiative en faveur des pays du Bassin des Caraïbes						
	CARICOM	0,8	1,4	1,3	1,4	32,5
Sous total		**91,1**	**89,5**	**91,0**	**92,4**	**89,3**
Autres		8,9	10,5	9,0	7,6	2,1
	MERCOSUR	3,9	5,0	6,1	5,1	8,6
Total		100	100	100	100	100

Sources : *United States International Trade Commission ; Bureau of Economic Analysis.*
Notes : * Costa Rica, Salvador, Guatemala, Honduras et Nicaragua
** Colombie, Pérou et Equateur

---

[28] Ainsi, par exemple, si nous nous fions à la banque de données de la CNUCED, on notera que le Canada a signé 23 TBI, le Mexique 18, l'Argentine 41 et le Costa Rica 21. Précisons cependant que tous ces traités n'ont pas la même portée, et un grand nombre d'entre eux ont été signés avec des pays extérieurs à la région.

b. Les effets imprévus

La stratégie de la crémaillère a indéniablement permis aux USA de diffuser leur conception du droit de l'investissement, mais pas d'en imposer la suprématie. Les accords prolifèrent et le régionalisme a désormais gagné l'Asie, une région qui était jusqu'ici restée à l'écart du mouvement. Une certaine convergence institutionnelle se fait sentir, mais il n'existe pas de modèle unique. En fait, il vaudrait mieux parler d'une coexistence de plusieurs modèles, dont deux sont réellement dominants, celui des USA et celui de l'UE. Ces modèles présentent de très nombreux très communs, notamment lorsqu'il s'agit de protéger les droits des investisseurs, mais jusqu'où pousser cette protection et comment concilier les droits des investisseurs avec ceux des États, voire les droits économiques avec les autres droits ?

Il est indéniable qu'en cherchant à exporter leur droit économique, les USA s'attendent à ce que les autres gouvernements se comportent à l'égard des investisseurs étrangers de la même manière qu'eux-mêmes. Ils s'attendent également à ce que leurs entreprises jouissent à l'étranger des mêmes droits que les entreprises étrangères jouissent chez eux. Ceci a pour première conséquence que les droits octroyés aux entreprises sont tels que cela revient non seulement à sanctionner la primauté du droit de propriété sur tout autre droit, qu'il s'agisse des droits économiques, sociaux, ou de la personne, mais également à donner à aux entreprises la possibilité d'interférer sur le droit de légiférer des États, y compris dans les domaines relevant de l'intérêt public.

Certes, il ne s'agit pas d'octroyer plus de droits aux entreprises étrangères qu'aux entreprises nationales, mais, en pratique, l'inclusion dans les accords de dispositions particulières relatives aux différends investisseur-État vient renforcer davantage encore la pression des marchés, voire même à reconnaître aux entreprises un statut d'acteur du droit international, au même titre que les gouvernements. Beaucoup de pays ne sont pas prêts à céder sur ce point mais, curieusement, après avoir commencé à en percevoir les effets négatifs, les USA semblent eux-mêmes reculer sur ce point.

Le rapport du comité consultatif sur l'ALE USA-Maroc soulève d'ailleurs clairement le problème[29]. Il est spécifiquement indiqué que lorsqu'un pays n'a pas de système légal très développé, introduire un mécanisme spécifique de litiges, applicable aussi bien au commerce qu'à l'investissement, s'avère nécessaire pour créer les conditions légales sécuritaires et prévisibles pour attirer et protéger les investis-

---

[29] http://www.ustr.gov/assets/Trade_Agreements/Bilateral/Morocco_FTA/Reports/ assetupload_file444_3120.pdf.

seurs. Par contre, dit le rapport, dans les pays qui ont un système légal bien développé, on constate que les entreprises abusent de ce système, multiplient les poursuites « frivoles » et remettent en question l'autorité des États et des municipalités. Les auteurs font explicitement référence aux cas Methanex et Loewen dans le cadre de l'ALENA. Il est intéressant de relever que le comité consultatif était revenu avec le même argument lors de l'examen de l'ALE qui avait été signé un mois plus tôt avec l'Australie, mais, cette fois, pour féliciter les négociateurs de ne pas avoir inclus de dispositions relatives au règlement des litiges investisseurs-État dans l'accord.

Cet exemple montre à quel point les accords peuvent avoir des effets qui peuvent aller au-delà des intentions initiales des négociateurs. Mais l'on peut se demander également si, tel l'apprenti sorcier, les USA ne sont pas pris au piège de leur vision du monde et de la stratégie employée pour l'implanter. Le SCM a été conçu avec l'objectif d'enchâsser la liberté économique dans la règle de droit. Le régionalisme, tel qu'il est envisagé et opérationnalisé, permet, certes, d'atteindre cet objectif, mais, en faisant du marché le seul régulateur des relations entre eux, il se trouve par le fait même faire reculer le droit souverain des États, y compris le leur, et ce, sans pour autant avoir fait progresser la cause du droit de la mondialisation.

Conclusion

Faute de consensus à son sujet, l'investissement international échappe aux contraintes du SCM tel qu'il a été établi après guerre. Nous l'avons vu, les USA, mais également beaucoup d'autres pays avec eux, n'ont pas ménagé leurs efforts pour obtenir un accord international de grande portée, certains envisageant même la création d'une organisation internationale spécifique, mais tous ces efforts, sans être totalement vains, n'ont guère produit les résultats escomptés. De l'après-guerre jusqu'au tournant des années 1980, ces efforts ont été orientés vers les Nations unies et ses institutions affiliées, mais également vers d'autres organisations internationales, l'OCDE en particulier. Depuis lors, sans délaisser les forums internationaux, la dernière initiative en date étant le projet d'AMI de l'OCDE, les USA ont préféré concentrer leurs efforts sur le SCM, beaucoup plus contraignant du point de vue des disciplines que tout autre forum.

La question de l'investissement va ainsi prendre une place grandissante dans les négociations commerciales multilatérales, mais, en même temps, devenir rapidement une pomme de discorde entre les pays développés, menés par les USA et l'UE, et les PED, au point que l'investissement ait dû être écarté des négociations pour sauver le cycle de

Doha. La voie bilatérale, nous l'avons vu, va produire de meilleurs résultats : les USA signeront de nombreux TBI et ALE, les deux programmes étant désormais en phase. Parallèlement, plusieurs grandes initiatives régionales, la plus ambitieuse étant celle des Amériques, ce qui permettra, là encore, aux USA de faire avancer leur agenda commercial. Les déboires des négociations panaméricaines montrent toutefois qu'ils se heurtent aux mêmes problèmes qu'à l'OMC et qu'à toutes fins pratiques, s'il y a bel et bien diffusion de leur modèle, les USA doivent aussi composer avec deux réalités : (1) ils ne sont pas seuls en lice ; (2) beaucoup de pays refusent d'adhérer à leur vision du droit et, par le fait même, à la manière dont ils envisagent l'intégration économique.

Les USA ne sont pas les seuls à s'être engagé dans les voies bilatérale et régionale. Pour certains, Feinberg notamment, les USA n'auraient fait que suivre le mouvement et répondre aux demandes qui leur étaient faites. Il y a sans doute une part d'improvisation et de pragmatisme dans leur démarche, mais ils ont su saisir les occasions qui s'offraient à eux, lorsqu'ils ne les ont pas créées. De même, leur engagement n'est pas seulement devenu de plus en plus systématique, il a également été de plus orienté vers la défense de leurs intérêts tant économiques que stratégiques dans le monde. Toutefois, ce que nous avons surtout voulu montrer, c'est le fait que, par-delà ces multiples dimensions, le bilatéralisme et son extension, le régionalisme, participent d'un projet beaucoup plus ambitieux : promouvoir les idéaux de liberté et de marché qui sont les leurs et construire les institutions de la mondialisation à l'image des leurs.

L'idée selon laquelle entre le bilatéralisme, le régionalisme et le multilatéralisme, il n'y aurait qu'une différence de niveau prend tout son sens. Tout comme celle selon laquelle le régionalisme et le multilatéralisme seraient complémentaires. Quelle que soit la voie choisie, il s'agit d'élargir l'espace économique du marché et de lui donner toujours davantage d'autonomie, mais cet espace ne fonctionne pas pour autant dans le vide : il doit être encadré par des institutions qui reflètent le plus fidèlement possible l'esprit, les principes et les pratiques des institutions américaines. C'est à ce niveau que l'approche institutionnaliste se démarque radicalement de l'approche fonctionnaliste : il n'existe pas de théorie générale du B&R. Ou du moins, s'il en existe une, c'est celle que porte le modèle américain, un modèle dont les ambitions sont d'être universel dans les principes, multilatéral dans l'opérationnalisation et impérial dans l'orientation

Références

Allen, W., « The International Trade Philosophy of Cordell Hull, 1907-1933 », *American Economic Review*, vol. 43, n° 1, pp. 101-116, 1953.

Bachand, R., *Étude comparative des accords et traités d'investissement dans les Amériques : existe-t-il une alternative au modèle ALENA ?*, GRIC, Montréal, janvier 2001, 2001.

Baldwin, E., « The Causes of Regionalism », *The World Economy*, vol. 20, n° 7, novembre 1997, pp. 865-888, 1997.

Barnett, M. et Duvall, R. (dir.), *Power in Global Governance*, Cambridge University Press, New York, 2005.

Bhagwati, J., « Alphabetti spaghetti. Are regional trade agreements a good idea ? », *The Economist*, 1er octobre 1998.

Bhagwati, J. et Panagariya, A., « Bilateral Trade Treaties are a Sham », *Financial Times*, 13 juillet 2003.

Braithwaite, J. et Drahos, P., *Global Business Regulation*, Cambridge University Press, Cambridge, 2000.

Brewer, L. et Young, S., *The Multilateral Investment System and Multinational Enterprises*, Oxford University Press, New York, 1998.

Caporaso, J., « International Relations Theory and Multilateralism : The Search for Foundations », *International Organization*, vol. 46, n° 3, pp. 561-598, 1992.

CNUCED, *Trends in Inernational Investment agreements : An Overview*, Nations unies, New York, 1999.

CNUCED, « Towards mega blocks ? », *World Investment Report*, Genève, pp. 23-26, 2003.

Dam, W., « Regional Economic Arrangements and the GATT : The Legacy of a Misconception », *The Chicago Law Review*, vol. 30, n° 4, pp. 615-665, 1963.

Deblock, C. et Brunelle, D., *Le libre-échange par défaut*, VLB éditeur, Montréal, 1989.

Deblock, C. et Brunelle, D., « Globalisation et nouveaux cadres normatifs : le cas de l'Accord multilatéral sur l'investissement », *Géographie, Économie et Société*, vol. 1, n° 1, mai. 1999, pp. 49-95, 1999.

Deblock, C. et Brunelle, D. (dir.), *L'ALENA. Le libre-échange en défaut*, Éditions Fides, Montréal, 2004.

Deblock, C. et Turcotte, F., « Los Estados Unidos, el Brasil y las negociaciones hemisphericas », *Foro Internacional*, vol. XLVI, n° 3 (177) mars 2005, pp. 5-34, 2005.

Deblock, C., « Qui perd gagne ? Le Brésil, les États-Unis et la Zone de libre-échange des Amériques », *Diplomatie*, n° 16, septembre-octobre 2005, pp. 34-39, 2005.

Delmas-Marty, M., *Trois défis pour un droit mondial*, Éditions du Seuil, Paris, 1998.

Dolzer, R et Stevens, M., *Bilateral Investment Treaties*, Martinus Nijhoff Publishers, La Haye, 1995.

Eckes, E. et Zeiler, W., *Globalization and the American Century*, Cambridge University Press, New York, p. 104, 2003.

Eden, L., « The Emerging North American Investment regime », *Transnational Corporations*, vol. 5, n° 3, décembre 1996, pp. 61-98, 1996.

Engerin, F., « The Multilateral Investment Agreement », *Transnational Corporations*, vol. 5, n° 3, décembre 1996, pp. 147-161, 1996.

Fatouros, A., « Vers un accord international sur l'investissement direct étranger ? », in *Document OCDE. Vers des règles multilatérales sur l'investissement*, OCDE, Paris, pp. 49-72, 1996.

Feinberg, E., « The Political Economy of United States' Free Trade Arrangements », *The World Economy*, vol. 26, n° 7, pp. 1019-1040, 2003.

Gann, B., « The U.S. Bilateral Investment Treaty Program », *Stanford Journal of International Law*, vol. 21, n° 2, automne 1985, pp. 373-441, 1985.

GAO, *International Trade. Intensifying Free Trade Negociating Agenda Calls for Better Allocation of Staff and Resources*, GAO-04-233, Washington, janvier 2004, http://www.sice.oas.org/geograph/north/Gao.pdf.

Gilpin, R., *The Challenge of Global Capitalism. The World Economy in the 21st Century*, Princeton University Press, Princeton, 2000.

Gilpin, R., *Global Political Economy : Understanding the International Economic Order*, Princeton University Press, Princeton, 2001.

Goldtein, J., *Ideas, Interests, and American Trade Policy*, Cornell University Press, Ithaca, 1993.

Graham, M., « NAFTA, Foreign Direct Investment, and the United States », in Alan Rugman (dir.), *Foreign Investment and NAFTA*, University of South California Press, 1994, pp. 105-123, p. 114.

Griswold, D., « Bilateral Deals Are no Threat to Global Trad », *Financial Times*, 27 juillet 2003.

Gruber, L., « Power Politics and the Free Trade Bandwagon », *Comparative Political Studies*, vol. 34, n° 7, septembre 2001, pp. 703-741, 2001.

Guzman, T., « Why LDCs Sign Treaties That Hurt Them : Explaining the Populariy of Bilateral Investment Treaties », *Virginia Journal of International Law*, vol. 38, pp. 639-688, 1997-1998.

Haslam, P., « The Emerging Foreign Investment Regime in the Americas », FOCAL, *Policy Paper, FPP-05-01*, janvier 2005.

Houde, M.-F. et Yannaca-Small, K., « Relationships between International Investment Agreements », *Working Papers on International Investment*, 2004/1, mai 2004, OCDE, Paris, 2004.

Ikenberry, G. et Kupchan, A., « Socialization and Hegemonic Power », *International Organization*, vol. 44, n° 3, été 1990, pp. 283-315, 1990.

International Organization, *The State and American Foreign Economic Policy*, vol. 42, n° 1, hiver 1988.

Keohane, O., *After Hegemony : Cooperation and Discord in the World Political Economy*, Princeton University Press, Princeton, 1984.

Keohane, O. et Nye, J., *Power and Interdependance* (3ᵉ édition), Longman, New York, 2001.

Keohane, O., *Power and Governance in a Partially Globalized World*, Routledge, New York, 2002.

Klein, P., « The Effects of US Predominance on the Elaboration of Treaty Regimes and on the Evolution of the Law of Treaties », in Byers, M. et Nolte, G., *United States Hegemony and the Foundations of International Law*, Cambridge, Cambridge University Press, pp. 363-391, p. 363 et p. 369, 2003.

Krugman, R., « Is Bilateralism Bad ? », in Helpman, E. et Razin, A. (dir.), *International Trade and Trade Policy*, Mass. MIT Press, Cambridge, pp. 9-23, 1991.

Kunzer, K., « Developing a Model Bilateral Investment Treaty », *Law and Policy in International Business*, vol. 15, pp. 273-301, 1983.

Kupchan, A., « After Pax Americana : Benign Power, Regional Integration, and the Sources of a Stable Multipolarity », *International Security*, vol. 23, n° 2, automne pp. 40-79, 1998.

Kurtz, J., « A General Investment Agreement in the WTO ? Lessons from Chapter 11 of NAFTA and the OECD Multilateral Agreement on Investment », *Jean Monnet Working Paper* 6/02, NYU School of Law, New York, p. 22, 2002.

Kwakwa, E., « The international community, international law, and the United States : three in one, two against one, or one and the same ? », in Byers, M. et Nolte, G. (dir.), *United States Hegemony and the Foundations of International Law*, Cambridge University Press, New York, pp. 25-56, p. 36, 2003.

Lawrence, R., *Regionalism, Multilateralism, and Deeper Integration*, Brookings Institution, Washington, 1996.

Lee, C., « Impact of the East Asian Financial Crisis on the Asia-Pacific Regional Order : A Geo-Economic Perspective », *Issues & Studies*, vol. 35, n° 4, pp. 109-132, juillet-août 1999.

Lovett, A., Eckes A. E. Jr. et Brinkman, R. L., *U.S. Trade Policy. History, Theory and the WTO*, M. E. Sharpe, Armond, 2004.

Mansfield, D. et Milner, V., « The New Wave of Regionalism », *International Organization*, vol. 53, n° 3, été 1999, pp. 589-627.

Martin, L., « Interests, Power and Multilateralism », *International Organization*, vol. 46, n° 4, pp. 765-792, automne 1992.

Ménard, C., « Le pilotage des formes organisationnelles hybrides », *Revue économique*, vol. 48, n° 3, pp. 741-750, 1997.

Ménard, C., « Économie néo-institutionnelle et politique de la concurrence : les cas des formes organisationnelles hybrides », *Économie rurale*, n° 277-278, septembre-décembre 2003, pp. 3-18.

Milner, V., « Industries, Governments, and the Creation of Regional Trade Blocs », in Mansfield, D. et Milner, V. (dir.), *The Political Economy of Regionalism*, Columbia University Press, New York, pp. 77-106, 1997.

Miller, N., « Origins of the GATT-British Resistance to American Multilateralism », *Working Paper* n° 318, Jerome Levy Economics Institute at Bard College, décembre 2000, http://www.levy.org/pubs/wp/318.pdf.

Muchlinski, P., *Multinational Enterprises and the Law*, Blackwell, Oxford, 1999.

O'Brien, P. et Clesse, A., *Two Hegemonies : Britain 1846-1914 and the United States 1941-2001*, Aldershot, Ashgate, 2002.

Oman, C., *Globalisation et régionalisation : quels enjeux pour les PED ?*, OCDE, Paris, 1994.

Piper, L., « New Directions in the Protection of American-Owned Property Abroad », *International Trade Law Journal*, vol. 4, 1979.

Reagan, R., *Statement on International Investment Policy*, 9 septembre 1983.

Robert Z.; Lawrence R., *Regionalism, Multilateralism, and Deeper Integration*, Brookings Institution, Washington, 1996.

Robert, M., *Multilateral and Regional Investment Rules : What Comes Next ?*, OEA, Trade Unit, mars 2001.

Ruggie, J.-G., « Multilateralism : Anatomy of an Institution », *International Organization*, vol. 46, 1992, pp. 561-598, p. 597.

Ruggie, J.-G., *Constructing the World Polity. Essays in International Institutionalization*, Routledge, New York, 1998.

Schiff, M. et Winters, L., *Regional Integration and Development*, World Bank, Washington, DC, 2003.

Schott, J., *US Trade Policy : Method to the Madness ?*, Institute for International Economics, 11 octobre 2002.

Smythe, E., « Your place or mine ? States, international organizations and the negociation of investment rules », *Transnational Corporations*, vol. 7, n° 3, décembre 1998, pp. 85-120, 1998.

Spindler, M., « Toward the Competition Region : Global Business Actors and the Future of New Regionalism », in Hülsemeyer, A. (dir.), *Globalization in the Twenty-First Century : Convergence or Divergence ?*, Palgrave Macmillan, Basingstoke, 119-133, 2003.

Vandevelde, J., « U.S. Bilateral Investment Treaties : The Second Wave », *Michigan Journal of International Law*, vol. 14, pp. 621-702, 1993.

Waltz, N., « Globalization and American Power », *The National Interest*, n° 59, pp. 46-56, 2000.

L'expérience des Amériques
La nouvelle politique commerciale des États-Unis et l'intégration à grande échelle dans les Amériques

Dorval BRUNELLE

Professeur au département de sociologie,
Directeur de l'Observatoire des Amériques/UQAM

Depuis le milieu des années 1980, la stratégie commerciale des États-Unis d'Amérique (USA) se décline à trois niveaux bilatéral, régional et multilatéral. L'idée générale qui court derrière cette stratégie est que, prenant appui les unes sur les autres, ces négociations permettent d'atteindre des niveaux toujours plus profonds et avancés d'intégration, une intégration qui repose moins sur des concessions de leur part, mais bien sur celles qui sont consenties par leurs partenaires. Or les Amériques dans leur ensemble représentent un terrain d'élection pour la mise en œuvre d'une telle stratégie, comme nous nous proposons de le montrer dans l'étude qui suit. Nous insisterons à cet égard sur le rôle que joue la Loi commerciale de 2002 dans le raffermissement et le renforcement de cet unilatéralisme normatif en cours d'implantation à la grandeur du continent[1].

Deux mises au point s'imposent avant d'entrer dans le vif du sujet. La première concerne les négociations bilatérales menées successivement avec Israël en 1985 et avec le Canada en 1989, qui ont permis de mettre au point le cadre et la philosophie générale des négociations commerciales à venir, un cadre et une philosophie qui trouveront leur forme achevée dans l'Accord de libre-échange nord-américain (ALENA) de 1994. Témoigne de ceci deux choses : premièrement, le fait que l'ALENA serve désormais de canevas dans toutes les négociations commerciales bilatérales, régionales ou multilatérales, ou tant s'en faut ; deuxièmement, le fait que le National Security Council, l'entité

---

[1]   Le président Bush signe la *Loi commerciale de 2002* le 6 août. La *Trade Promotion Authority* (TPA), anciennement connue sous le nom de « *fast track* », était échue depuis 1994 ; elle fait l'objet du Titre XXI de la *Loi commerciale de 2002*.

qui devait agir comme vecteur du projet de « Communauté des démocraties » lancé par le président Bill Clinton, à Miami, en décembre 1994, ait lui-même acclamé l'ALENA comme étant une « victoire pour les USA » et proposé que cet accord serve désormais d'accord cadre en vue de l'extension du libre-échange à la grandeur des Amériques[2].

La seconde mise au point concerne ce projet de « Communauté des démocraties » lui-même qui ne comprenait pas moins de dix-sept thèmes au départ, parmi lesquels figurait la négociation d'un accord commercial créant une Zone de libre-échange des Amériques (ZLEA)[3]. Cependant depuis l'octroi de l'Autorisation pour la promotion commerciale (APC) par le Congrès à l'exécutif, en août 2002, la politique commerciale des USA a amorcé un virage important qui a poussé la Maison blanche à revoir ses priorités. Comme nous le verrons, cette révision conduit à une permutation des ordonnancements établis au sortir du deuxième Sommet de chefs d'État et de gouvernement à Santiago, en 1998, et à placer au second rang les négociations menée jusque-là dans le cadre de la ZLEA, sans pour autant renoncer à faire avancer les négociations dans les autres dossiers et thèmes définis dans le projet de « Communauté des démocraties ».

Pour arriver à nos fins, nous allons découper la période au cours de laquelle les négociations de la ZLEA ont occupé une place importante dans la politique commerciale des USA en cinq phases dont une, la troisième, portera entièrement sur la politique de sécurité économique des USA rendue publique en septembre 2002[4]. Nous verrons alors que

---

[2]   Le document original anglais évoque bel et bien « the NAFTA victory », et il ajoute ceci : « NAFTA is the foundation for the gradual expansion of hemispheric free trade ». Pour une analyse du mémorandum adressé par le National Security Council à la présidence concernant le projet de « Communauté des démocraties », voir : Brunelle, 2004.

[3]   La création de cette « Communauté des démocraties » passe par une intégration à volets multiples comprenant les thèmes suivants : (i) la responsabilité sociale des entreprises ; (ii) la corruption ; (iii) la défense ; (iv) l'éducation ; (v) la lutte contre les drogues ; (vi) le travail ; (vii) la santé ; (viii) l'environnement ; (ix) la diversité culturelle ; (x) la sécurité continentale ; (xi) la promotion de la femme ; (xii) les sciences et la technologie ; (xiii) le terrorisme ; (xiv) la justice ; (xv) l'agriculture ; (xvi) les transports ; et (xvii) le commerce. Bien sûr, les négociations ne sont pas menées dans tous ces secteurs à la fois, mais il n'en demeure pas moins qu'au cours de l'année 2005, des rencontres ministérielles et des réunions d'experts ont eu lieu dans cinq domaines, à savoir : (i) le travail ; (ii) la sécurité ; (iii) l'agriculture et la vie rurale ; (iv) la décentralisation et la déconcentration des grandes villes ; et (v) les questions sociales.

[4]   Il convient de souligner, au passage, que la sécurité économique dont il est question dans cette politique est étroitement liée aux autres dimensions de la sécurité et, en particulier, à sa dimension militaire. Ces deux dimensions constituent bel et bien

cette politique a eu, en rétrospective, un impact déterminant sur la suite des négociations et que, à ce titre, elle jouera un rôle important dans leur mise au rancart. Mais, et ce sera notre principale conclusion, cette tactique n'implique en rien un report du projet d'intégration à volets multiples engagé par les USA en direction des Amériques ni une renonciation définitive au projet de ZLEA lui-même.

I. Du Sommet de Miami au Sommet de Santiago : 1994-1998

Les négociations de la ZLEA, qui n'avaient fait aucun progrès depuis le lancement en grande pompe du projet de « Communauté des démocraties » à Miami, en 1994, seront officiellement ouvertes à l'occasion de la quatrième Réunion ministérielle de San José, en mars 1998. Elles apparaîtront ensuite en bonne place lors du deuxième Sommet des chefs d'État et de gouvernement tenu à Santiago le mois suivant, alors que les 34 se mettent d'accord sur une formule de négociation prévoyant neuf groupes de négociation[5], ainsi que deux groupes de travail et un comité conjoint[6]. Les négociations seront menées simultanément dans tous ces domaines. Les décisions devront être prises par consensus et les accords être conformes aux règles de l'OMC[7].

Par ailleurs, le processus des négociations est passablement complexe. Il repose sur trois grands piliers. Le premier pilier est formé des institutions régionales existantes qui se partagent la responsabilité d'un certain nombre de dossiers. Par exemple, c'est l'Organisation des États américains (OEA) et son secrétariat qui donnent suite aux décisions prises grâce à une nouvelle division, « l'Unité pour le commerce » (*Trade Unit*), mise sur pied à cette fin. L'OEA travaille conjointement avec la Commission pour l'Amérique latine et la Caraïbe de l'ONU (CEPALC), la Banque interaméricaine de développement (BID), l'Orga-

---

l'envers et l'avers de la puissance impériale des USA. On consultera à ce propos : Serfati, 2004.

[5] Les groupes en question sont : (i) l'accès aux marchés ; (ii) les investissements ; (iii) les services ; (iv) les marchés publics ; (v) les règlements des différends ; (vi) l'agriculture ; (vii) les droits de propriété intellectuelle ; (viii) les subventions, droits anti-dumping et compensatoires ; (ix) les politiques de concurrence.

[6] Ce sont : (i) le Groupe consultatif sur les petites économies ; (ii) le Comité conjoint – composé de représentants des secteurs public et privé – sur le commerce électronique, et (iii) le Groupe de travail sur la participation de la société civile.

[7] Les USA acceptent également de renoncer à l'approche dite de la « récolte hâtive » (*early harvest*) en vertu de laquelle les décisions auraient été entérinées et appliquées au fur et à mesure et consentent à ce que les négociations soient menées à terme et que l'accord soit adopté en bloc.

nisation panaméricaine de la santé (OPS), ainsi qu'avec les différents secrétariats des organisations régionales ou sous-régionales.

Le second pilier est constitué des gouvernements. La formule retenue pour les négociations est celle des sommets de chefs d'État et de gouvernement qui ont lieu aux quatre ou aux trois ans, les réunions des ministres du Commerce qui se tiennent aux dix-huit mois, sans oublier le travail des Comités spéciaux. Quant au troisième pilier, il est constitué du secteur privé ; il est représenté par une vaste coalition pan continentale, le Forum des gens d'affaires des Amériques, mieux connu sous son appellation anglaise *Americas Business Forum* (ABF), à qui les chefs d'État ont accordé un statut officiel. Règle générale, l'ABF tient ses réunions aux dix-huit mois, en même temps que les ministres du Commerce, ce qui en dit long sur le lieu où se fait le travail de négociation le plus efficace. Cela dit, l'ABF, qui n'existait pas encore au moment du premier Sommet tenu à Miami, sera quand même présent à Santiago au deuxième Sommet des Amériques, mais elle ne sera pas à Québec pour le troisième sommet ; en fait, l'ABF a plutôt tendance à faire coïncider ses rencontres avec celles des ministres du Commerce des Amériques.

Pour faire bonne mesure, il convient sans doute d'ajouter un mot concernant la volonté manifestée par certains chefs d'État et de gouvernement, surtout ceux du Canada et des USA, de consulter la société civile, une stratégie qui devait contribuer à atténuer les oppositions sociales au projet d'intégration des Amériques. Un Bureau du suivi du Sommet (*Office of Summit Follow-Up*), confié à l'OEA, est mis sur pied en juillet 1998, mais ses activités demeureront très limitées, surtout au début, parce que plusieurs parmi les partenaires du projet des Amériques, dont le Mexique, étaient opposés à la consultation de la société civile au nom de la défense des prérogatives appartenant en propre à tout pouvoir exécutif dûment élu.

Alors que les négociations démarrent à l'automne 1998, c'est véritablement la cinquième Réunion des ministres du Commerce, tenue à Toronto, les 1er et 2 novembre 1999, qui établit un échéancier serré et qui accorde un mandat clair aux groupes de négociations. Par la suite, les choses s'accélèrent, puisqu'un canevas d'accord sera déposé à la sixième Réunion des ministres du Commerce tenue à Buenos Aires, en avril 2001, quelques semaines avant le troisième Sommet des Amériques qui se tient à Québec plus tard ce mois-là.

II. Du Sommet de Santiago au Sommet de Québec : 1998-2001

Trois ans se sont écoulés entre les deux et troisième Sommets des Amériques, trois années au cours desquels les négociations ont été menées à des vitesses variables selon les dossiers, avec le résultat que, des multiples engagements souscrits par les chefs d'État et de gouvernement lors du Sommet de Santiago, seul le dossier commercial portant sur la création de la ZLEA aura progressé de manière notable entre ces deux dates. Quant aux autres domaines de négociations, ils sont plutôt l'objet de reclassements ou de déclassements d'un plan à l'autre. Ainsi l'ordre du Plan d'action adopté à Miami, qui comprenait quatre « corbeilles »[8], sera tout simplement révisé dans le Plan d'action adopté à Santiago, tandis que celui qui est issu du Sommet de Québec sera partagé en dix-huit « chapitres » qui placent sur un même pied des thèmes ou des sous-thèmes déjà identifiés les fois précédentes.

Cependant, au-delà de la dimension en apparence triviale de ces ordonnancements, il convient de repérer des enjeux beaucoup plus fondamentaux. Nous en mentionnerons deux. Le premier a trait à l'éducation qui faisait l'objet d'une « corbeille » à part depuis Miami, qui avait même été promue au premier rang dans le Plan d'action de Santiago, et qui subit un déclassement pour se retrouver désormais intégrée au chapitre 13 du Plan d'action adopté à Québec, un déclassement qui reflète tout simplement le fait que les négociations n'ont aucunement progressé sur ce front. Ceci est d'autant plus significatif que le ton des engagements souscrits à Santiago étaient on ne peut plus ferme, du genre : « Pour atteindre (tels ou tels objectifs, en matière d'éducation, D.B.), les gouvernements vont mettre en place des politiques d'éducation inter-sectorielles… ».

Le second exemple est encore plus révélateur. Il s'agit des engagements souscrits cette fois au chapitre de la démocratie. Rappelons que le Plan d'action de 1998 annonçait que tous les efforts seraient mis en œuvre pour réformer la démocratie aux niveaux local et régional, pour protéger les droits des travailleurs émigrants, ainsi que leurs familles, et pour améliorer les systèmes judiciaires de sorte qu'ils puissent être mieux en mesure de répondre aux besoins des peuples. Or, là encore, rien de tout cela n'a été mis en marche, avec le résultat que, si la démocratie fait malgré tout l'objet du premier chapitre intitulé « Pour le meilleur fonctionnement de la démocratie » du Plan d'action adopté en avril 2001, il s'agit désormais de « renforcer la démocratie représenta-

---

[8] Ce sont : (i) l'éducation ; (ii) la démocratie et les droits de la personne ; (iii) la pauvreté, et (iv) l'intégration économique.

tive » et non plus de faire fond sur les nombreux objectifs retenus la fois précédente. On voit alors à quel point le recours à la démocratie, en tant que pure et simple condition d'éligibilité au point de départ, condition qui permettait aux chefs d'État et de gouvernement de mettre en marche les négociations entourant une intégration multiple dans les Amériques, débouche maintenant sur une vision minimaliste de la démocratie, puisqu'il s'agit désormais de recourir à l'exclusion pour le cas où un des partenaires serait tenté par le recours à des méthodes antidémocratiques. Cet engagement a depuis lors connu des suites importantes avec la signature de la Charte démocratique interaméricaine à Lima, le 11 septembre 2001.

En attendant, ce glissement mis en opération autour de l'enjeu de la démocratisation dans les Amériques permet de mettre en lumière deux choses : premièrement, que les engagements souscrits en la matière n'ont pas été respectés, une renonciation d'autant plus significative, dans les circonstances, que c'est sans aucun doute parce qu'ils étaient eux-mêmes conscients de la fragilité du démocratisme dans les Amériques que les chefs d'État et de gouvernement avaient pris des engagements aussi fermes au point de départ ; deuxièmement, cette instrumentation d'une approche aussi formelle à la démocratie ne permet pas vraiment de faire face au déficit démocratique qui est inscrit au cœur même du projet des Amériques, déficit qui a beaucoup contribué à attiser l'opposition sociale au projet de ZLEA à travers les Amériques.

En attendant, le seul dossier à avoir notablement progressé au cours de cette phase a été celui des négociations commerciales qui se retrouve désormais au chapitre 6 intitulé « Commerce, investissement et stabilité financière ». C'est aussi le seul pour lequel on a prévu un échéancier serré, décembre 2004, et une logistique particulière, qui reprend et consolide les mécanismes mis en place dans les deux Plans d'action de Miami et de Santiago.

III. Le retour en force de la sécurité économique : septembre 2001 et ses suites

Il y a au moins deux manières d'envisager la notion de sécurité économique. La première consiste à subordonner les questions économiques aux questions de sécurité nationale, auquel cas le régionalisme, en créant un environnement favorable à la coopération, peut être perçu comme un moyen de résoudre ou de gérer en commun certains problèmes de défense, de criminalité, de drogue, ou d'immigration. La seconde manière de l'envisager consiste à voir dans la coopération économique régionale le moyen de faire face aux contraintes qui naissent de la globalisation et d'une interdépendance économique accrue, que ce soit à l'intérieur d'une région donnée ou au niveau plus large de l'économie mondiale. La notion de sécurité est dans ce cas étroitement associée à celle de vulnérabilité économique. Ces deux préoccupations étaient présentes dès le départ dans le projet des Amériques, mais elles reviendront avec force après le 11 septembre 2001 dans la nouvelle politique de sécurité de la Maison blanche rendue publique en 2002.

A. *Intégration et sécurité dans les Amériques*

L'enjeu de la sécurité nationale était déjà présent aux USA au tout début des négociations commerciales avec le Mexique. Plus tard, une fois lancée le projet des Amériques, en décembre 1994, des domaines comme le trafic de la drogue, l'immigration clandestine, le blanchiment de l'argent, le terrorisme faisaient partie des thèmes que l'on retrouvait dans la deuxième « corbeille » du Plan d'Action qui sera adopté à l'issue du deuxième Sommet des Amériques à Santiago. Sous le titre de « Préservation et renforcement de la démocratie, de la justice et des droits de la personne », on retrouvait un engagement en faveur de la défense « de la démocratie contre les dangers graves que sont la corruption, le terrorisme et l'abus des drogues illicites » et en faveur de la promotion de « la paix et la sécurité entre nos nations ». On retrouvait également un certain nombre d'engagements et de mesures concrètes à mettre en œuvre, que ce soit par les États eux-mêmes ou dans le cadre des organisations régionales, comme l'OEA, qui touchaient à des domaines aussi divers que l'application des législations existantes (dans le domaine de l'immigration, par exemple), l'inclusion de nouvelles dispositions législatives (pour prévenir la corruption), le financement de campagnes de prévention ou de police (dans le dossier de la drogue), le renforcement de la coopération (en matière de contrôle des trafics illicites ou de contrôle des armes), la formation policière et celle des juges, de même que la lutte contre le terrorisme.

Il s'agissait alors de lier la stabilité politique dans la région aux problèmes de pauvreté et d'inégalité, problèmes dont la résolution devait passer par un développement économique orienté vers l'économie de marché et une plus grande autonomie de la société civile. L'Alliance pour le progrès, lancée à l'instigation du président Kennedy au début des années 1960, avait ouvert la voie, mais l'approche proposée s'en détachait notablement puisqu'il s'agissait moins d'aider économiquement les pays en développement, sinon de les intégrer et de favoriser ainsi la réinsertion des économies dans les réseaux commerciaux transnationaux et de lever les principales entraves à l'expansion du contrôle économique des USA grâce à la mise en place d'une économie de marché et à la revitalisation du secteur privé. En somme, en vertu de cette approche, l'intégration économique devait servir de levier et contribuer ainsi à instaurer la paix et la stabilité dans la région. Cependant, cette approche apparaîtra nettement insuffisante après le 11 septembre 2001.

B. Le régionalisme et la sécurité économique internationale des États-Unis

Si les dimensions économiques de la sécurité avaient pu être éclipsées par les dimensions militaires et stratégiques durant la guerre froide, et si, par la suite, le régionalisme économique avait pu s'imposer comme la voie royale pour instaurer la sécurité dans les Amériques et ailleurs dans le monde, après les évènements du 11 septembre 2001, les priorités seront carrément permutées. Désormais, la globalisation des marchés et les nouveaux défis avec lesquels les USA doivent composer pour préserver leur position hégémonique au sein de l'économie mondiale font en sorte que la sécurité économique s'impose comme une variable lourde dans leur stratégie économique. La relation entre prospérité et sécurité occupe depuis lors une place centrale dans la politique économique internationale des USA, avec le résultat que toute restriction commerciale, toute transgression de la règle de droit dans les relations économiques internationales sera immédiatement perçue comme une menace directe à leur sécurité économique et, par le fait même, à leur prospérité.

Témoigne de ceci le fait que, si certaines modalités d'octroi de l'APC, en août 2002, se situaient dans le droit fil de celles qui avaient été prévues dans le *Trade Act* de 1974[9], par la suite renforcées dans le *Omnibus Trade and Competitive Act* de 1988, d'autres seront essentiellement déterminées par la nouvelle obsession sécuritaire qui prévaut depuis les évènements du 11 septembre 2001. C'est ainsi que le Congrès cherche à circonscrire encore davantage le cadre légal à l'intérieur duquel les négociations doivent désormais être conduites et, à cette fin, il multiplie les exigences procédurales susceptibles d'avoir des effets dirimants sur les accords négociés par le représentant au Commerce. De plus, en prolongeant l'octroi jusqu'en juin 2005 et, par extension automatique, à moins d'opposition de sa part, au premier juin 2007, le Congrès imposait son propre échéancier à toute négociation commerciale dans laquelle les USA étaient impliqués aux niveaux bilatéral, régional ou multilatéral.

---

[9] Cette loi, d'où origine la procédure dite de *fast track*, prévoyait également la mise sur pied du bureau du Représentant au commerce (*Office of the US Trade Representative*).

Les objectifs de sécurité économique prennent le dessus, avec le résultat que la politique commerciale apparaît désormais comme une composante essentielle de la sécurité intérieure. C'est ainsi que le texte de la loi prévoit, dans ses attendus (*findings*), que : « l'expansion du commerce international est indispensable au maintien de la sécurité nationale des États-Unis [...] Les accords commerciaux servent aujourd'hui les mêmes buts que les pactes de sécurité durant la guerre froide. [...] La sécurité nationale des États-Unis dépend de sa sécurité économique qui, à son tour, repose sur une structure industrielle vibrante et en pleine croissance. »

Quant au renforcement du cadre légal, il passe par la définition, secteur par secteur, des principaux objectifs des négociations commerciales. Par exemple, pour le commerce des services, l'objectif principal est de « réduire ou d'éliminer les barrières au commerce international, y compris les barrières réglementaires et autres, qui nuisent à la pleine reconnaissance du traitement national et de l'accès au marché ». Pour la propriété intellectuelle, l'objectif principal exige que « les dispositions de tout accord multilatéral ou bilatéral reflètent un niveau de protection semblable à celui que l'on rencontre dans le droit des USA », objectif qui se retrouve tel quel, ou tant s'en faut, en matière de protection de l'investissement et de son investisseur. Enfin, concernant le commerce agricole, l'objectif principal des négociations « vise à obtenir des possibilités de concurrence pour les exportations de produits agricoles des USA sur les marchés étrangers qui soient substantiellement équivalentes aux possibilités de concurrence accordées aux exportations étrangères sur les marchés des USA », objectif qui se retrouve tel quel, de nouveau, en tête des dispositions concernant les négociations dans le secteur des textiles.

Quant aux procédures, la loi resserre considérablement le contrôle du Congrès sur les négociations, aussi bien en amont, en imposant des consultations avec le Groupe de surveillance du Congrès (*Congressional Oversight Group*) avant même l'ouverture des négociations dans le secteur des textiles, par exemple, qu'en aval, en exigeant que l'accord soit soumis à la Commission internationale du commerce[10] et que le Président des USA dépose un plan prévoyant, entre autres choses, les besoins de personnel additionnel aux frontières, les exigences en matière d'infrastructure, ainsi que les impacts de l'accord sur les États et les gouvernements locaux. De plus, la loi prévoit un ensemble complexe de

---

[10] *International Trade Commission.*

conditions péremptoires avant l'entrée en vigueur de tout accord commercial[11].

À cet égard, la démarche définie dans le document intitulé *The National Strategy of the United States of America*[12], diffusé par la Maison Blanche en septembre 2002, un mois après l'adoption du *Commercial Act of 2002* et un an après les attaques terroristes contre le World Trade Center et le Pentagone, est tout à fait déterminante. La section six du document, que certains désignent désormais comme la mise en forme d'une véritable « doctrine Bush », porte un titre décidément provocateur : *Ignite a New Era of Global Economic Growth through Free Markets and Free Trade*, c'est-à-dire « Embraser une nouvelle ère de croissance économique globale grâce aux marchés libres et au libre échange », qui montre bien que le ton à la fois agressif et enflé de l'administration n'épargne aucun secteur ni aucun domaine d'intervention. Selon la « doctrine Bush », en matière de politique commerciale, le recours au libre-échange doit à la fois renforcer la sécurité nationale des USA et promouvoir la prospérité partout ailleurs dans le monde.

À ce propos, il est intéressant de s'attarder sur l'interprétation que le représentant au Commerce fera de la Stratégie de sécurité nationale en question. Lors d'une conférence prononcée devant le *National Press Club*, le premier octobre 2002, M. Robert Zoellick rappelait que le président Bush était résolu à faire avancer le programme commercial des USA sur trois fronts, global, régional et bilatéral. Et il poursuivait en ces termes : « Notre idée est de négocier un ensemble d'accords commerciaux qui se renforcent les uns les autres du fait que les succès obtenus dans l'un puissent se transformer en progrès ailleurs. En opérant sur plusieurs fronts à la fois, cela nous permet de créer une libéralisation compétitive à l'intérieur d'un réseau dont les États-Unis occuperaient le centre »[13]. À peine deux semaines plus tard, le 14 octobre, dans un discours prononcé lors de la Conférence annuelle des Amériques, organisée par le *Miami Herald*, M. Zoellick laisse entendre cette fois que la libéralisation compétitive pourrait prendre le pas sur la poursuite des négociations multilatérales : « Si le gouvernement Bush souhaite négocier avec tous les États démocratiques des Amériques dans le cadre de la ZLEA, il est également disposé à progresser étape par étape si d'autres pays reviennent sur leurs positions ou s'ils ne sont tout simplement pas prêts »[14].

---

[11] Des conditions du genre : « si, et seulement si » (*If, and only if*).

[12] *The National Security Strategy of the United States of America*, 17 septembre 2002.

[13] Voir Zoellick, 2002.

[14] Voir *Perspectives économiques* 2002. En ligne : http://usinfo.state.gov/journals.

Cette approche conciliante visait trois objectifs. Elle servait d'abord à dédramatiser l'impact des négociations en cours face à la montée en flèche des oppositions sociales et politiques au projet de ZLEA un peu partout dans les Amériques, elle servait ensuite à repositionner le bureau du Représentant au commerce en direction des négociations bilatérales, dans un contexte général où c'était désormais la Commission internationale du commerce qui occupait l'avant-scène en dénonçant les pratiques déloyales de commerce des partenaires des USA, et elle servait, enfin, à calmer les appréhensions des pays des Amériques qui, face à la menace du *Made in China*[15], souhaitaient avoir le plus rapidement possible accès au marché des USA sans nécessairement attendre la conclusion de plus en plus aléatoire des négociations de la ZLEA.

Mais cette approche, en plaçant la sécurité économique des USA au centre du dossier des négociations commerciales, contribuait à fragiliser la position des autres acteurs qui, à l'instar du Canada, avaient appuyé leur soutien à la ZLEA sur des approches à la fois plus larges et plus hautes[16].

IV. De Quito à Miami : 2002-2003

Contrairement à ce qu'en disaient certains spécialistes et contrairement à ce que laissait entendre le ton de la Déclaration ministérielle adoptée le premier novembre 2002 à Quito, les négociations de la ZLEA semblaient tout de même aller bon train, comme en témoignent les résultats de la dixième réunion du Comité de négociations commerciales[17] de la ZLEA, tenue dans l'île de Margarita, au Venezuela, du 24 au 26 avril 2002, qui confirmaient les résultats de la neuvième réunion qui avait eu lieu à Managua, du 26 au 28 septembre 2001. Le compte rendu de la réunion de Managua était intéressant à plus d'un titre. En premier

---

[15]   À l'occasion de la huitième Rencontre ministérielle des ministres du commerce des Amériques tenue à Miami, les 20 et 21 novembre 2003, le secrétaire-général de l'OEA, César Gaviria, confiait au chroniqueur du *Miami Herald* que « la peur de la Chine imprègne l'atmosphère de la rencontre », et pour cause. En 2002, à la surprise générale, la Chine déclassait le Mexique pour se hisser au deuxième rang des partenaires commerciaux des USA, après le Canada. Voir Oppenheimer, 2003.

[16]   D'ailleurs, il est intéressant de souligner, au passage, qu'aucune organisation de gens d'affaires du Canada n'apparaît dans la liste des cinquante et quelques organisations qui sont présentes au Forum des affaires des Amériques qui se tient en même temps que la huitième Rencontre des ministres à Miami.

[17]   Le CNC aura la responsabilité générale d'assurer la pleine participation de tous les pays dans le processus de la ZLÉA. Il assurera aussi que ce thème, en particulier celui des préoccupations des économies de petite taille ou des pays en développement sera traité par chaque groupe de négociation. Le CNC se réunira autant de fois qu'il sera nécessaire, et au moins deux fois par an.

lieu, il réaffirmait l'engagement des partenaires des USA et de l'administration Bush elle-même en faveur d'une plus grande intégration hémisphérique, en tant que processus lié aux négociations parallèles en cours au niveau global, à l'OMC, et au niveau bilatéral, entre les USA et le Chili, par exemple.

Le CNC insistait alors sur l'objectif qui devait consister à préparer les normes techniques d'accès au marché dans les domaines du commerce de marchandises, des services, des marchés publics et de l'investissement, au plus tard le 15 mai 2002, afin de réduire le plus possible les disparités dans les textes, de telle sorte qu'ils puissent être déposés à temps pour la tenue de la rencontre ministérielle de Quito. Le CNC avait alors passé en revue le travail accompli par les neuf Groupes de négociations et les quatre Groupes dits « non-négociateurs »[18]. La deuxième section du compte-rendu de la septième Réunion ministérielle, consacrée aux « Orientations pour les négociations », confirmait l'orientation initiale du CNC et elle lui enjoignait de respecter le calendrier. À cette fin, elle établissait un programme de travail très serré et elle prévoyait que des « offres révisées » devaient être déposées par les Parties en juillet 2003. Quant aux délicates questions institutionnelles qui concernaient la mise sur pied d'une Commission de la ZLEA, elles devaient êtres déposées huit semaines avant la huitième Réunion ministérielle prévue pour l'automne 2003 à Miami. Bref, les négociations avançaient mais, aux yeux des ministres du Commerce, elles n'avançaient pas assez vite !

Mais cette embellie sera de courte durée, puisque la huitième réunion ministérielle des ministres du commerce des 34 pays des Amériques opérait un repli stratégique en direction d'un nouveau dualisme (*new duality*)[19] qui représentait sans conteste l'innovation centrale de la Déclaration ministérielle adoptée à Miami, le 20 novembre 2003. Cette approche apparaissait comme un moindre mal face à l'éventualité d'un éclatement du processus de négociation de la ZLEA en plusieurs accords plus ou moins compatibles entre eux. Le mandat qui avait été accordé au CNT était clair et il devait être mis en œuvre à l'occasion de la rencontre tenue en février 2004 à Mexico. Si la déclaration prétendait « fournir une orientation pour la phase finale des négociations de la ZLEA », la vision qui était ensuite proposée réaffirmait l'échéance du premier

---

[18] La liste des neuf GN a été fournie ci-dessus à la note 5. Quant aux quatre GNN ce sont : le comité technique sur les questions institutionnelles, le comité des représentants gouvernementaux sur la société civile, le groupe consultatif sur les économies de petite taille et le comité conjoint privé-public d'experts sur le commerce électronique.

[19] Voir le site du *US Commercial Service* en Colombie : www.buyusa.gov/columbia.

janvier 2005, et invoquait, au paragraphe suivant, « la nécessité de faire preuve de souplesse » (para. 6), tout en reconnaissant « que les niveaux d'engagement peuvent varier » (para. 7). En somme, les négociations seraient désormais menées en parallèle à un niveau général et commun pour tous les partenaires. Ces négociations seraient conduites dans les neuf domaines prévus au départ[20], mais avec des attentes réduites à un plancher défini par le MERCOSUR, c'est-à-dire par le Brésil, et elles seraient menées également à un niveau bilatéral ou sous-régional, entre les partenaires qui auraient choisi de s'engager plus avant. Ce compromis permettait à la fois au Brésil de sauver la mise et de faire droit à la très forte opposition sociale au projet de ZLEA à l'intérieur du pays, tout en lui accordant une marge de manœuvre pour consolider le MERCOSUR et renforcer sa position dans les négociations multilatérales à l'OMC. Il permettait aussi aux USA de renforcer leur propre position dans les Amériques en les engageant à fond dans des négociations bilatérales ou sous-régionales qui auraient dû permettre de contourner et d'isoler assez rapidement ceux qui assumaient une position minimaliste.

En attendant, tout au long de l'année 2004, les négociations de la ZLEA, que ce soit sous sa forme *light* ou pas, stagnent puisque le CNT ne parvient pas à dégager d'entente entre les partenaires, sans doute parce que les énergies se déplacent à la rescousse des négociations multilatérales engagées à l'instigation de l'OMC après l'échec de la cinquième Rencontre ministérielle tenue à Cancun en septembre 2003. Cependant, il convient de noter à nouveau que les négociations n'en suivent pas moins leur cours dans plusieurs des autres domaines qui font partie de ce que l'on appelle « le processus des sommets » (*Summit Process*).

En parallèle, le représentant au Commerce, Robert Zoellick, avait annoncé, au lendemain du compromis autour d'une ZLEA-à-la-carte négocié entre les USA et le Brésil, lors de la mini-ministérielle spéciale tenue à Lansdowne, en Virginie, le 8 novembre 2003, quelques semaines avant la huitième Rencontre ministérielle de Miami, que les USA iraient de l'avant en engageant des négociations commerciales bilatérales avec onze partenaires dans les Amériques. Depuis lors, ces négociations ont été couronnées de succès, puisque les USA ont par la suite conclu un Accord de libre-échange andin (*Andean FTA*), de même qu'un Accord de libre-échange Centre-américain / République Dominicaine (*Central-America-Dominican Republic FTA*)[21].

---

[20] Voir la note 5.

[21] Cette stratégie avait également été utilisée antérieurement et elle a continué de l'être, puisque des accords de libre-échange ont été conclu, entre autres, avec l'Australie, le Bahrain et le Maroc.

V. Le Sommet extraordinaire de Monterrey et l'échec de la ZLEA

Le Sommet extraordinaire de Monterrey avait été convoqué au départ par l'ancien premier ministre du Canada, Jean Chrétien, en septembre 2002, pour faire le point depuis le troisième Sommet des Amériques tenu à Québec, en avril 2001, en vue de préparer l'ultime phase des négociations en prévision du quatrième et dernier Sommet des Amériques, qui devait avoir lieu au printemps 2005, en Argentine[22].

Les raisons évoquées à l'appui d'une telle convocation étaient de trois ordres : premièrement, le contexte politique était fort différent à ce moment-là de ce qu'il était au sortir du Sommet de Québec, et même si les Amériques représentaient la seule région au monde à disposer d'une Charte démocratique interaméricaine, il n'en restait pas moins que plusieurs pays, dont l'Argentine, la Colombie, la Bolivie, le Pérou, le Venezuela et Haïti, avaient traversé, ou traversaient toujours, des crises politiques importantes ; deuxièmement, la conjoncture économique s'était nettement détériorée, comme l'illustrait le fait que la croissance avait été négative dans l'ensemble des Amériques en 2002 (-1,5 %) ; et, troisièmement, plusieurs changements dans les personnels, les idéologies et les programmes politiques étant intervenus au cours de ces années, et on pensait ici surtout, sans le dire, à l'arrivée au pouvoir du président Lula da Silva au Brésil, le temps était sans doute venu de prévoir un face à face au plus haut niveau entre nouveaux et anciens élus.

Le Sommet extraordinaire devait se tenir dans un contexte rendu encore plus difficile du fait qu'un des éléments-clés du vaste projet d'intégration hémisphérique, la ZLEA, était de plus en plus contesté un peu partout à travers le continent. En effet, les mobilisations contre l'accord avaient occupé l'avant scène dans plusieurs pays, que ce soit en Équateur, lors de la septième conférence des ministres du Commerce des Amériques, en novembre 2002, au Brésil, durant le troisième Forum

---

[22] L'idée que ce sommet se tiendrait au printemps en Argentine, et non pas à l'hiver à Buenos Aires, était déjà, en soi, un signe d'assouplissement, même s'il était toujours question de compléter les négociations avant la date butoir du premier janvier 2005. Comme nous l'avons vu, l'échéance de 2005 correspond à la durée de vie de l'APC aux termes de la *Loi commerciale de 2002*. Mais puisque l'autorisation doit automatiquement être prolongée jusqu'en 2007, à moins d'un vote du Congrès à l'effet contraire, l'assouplissement dont fait preuve la Maison blanche dans ce dossier peut alors être interprété comme un reflet de la conviction que l'autorisation ne lui serait pas retirée et qu'elle disposait alors d'une marge de manœuvre supplémentaire.

social mondial (FSM III) de janvier 2003, et même aux États-Unis[23], en préparation de la huitième Rencontre ministérielle des 20 et 21 novembre 2003 à Miami. De plus, la ZLEA avait également été prise à partie lors de conflits politiques et sociaux qui n'avaient, en apparence, rien à voir avec le processus d'intégration en cours, comme ce fut le cas en Bolivie, lors des évènements qui ont conduit à la démission du président Sanchez de Lozada, le premier octobre 2003, ou au Costa Rica, dans la foulée de la poursuite de 53 milliards de $US intentée par la pétrolière Harken Energy contre le gouvernement. Ces évènements, et d'autres semblables, expliquent sans doute le ton de l'« Introduction » au document intitulé « De Québec à Monterrey : le Canada et le Sommet des Amériques », déposé le 16 décembre 2003 lors de la rencontre multisectorielle (*Multi-stakeholder Meeting*), convoquée à Ottawa à l'initiative du ministère des Affaires internationales et du Commerce international (MAECI) : « Le Sommet extraordinaire portera sur les façons de raviver la confiance publique dans notre hémisphère et de renouveler l'engagement d'approfondir la coopération hémisphérique à travers l'éventail de nos valeurs communes, dont la croissance avec équité, le développement social et la gouvernance démocratique ».

La stratégie qui est retenue aux fins de « raviver la confiance publique », consiste à écarter la ZLEA des discussions, le Sommet extraordinaire devant plutôt chercher à relancer la coopération à tablant sur les négociations en cours dans les cinq autres domaines dans lesquels les négociations avaient été menées au cours de l'année au niveau ministériel ou au niveau des experts[24]. Il n'est donc pas étonnant, si le défi central que rencontrent les responsables du dossier au Canada et ailleurs est bien la recherche d'un « nouveau concept » capable, non seulement de « raviver la confiance publique », mais surtout, de faire converger des négociations qui étaient désormais engagées sur deux voies parallèles.

Quant aux autres domaines, le calendrier des rencontres pour les années 2004-2006 mis au point par le Processus des sommets des Amériques prévoyait quarante rencontres entre novembre 2004 et novembre 2005, la quarantième étant le quatrième Sommet des chefs d'État et de gouvernement des Amériques qui devait avoir lieu en Argentine les 4 et 5 novembre 2005. De ces rencontres, cinq étaient de niveau ministériel dans les domaines de la science et de la technologie, de la défense, de

---

[23] L'élément nouveau à cet égard est sans conteste la décision prise par la grande centrale *American Federation of Labor-Congress of International Organizations* (AFL-CIO), lors d'une convention tenue en Oregon, le 15 septembre 2003, de réaffirmer son opposition au projet de ZLEA et de s'impliquer activement dans l'organisation d'une « marche sur Miami ».

[24] Voir la note 3 supra.

l'éducation, de l'agriculture et de la vie rurale et, enfin, du travail, tandis que trois rencontres impliquaient le Groupe de suivi du sommet (GSS)[25]. Le calendrier prévoyait également plusieurs rencontres avec les représentants de la société civile et un forum des partis politiques.

Conclusion

À sa XXXVe réunion, tenue en juin 2004 à Quito, le GSS, qui représente l'instance responsable, non seulement des suivis des sommets, mais aussi des thèmes qui devaient apparaître à l'ordre du jour des sommets à venir, avait réitéré son engagement à tenir le IVe Sommet des Amériques en 2005. Cependant, de tous les représentants de rang ministériel sur place, le seul à évoquer la ZLÉA a été l'ambassadeur John F. Maisto, Coordonnateur national des USA pour les Sommets des Amériques (*US National Coordinator for the Summits of the Americas*)[26] qui a également appuyé la position de l'Argentine concernant les thèmes qui seraient éventuellement abordés lors de ce sommet. Or, le ministre Rafael Bielsa n'a pas mentionné la ZLEA dans sa présentation. Il a plutôt proposé d'engager la réflexion sur deux axes. Le premier chercherait à lier de manière serrée l'emploi, c'est-à-dire la création d'emplois, la liberté, l'équité, la dignité et la protection sociale, d'un côté, avec l'efficacité, la productivité et la concurrence, de l'autre. Le deuxième axe, quant à lui, traiterait de l'extrême pauvreté, ainsi que de la crise de gouvernance et du désenchantement généralisé vis-à-vis des institutions démocratiques et du développement social qui traversent l'Amérique latine et la Caraïbe à l'heure actuelle. L'idée générale, dans un cas comme dans l'autre, étant de rapprocher le processus des sommets des préoccupations des citoyens.

---

[25] Mieux connu sous son sigle anglais *Summit Implementation Review Group* (SIRG). Rappelons les grandes lignes du mécanisme de suivi tirées du site officiel du Processus du sommet : « *Implementation of the action plan on the 23 non-trade initiatives identified at the Miami Summit in 1994 rests in the hands of the OAS (Organization of Americas States), the IDB (Inter-American Development Bank) and ECLAC (Economic Commission for Latin American Countries), a UN body. Compliance is mainly through whatever moral pressure is generated during the periodic country reports to the Summit Implementation Review Group, SIRG* ».

[26] Le compte-rendu de la réunion rapporte cette seule et unique référence à la ZLEA qui vient d'ailleurs en troisième position dans le discours de l'ambassadeur : « *The United States maintains their commitment to the creation of a Free Trade Area of the Americas (FTAA). During the Special Summit the countries reiterated their will to complete the negotiations leading to the FTAA by the year 2005. The United States supports this initiative by providing US$150 million per year in training to the countries of the region to promote free markets* ».

Qu'est-ce à dire ? Le GSS de juin 2004 avait-il dit son dernier mot concernant le IVe Sommet des Amériques ou fallait-il s'attendre à un retour en force de la nouvelle administration Bush qui chercherait à relancer les négociations commerciales à temps pour que la ZLEA fasse également partie de l'ordre du jour du sommet d'Argentine ? La question demeurait ouverte et les démarches du représentant au Commerce, Robert Portman, ont sans doute pu laisser croire que la volonté de la Maison blanche pourrait prévaloir. Mais ce fut peine perdue. Le quatrième Sommet des Amériques a été un échec diplomatique cuisant pour les USA, avec le résultat qu'ils semblent, pour le moment du moins, avoir fait leur deuil de la ZLEA, un constat qui avait déjà été établi un an plus tôt, en décembre 2004, par la communauté des affaires des USA.

Pour le moment, les perdants à des degrés divers dans toute cette histoire, ce sont les trois premiers pays des Amériques qui avaient négocié des accords de libre-échange avec les USA et qui n'avaient, quant à eux, strictement rien à gagner avec l'approche dualiste négociée entre les USA et le Brésil. C'est la raison pour laquelle le Canada, le Mexique et le Chili avaient tenté, sans succès, de former une coalition, le G-14, pour s'opposer à l'intégration économique à géométrie variable négociée à l'instigation des deux grands des Amériques lors de la mini-ministérielle tenue à Lansdowne.

En attendant, les USA ne semblent pas se formaliser outre mesure de cette déconvenue et ils poursuivent inlassablement leur stratégie de contournement de deux façons : la première, en négociant des accords commerciaux avec des partenaires complaisants, la seconde, en poursuivant les négociations dans des domaines moins litigieux que ne l'est le commerce en attendant que les opposants irréductibles au projet de ZLEA, les présidents Lula et Chavez, en particulier, aient quitté la scène politique.

Références

Brunelle, D., « The US, the FTAA, and the Parameters of Global Governance », in Wiesebron, M. et Vizentini, P. (dir.), *Free Trade for the Americas ? The United States' Push for the FTAA Agreement*, Zed Books, Londres, pp. 23-40, 2004.

Oppenheimer, A., « Fear of "Made in China" Speeds Up Deal », *Miami Herald*, 21 novembre 2003, p. 2.

Revue électronique du Département d'État des États-Unis, *Perspectives Économiques*, vol. 7, n° 3, octobre 2002. En ligne : http://usinfo.state.gov/journals.

Serfati, C., *Impérialisme et militarisme : actualité du 21e siècle*, Éditions Page2, Paris, 2004.

Trade Act of 2002. En ligne : www.whitehouse.gov/news/releases/2002/08/20020806-4.html-43k.

US Commercial Service en Colombie : www.buyusa.gov/columbia.
Zoellick, R., « Globalization, Trade and Economic Security. A ten point agenda for trade », 1er octobre 2002, En ligne : www.npr.org/programs/npc/archive. html–60k.

L'intégration régionale dans l'accord de Cotonou

Claire MAINGUY

Maître de conférences à l'université Robert Schuman (Strasbourg)
Co-rédactrice en chef du European Journal of Development Research

Avec la signature de l'accord de Cotonou, les relations de l'Union européenne (UE) avec les pays d'Afrique, des Caraïbes et du Pacifique (ACP) entrent dans une nouvelle phase. Cet accord met l'accent sur l'intégration régionale des pays du Sud, en particulier d'un point de vue commercial. Il remet en question deux principes sur lesquels l'UE avait basé les relations avec ses partenaires : non discrimination entre les pays ACP et non réciprocité des relations commerciales par le biais des préférences accordées.

Après avoir présenté les différences essentielles entre les accords de Lomé et l'accord de Cotonou et réalisé un tour d'horizon des différents accords existants dans les ACP, nous analyserons les attentes que suscite l'intégration régionale dans les pays en développement. La dernière partie portera sur les difficultés de mise en œuvre des accords de partenariat économique qui figurent parmi les objectifs de l'accord de Cotonou, et sur certains des enjeux pour les pays ACP notamment les pays les moins avancés (PMA).

I. De Lomé à Cotonou

Dans le cadre des accords de Lomé, des outils ont été développés pour tenter de répondre aux problèmes récurrents des économies africaines, en particulier l'instabilité des recettes d'exportation liée à une trop forte spécialisation sur des produits primaires. Dans un contexte international bien différent de celui de leur mise en place, ils sont aujourd'hui critiqués et l'accord de Cotonou remet largement en question les mécanismes de stabilisation et les préférences sur lesquels reposaient les relations commerciales. L'intégration régionale sur laquelle l'UE souhaite appuyer ses futures relations avec les pays ACP a une longue histoire, notamment en Afrique, et les institutions régionales sont nombreuses dans les ACP mais plus ou moins développées.

A. Un bilan critique

Dans le domaine commercial, deux originalités des accords de Lomé doivent être évoquées : les mécanismes de stabilisation des recettes d'exportation (stabex et sysmin) et le système de préférences commerciales. Le stabex et le sysmin avaient été conçus dans le but de limiter l'impact des fluctuations des cours sur les recettes d'exportations de matières premières agricoles et de produits miniers des pays ACP et les fonds versés devaient notamment permettre une diversification de la production et des exportations. Les bilans sont plutôt négatifs, soit en raison du mécanisme lui-même, soit en raison de sa mise en œuvre[1]. En premier lieu, les fonds étaient insuffisants pour répondre aux besoins et le mode de calcul des versements a concentré les transferts sur un nombre limité de pays et de produits[2]. En second lieu, des abus ont conduit à rechercher plus de transparence et donc à un contrôle plus important de la part de la Communauté européenne. De ce fait, les délais nécessaires au décaissement sont devenus incompatibles avec l'objectif de stabilisation. De plus, l'utilisation des fonds du stabex n'a pas permis la diversification souhaitable. Le FLEX, mis en place en 2000, dans le cadre de l'accord de Cotonou, devait permettre d'octroyer un soutien budgétaire aux États en cas de perte de 10 % au moins des recettes d'exportation (2 % pour les PMA) et de 10 % de déficit budgétaire. Ces critères se sont avérés trop stricts ; ils ont fortement limité les versements et le FLEX a été réformé en 2004[3].

Le système de préférences accordées par la communauté européenne est également vivement critiqué pour son manque de résultats : malgré quelques exceptions notables comme l'Île Maurice avec le textile, il n'a pas empêché la marginalisation commerciale d'un grand nombre de pays ACP. Les explications sont d'origines diverses.

Le manque de compétitivité à l'exportation des économies ACP ne leur a pas toujours permis de bénéficier des préférences accordées sur un

---

[1] Voir le livre vert publié par la commission sur les relations UE-ACP : http://europa. eu.int/comm/development/body/publications/l-vert/lv_fr.htm et infokit sur www. ecdpm.org.

[2] On a observé une forte concentration des versements sur trois produits, le café, le cacao et les arachides qui ont représenté 60 % des versements en moyenne au cours des trois premières conventions de Lomé. Sur la même période, la Côte d'Ivoire a concentré en moyenne 19 % des versements.

[3] La réforme visait essentiellement à établir des critères moins rigides permettant un accès plus facile aux ressources du FLEX.

grand nombre de produits. En effet, d'une part, les prix des exportations africaines sont parfois trop élevés malgré les préférences. Mais la compétitivité n'est plus seulement une question de prix. Pour de nombreux produits, plus ou moins transformés, ce dernier a moins d'importance que la qualité envisagée sous l'angle de l'adaptation aux évolutions de la demande ou aux normes internationales[4]. De plus, la compétitivité-prix n'a pas la même signification pour des pays exportateurs de matières premières que pour des pays exportateurs de produits manufacturés. Dans ces derniers, elle se traduit par une stratégie globale par les coûts qui vise à réduire les coûts de revient en misant par exemple sur les économies d'échelle, les coûts des salaires ou les taux de change.

Dans le cas de l'exportation de matières premières, les cours reflètent la situation de l'offre et de la demande internationale à un moment donné. Le prix de revient d'un pays détermine sa compétitivité-prix mais surtout sa rentabilité, c'est-à-dire l'écart entre le cours international et le prix de revient (Mainguy, 1998). Dans le cas des produits primaires, le prix à la production est donc, un outil, parmi d'autres, de la compétitivité-volume[5]. Mais cette stratégie de compétitivité des pays africains sur certains produits primaires a maintes fois été contrecarrée par les politiques agricoles des pays du Nord : la PAC a conduit à des surplus et à des exportations à des prix sans lien avec les prix de revient sur le marché de la viande bovine par exemple ; le cas du coton, aujourd'hui très médiatisé, montre l'impact de subventions à des agriculteurs américains sur les revenus des producteurs africains.

En ce qui concerne les produits manufacturés, les pays les plus pauvres subissent des contraintes sur l'offre qui handicapent fortement leur compétitivité à l'exportation (insuffisance des infrastructures, de l'éducation, etc.). Comme mentionné plus haut, la compétitivité est beaucoup moins une question de prix que de capacité à respecter des normes techniques internationales (CNUCED, 2003). De plus, il faut noter, qu'en général, les barrières tarifaires sont très faibles ou inexistantes sur des produits bruts et s'élèvent dès que ces produits sont transformés (CNUCED, 1999).

La mise en place de préférences est conditionnée par le respect de règles d'origine. Ainsi pour accéder au marché européen, la valeur ajoutée des produits ACP doit provenir à 85 % des pays ACP ou de l'UE. Dans certains cas, ces règles sont considérées comme protectionnistes

---

[4] Les normes phytosanitaires par exemple. Les processus de normalisation (ISO) représentent un coût élevé.

[5] Les prix au producteurs ont, en général, un effet positif sur les niveaux de production et donc d'exportation.

mais, par ailleurs, elles ne sont pas toujours mises efficacement en œuvre[6].

Une érosion significative des préférences s'est produite en raison des négociations commerciales multilatérales (baisse des barrières douanières dans le cadre de l'OMC) mais aussi des nombreux accords commerciaux conclus par l'UE avec d'autres partenaires (Turquie, pays de l'Est, Afrique du Sud, pays méditerranéens, MERCOSUR) ou envers certaines catégories de pays (système de préférences généralisées)[7].

Ce constat s'inscrit dans un contexte de « fatigue de l'aide », une lassitude des opinions publiques et des gouvernements, renforcée par les contraintes budgétaires et la diminution des pressions politiques liées au clivage est-ouest.

L'évolution de la coopération européenne est aussi le reflet des évolutions internes : les accords de Lomé, signés en 1975, cherchaient à prendre en compte les liens historiques des pays membres de l'époque avec leurs anciennes colonies. Les centres d'intérêt des quinze membres actuels se sont élargis à d'autres zones géographiques : Asie du Sud-Est, Amérique latine, les pays méditerranéens et surtout les pays de l'Est. L'élargissement de l'UE à ces derniers tend à distendre les liens privilégiés établis avec les pays du Sud.

In fine, les accords préférentiels ne sont pas compatibles avec les règles fondamentales de l'OMC et nécessitent des dérogations qui ne peuvent être que transitoires et annuelles et n'établiraient donc pas les conditions stables indispensables au développement économique.

C'est donc l'ensemble de ces éléments ainsi que sa propre expérience en la matière qui semblent déterminants dans le choix de l'UE de remettre en cause les mécanismes de stabilisation et les préférences non réciproques pour privilégier l'intégration régionale comme vecteur de ses relations commerciales futures avec les pays ACP (CCE, 2000).

---

[6] La commission a lancé un débat sur ce thème notamment par la publication d'un livre vert sur le sujet « L'avenir des règles d'origine dans les régimes commerciaux préférentiels », com (2003)787 final.

[7] Les APE font partie des « accords bilatéraux » de l'Union européenne avec certains pays ou certaines régions, au même titre que les accords de libre-échange par exemple avec l'Euromed, le MERCOSUR, l'Afrique du Sud, etc. Le SPG (178 pays) et l'initiative « Tout sauf les armes » (49 pays) font partie des instruments unilatéraux de politique commerciale de l'UE.

B. Les intégrations régionales au sein des ACP

Bien que les pays ACP aient d'autres choix possibles dans le cadre de l'accord de Cotonou, l'Union européenne cherche à privilégier des accords de partenariat qui s'appuieraient sur l'intégration régionale.

Les relations régionales sont anciennes dans les pays du Sud et notamment en Afrique où elles s'exerçaient sous la forme d'échanges commerciaux transsahariens et de mouvements de populations. Ces relations se sont institutionnalisées avec la colonisation au cours de laquelle les pays ont été regroupés pour des raisons économiques ou politiques[8]. Au moment des indépendances, ces grands regroupements ont cédé et l'Afrique a été scindée en 45 pays dont 35 avec moins de 10 millions d'habitants. Les inconvénients tant économiques (économies d'échelle insuffisantes, manque de coordination des politiques économiques) que politiques (pouvoir de négociation réduit au niveau international) de cette « balkanisation » ont incité les pays africains à tenter des coopérations régionales[9]. Les économies nationales demeurent marquées par une extraversion due au développement des cultures de rente qui limite les complémentarités. Les opportunités d'échanges entre pays africains étaient donc faibles après les indépendances et le sont restées, ne dépassant pas souvent 10 % du commerce total de chaque région (Tableau 1).

De plus, de nombreux pays africains étant enclavés, les échanges internes sont marqués par l'importance du commerce de transit. Il est, par ailleurs, difficile d'évoquer les échanges africains sans mentionner le commerce informel. Les motifs des flux informels peuvent être monétaires (surévaluation des monnaies) et résulter d'opportunités ainsi créées. Ils sont aussi l'expression de logiques communautaires solidaires et de confiance ou le résultat de l'insuffisance des circuits officiels (inadaptation des capacités de financement aux besoins)[10]. Ces flux informels, dont les montants sont difficiles à évaluer par définition, représentent probablement une part importante des flux commerciaux intra-

---

[8] On peut citer l'Afrique occidentale française, l'Afrique équatoriale française, la Communauté de l'Afrique de l'Est, la Fédération de Rhodésie-Nyassaland.

[9] Hugon et Coussy (dir.), *Intégration régionale et ajustement structurel en Afrique sub-saharienne*, Karthala, Paris, 1991.

[10] Le cas du commerce informel avec le Nigeria fait souvent figure de cas d'école : ce pays (dont les échanges extérieurs ont souvent été fortement contrôlés) exporte illégalement des produits industriels vers les pays limitrophes tels que le Bénin en échange de franc CFA, monnaie convertible qui permet aux commerçants d'importer des biens alimentaires ou de luxe du reste du monde (Géronimi, 1991). Sur les logiques des grands commerçants en Afrique de l'Ouest, voir aussi (Grégoire et Labazée, 1993).

africains. Ils constituent un élément déterminant à prendre en compte dans les projets d'intégration régionale.

Par ailleurs, si les flux commerciaux sont faibles, d'autres types de complémentarités existent et l'intégration régionale prend notamment la forme de flux de main-d'œuvre (entre le Burkina Faso et la Côte d'Ivoire) ou de coopérations sectorielles (universitaire, lutte contre la sécheresse, etc.).

Parmi l'ensemble des pays ACP, l'expérience des pays d'Afrique de l'Ouest est certainement l'une des plus avancée. L'Union monétaire ouest-africaine (UMOA) a évolué en 1994 vers l'UEMOA (Union économique et monétaire ouest-africaine)[11]. Elle fait l'objet d'une intégration plus profonde que les autres régions ACP avec une monnaie commune (franc CFA), une union douanière (2000), une harmonisation du droit des affaires (OHADA), et de la politique fiscale (taxe harmonisée sur la valeur ajoutée), une surveillance multilatérale des politiques macroéconomiques ainsi que des accords de coopération dans d'autres domaines tel le trafic aérien. Cependant, l'UEMOA n'inclut pas le Nigeria, le poids lourd de la région avec la moitié de la population et 54 % de la production en 2002 (BAD, 2000, 2003). Le manque de cohérence géographique et économique de l'UEMOA[12] est contrebalancé par son intégration économique et institutionnelle (voir plus haut). La CEDEAO[13] a joué un rôle important dans la prévention des conflits dans la région. Elle avait lancé en 1999 un programme ambitieux comportant la création d'une union douanière, d'un marché commun et une union monétaire, objectifs qui tardent à être mis en œuvre (Afrique de l'Ouest, communauté européenne, 2002).

En 1994, la communauté économique et monétaire d'Afrique centrale (CEMAC)[14] a remplacé l'Union douanière et économique d'Afrique centrale (UDEAC). Pour le moment, quatre institutions ont été créées : l'Union économique de l'Afrique centrale (UEAC) ; l'Union monétaire de l'Afrique centrale (UMAC) ; le Parlement communautaire ; la Cour de justice communautaire. Mais la mise en œuvre est moins avancée que dans le cas de l'UEMOA.

---

[11] Bénin, Burkina Faso, Côte d'Ivoire, Mali, Niger, Sénégal, Togo, Guinée Bissau.

[12] Des pays voisins, tels que le Ghana ne sont pas membres du groupement ce qui peut conduire à des échanges frontaliers non pas liés à des avantages comparatifs mais à des disparités de politiques économiques.

[13] Pays de l'UEMOA plus Nigeria, Ghana, Sierra Leone, Liberia, Cap Vert, Gambie, Guinée.

[14] Cameroun, Centrafrique, Congo, Gabon, Guinée-Équatoriale, Tchad.

En Afrique orientale, le processus d'intégration régionale fut relancé au sein de l'EAC (*East African Community*) avec la ratification du traité en 2000 qui prévoit un processus d'intégration allant d'une union douanière jusqu'à l'union économique et monétaire ainsi que politique, sur le modèle de ce qui était prévu pour l'Union européenne.

En Afrique australe, les projets d'intégration régionale sont multiples et donnent lieu à des chevauchements créateurs de tensions. La SADCC (*Southern African Development Coordination Conference*) s'était constituée, dans un contexte d'apartheid, dans le but de réduire la dépendance vis-à-vis de l'Afrique du Sud. Elle était fondée sur une approche en termes de projets et de coopération régionale notamment d'infrastructures. La mise en place progressive d'un marché commun fait partie des objectifs de la SADC (*Southern African Development Community*) à laquelle l'Afrique du Sud a adhéré en 1994. La SACU (*Southern African Customs Union*) comprend le Botswana, le Lesotho, la Namibie, l'Afrique du Sud et le Swaziland. Ces pays ont institué, une union douanière, et des mécanismes de compensation et de transferts (Blanc 2003). Le COMESA comprend tous les pays membres de la SADC à l'exception du Botswana, du Mozambique, du Lesotho, de la Tanzanie et de l'Afrique du Sud.

Dans les Caraïbes, tous les pays à l'exception de la république dominicaine sont membres du CARICOM (*Caribbean Common Market and Community*) dont un des objectifs actuels est l'harmonisation des politiques commerciales avec la mise en place et la réduction d'un tarif extérieur commun (TEC). Dans le Pacifique, malgré l'existence de deux organisations régionales, le forum du Pacifique Sud (SPF) et le *Melanesian Spearhead Group* (MSG), l'intégration régionale est faible.

L'Union européenne encourage également la coopération régionale. Elle privilégie la coopération sectorielle avec la mise en commun de ressources (énergie, eau, lutte contre la désertification, systèmes d'alerte précoce, etc.) ou le développement de projets communs notamment dans les infrastructures (transports, communication, nouvelles technologies, etc.). Certaines régions ont mis l'accent sur cette dimension de l'intégration régionale (SADC, EAC).

Pour l'UE, l'intégration régionale des ACP a aussi pour but de prévenir des conflits et notamment les conflits frontaliers.

II. Les deux niveaux d'intégration régionale dans l'accord de Cotonou

Il est indispensable de distinguer les effets attendus de l'intégration régionale de ceux des accords de partenariat économique (APE). En effet, dans la mesure où les APE prendraient la forme de zones de libre-échange avec l'Union européenne, ils introduiraient la dimension nord-sud, en général absente des accords régionaux existants.

A. Les effets attendus de l'intégration régionale

Traditionnellement les effets attendus de l'intégration régionale sont d'abord statiques tels que les effets de création et de détournement de flux commerciaux qui sont, en fait, peu importants en Afrique Subsaharienne où les flux intra-régionaux, contrairement à ce qui s'est passé en Europe, sont restés faibles (par exemple en Afrique de l'Ouest ; cf. tableau 1).

Les effets dynamiques, plus prometteurs sont de natures diverses mais généralement peu étudiés en raison des difficultés rencontrées pour les prendre en compte (Fukase, Winters, 1999). Les objectifs visés sont notamment, l'accroissement de la taille du marché susceptible de permettre des économies d'échelle et l'accroissement de la concurrence, dans des économies où les quelques secteurs industriels existants sont souvent protégés de la concurrence extérieure.

A contrario, l'intensification de la concurrence peut s'avérer destructrice de capacités productives locales[15]. Parmi les effets majeurs attendus de l'intégration régionale, citons l'attractivité des investissements étrangers, aspect vital pour des pays en quête de ressources financières stables et durables[16] ainsi que la diversification des structures de production et d'exportation. L'intégration régionale apporterait une certaine « crédibilité » aux mesures de politiques économiques (moins de risque de réversibilité) et pourrait avoir ainsi un effet bénéfique sur l'attractivité des capitaux étrangers.

---

[15] Une étude récente, commandée par l'UE fait état des nombreux risques pour les différents secteurs d'activité. Pricewaterhousecoopers, « Sustainability Impact Assessment of the EU-ACP Economic Partnership Agreements, West Africa », Inception report, août 2004.

[16] Même si dans certains secteurs d'activité comme le textile, les IDE sont assez volatils, ils le sont généralement moins que les flux de portefeuille.

**Tableau 1. Commerce extérieur intra
et extra régional (UEMOA et CEDEAO)**

	Distribution géographique des exportations de l'UEMOA et de la CEDEAO [a]						Origine géographique des importations de l'UEMOA et de la CEDEAO [b]					
	1999		1999				1999		1999			
	UEMOA	Côte d'Iv.	Sénégal	CEDEAO	Nigeria	Ghana	UEMOA	Côte d'Iv.	Sénégal	CEDEAO	Nigeria	Ghana
Pays industrialisés	49	53	46	60	65	61	50	58	64	55	62	53
Union européenne	40	43	42	32	23	46	43	49	55	41	47	39
PED	48	44	46	38	35	33	48	41	36	44	38	46
Afrique	27	29	27	16	11	19	25	14	14	15	5	29
UEMOA	12	11	10				10	1	3			
CEDEAO		18	15	12	8	18		13	10	12	3	25

[a] % des exportations totales de l'UEMOA ou de la CEDEAO vers les différents partenaires.
[b] % des importations totales de l'UEMOA ou de la CEDEAO en provenance des différents partenaires.
Source : Afrique de l'Ouest-Communauté européenne, 2002, p. 23.

B. *Intégrations régionales sud-sud et nord-sud*

Les expériences d'intégration régionale postérieures aux indépendances ont montré les disparités que pouvaient créer des processus qui tendent à renforcer le poids des pays qui sont déjà les plus développés, souvent les pays côtiers (Côte d'Ivoire en Afrique de l'Ouest ; Kenya en Afrique de l'Est ; Cameroun et Gabon en Afrique centrale).

D'après certaines analyses développées par l'économie géographique, à la suite de celles de Krugman (1991), l'intégration régionale serait créatrice de divergences au dépens des économies les plus pauvres (Venables, 2000). Decaluwé, Dumont, Mesplé-Somps, Robichaud (2001) en font la démonstration à l'aide d'un modèle d'équilibre général calculable, dans le cas des pays de l'UEMOA. Le modèle mesure l'impact sur la structure d'exportation et sur les flux migratoires mais il prend aussi en compte l'impact du mode de financement du tarif extérieur commun. Les effets globaux sont minimes mais les chocs redistributifs non négligeables. Les grands gagnants seraient la Côte d'Ivoire et le Sénégal (conformément aux résultats de Venables) qui renforceraient leur rôle de pôle d'attraction régional. Le grand perdant serait le Burkina Faso (perte de main-d'œuvre et de capitaux industriels). Les auteurs mettent l'accent sur le coût de l'abaissement du TEC et sur le mode de financement de ces mesures.

La divergence de revenus, induite par des processus d'intégration régionale au Sud, serait liée à des effets d'agglomération que peuvent renforcer les IDE (investissements directs étrangers) qui iront de préférence s'installer dans les pays les moins pauvres (disponibilité des intrants, qualité des infrastructures de communication, disponibilité de la main-d'œuvre). La réduction des distances (en termes de temps et de coûts), permise par le développement des infrastructures, devrait permettre de réduire les coûts de transaction. L'EAC, par exemple, appuyée par l'Union européenne a mis l'accent sur le développement d'infrastructures physiques (le corridor Nord[17] fait partie des principaux points d'appui de l'aide européenne à la région EAC) (Léon, 2003).

Les divergences entre les États pourraient être compensées par des mécanismes sur le modèle des fonds structurels de l'Union européenne. Ce type de transferts avait été mis en place dans certains cas pour compenser l'hétérogénéité des impacts, par exemple dans le cas de la Communauté économique de l'Afrique de l'Ouest (CEAO) (Coussy, Hugon, 1991). Mais, d'une part, ces mécanismes visaient surtout une compensation des pertes de recettes douanières et, d'autre part, ces engagements régionaux n'ont pas résisté aux périodes marquées par des crises économiques. L'UEMOA (Union économique et monétaire ouest-africaine) a prévu un fonds d'aide à l'intégration régionale (FAIR) destiné à réduire les disparités de développement au sein de l'Union[18].

La mise en œuvre de zones de libre-échange avec l'Union européenne reposerait sur des relations commerciales déjà développées : elle est le principal partenaire de plusieurs régions des États ACP (SADC, l'UEMOA, CEMAC et EAC).

Les analyses, qui tendent à montrer que les intégrations verticales (nord-sud) sont *a priori* plus favorables à la croissance que des intégrations régionales sud-sud, reposent, d'une part, sur une analyse en termes d'effets d'agglomération et, d'autre part, sur la théorie ricardienne de l'avantage comparatif (Venables, 2000). Les bénéfices, que pourraient tirer les pays du Sud du renforcement des relations commerciales avec l'UE, reposeraient sur un accroissement de leur spécialisation.

Le marché européen étant déjà très ouvert aux produits des pays ACP, dans le cadre des accords commerciaux préférentiels des conven-

---

[17] Les corridors de développement ont pour objectifs non seulement de réduire les distances entre pôles mais également d'être des vecteurs de développement des régions traversées.

[18] Le rapport annuel de la commission de l'UEMOA mentionne que la rareté des ressources en partie liée à la crise ivoirienne a conduit le FAIR à privilégier, en 2003, les versements compensatoires des baisses de recettes douanières au détriment du financement d'actions communautaires (UEMOA, 2004).

tions de Lomé, la mise en place d'un APE consiste, en fait, en une ouverture des marchés ACP aux produits européens. Les études d'impact réalisées à la demande de l'Union européenne (CE, 1999)[19] montrent une substitution de produits européens à ceux qui sont importés du reste du monde. Cet effet est d'autant plus important que la protection tarifaire est élevée avant l'APE et que les flux commerciaux sont importants avec l'UE. Elles montrent également que les APE seraient bénéfiques aux consommateurs des ACP, mais induiraient des risques importants de désindustrialisation et des baisses de recettes fiscales non négligeables. Il faut noter qu'il s'agit d'effets « traditionnels » liés à la mise en place de zones de libre-échange. Les études d'impact portant sur les zones de libre-échange des pays du pourtour méditerranéen avec l'Union européenne, dans le cadre du processus de Barcelone (1995), identifient le même type de risques[20]. Cependant, plus les économies sont vulnérables, plus les effets socio-économiques doivent être pris en compte.

Rappelons que, pour être en conformité avec les règles de l'OMC, l'intégration régionale ne doit pas conduire à des protections tarifaires supérieures à ce qu'elles étaient antérieurement ; La mise en œuvre des zones de libre-échange ou unions douanières va donc de pair avec la baisse des recettes fiscales. Cette question est fondamentale pour les recettes publiques des pays ACP qui dépendent substantiellement des taxes internationales, comme beaucoup de pays en développement.

Ces risques existent aussi dans le cas d'une intégration sud-sud mais à une échelle moindre. En effet, les échanges au sein des régions africaines sont de l'ordre de 10 % du total des flux alors que les échanges de ces régions avec l'UE représentent la majorité des flux (tableau 1)[21]. En

---

[19] Ces études réalisées en 1998 avaient pour objectif d'évaluer la mise en place de zone de libre-échange entre l'UE et les principales initiatives d'intégration régionale existant parmi les ACP (Caricom, UEMOA, Cemac, Sadc, EAC, Pacific). Elles devaient notamment estimer l'impact macro-économique et sectoriel des plans de libéralisation, évaluer les coûts liés (baisse des recettes douanières, restructurations économiques, mesures de sauvegarde pour les secteurs fragiles et les effets dynamiques induits en termes de flux d'IDE, d'intégration internationale et de crédibilité des politiques macro-économiques).

[20] Pour plus de détails sur les effets économiques du processus de Barcelone voir, par exemple Sacher et Kebabdjian dans *Région et Développement*, n° 19-2004.

[21] La réserve est de mise en ce qui concerne les flux commerciaux intra-régionaux qu'on sait être largement dépendants du commerce informel. Une amélioration observée pourrait donc autant avoir pour cause une modification du TEC qu'une évolution de la structure formel-informel liée à une mesure de politique économique prise par le Nigeria, par exemple.

conséquence, la baisse des recettes fiscales pourrait être plus grande, l'effet variant selon les pays en fonction des niveaux tarifaires initiaux.

Les effets de convergence et de croissance devraient être plus importants dans le cas d'intégrations régionales nord-sud. Comme mentionné plus haut, les analyses qui aboutissent à ce type de résultats reposent, d'une part, sur la théorie des avantages comparatifs, qui suggère un renforcement des spécialisations et, d'autre part sur les forces d'agglomération suscitées par le processus.

Or, la spécialisation actuelle repose sur des produits traditionnels dont les cours sont instables et classés par la CNUCED parmi les produits peu dynamiques du commerce international. Ce qui signifie que leur taux de croissance est beaucoup moins important que celui des produits manufacturés en général (CNUCED, 2003). Cette instabilité rend la gestion macroéconomique difficile et empêche une vision de long terme nécessaire aux investissements nationaux privés ou publics et internationaux ; la baisse tendancielle des cours minimise les bénéfices des efforts de compétitivité à l'exportation des pays africains. Géronimi *et al.* (2003) ont montré l'existence d'une relation négative entre instabilité et croissance. Une conception statique des avantages comparatifs conduirait donc à amplifier les problèmes existants dans les pays africains.

Selon Venables (2000), une intégration régionale sud-sud a pour effet une divergence des économies de la région au profit des économies les plus développées. En provoquant des détournements de flux commerciaux, elle peut aussi contribuer à diversifier les productions régionales. Cependant, la perspective d'un APE pourrait s'avérer démobilisatrice pour les investisseurs qui viseraient le marché local ou régional : en effet, qui voudrait prendre le risque de développer de nouvelles productions au sein d'une région qui s'ouvrira prochainement à la concurrence d'entreprises européennes ? La question de la mise en place de ces zones de libre-échange est donc cruciale par rapport aux processus d'intégration régionale sur lesquels elle est censée se greffer.

Par ailleurs, un des arguments développé en faveur de l'APE (intégration nord-sud) repose sur le renforcement de la crédibilité des mesures prises dans le cadre du processus d'intégration régionale et qui pourrait constituer un facteur d'attractivité des IDE, ressources essentielles pour le développement.

Il est, cependant, difficile d'estimer l'impact qu'aurait la mise en place d'un APE à l'égard des investissements étrangers, dans la mesure où nombre d'autres facteurs (telle que l'instabilité politique) peuvent être essentiels dans la détermination des flux d'investissements directs étrangers (IDE). Les travaux sur le rôle de l'intégration régionale dans l'attractivité des IDE sont peu nombreux (Blomstrom et Kokko, 1997). Les motivations des firmes étrangères pour s'installer à l'étranger reposent sur la disponibilité de ressources naturelles (pétrole etc.), sur le coût de la main-d'œuvre et la taille des marchés. Les pays africains sont essentiellement concernés par le premier objectif : ces dernières années, la plupart des flux d'IDE sont à destination du Nigeria, de l'Angola, de la République centrafricaine, du Tchad et de la Guinée équatoriale. Les autres facteurs d'attractivité des IDE, importance des infrastructures, main-d'œuvre qualifiée, ne sont pas non plus à mettre à l'actif des économies africaines qui représentent une part marginale de la destination des IDE[22]. En 2003, les pays d'Afrique subsaharienne (ASS) recevaient 5 % des flux d'IDE destinés aux pays en développement[23]. Par ailleurs, il n'est pas certain que les effets généralement positifs des IDE sur les PED, le soit plus précisément dans le cas des PMA (Mainguy, 2004).

III. Les défis des négociations des APE

Les négociations pour la mise en œuvre de l'accord de Cotonou ont été lancées en septembre 2002. Jusqu'en septembre 2003, elles se sont déroulées entre l'UE et l'ensemble des pays ACP et se poursuivent depuis sur une base régionale. La période transitoire doit se terminer au plus tard fin 2007 et le nouvel Accord entrer en vigueur en janvier 2008. Les pays ACP se trouvent donc confrontés à des choix qui engagent l'avenir de leurs relations avec leur principal partenaire commercial. Selon leur niveau de développement (PMA ou non), ils ont la possibilité de développer deux types de relations commerciales avec l'UE : à travers l'initiative « Tout sauf les armes » (TSA) ou par un APE pour les PMA, par le système de préférences généralisées (SPG) ou un APE pour les non PMA.

L'UE cherche à s'appuyer sur les groupements régionaux existants en privilégiant l'intégration « profonde » de régions à l'exemple de l'UEMOA. Cependant, pour de nombreux pays ACP le processus est beaucoup moins avancé. Les freins sont nombreux en raison des risques induits ou d'incertitudes sur les possibilités offertes aux ACP (PMA ou non).

---

[22] Voir les Rapports annuels sur « L'Investissement dans le Monde » de la CNUCED.

[23] Cependant, malgré des montants peu importants ils peuvent être déterminants pour les économies des PED. En effet, en 2003, ils représentaient 15 % des flux totaux d'investissement en ASS et 20 % des flux d'investissement dans les pays les moins avancés.

Rappelons que l'UE s'est engagée à ce que l'accord de Cotonou respecte les règles de l'OMC (Wolf, 2000). Face à cet engagement, les APE vont rencontrer des difficultés liées au calendrier des négociations et à la diversité des situations des pays ACP : en effet, l'OMC prévoit que les pays les moins avancés (PMA) puissent bénéficier d'un traitement spécial et différencié dont les termes sont encore en cours de négociation ; certains regroupements régionaux comportent à la fois des PMA et des non PMA (cf. tableau 2). Les premiers bénéficieront probablement d'un traitement de faveur qui pourrait rendre leur participation à un APE peu attrayante. L'initiative européenne « Tout sauf les armes » (TSA) offre, en effet, aux pays ACP la possibilité d'un accès préférentiel aux marchés européens, c'est-à-dire sans avoir à faire de même, pour toutes leurs exportations (sauf les armes). Les PMA ACP les ont peu utilisés lors de la première année de mise en œuvre ce qui serait dû au fait que les règles d'origine sont moins intéressantes dans le cadre de l'accord TSA que dans le cas de l'accord de Cotonou (Brenton, 2003). Il est cependant encore un peu tôt pour juger des effets de cette initiative. Y avoir recours actuellement pour les pays ACP PMA signifierait des coûts de transaction plus élevés liés au changement de système commercial, avec de nouvelles procédures administratives, alors que certains produits importants pour les pays ACP, tels que le sucre, le riz et les bananes ne sont pas encore inclus dans l'initiative. Une évaluation plus réaliste pourra être faite quand les PMA ACP seront confrontés au choix d'avoir à ouvrir leurs marchés aux produits européens, dans leur cadre d'un APE à partir de 2008, ou de conserver un système de préférences non réciproques dans le cadre de l'initiative TSA. Leurs choix refléteront non seulement des modalités de règles d'origine mais également la perception des divers intérêts à faire partie d'une région. On peut, certes, comprendre, la volonté de l'UE d'offrir un traitement plus favorable aux PMA. Mais, il faut constater que cette « initiative » vient singulièrement compliquer la mise en œuvre d'APE reposant sur des zones de libre-échange ou des unions douanières[24].

De plus, avant même le démarrage des négociations, l'identification des régions avec lesquelles l'UE pourrait conclure un APE a déjà posé problème. Certains pays font partie de plusieurs regroupements régionaux. En conséquence, l'Union européenne a souligné la nécessité pour ces pays d'effectuer un choix qui s'avère parfois difficile. L'Afrique orientale et australe est particulièrement marquée par ces chevauchements (de la Rocha, 2003) et les relations entre les diverses organisa-

---

[24] L'accord de Cotonou était porté par la direction générale « développement » alors que les négociations commerciales sont menées par la direction générale « commerce ».

tions de la région sont complexes. L'Afrique du Sud est membre de la SACU qui est elle même une union douanière. Or, l'Afrique du Sud a conclu un accord de libre-échange avec l'Union européenne qui sera mis en œuvre progressivement au cours des prochaines années (EC-SADC, 2002). De fait les pays membres de la SACU se trouvent dans une zone de libre-échange avec l'Union européenne (Blanc, 2003).

Les négociations d'APE ont été lancées en février 2004, d'une part par le COMESA et d'autre part par la SADC[25].

Ce sont les deux principales organisations régionales d'Afrique de l'Ouest, l'UEMOA et la CEDEAO, qui ont été mandatées pour négocier un APE avec l'UE (octobre 2003)[26]. Mais la CEDEAO ne remplit pas encore les conditions pour un APE dans la mesure où l'ensemble de ses membres ne forment pas une entité régionale.

Dans le cas de ces deux régions, si les négociations se déroulent dans de bonnes conditions et n'accentuent pas les conflits, les APE pourraient contribuer à clarifier la situation et rendre peut être les zones commerciales plus homogènes et cohérentes. Mais les obstacles restent nombreux par exemple en ce qui concerne la question monétaire en Afrique de l'Ouest.

Par ailleurs, les négociations concernant la mise en œuvre de l'accord de Cotonou (2002-2008) sont rendues plus complexes, d'une part, par le calendrier de la réforme de la PAC qui aura un impact sur le commerce agricole des ACP avec l'UE et d'autre part, par celui des négociations commerciales multilatérales (révision possible de l'article XXIV du GATT qui porte sur les accords régionaux, définition du traitement spécial et différencié, secteurs de l'agriculture, des services etc.). La concomitance des négociations multilatérales et avec l'UE mobilise de nombreuses ressources humaines, d'ailleurs souvent insuffisantes dans les pays du Sud. Le ralentissement des négociations commerciales multilatérales en temporisant les négociations des APE peut permettre aux pays ACP d'être mieux préparés et de développer les compétences nécessaires à ces négociations (Primack et Bilal, 2004).

---

[25] Le COMESA s'est engagé dans les négociations avec Djibouti, l'Érythrée, l'Éthiopie, le Soudan, le Burundi, Le Rwanda, Madagascar, Les Comores, le Kenya, l'Ouganda, La RDC, Le Malawi, la Zambie, Le Zimbabwe, l'Île Maurice, les Seychelles. La SADC de son côté avec l'Angola, le Mozambique, la Tanzanie, La Namibie, le Swaziland, le Botswana, le Lesotho.

[26] De même que la CEMAC (octobre 2003), le CARIFORUM (avril 2004) et la région Pacifique (septembre 2004).

Tableau 2. Appartenance des États africains
aux groupements régionaux en 2002

Accord d'IR	États membres	Dont PMA
CEDEAO	16	12
UEMOA	8	6
CEMAC	6	2
SADC	13	7
SACU	5	1
COMESA	19	12
CEA	3	2
IOC *	4	2
IOR ARC *	6	3

Source : Babarinde O. et Faber G. 2004 p. 25.
* OIC : Organisation of the Islamic Conference, IOR – ARC : Indian Ocean Rim/Association for Regional Co-operation.

Les négociations entre l'UE et les régions ACP portent également sur des mesures qui accompagneraient la mise en place des zones de libre-échange et dont l'objectif est d'améliorer la compétitivité des économies des ACP et, par exemple, d'aider les exportateurs à s'adapter aux normes sanitaires et phytosanitaires européennes[27]. Or l'Union européenne entreprenant ce même type de démarche avec d'autres régions, en particulier vis-à-vis des pays du pourtour méditerranéens, il pourrait être judicieux de mobiliser l'expérience déjà acquise dans ce domaine (commission européenne, 2004).

Conclusion

Du point de vue commercial, les accords de Lomé ont été évalués à l'aune de leur incapacité à faire participer les pays ACP au commerce international, à améliorer la stabilité de leurs ressources et à diversifier leurs structures d'exportation. Ces défis restent à relever pour l'accord de Cotonou et l'intégration régionale est l'outil privilégié par la communauté. Par ailleurs, la mise en œuvre des APE vise à répondre aux principes de l'OMC, réciprocité et non-discrimination. La question qui se pose est donc : comment respecter ces principes qui semblent contradictoires avec les objectifs de développement de l'accord ?

Les analyses récentes utilisant la théorie ricardienne des avantages comparatifs et l'économie géographiques mettent en évidence les divergences suscitées par les intégrations régionales sud-sud et l'accent sur les bénéfices des intégrations régionales nord-sud. Cette analyse ne

---

[27] Voir, par exemple, la feuille de route des négociations pour l'Afrique de l'Ouest : http://trade-info.cec.eu.int/doclib/html/118923.htm.

suffit pas à répondre aux défis du développement des pays ACP : la baisse des recettes douanières due à la mise en œuvre d'une intégration régionale compatible avec les principes de l'OMC et surtout d'une zone de libre-échange avec l'UE, ne peut que réduire les ressources budgétaires généralement déjà insuffisantes (elles dépendent en grande partie des taxes sur le commerce international) ; les déstructurations industrielles que la concurrence des entreprises européennes induira, peuvent renforcer la spécialisation sur les produits primaires et donc les instabilités.

Les impacts économiques des APE sont donc incertains tant qu'on ne se concentre que sur le processus de libre-échange. D'un point de vue économique, l'initiative TSA pourrait s'avérer plus intéressante pour les PMA. On peut cependant se poser la question des conséquences qu'aurait ce choix sur les processus d'intégration régionale en cours dans la mesure où les régions qui négocient avec l'Union européenne comportent des pays de niveaux de développement différents. Les effets des APE dépendront en fait des modalités d'application plus ou moins favorables que les régions ACP réussiront à négocier.

Références

Afrique de l'Ouest, Communauté européenne, *Document de stratégie de coopération régionale et Programme indicatif régional pour la période 2002-2007*, 2002.

Babarinde, O. et Faber, G., « From Lomé to Cotonou : Business as Usual ? », *European Foreign Affairs Review*, n° 9, pp. 27-47, 2004.

BAD, *Rapport sur le développement en Afrique 2000. Intégration régionale en Afrique*, Économica, Paris, 2000.

BAD, *Rapport sur le développement en Afrique 2003. Mondialisation et développement de l'Afrique*, Économica, Paris, 2003.

Blanc, M., « L'Afrique australe : une intégration portée par les conglomérats sud-africains », in Hugon, P. (dir.), 2003.

Blomstrom, M. et Kokko A., « Regional Integration and Foreign Direct Investment : A Conceptual Framework and Three Cases », *Policy Research Working paper* 1750, International Economics Department, World Bank, Washington DC, Processed, 1997.

Brenton, P., « Integrating the Least Developed Countries into the World Trading System : The Current Impact of EU Preferences under Everything But Arms », *World Bank Policy Research Working Paper* 3018, avril 2003.

CE, « Synthèse des études d'impact de la proposition de l'UE de négocier des APERs avec les sous-régions ACP », Document de travail des services de la commission pour le groupe de négociation « Coopération économique et commerciale », 14 juin 1999.

CNUCED, *Rapport sur le commerce et le développement*, 1999.

CNUCED, *Le développement économique en Afrique, résultats commerciaux et dépendance à l'égard des produits de base*, 2003.

Commission des communautés européennes (2000), Accord de partenariat ACP-UE, signé à Cotonou le 23 juin 2000, Courrier ACP-UE, septembre 2000.

Commission européenne, *Rapport annuel sur la politique de développement et l'aide extérieure de la Communauté européenne*, http://europa.eu.int/ comm/development/body/publications/docs/AIDCO_rapport_annuel_2004_fr. pdf#zoom=100, 2004.

Coussy, J. et Hugon, P., *Intégration régionale et ajustement structurel en Afrique sub-saharienne, Études et documents*, Ministère de la coopération et du développement, 1991.

Decaluwé, B., Dumont, J.-C., Mesplé-Somps, S. et Robichaud, V., « Union économique et mobilité des facteurs. Le cas de l'UEMOA », in Boudhiaf, M. et Siroën, J.M. (dir.), *Ouverture et développement économique*, Économica, Paris, 2001.

De la Rocha, M., « The Cotonou Agreement and its Implications for the Regional Trade Agenda in Eastern and Southern Africa », *World Bank Policy Research Working Paper* 3090, juin 2003.

Fukase, E. et Winters, L., « Possible Dynamic Benefits of ASEAN/AFTA Accession for the New Members Countries », *Development Research Group*, World Bank, 1999.

Géronimi, V., « Les échanges parallèles : l'importance du phénomène et sa prise en compte dans les programmes d'ajustement structurel », in Coussy, J. et Hugon, P. (dir), 1991.

Géronimi, V., Schembri, P. et Taranco, A., « Gestion des instabilités et croissance à long terme : Éléments d'analyse à partir de l'exemple de l'Afrique sub-saharienne », *Économies et Sociétés*, pp. 1553-1578, septembre 2003.

Grégoire, E. et Labazée, P. (dir.), *Grands commerçants d'Afrique de l'Ouest*, Karthala, Paris, 1993.

Hakanni, H., « L'UEMOA et la CEEAO : intégration à géométrie variable ou fusion », in Hugon, P. (dir.), 2003.

Hugon, P. (dir.), *Les économies en développement à l'heure de la régionalisation*, Karthala, Paris, 2003.

Krugman, P., *Geography and Trade*, MIT Press, Cambridge, 1991.

Léon, A., « L'Afrique orientale : asymétriques et recompositions spatiales », in Hugon, P. (dir), 2003.

Mainguy, C., *L'Afrique peut-elle être compétitive ?*, Karthala, Paris, 1998, 216 p.

Mainguy C., « L'impact des investissements directs étrangers sur les économies en développement », *Région et développement*, n° 20, pp. 65-90, 2004.

Melo (de), J. et Panagariya, A. (eds.), *New Dimensions in Regional Integration*, Cambridge University Press, Cambridge, 1993.

Primack, D. et Bilal, S., *De Cotonou à Cancun et au-delà : évolution de la dynamique des négociations à l'OMC et dans le cadre des APE, Éclairage sur les négociations*, ECDPM, ICTSD, ODI, janvier, 2004.

Schiff, M., *Regional integration and development in small states, Development research group*, World Bank, Washington, 2002.

UEMOA, *Rapport Annuel de la Commission sur le Fonctionnement et l'Évolution de l'Union 2003*, Niamey, 2004.

Venables, A., « Les accords d'intégration régionale : facteurs de convergence ou de divergence ? », *Revue d'économie du développement*, 1-2, pp. 227-246, 2000.

Wolf, S., « La politique commerciale de l'UE envers les pays ACP : du système préférentiel à la réciprocité », *ZEF* août 2000.

Troisième partie

Des conséquences sociales et environnementales désastreuses

Droits de propriété intellectuelle, règles du commerce international et accès aux médicaments dans les pays en voie de développement

Marc-Hubert DEPRET et Abdelillah HAMDOUCH

*Post-doctorant, Chaire de Recherche du Canada en Gestion
de la Technologie, Université du Québec à Montréal*

*Maître de Conférences, Université de Lille 1, Chercheur au Clersé, Chercheur
associé au Matisse, Université de Paris 1 – Panthéon-Sorbonne*

La question des Droits de propriété intellectuelle (DPI) dans l'industrie du médicament – qui se situe au cœur des négociations sur les « ADPIC » (Aspects des droits de propriété intellectuelle liés au commerce) mis en œuvre dans le cadre de l'Organisation mondiale du commerce (OMC) – soulève des problèmes institutionnels profonds, eux-mêmes porteurs d'enjeux socio-économiques et humains cruciaux.

Affectant directement les conditions d'accès des populations des pays en développement (PED) ou à faible revenu aux médicaments essentiels et aux thérapeutiques innovantes, cette question prend aujourd'hui un tour à la fois relativement dramatique et éminemment (géo)stratégique en regard des ravages que produisent notamment le virus du Sida et les autres « fléaux des pauvres » (malaria, tuberculose, choléra, etc.) dans de nombreux pays du Sud, en particulier en Afrique sub-saharienne (MSF, 2001 ; ONUSIDA, 2005).

C'est dans ce contexte que s'est posé le problème des médicaments génériques à l'occasion du dernier cycle de négociations multilatérales de l'OMC amorcé en novembre 2001 à Doha au Qatar. En arrière-plan de ce problème se trouve l'idée – très répandue dans la littérature spécialisée et, partant, au sein de la plupart des pays développés et des organisations internationales – que le renforcement des DPI constitue une *condition institutionnelle* essentielle – bien que non suffisante – du développement des pays les plus pauvres. Or, de nombreux travaux récents tendent à montrer le contraire (ou, à tout le moins, à nuancer cette « croyance »). D'une part, parce que le développement économique s'accompagne souvent de l'acquisition de technologies à travers un système de DPI relativement faible (Henry *et al.*, 2003). D'autre part, parce que la corrélation entre l'existence d'un système de DPI et le niveau de développement économique ne se vérifie généralement que pour des niveaux de revenus élevés (Kumar, 2002), c'est-à-dire dans les pays pour lesquels il existe à la fois une capacité de R&D suffisante – que les DPI viennent « stimuler » –, mais également une demande forte, régulière et, surtout, solvable.

Comme cela est soutenu dans la suite de l'article, ce « paradoxe » est en fait révélateur d'un jeu stratégique très affiné dans lequel les règles du commerce international préconisées par les pays riches sont davantage conçues pour protéger leurs intérêts industriels et financiers (notamment ceux de leurs firmes pharmaceutiques) que pour promouvoir le développement durable des pays les plus démunis et de leurs populations.

Dans un premier temps, nous rendons compte des débats sur les effets du renforcement des DPI dans les PED. Nous soulignons ici l'absence de consensus en la matière, ainsi que la fragilité des résultats des études les plus récentes. Dans un second temps, nous montrons que les règles défendues – imposées ? – par les pays industrialisés au sein de l'OMC en matière de protection des brevets contribuent à renforcer le « sous-développement endogène » des PED en limitant très fortement l'accès (à des coûts socio-économiquement supportables) à des thérapeutiques vitales pour juguler une multitude de fléaux sanitaires. On montre également comment la question de l'orientation de la R&D pharmaceutique et l'absence d'institutions (nationales et internationales) adaptées constituent les principales explications des inégalités actuelles dans l'accès aux soins des populations des pays les plus démunis.

I. Internationalisation des DPI et développement

Assez régulièrement, les grandes organisations internationales (Fonds monétaire international, Banque mondiale, Organisation de coopération et de développement économiques, Organisation mondiale du commerce, etc.) et la plupart des pays industrialisés font pression sur les PED pour qu'ils « modernisent » leurs institutions économiques, juridiques et financières (Stiglitz, 2002). Le strict respect du droit de la propriété privée est ainsi érigé en une sorte de « loi d'airain » (ou principe économique fondamental) selon laquelle (lequel) le renforcement des DPI est une condition *sine qua non* du développement économique des pays les moins avancés.

L'objet de cette section est de montrer que les PED n'ont généralement ni les moyens, ni même totalement intérêt (notamment d'un point
de vue stratégique) à mettre en place ou à adopter rapidement des systèmes de DPI relativement standardisés, tels qu'ils apparaissent aujourd'hui dans le cadre des ADPIC de l'OMC. Pour ce faire, nous
rendons compte des principaux travaux contemporains consacrés à la
question, dont l'intérêt est de s'intéresser à l'impact (théorique et effectif) du renforcement des DPI sur le bien-être des populations concernées, l'innovation et les investissements.

A. Les effets attendus des DPI en termes de redistribution macro-économique

En suivant Combe et Pfister (2001), l'impact d'un renforcement des
DPI dans les PED peut être appréhendé de trois manières. La première
consiste à s'interroger sur les effets redistributifs (statiques) des DPI
entre les pays du Nord et ceux du Sud, mais également entre les
consommateurs du Nord et ceux du Sud.

Dans cette perspective, comme l'a montré Helpman (1993), les *effets
statiques* d'un renforcement des DPI dans les pays émergents ont tendance à se révéler négatifs pour les pays du Sud, mais bien souvent aussi
pour les pays du Nord. D'une part, parce que la réduction de la concurrence, induite par le retrait du marché des contrefacteurs, entraîne
généralement une augmentation des prix des biens nouvellement protégés (en plus de la diminution des profits des imitateurs). D'autre part,
parce que le renforcement des DPI se traduit souvent par une réalloca-
tion de la production des PED vers les pays industrialisés et, partant, par
une augmentation des coûts de production et une hausse concomitante
des prix.

En réalité, il apparaît que les hypothèses du modèle de Helpman su-
restiment quelque peu l'impact effectif d'un renforcement des DPI dans
les pays émergents (Combe et Pfister, 2001). Tout d'abord, parce que
l'hypothèse d'une « concurrence à la Bertrand » a tendance à amplifier
l'effet de l'imitation sur les profits des firmes, à introduire un effet
d'éviction de la demande et à sous-estimer la persistance d'une concurrence locale différenciée. Ensuite, parce que l'impact d'un renforcement
des DPI peut être sensiblement différent d'un secteur à l'autre selon
l'intensité de la disposition des consommateurs (au Sud comme au
Nord) à payer les biens d'origine plutôt que leurs « copies ». Enfin,
parce que le modèle tend à sous-estimer l'impact réel des dispositifs de
lutte contre la contrefaçon mis en place dans les pays industrialisés.

Dans les faits également, les effets redistributifs statiques d'un renforcement des DPI dans les PED sont difficiles à mesurer. Ils le sont

d'autant plus que les résultats des quelques études empiriques menées en la matière diffèrent sensiblement selon, notamment, les pays, les structures de marchés ou l'élasticité-prix de la demande, y compris au sein d'un même secteur (pour une revue de la littérature sur la question dans le domaine pharmaceutique, cf. Depret, Hamdouch, 2004).

B. Les effets dynamiques des DPI sur l'innovation

En théorie, un renforcement des DPI dans les PED peut également avoir des *effets dynamiques* positifs sur l'innovation (Combe et Pfister, 2001). Tout d'abord, parce que les DPI constituent une forte incitation à la R&D, dont les retombées sont supposées bénéficier tant aux pays du Nord qu'à ceux du Sud. Ensuite, parce qu'un renforcement des DPI favoriserait *a priori* les recherches visant à satisfaire les besoins spécifiques et solvables des PED (Diwan ; Rodrick, 1991 ; Lanjouw ; Cockburn, 2001). Enfin, parce que la mise en place d'un système de DPI tend à accélérer la diffusion des connaissances, notamment en évitant la duplication des efforts de R&D et en favorisant la mise au point d'innovations cumulatives (Deffains, 1997 ; Liotard, 1999).

Cependant, d'un point de vue empirique, les résultats dynamiques attendus d'un renforcement des DPI dans les PED apparaissent, ici aussi, plutôt incertains. Tout d'abord, parce que les brevets ne constituent pas la seule stratégie d'appropriation utilisée par les innovateurs (Dasgupta ; David, 1994 ; Cohen *et al.*, 2002). Ensuite, parce que les déterminants de la rentabilité des innovations sont multiples et parce que les DPI semblent y jouer un rôle relativement secondaire (Ginarte et Park, 1997 ; Lerner, 2005). Enfin, parce que les études menées n'arrivent pas toutes aux mêmes conclusions selon les pays, les secteurs et les périodes étudiés (Jaffe, 2000).

Helpman (1993) montre ainsi qu'à long terme le renforcement des DPI entraîne un ralentissement de l'innovation en raison de l'augmentation des coûts de production et de la diminution concomitante des ressources disponibles pour développer de nouveaux produits. En réalité, son modèle est lui-même sujet à caution dans la mesure où il exclut la possibilité d'investissements directs en direction des pays les moins avancés. Ce faisant, il sous-estime grandement les effets redistributifs qui vont s'opérer en faveur de ces derniers. Lai (1998) montre ainsi qu'un renforcement des DPI entraîne à la fois une multinationalisation de la production et une progression du taux d'innovation – ce qui a l'avantage d'augmenter le bien-être des populations (au Sud, comme au Nord). À long terme toutefois, le coût de l'innovation augmentant (puisque les firmes vont chercher à différencier davantage leurs produits pour pénétrer de nouveaux marchés spécifiques), ces effets vont avoir tendance à s'essouffler, voire à s'inverser (Glass et Saggi, 2002).

C. Les effets des DPI sur les échanges internationaux

Le renforcement des DPI dans les PED peut viser à faciliter les échanges internationaux à travers l'augmentation des flux de commerce et d'investissements directs à l'étranger (Combe et Pfister, 2001). Cependant, là également, les effets des DPI sont loin d'être aussi nets selon les industries et les pays étudiés (cf. Depret ; Hamdouch, 2004). Trois raisons principales à cela. Premièrement, le non-respect « institutionnalisé » des DPI constitue souvent une barrière non-tarifaire parfaitement acceptée dans certains PED – mais également dans certains pays avancés.

Deuxièmement, les systèmes de DPI en vigueur dans les PED peuvent inciter des firmes étrangères à ne pas y commercialiser leurs produits (ou à ne pas y investir) si elles jugent la protection offerte insuffisante.

Troisièmement enfin, l'importation de produits étrangers brevetés ou l'investissement direct (IDE) peuvent également être guidés par la seule volonté d'exclure du marché les producteurs-imitateurs locaux, notamment lorsqu'ils exportent une partie de leur production dans les pays les plus avancés. *A contrario*, l'absence ou la faiblesse des DPI dans les PED peut se révéler « créatrice de commerce » (Combe et Pfister, 2001).

Au total, l'idée selon laquelle le renforcement des DPI est une condition indispensable au développement des pays émergents semble contredite dans les faits. Au contraire, l'histoire économique tend à montrer que c'est la protection intellectuelle qui suit le développement, et non l'inverse, ne serait-ce que parce que les PED ont, par définition, des structures locales de R&D relativement « sous-développées » (Boidin, 2002). Pis, l'existence de dispositifs de DPI apparaît souvent comme un frein au développement de certaines industries domestiques, comme nous l'esquissons à présent à travers le cas de l'industrie pharmaceutique (cf. également Guennif et Mfuka, 2005).

II. DPI, règles du commerce international et accès aux médicaments

L'objectif de cette seconde partie est de tenter de montrer comment le cadre institutionnel régi par les ADPIC a tendance à restreindre l'accès des PED aux thérapeutiques essentielles, ce qui souvent freine considérablement leur développement. Plus largement, on s'interroge sur les causes et les effets du rationnement sanitaire et du sous-développement cumulatif (« endogène ») des PED. On montre alors que la question des DPI ne constitue que « l'arbre qui cache la forêt », tant les explications des sources d'inégalités dans l'accès aux soins des populations des PED sont multiples.

A. L'accord sur les ADPIC et la question de l'accès aux médicaments essentiels

En avril 1994, après sept ans et demi de négociations, les membres du GATT (accord général sur les tarifs douaniers et le commerce) mettent fin à « l'Cycle d'Uruguay » par la signature à Marrakech d'un accord instituant l'OMC. Outre la création d'une autorité mondiale de régulation du commerce, le principal apport de cet accord a été d'élargir le champ de la négociation aux services et à la question de la propriété intellectuelle. Dans ce cadre, en vertu de l'accord sur les ADPIC, les membres de l'OMC ont l'obligation (d'ici à 2006 et 2016 pour les moins avancés d'entre eux) d'accorder une protection de vingt ans pour toute invention de produit ou de procédé. Les exceptions à cette règle sont relativement limitées dans la mesure où elles ne doivent en aucun cas porter « atteinte à l'exploitation normale du brevet », ni causer « un préjudice injustifié aux intérêts légitimes du titulaire du brevet », selon les termes d'une annexe de l'accord.

Or, c'est bien l'interprétation de ces exceptions prévues par l'accord sur les ADPIC qui posa problème. Cela fut particulièrement le cas pour la question de l'accès du plus grand nombre aux médicaments essentiels de lutte contre les maladies infectieuses – qui, chaque année, font plus de 10 millions de victimes, dont près de 90 % dans les PED (OMS, 2000). D'un côté, on trouve bien dans la plupart des pays, des dispositions juridiques et réglementaires qui autorisent l'octroi de licences obligatoires (permettant d'exploiter un brevet lorsque la situation sanitaire l'impose, ou lorsque les prix proposés par le titulaire du brevet sont excessifs). Mais, de l'autre, l'accord des ADPIC restait – délibérément ? – évasif sur les modalités pratiques de mise en œuvre d'un tel dispositif. C'est ainsi que l'expression « concession de licences obligatoires » ne figurait pas le texte. Cette pratique relevait des « autres utilisations sans autorisation du détenteur du droit » qui ne peuvent être accordées que si plusieurs conditions contraignantes, destinées à protéger les intérêts du titulaire du brevet, sont remplies. Ainsi, celui qui demande une licence « doit avoir essayé en vain d'obtenir une licence volontaire du détenteur du droit à des conditions commerciales raisonnables ». De même, une fois la licence délivrée, le détenteur du droit devra « recevoir une rémunération adéquate, compte tenu de la valeur économique de l'autorisation ».

De fait, cette question a fait l'objet de plusieurs cycles de négociations afin de préciser les termes de l'accord des ADPIC sur le sujet. Le sommet de Doha de novembre 2001 a ainsi été à l'origine d'une déclaration que d'aucuns ont présenté comme une réelle avancée car elle reconnaissait « la gravité des problèmes de santé publique qui touchent de nombreux pays en développement et pays les moins avancés, en particulier ceux qui résultent du Sida, de la tuberculose, du paludisme et d'autres épidémies ». Les membres de l'OMC affirmaient dès lors que l'accord sur les ADPIC ne devrait pas les empêcher « de prendre des mesures pour protéger la santé publique […] et, en particulier, de promouvoir l'accès de tous aux médicaments ». Dans cette perspective, la déclaration annonçait que chaque pays membre de l'OMC aurait « le droit d'accorder des licences obligatoires et la liberté de déterminer les motifs pour lesquels de telles licences sont accordées ». Toutefois, soulignant les difficultés que pourraient avoir les pays membres « ayant des capacités de fabrication insuffisantes ou n'en disposant pas dans le secteur pharmaceutique », la déclaration prévoyait de « trouver une solution rapide à ce problème […] avant la fin 2002 ».

Malheureusement, au-delà des effets d'annonce, aucun consensus n'a pu véritablement se dégager à ce sujet, comme l'atteste l'impasse des différentes réunions de l'OMC sur le sujet (notamment celles menées à Genève en décembre 2002 et à Tokyo en février 2003). Il a ainsi fallu attendre septembre 2003 pour que, en marge du « Sommet de Cancun », les pays membres de l'OMC trouvent un accord *a minima*. Le texte adopté prévoit ainsi d'autoriser les pays les moins avancés ne possédant pas d'industrie pharmaceutique à importer des médicaments génériques, mais uniquement en cas d'urgence nationale de santé. Afin d'éviter les « abus », les États-Unis ont conditionné leur accord (très longtemps incertain) à l'ajout d'une annexe restrictive prévoyant une « déclaration de confort » encadrant strictement le droit d'importation dans le cadre des licences obligatoires, ainsi que la mise en place de *packagings* spécifiques visant à éviter le détournement et la réexportation des médicaments génériques importés.

Si l'accord a été salué de part et d'autre de l'Atlantique, les ONG (Oxfam, Médecins sans frontières, etc.) ont toutefois vivement critiqué ce texte en estimant qu'il risquait d'entraîner une inflation du prix des médicaments génériques sans pour autant régler le problème « institutionnel » de l'information, du diagnostic et de la distribution des médicaments qui constituent des conditions essentielles à l'efficacité des traitements. Par ailleurs, certains pays (les États-Unis en tête) tentent depuis de limiter la portée de cet accord en signant, avec certains PED, des traités de libre-échange comportant des clauses léonines imposant des règles de DPI plus souples (Guennif et Mfuka, 2005).

B. Protection des innovations pharmaceutiques et orientation de la recherche

En dépit des efforts méritoires des institutions internationales impliquées dans l'aide au développement – dont l'OMS – (cf. Tableau 1) et de quelques gouvernements de pays du Nord un peu plus généreux que les autres (cf. Tableau 2), et des effets d'annonce de certains laboratoires pharmaceutiques, les efforts de recherche médicale et pharmaceutique semblent aujourd'hui être quasi exclusivement orientés vers les besoins sanitaires des pays avancés, et les progrès thérapeutiques réalisés accessibles seulement aux populations solvables (Hamdouch et Depret, 2005). Pis, les tendances récentes ne semblent pas vraiment aller dans le bon sens, même si, à l'instar de Lanjouw et Cockburn (2001), certains décèlent actuellement une tendance à l'augmentation – somme toute limitée – des efforts de R&D (mesurés par le nombre de brevets déposés et par celui des publications scientifiques) dans le domaine des maladies tropicales.

**Tableau 1. Répartition de l'aide internationale
à la lutte contre les maladies**

	Nb de personnes atteintes (par an)	Nb annuel de décès	Aide en millions de dollars US (moyenne entre 1997 et 1999)						
			Banque mondiale	OMS [1]	UNICEF	DFID [2]	USAID [3]	Autres	Total
Sida	40 millions	3 millions	145	0	25	7	17	93	287
Vaccination	n.s	n.s	17	0	104	110	0	20	251
Malaria	de 300 à 500 millions	1 à 2 millions	62	0	25	0	0	0	87
Tuberculose	8 millions	2 millions	58	0	17	1	5	0	81
autres	n.s	n.s	222	0	151	91	187	386	1 037
		Total	504	0	322	209	209	499	1 743

(1) L'action de l'OMS en la matière n'est pas considérée, *stricto sensu*, comme une aide directe au développement. L'OMS n'en est pas moins active puisqu'elle consacre 23 % de son budget 2004-2005 (budget ordinaire + autres fonds = 2,729 milliards de dollars US) à la surveillance, à la prévention, à la recherche et à la lutte pour l'éradication des maladies infectieuses et parasitaires (dont 5,3 % pour le paludisme et 6,2 % pour la tuberculose), 6,8 % à la surveillance, prévention et à la prise en charge des maladies non transmissibles, 13,3 % à la santé familiale et communautaire (dont 5,8 % pour le VIH/Sida), 8,2 % au développement durable, 18,8 % aux technologies de la santé et aux produits pharmaceutiques (dont 16 % pour la vaccination et 2 % pour l'accès aux médicaments essentiels), 11,7 % au soutien des politiques de santé et 18,2 % à son fonctionnement interne (OMS, 2003).

(2) DFID : Department for International Development (Grande-Bretagne).

(3) USAID : United States Agency for International Development (États-Unis).

Source : Depret et Hamdouch (2004), d'après OMS (2002).

Tableau 2. Aide au développement des pays du G7 en matière de santé et d'aide aux populations

	Aide au développement			Aide au développement en matière de santé et d'aide aux populations (4)			
	AOD (1)	AOD / PIB (2)	AODPD / PIB (3)	Santé	Population	Total	en % du PIB
Canada	1 819	0,28 %	0,05 %	22,6	6,1	28,7	0,005 %
France	5 896	0,39 %	0,06 %	184,4	1,5	185,9	0,013 %
Allemagne	5 651	0,26 %	0,05 %	118,6	65,7	184,3	0,009 %
Italie	1 783	0,15 %	0,03 %	20,6	1,0	21,6	0,002 %
Japon	11 774	0,34 %	0,06 %	338,6	21,2	359,9	0,009 %
Grande-Bretagne	3 574	0,26 %	0,05 %	267,0	19,3	286,3	0,023 %
États-Unis	8 270	0,10 %	0,02 %	535,8	385,0	920,8	0,012 %

(1) Aide officielle nette au développement en millions de dollars US (moyenne 1997-1999).
(2) Aide officielle nette au développement totale par rapport au PIB en 1999.
(3) Aide officielle nette au développement en faveur des pays les moins avancés par rapport au PIB en 1999.
(4) En millions de dollars américains (moyenne 1997-1999).

Source : Depret et Hamdouch (2004), d'après OMS (2002).

Tableau 3. Répartition thérapeutique des nouvelles substances chimiques autorisées dans le monde entre 1975 à 1999

Domaines thérapeutiques	Nouvelles substances chimiques autorisées	Proportion de personnes atteintes dans le monde	Proportion de personnes atteintes dans les pays les plus avancés	Proportion de personnes atteintes dans les pays les moins avancés	Part de marché commer-ciale
Système nerveux central	211 (15,1 %)	11,5 %	23,5 %	10,5 %	15,1 %
Maladies cardiovasculaires	179 (2,8 %)	10,3 %	18,0 %	9,7 %	19,8 %
Cytostatiques	111 (8,0 %)	6,1 %	15,8 %	5,2 %	3,7 %
Maladies respiratoires	89 (6,4 %)	4,5 %	7,4 %	4,2 %	9,3 %
Anti-infectieux et antiparasitaires	224 (16,1 %)	29,6 %	4,2 %	31,8 %	10,3 %
dont VIH/Sida	26 (1,9 %)	5,1 %	0,9 %	5,5 %	1,5 %
dont tuberculose	3 (0,2 %)	2,0 %	0,1 %	2,2 %	0,2 %
dont maladies tropicales	13 (0,9 %)	9,4 %	0,3 %	10,2 %	0,2 %
Autres	579 (41,6 %)	37,9 %	31,1 %	38,6 %	41,9 %
Total	1 393 (100 %)	100 %	100 %	100 %	100 %

Source : Trouiller *et al.* (2002).

Ainsi, à l'heure actuelle, seulement 5 % des dépenses de R&D en matière de santé sont consacrés aux problèmes de 95 % de la population mondiale (OMS, 2002). C'est ainsi que sur les 1 393 nouvelles entités chimiques mises sur le marché de 1975 à 1999, seules treize d'entre elles concernaient le traitement des maladies tropicales, alors que ces maladies concernent 9,4 % des malades dans le monde (cf. Tableau 3).

Ce faisant, l'essentiel de la R&D pharmaceutique est actuellement orienté vers les *maladies de type I*, pour reprendre la typologie de l'OMS, c'est-à-dire vers les pathologies dont la prévalence est élevée tant au Nord qu'au Sud (hépatite B, rougeole, diabète, maladies cardio-vasculaires, etc.). À côté de ces maladies, les *maladies dites « négligées »* de type II (VIH/SIDA, tuberculose, etc.) et « *très négligées »* de *type III* (maladie du sommeil, onchocercose, etc.) – qui touchent majoritairement (type II) et totalement (type III) les PED – constituent les parents pauvres de la recherche pharmaceutique mondiale (Trouiller *et al.*, 2002).

Une récente étude a ainsi montré que sur les onze laboratoires pharmaceutiques (représentant 29 % du chiffre d'affaires de l'industrie du médicament) ayant répondu au questionnaire envoyé aux vingt plus importants d'entre eux, sept ont déclaré avoir consacré moins de 1 % de leur budget de R&D aux maladies négligées et huit ont avoué n'avoir pas dépensé un dollar dans la recherche de thérapeutiques contre la trypanosomiase, la maladie de Chagas et la leishmaniose (MSF, 2001).

C. DPI, rationnement sanitaire et « sous-développement endogène »

Le régime actuel des DPI sur les médicaments, de par son caractère très contraignant pour les PED, se conjugue ainsi aux autres barrières structurelles d'accès à la santé (pauvreté et faiblesse des dépenses consacrées à la santé, à l'éducation et à l'eau potable ; mauvaise gouvernance des systèmes locaux de santé ; inégalités d'accès entre populations urbaines et rurales ; etc.) pour produire un état sanitaire désastreux des populations, comment l'attestent par exemple les niveaux d'espérance de vie à la naissance et les taux de mortalité infantile (cf. Hamdouch et Depret, 2005).

La situation est encore plus dramatique dans le cas des pays frappés par des épidémies ou des pandémies très largement répandues, notamment celle du VIH/Sida qui touche aujourd'hui environ 40,3 millions de personnes dans le monde (dont 25,8 millions en Afrique subsaharienne et 8,3 millions en Asie) et a fait en 2005 près de 3,1 millions de morts (dont 2,4 millions en Afrique) (ONUSIDA, 2005).

La spirale du « sous-développement endogène » s'enclenche et se renforce alors de manière implacable, comme le souligne sans ambiguïté M. Malloch Brown, administrateur du PNUD (PNUD, 2002 ; nos italiques) :

> *Le sida a des effets dévastateurs : il appauvrit et aggrave la pauvreté existante, annulant les réalisations passées dans les domaines de l'éducation* et détournant d'autres priorités une partie du budget de la santé qui est limité. En effectuant des ponctions et des coupes dans tous les secteurs de la société, *le VIH/sida compromet une croissance économique qui est vitale – réduisant peut-être d'un tiers le PIB de l'Afrique pour les vingt prochaines années.* En outre, du fait des besoins supplémentaires considérables qu'il impose s'agissant des services publics, qui sont limités et auxquels il est difficile d'avoir accès, les crédits déjà insuffisants font l'objet d'une lutte désespérée.

Ces constats élémentaires sont cependant loin de faire consensus, notamment en raison de la persistance de certains pays à défendre de manière étroite leurs intérêts stratégiques immédiats, mais aussi de l'inadéquation des mécanismes de fonctionnement du système international. Comme le soulignait Pascal Lamy, alors Commissaire européen au commerce (*Le Monde*, 22 janvier 2003) :

> L'accès aux médicaments n'est pas un objet de négociation. C'est une question de vie ou de mort. [...] L'OMC, et le système international dans son ensemble, doit répondre de façon responsable à un besoin légitime. C'est une question de légitimité et d'efficacité : à quoi bon un système international démocratique, dans lequel chaque État a une voix, s'il ne parvient pas à se doter de règles convaincantes en matière de santé publique ?

Pourtant, il semble bien qu'il soit très clairement dans l'intérêt bien compris à moyen et à long termes des pays développés et des acteurs industriels et financiers (notamment des grands laboratoires pharmaceutiques) d'agir pour réduire ce fossé sanitaire entre les pays du Nord et ceux du Sud (Hamdouch et Depret, 2001). En effet, une aide accrue en faveur des PED apparaît d'autant plus justifiée et soutenable que l'effort financier supplémentaire demandé aux pays donateurs apparaît, somme toute, relativement restreint et qu'il devrait être assez rapidement générateur d'effets cumulatifs sans commune mesure avec les efforts consentis (OMS, 2002). Au-delà, l'extension future des marchés des grands laboratoires pharmaceutiques dépend, aussi, de l'effort qui aura été consenti par ces industriels et les pays du Nord (notamment sur la question des DPI) pour améliorer l'état sanitaire des populations et favoriser le développement des pays les moins avancés.

Conclusion

Les compromis institutionnels et économiques requis pour lutter contre le sous-développement endogène des pays en développement sont à promouvoir à la fois aux différents plans nationaux des pays du Sud et du Nord, et au niveau des organisations internationales. Cela passe tout d'abord par un assouplissement significatif des règles applicables par les PED en matière de brevets pharmaceutiques. D'une part, afin de diminuer sensiblement les prix des médicaments essentiels (et donc en autorisant les PED ayant une industrie pharmaceutique à exporter leurs produits génériques dans les pays qui en sont dépourvus). D'autre part, afin d'aider les pays les moins avancés à développer leur propre industrie pharmaceutique nationale indépendante à travers notamment des transferts de technologies de production et de recherche.

Toutefois, la mise en place d'un nouveau système global de DPI à la fois adapté, équilibré et consensuel, de même que la baisse des prix des médicaments essentiels, ne peuvent suffire – ne serait-ce qu'en raison de la persistance d'« asymétries cognitives » au niveau de la division internationale du travail (Mouhoud, 2003). En effet, la lutte contre le sous-développement passe également, et avant tout, par l'acceptation par les populations, les industriels et les responsables des pays développés d'augmenter significativement l'aide au développement, à la santé, à l'éducation, à la recherche et à l'équipement des pays les moins avancés. Dans cette perspective, comme le propose notamment Médecins sans frontières (MSF, 2001), les médicaments essentiels contre les maladies négligées pourraient être reconnus comme des « biens publics mondiaux » (Kaul *et al.*, 2002) et, à ce titre, bénéficier de dispositifs spéciaux (fonds de garantie internationaux, octroi d'un statut spécial pour l'innovateur, mécanismes de promesses d'achat, systèmes de prix différenciés selon le niveau de développement des pays, partenariats public-privé, etc.) qui permettraient de financer des programmes de R&D pour lesquels les dispositifs incitatifs de marché ne fonctionnent pas (GFHR, 2001 ; Kremer, 2001 ; MSF, 2001 ; Boidin, 2002).

Pour leur part, les PED doivent s'engager à mettre en place – avec l'aide des pays les plus avancés et des organisations multilatérales – de véritables structures institutionnelles efficaces, pérennes et régies par un principe de « bonne gouvernance ». Ces dernières doivent alors permettre de garantir le respect des nouvelles règles de DPI, d'empêcher le détournement et l'exportation des médicaments initialement destinés à leurs populations, de s'assurer de la bonne prise des thérapeutiques offertes (à travers un travail d'éducation et de suivi des patients traités) ou de limiter la fuite de ses « élites » (chercheurs, médecins, ingénieurs, techniciens, personnels hospitaliers, etc.).

Enfin, les organismes internationaux d'aide au développement doivent redéfinir en profondeur leurs structures institutionnelles, leurs missions et leurs modalités de fonctionnement et d'intervention traditionnelles (Hamdouch et Depret, 2005).

Références

Boidin, B., « Libéralisation et accès des pays pauvres à la santé : Quelle responsabilité des droits de propriété intellectuelle et des firmes », *Mondes en Développement*, vol. 30, n° 120, pp. 63-74, 2002.

Cohen, W., Nelson, R. et Walsh, J., « Links and Impacts : The Influence of Public Research on Industrial R&D », *Management Science*, vol. 48, n° 1, janvier, pp. 1-23, 2002.

Combe, E. et Pfister, E., « Le renforcement international des droits de propriété intellectuelle », *Économie Internationale*, n° 85, 1ᵉʳ trimestre, pp. 63-81, 2001.

Dasgupta, P. et David, P.A., « The New Economics of Science », *Research Policy*, vol. 23, n° 5, septembre, pp. 487-521, 1994.

Deffains, B., « Progrès scientifique et analyse économique des droits de propriété industrielle », *Revue d'Économie Industrielle*, n° 79, pp. 95-117, 1997.

Depret, M.-H. et Hamdouch, A., « Droits de propriété intellectuelle, orientation de la R&D pharmaceutique et accès aux soins dans les pays en développement », Journée d'Études *Droits de propriété intellectuelle et développement*, Université de Paris 1, 16 janvier, 23 p., 2004.

Diwan, I. et Rodrick, D., « Patents, Appropriate Technology and North-South Trade », *Journal of International Economics*, vol. 30, n° 1-2, février, pp. 27-47, 1991.

Guennif, S. et Mfuka, C., « L'accès aux traitements antisida en Afrique : Une analyse de la stratégie de brevet des multinationales », *Mondes en Développement*, numéro spécial « Institutions et santé dans les pays en développement », Boidin, B. et Hamdouch, A. (eds.), vol. 33, n° 131, pp. 75-86, 2005/3.

GFHR, *Initiative on Public-Private Partnerships for Health*, Global Forum for Health Research, 2001, www.globalforumhealth.org.

Ginarte, J. et Park, W., « Determinants of Patent Rights : A Cross National Study », *Research Policy*, vol. 26, n° 3, octobre, pp. 283-301, 1997.

Glass, A. et Saggi, K., « Intellectual Property Rights and Foreign Direct Investment », *Journal of International Economics*, vol. 56, n° 2, mars, pp. 387-410, 2002.

Hamdouch, A. et Depret, M.H., *La nouvelle économie industrielle de la pharmacie – Structures industrielles, dynamique d'innovation et stratégies commerciales*, Elsevier, Paris, 2001.

Hamdouch, A. et Depret, M.H., « Carences institutionnelles et rationnement de l'accès à la santé dans les pays en développement : Repères et enjeux », *Mondes en Développement*, numéro spécial « Institutions et santé dans les pays en développement », B. Boidin et A. Hamdouch (eds.), vol. 33, n° 131, pp. 11-28, 2005/3.

Helpman, E., « Innovation, Imitation and Intellectual Property Rights », *Econometrica*, vol. 61, n° 6, novembre, pp. 1247-1280, 1993.

Henry, C., Trommetter, M. et Tubiana, L., « Innovations et droits de propriété intellectuelle : Quels enjeux pour les biotechnologies ? », in Tirole J., Henry C., Trommetter, M., Tubiana L. et Caillaud, B. (eds.), *Propriété intellectuelle*, Rapport du Conseil d'Analyse Économique, La Documentation Française, Paris, pp. 49-112, 2003.

Jaffe, A., « The U.S. Patent System in Transition : Policy Innovation and the Innovation Process », *Research Policy*, vol. 29, n° 4-5, avril, pp. 531-557, 2000.

Kaul, I., Grunberg, I. et Stern, M. (eds.), *Les biens publics mondiaux*, Économica, Paris, 2002.

Kremer, M., « Public Policies to Stimulate the Development of Vaccines and Drugs for the Neglected Diseases », *CMH Working Papers Series*, n° GW2 :8, World Health Organization, Geneva, 111 p., 2001.

Kumar, N., « Intellectual Property Rights, Technology and Economic Development : Experiences of Asian Countries », *RIS Discussion Paper*, n° 25, 49 p., 2002.

Lai, E., « International Intellectual Property Rights and the Rate of Product Innovation », *Journal of Development Economics*, vol. 55, n° 1, février, pp. 133-153, 1998.

Lanjouw, J. et Cockburn, I., « New Pills for Poor People ? Empirical Evidence After GATT », *World Development*, vol. 29, n° 2, février, pp. 265-289, 2001.

Lerner, J., « 150 Years of Patent Office Practice », *American Law and Economic*, vol. 7, n° 1, Spring, pp. 112-143, 2005.

Liotard, I., « Les droits de propriété intellectuelle, une nouvelle arme stratégique des firmes », *Revue d'Économie Industrielle*, n° 89, pp. 69-82, 1999.

MSF, *Fatal Imbalance : The Crisis in Research and Development for Drugs for Neglected Diseases*, Médecins sans frontières, Drugs for Neglected Diseases Working Group, Genève, 32 p., 2001.

Mouhoud, E., « Division internationale du travail et économie de la connaissance », in Vercellone, C. (dir.), *Sommes-nous sortis du capitalisme industriel ?*, Éditions La Dispute, Paris, pp. 121-136, 2003.

OMS, *Rapport sur la santé dans le monde : Pour un système de santé plus performant*, Organisation mondiale de la santé, Genève, 237 p., 2000.

OMS, *Macroéconomie et santé : Investir dans la santé pour le développement*, Rapport de la Commission sur la Macroéconomie et la Santé dirigée par Sachs, J., Éditions OMS, Genève, 2002.

OMS, *Projet de budget programme 2004-2005*, n° EB111/INF.DOC./5, Organisation mondiale de la santé, Genève, 9 p., 2003.

ONUSIDA, *Le point sur l'épidémie de SIDA*, ONUSIDA, Genève, 96 p., 2005.

PNUD, *Le rôle du PNUD dans la lutte contre le VIH/sida*, Inforapide, Programme des Nations unies pour le Développement, Genève, 2 p., 2002.

Stiglitz, J., *La grande désillusion*, Fayard, Paris, 2002.

Trouiller, P., Olliaro, P., Torreele, E., Orbinski, J., Laing, R. et Ford, N., « Drug Development for Neglected Diseases : A Deficient Market and a Public-Health Policy Failure », *The Lancet*, 22 juin, vol. 359, n° 9324, pp. 2188-2194, 2002.

Mondialisation et délocalisation des activités polluantes

Sandrine ROUSSEAU

Maître de conférence au Centre lillois d'études et de recherches sociologiques et économiques (CLERSE), Université Lille I

Les sociétés occidentales et développées connaissent, d'une manière générale, une mutation de leur système de production. Certains parlent de désindustrialisation (s'accompagnant parallèlement d'une tertiairisation) des économies du Nord, souvent comprise comme la conséquence du faible coût de la main-d'œuvre pratiqué dans les pays en voie de développement. Parfois aussi, des notions de dumping environnemental[1] sont avancées pour expliquer un mouvement des entreprises utilisant de la main-d'œuvre peu qualifiée et des procédés polluants du Nord vers le Sud.

Pourtant, les mutations qui s'opèrent au Nord dans l'appréhension de l'environnement, la perception des risques et les modes de régulation des différents États semblent aussi avoir un impact dans les décisions des firmes de délocaliser certaines activités. Cet aspect est en général peu pris en compte, l'attraction supposée des législations des pays en voie de développement est souvent présentée comme un facteur déterminant des stratégies d'entreprises. Les modifications qui s'opèrent au Nord sont sinon occultées du moins minimisées.

Cependant, les firmes multinationales industrielles ont à faire face dans les pays développés à des oppositions de plus en plus ouvertes et

---

[1] Nous retenons une définition du dumping environnemental parallèle à celle retenue pour le dumping social et plus large que la seule définition du dumping réalisée par l'OMC. T. Cordella et I. Grilo définissent par exemple le dumping social comme : « the decision of a home firm to serve the domestic market through a plant located in a foreign contry, where workers' protection does not meet home standard and labor costs are thus significantly lower » (2001, p. 643). Pour notre part, nous retiendrons comme définition, la décision d'entreprises de s'implanter, pour fournir le marché domestique, dans des pays où les normes environnementales sont clairement inférieures à celles du pays d'origine.

contraignantes sur leurs impacts environnementaux. Ces suspicions, notamment sur l'impact sur la santé des pollutions, interpellent essentiellement les activités industrielles. Sans détailler les raisons d'une telle méfiance, notons toutefois que quelques grands accidents industriels ont eu un impact sensible sur la perception des risques et que par ailleurs, les activités industrielles sont en effet à la source d'une pollution de l'air et de l'eau importante (notamment par leurs rejets en métaux lourds) (Miquel, 2001). Les sociétés développées tolèrent donc moins les atteintes à leur environnement mais continuent pourtant à consommer des biens industriels. Ainsi, l'exportation des modes de production polluants et peu intensifs en travail qualifié serait une manière, pour les sociétés occidentales, de poursuivre leur mode de développement sans en subir les contraintes.

La question est donc de différencier les causes et les conséquences. Dumping social et environnemental, rejet des risques et pollutions ou encore stratégies de firmes multinationales pour s'assurer une croissance durable, quels sont les déterminants des délocalisations ? Le texte qui suit s'attachera essentiellement au secteur industriel. Il n'a pas pour ambition d'apporter une réponse complète à cette interrogation, mais il a pour volonté de poser des pistes de réflexion. Si les pays les moins développés organisent une sorte de concurrence pour accueillir les investissements directs à l'étranger (IDE) du Nord, n'est-ce finalement pas la conséquence de changements de paradigmes au Nord ?

Certaines entreprises qui utilisent l'environnement soit comme input (en tant que matière première) soit comme output (par le biais des pollutions qu'elles génèrent), ont besoin, pour continuer à réaliser un profit, d'avoir un accès gratuit ou peu cher à l'environnement. Le renchérissement de cet accès peut mettre en péril la pérennité de leur activité en diminuant les opportunités de profit sur le long terme. Ainsi, la faiblesse du coût d'usage de l'environnement leur permet de bénéficier d'une quasi-rente (au sens de Lipietz, 1999). Cette dernière est, par ailleurs, liée à l'acceptation collective de leur recours à l'environnement. Il s'agit donc d'une quasi-rente ou d'un surprofit fragile d'une part et dont le montant évolue avec le temps. Pendant de nombreuses années, depuis la révolution industrielle jusqu'aux années 1970, les rejets industriels et les ponctions sur les milieux naturels étaient tolérés dans une sorte de compromis pour favoriser le progrès. On parlait alors de contrepartie du développement (Passet, 1996 ; Lascoumes, 1994 ; Latour, 1999). Mais au cours de ces dernières décennies, la perception des interactions entre industries et environnement s'est modifiée. L'acceptation des pollutions a diminué et la modification de ce compromis menace la possibilité pour les entreprises de continuer à bénéficier de ce surprofit.

Les changements dans la localisation des activités polluantes observés ces dernières années seraient la double conséquence de la volonté des pays moins développés d'attirer les investissements d'une part et aussi des changements de perception de l'environnement dans les pays développés d'autre part.

À ce stade, il est utile de préciser que bien d'autres déterminants agissent sur la volonté des entreprises de délocaliser des activités (coûts de la main-d'œuvre, accords commerciaux, marchés locaux, etc.). Le rôle joué par le changement d'attitude au Nord est sans doute à relativiser au regard de l'ensemble des autres facteurs. Toutefois, lorsque l'on évoque le dumping environnemental réalisé par certains pays, il est nécessaire de préciser que celui-ci est aussi bien la conséquence des délocalisations (puisque les industries cherchent à se déplacer pour conserver l'opportunité d'un surprofit, les pays peu développés peuvent proposer des normes environnementales lâches) que la cause de celles-ci (les pays du Sud offrent aussi aux entreprises la possibilité d'accroître ce surprofit).

Pour étayer notre thèse, nous essayerons, dans une première partie, de décrypter les différentes utilisations possibles de l'environnement et le clivage qui peut exister entre entreprises prédatrices et entreprises utilisant la valorisation de l'environnement pour leur activité. Dans une seconde partie, nous étudierons quels types de délocalisations sont concernés pour ensuite, dans une troisième, étudier la configuration des échanges internationaux sous l'angle des différents rapports à l'environnement.

I. Différences de prélèvements sur l'environnement

En matière de gestion de l'environnement par les entreprises, deux cas extrêmes peuvent se distinguer : d'une part les entreprises qui se servent de l'environnement dans le processus de production comme facteur de production, d'autre part les entreprises qui utilisent l'environnement comme cadre de valorisation de leur activité.

Dans le premier cas, les entreprises (et pour être plus précis, les activités de production au sein des entreprises) utilisent l'environnement comme une ressource servant directement le processus de production. Ce sont évidemment toutes les activités extractives de ressources naturelles mais aussi les processus de production utilisant l'environnement en aval par le biais de pollutions (rejets ou déchets) émises dans la nature. Ces entreprises, productions ou activités sont consommatrices d'environnement.

Cette position particulière peut avoir deux impacts importants sur leur gestion.

- Il leur faut, pour la pérennité de leur activité, s'assurer de la possibilité de consommation d'environnement.

- En second lieu, et en qualité de consommatrices d'environnement, ces entreprises peuvent avoir intérêt à chercher des lieux d'installation où l'environnement est facilement accessible et peu cher.

La pérennité de leur activité, c'est à dire, la possibilité de continuer à extraire les ressources naturelles ou à émettre des rejets dans l'atmosphère, les eaux ou les sols, dépend en grande partie de l'acceptation par la population de leur activité, de l'état des lois et règlements qui s'appliquent, etc. Or, l'acceptation des pollutions et donc de cette consommation d'environnement, a évolué dans l'histoire des pays développés. Et si aujourd'hui, elle diffère d'une région à l'autre, d'un pays à l'autre, d'une manière générale toutefois, elle tend à se durcir. La tolérance des pollutions, surtout celles d'origine industrielle, diminue fortement dans tous les pays développés. En témoignent les mesures prises pour contrôler les activités polluantes, gérer les risques industriels et les mobilisations que peuvent susciter l'implantation d'un site SEVESO par exemple.

Le rapport à l'environnement, que l'on pourrait définir comme la combinaison d'un mode de propriété et d'une perception collective[2], a des répercussions sur le prix de l'utilisation d'environnement. Les programmes de mise aux normes, de dépollution, de diminution des risques ou rejets ou de taxes sur les activités polluantes sont autant de mesures qui renchérissent l'utilisation de l'environnement et *in fine* les coûts de production. À titre d'illustration, l'industrie a dépensé en France au cours de l'année 1999, 925 millions d'euros pour lutter contre la pollution (IFEN, 2001). Aux États-Unis, ce chiffre s'élève, en 1994, à 125 billions de dollars, soit 2,5 % du PNB (Jaffe *et al.*, 1995).

Si l'on s'appuie sur la théorie des « parties prenantes », l'entreprise ne fait plus face à un seul marché mais est considérée comme « en société ». La stratégie qu'elle développe n'est donc plus uniquement dictée par des impératifs de clientèle et de marchés mais par l'influence conjuguée d'un ensemble d'acteurs, les stakeholders (Martinet et Reynaud, 2001). L'engouement récent des entreprises françaises pour le développement durable, y compris parmi les plus polluantes d'entre elles témoigne d'une volonté d'afficher l'innocuité de leur activité sur l'environnement. Or, plusieurs auteurs pointent l'influence déterminante des clients, voisins ou encore actionnaires dans la décision d'annoncer un engagement dans le développement durable (Aggeri, 2004 ; Godard,

---

[2]   Pour une plus ample définition du concept, voir Rousseau-De Vetter, 2002.

2002 ; OCDE, 2000 ; Millet *et al.*, 2003 ; Cerin et Karlson, 2002). Mais il s'agit ici essentiellement des activités pratiquées dans le Nord. Les chartes éthiques étant plus difficiles à faire appliquer pour les parties délocalisées.

Le caractère plus exigeant des populations des pays développés se combine avec une pollution importante des entreprises industrielles pour influencer les stratégies des firmes de ce secteur. Le secteur industriel est en effet un important pollueur. Il est à l'origine d'un tiers des gaz à effet de serre émis dans l'atmosphère annuellement (Mission interministérielle de l'effet de serre, 2005)[3] et de 30 % de la pollution atmosphérique totale (Institut Français de l'Environnement, 1995). Il est responsable de 90 % des rejets totaux de dioxyde de soufre ainsi que des principales émissions de métaux lourds dans l'eau et l'air (plomb, zinc, cadmium, mercure notamment) (Miquel, 2001). Ce caractère de pollueur important et les risques qui y sont associés pour la population sont à l'origine de l'édition d'un état des lieux annuel des pollutions industrielles édité par les Directions régionales de l'industrie, de la recherche et de l'environnement (les DRIRE), et d'un encadrement législatif strict des sites de production industriels les plus dangereux. Pour cette raison a été créée la classification en sites SEVESO.

Pour ces activités (au premier rang desquelles la métallurgie, la sidérurgie et la production d'énergie qui sont parmi les plus gros pollueurs) la possibilité d'utiliser l'environnement soit comme input soit comme output est une condition de leur pérennité. Les contestations des différents acteurs sur l'innocuité de leurs activités sur la santé et sur l'équilibre des écosystèmes fait courir un risque à ces industries. À terme, cela peut signifier soit un renchérissement de l'accès à l'environnement, soit une interdiction de son utilisation ce qui n'est pas sans conséquence sur leur avenir. Pour pérenniser leur activité les industries polluantes doivent assurer leur accès à l'environnement. Un ensemble de stratégies peuvent être mises en place à cette fin : publication de rapports évoquant l'absence de risques pour la santé, publicité, lobbying pour éviter des lois etc. Mais lorsque la contestation progresse, comme c'est le cas ces dernières années, en témoigne la montée de la notion de développement durable, une possibilité d'assurer la pérennité de l'entreprise peut être de délocaliser. Par ailleurs, la possibilité d'utiliser l'environnement soit comme input soit comme output à bas coût permet aussi de profiter d'avantages comparatifs par rapport à des entreprises concurrentes et en conséquence, de retirer un surprofit de l'utilisation de l'environnement (Rousseau, 2003).

---

[3] Cf. http://www.effet-de-serre.gouv.fr/.

Parallèlement, d'autres activités utilisent l'environnement comme facteur de développement et de valorisation. Un environnement sain ou peu dégradé peut fournir plusieurs avantages aux entreprises : dans le cas des activités agricoles, il s'agira de labels de qualité, d'appellation d'origine contrôlée ou plus simplement d'une production de luxe permettant aux producteurs en bénéficiant d'augmenter les prix de vente et donc de tirer une rente par la simple localisation en des sites protégés ou non dégradés (Mollard, 2001). Ces modes de différentiation des produits s'appuient pour une large part sur une gestion raisonnée de l'environnement, l'absence de pollutions antérieures et la poursuite d'un mode de production respectueux de l'environnement. Il s'agit le plus souvent d'activités agricoles labellisées comme le montrent A. Lacroix, A. Mollard et B. Pecqueur (2000) pour l'huile d'olive de Nyons, d'activités de haute technologie ou encore certaines activités tertiaires. La qualité de l'environnement leur fournit alors un avantage pour attirer de la main d'œuvre hautement qualifiée comme dans le sud de la France ou dans la Silicon Valley.

Ce type de recours à l'environnement consiste au contraire du premier à faire d'un environnement sain un avantage concurrentiel. Les acteurs doivent être en mesure de le protéger car ils tirent une rente de la qualité de celui-ci et peuvent pâtir de la proximité d'activités polluantes. Ces entreprises là n'auront sans doute pas intérêt à délocaliser mais peuvent avoir intérêt à ce que les autres se délocalisent.

Il est ainsi possible de distinguer deux types d'activités industrielles et deux grands types d'utilisation de l'environnement dans le processus de production et dans les stratégies d'entreprises.

II. Mondialisation et délocalisation : quelles entreprises se délocalisent ?

A. Certaines activités de productions industrielles

La mondialisation n'implique pas de manière mathématique une délocalisation de tout ou partie des activités industrielles du Nord vers les autres pays. En ce qui concerne les impacts sur l'emploi, les études peuvent même se montrer contradictoires, certaines aboutissent à une diminution de l'emploi industriel dans tous les grands pays industriels (Commission Permanente de concertation pour l'industrie, 2003) tandis que d'autres notent que sur l'ensemble du secteur industriel, au moins pour la France, il n'y a pas, à proprement parler, de pertes d'emplois (DATAR, 2003). Toutes en revanche, notent une réorganisation des activités industrielles avec délocalisation ou sous-traitance de certaines activités de production et conservation d'autres pans dans les pays du Nord.

Ainsi, seul un certain nombre d'activités sont touchées, essentiellement des activités de production dites traditionnelles, manufacturières. Ces dernières décennies ont été le théâtre de la perte, pour les pays du Nord, des productions dans le textile, l'habillement, la sidérurgie, les chantiers navals (Cohen, 1997). Plus récemment, l'automobile, la métallurgie (dont l'exemple en France est la fermeture de l'entreprise Metaleurop), et la chimie (Total vient d'annoncer la fermeture de sa filière chimie) sont touchées. Par ailleurs, et comme le montre l'étude faite par la DATAR (Délégation de l'aménagement du territoire et à l'action régionale), les activités de recherche et développement et d'une manière générale, les activités à plus haute valeur ajoutée, utilisant de la main-d'œuvre plus qualifiée restent dans les pays développés.

Parallèlement, et il n'y a rien là de très surprenant puisqu'il s'agit de délocalisations, les investissements directs à l'étranger réalisés depuis les pays du Nord vers les autres se situent à peu près dans les mêmes domaines : l'Amérique centrale accueille principalement des activités de type textile, habillement, électronique, automobile (Treillet, 2002), les pays les moins avancés reçoivent des IDE dans les secteur du textile et de l'alimentaire (Fontagné, 2001), l'Europe de l'Est se concentre sur l'automobile et l'industrie manufacturière (Agence européenne pour l'environnement, 2003).

Deux éléments sont toutefois encore à noter lorsque l'on analyse la perte de certaines activités dans les pays du Nord « au profit » des pays moins développés : tout d'abord, l'origine des investissements directs à l'étranger réalisés et ensuite l'impact sur le commerce international et le processus de mondialisation. Les IDE proviennent en effet souvent de firmes multinationales occidentales, c'est un premier point, qui se délocalisent dans des pays proches géographiquement, c'est un second point. De cette manière, l'Asie reçoit des IDE en provenance de firmes japonaises, le Mexique de firmes nord-américaines, l'Europe de l'Est de l'Europe de l'Ouest et ainsi de suite (Treillet, 2002 ; Chavigny, 1997).

Par ailleurs, l'implantation d'IDE conduit le plus généralement à une augmentation des exportations industrielles pour les pays d'accueil des investissements directs à l'étranger et à une augmentation des importations industrielles pour les pays d'origine des FMN. La France, par exemple, a vu ses importations dans le domaine industriel doubler entre 1995 et 2000 (Commission permanente de concertation pour l'industrie, 2003).

Cette donnée confirme l'idée que les IDE industriels ne sont pas faits (ou peu faits) pour conquérir d'éventuels marchés locaux mais bien pour satisfaire une demande émanant des pays développés. Et pour se faire, les firmes multinationales s'appuient sur des accords commerciaux locaux favorisant les échanges, ce qui explique que les IDE soient souvent réalisés dans des pays proches géographiquement (Mexique pour les États-unis, Europe de l'Est pour l'Europe de l'Ouest et Asie pour le Japon).

Les activités délocalisées sont souvent consommatrices d'environnement au sens ou nous l'avons défini dans la partie précédente. Selon le rapport annuel de la DRIRE du Nord-Pas-de-Calais, les émissions dans l'atmosphère de produits polluants et dans le secteur industriel sont essentiellement le fait des filières suivantes : papier-carton, agroalimentaire, métallurgie, sidérurgie, chimie et verre. Or, ce sont des branches d'activités qui se délocalisent. Le papier-carton et le verre très présents par exemple dans le Nord de la France migrent vers des pays à la législation environnementale moins contraignante.

B. Changement dans le secteur des transports et impacts sur les échanges Nord-Sud

Les gains de fiabilité, de rapidité et de coûts dans le secteur des transports sont souvent évoqués comme facteurs favorisant la mondialisation des échanges et des productions. Pour notre propos, ils tiennent une place importante. En effet, l'accès aux transports à bas coût et le développement de ceux-ci est une forme d'utilisation peu onéreuse et peu réglementée de l'environnement. Les transports sont susceptibles d'accaparer un surprofit sur l'environnement de deux manières : en utilisant des matières premières environnementales, au premier rang desquelles le pétrole, à un coût ne reflétant pas les externalités engendrées mais aussi en aval du processus de production du service, en rejetant dans les mers ou dans l'atmosphère des résidus polluants. Or, les coûts supportés par les entreprises de transport ne tiennent pas compte de ces deux aspects. Le surprofit ainsi réalisé est partagé entre les différents acteurs : transporteurs, clients et finalement consommateurs. Il permet aussi de délocaliser les productions intermédiaires qui ne seraient plus acceptées dans les pays développés. Les entreprises qui délocalisent bénéficient de plusieurs sources de prélèvements gratuits sur l'environnement. À titre d'illustration, les gains réalisés par l'amélioration des transports équivaudraient à une baisse des tarifs douaniers de 23 % selon Hummels, 2000[4], in Lepeltier, 2004). Cette facilité de recours aux transports, et à l'environnement qui va de pair, a pour

---

[4] Hummels, 2000, « Time as trade barrier », CIBER Working Paper, cité par Lepeltier, « Rapport d'information sur la mondialisation et l'environnement », 2004.

corollaire une plus grande facilité à éloigner les productions sources de nuisances.

Par ailleurs, Baumol et Oates (1998) montrent que si deux pays utilisent des normes environnementales différentes et que le libre échange règle leurs relations commerciales, alors le pays aux normes plus laxistes attirera les investissements polluants tandis que l'autre se concentrera sur les biens moins polluants. S. Lepeltier, pour le Sénat, auteur d'un rapport sur les impacts environnementaux de la mondialisation (2004), souligne plusieurs études allant dans le sens des raisonnements de W.J. Baumol et W.E. Oates. Ainsi l'OCDE[5] montre que le secteur de la tannerie, par ailleurs très polluant, est presque intégralement délocalisé. Mabey et Mc Nally[6] ont quant à eux montré que la production de solvants a fortement été délocalisée au Mexique suite à une différence de normes environnementales avec les États-Unis. De la même manière, les activités minières se sont délocalisées en Afrique pour des raisons similaires (Jha *et al.*, 1999)[7]. Enfin, dans un rapport sur les prospectives pour la métallurgie mondiale, la FIOM (Fédération internationale des organisations de travailleurs de la métallurgie précise davantage le contexte d'évolution de ce secteur (2000). Elle prévoit en effet que

> Les entreprises métallurgiques des grands pays industrialisés devront donc se concentrer sur la production de biens pour lesquels ils possèdent des avantages inhérents sur leurs nouveaux concurrents, c'est-à-dire des biens qui peuvent être produits avec une forte intensité de capital ou de capital humain. D'un autre côté, elles perdront régulièrement des parts de marché au bénéfice des nouveaux concurrents quand il s'agira de biens qui tendent à exiger une forte intensité de main-d'œuvre et sont produits avec un investissement en capital limité et peu de savoir-faire (p. 41).

Les prévisions faites ici laissent entrevoir également une division internationale des activités de production fondée à la fois sur un faible coût des transports (qui permet le déplacement des produits fabriqués) et des différences de coûts pour les entreprises parmi lesquels le recours à l'environnement. Ce dernier n'est pas cité, cependant il peut jouer un rôle important tant les mesures demandées aux activités métallurgiques dans les pays du Nord s'accroissent. Cela impliquerait une délocalisation de certaines activités dans les pays à coût moindre pour ne conserver dans les pays à main d'œuvre qualifiée que les activités intensives en capital.

---

[5] Lepeltier, 2004.

[6] Mabey et Mc Nally, 1999, *Foreign Direct Investment and the Environment : from Pollution Haven to Sustainable Development*, WWF, UK.

[7] Jha Markandya et Vossenaar, 1999, *Reconciling trade and the environment : lessons from case studies in developing countries, Elgar*, Cheltenham, UK.

Enfin dans le même esprit, le Programme des Nations unies pour le Développement, dans son rapport mondial sur le développement humain (2003), regrette à plusieurs reprises les incidences des modes de production et de consommation des pays développés impliquant des conséquences sur les économies du Sud, regrettant notamment que les processus de destruction imposés par les pays développés restreignent les perspectives de développement des pays les plus pauvres. Il écrit ainsi : « les investissements susceptibles de mettre en péril les ressources naturelles peuvent exercer une pression de plus en plus forte à la surexploitation des ressources des pays pauvres » (p. 125).

De cette manière, les modes de production tels qu'ils se dessinent et surtout tels qu'ils sont influencés, traduisent une difficulté pour les pays du Sud à lutter contre des tendances qui leurs seraient peu favorables et qui exercent une pression plus grande sur leur environnement.

III. Quels changements sociaux à l'œuvre au Nord et quelles nécessités pour les entreprises de recourir au Sud pour continuer à croître ?

Le changement de perception des pays du Nord en matière d'environnement a pour conséquence un renchérissement des facteurs de production. Parallèlement, les modes de consommation restent identiques. De cette manière, ce ne sont plus les débouchés qui se restreignent mais l'accès aux facteurs de production. Et la difficulté croissante de cet accès et son coût grandissant conduit les firmes multinationales pour poursuivre leur développement, à aller chercher ces facteurs vers des pays où ils sont moins chers. On peut donc voir la délocalisation des activités industrielles de deux manières : soit en considérant que les pays du Sud attirent ces activités via des coûts faibles, soit que le pays du Nord, pour poursuivre leur mode de développement ont besoin de ces accès faciles et peu onéreux.

A. Les pays du Nord supportent de moins en moins les pollutions et les risques industriels

Dans les années 1960 et 1970, une série de catastrophes d'origine industrielle remet en cause la perception collective des rapports entre développement industriel et santé/environnement. Certains de ces accidents touchent (déjà) les pays en développement alors que la production était (déjà) destinée aux pays développés. C'est le cas notamment de la catastrophe de Bhopal en Inde.

En 1966, le site pétrochimique de Lacq pollue massivement en rejetant soufre et hydrocarbures, la même année la catastrophe de Feyzin fait 18 morts dans un établissement industriel. En 1967, le Torrey Canyon déverse 119 000 tonnes de pétrole sur les côtes de Cornouailles et de Bretagne. En 1976, c'est l'accident de Seveso : une usine chimique qui libère dans l'atmosphère chlore et dioxines, puis en 1984 c'est l'accident de Bhopal. Les années 1970 ont été marquées par une série d'accidents industriels. Leur succession viendra marquer un tournant dans la manière dont les pays développés vont gérer l'environnement. Sous la pression de l'opinion, des associations non gouvernementales qui font une percée importante dans ces années, les pouvoirs publics prennent un certain nombre de dispositions (Roussseau, 2003).

Pour prendre l'exemple de l'Europe, la DRIRE du Nord-Pas-de-Calais écrit, dans son rapport annuel (2003) :

> Les accidents de Flixborough (Grande-Bretagne, 1974) et de Seveso (Italie, 1976) avaient déjà sensibilisé le public, les industriels et les administrations aux risques majeurs entraînés par certaines installations industrielles. Les États membres de l'Union européenne ont décidé d'harmoniser les règles relatives aux installations engendrant de tels risques. Ainsi est née la directive SEVESO du 24 juin 1982 qui imposait à chaque État l'existence d'une législation pertinente en la matière sur une base minimale commune. La directive du Conseil du 9 décembre 1996 concernant la maîtrise des dangers liés aux accidents majeurs impliquant des substances dangereuses dite « Seveso II » remplace désormais la directive initiale et ses amendements.

Une première modification avait eu lieu en 1987 avec l'abaissement des seuils et l'introduction de nouveaux produits tombant sous le coup de la législation sur les installations à risque, ce qui constituait un premier durcissement pour les établissements industriels.

Par ailleurs, une augmentation continue des lois en matière d'environnement et de rejets polluants et l'augmentation des instances de gestion et de surveillance contraignent les industriels à diminuer leurs rejets, limiter les risques, investir dans des procédés de protection de l'environnement et dans des mesures de dépollution. Si l'on prend l'exemple de la France, les pollutions d'origine industrielle ont diminué de manière significative depuis 1990. Or dans un département comme celui du Nord qui fait partie, selon l'IFEN (1995), des trois départements les plus touchés en France, les pollutions, dans l'air et dans l'eau d'origine industrielle, ont toutes diminué de manière sensible. Les émissions des principaux polluants atmosphériques ayant diminué de 30 à 50 % (DRIRE, 1999, 2003). D'une manière générale, la participation de l'industrie à l'émission de gaz à effet de serre a diminué de 21 % entre 1990 et 2001 (Mission interministérielle sur l'effet de serre, 2005).

Un premier mouvement de délocalisation d'entreprises polluantes a pu être observé au moment de la révolution industrielle et s'est poursuivit tout au long du 20ᵉ siècle. Il concernait le départ d'établissements polluants des villes vers les campagnes ou au moins vers des zones moins urbanisées. Ainsi, les entreprises textiles (dont les rejets liés à la teinture sont polluants) ont connu une première « re-localisation » dans les campagnes à la fin du 19ᵉ siècle (Convert, Pinet, 1978) pour ne pas subir la pression de la population et des pouvoirs publics. Ce qui s'est produit à l'intérieur de nos frontières au début de notre processus de développement s'est ensuite étendu aux autres pays frontaliers puis aux pays plus lointains. De cette manière, la non acceptation des pollutions n'a pas réellement conduit à une interrogation sur les processus de production mais davantage à la recherche d'opportunités de pollutions plus lointaines.

Les entreprises, pour s'assurer une pérennité et une croissance du taux de profit, ont en quelques sortes besoin de s'assurer la fourniture constante de facteurs de production bon marché et facilement accessibles. Lorsque l'environnement est un facteur de production, il est nécessaire de se fournir au lieu où il est 1. accessible, 2. abondant, 3. bon marché. Cette situation est plus difficile au sein des pays développés. Il devient alors nécessaire d'aller chercher ces ressources naturelles dans d'autres pays. La question n'est pas tant ici les débouchés des productions que les facteurs de production.

Parallèlement, et tandis que le secteur industriel polluait moins au Nord, la situation s'est détériorée au Sud. Ainsi les zones franches du Mexique connaissent-elles une concentration d'implantations de firmes multinationales polluantes (Treillet, 2002). Les mesures de « dumping environnemental » pratiquées par certains pays en développement qui comptent dessus pour attirer les IDE impliquent-elles une implantation des industries polluantes dans ces pays.

B. Les accords internationaux et la nécessité pour les pays de Nord d'assurer la pérennité de leur développement industriel

La commission Brundtland en 1987 a mis en avant le concept de développement durable et non uniquement les pressions exercées sur l'environnement. Le développement durable s'est trouvé inclus dans un fonctionnement socio-économique plus large que la simple utilisation des biens naturels. La solution du développement durable a été préférée par tous, pays développés comme pays en développement notamment parce que, selon Waller Hunter, le mot environnement était trop polémique. Ce mode de développement (pourtant s'étendant à un domaine plus large) est apparu plus consensuel.

Si l'on a opté pour cette solution, c'est parce que les pays en développement étaient peu enclins à accepter la dimension environnementale, perçue comme une entrave au développement, et parce que les pays de l'OCDE n'étaient pas véritablement résolus à réduire les pressions qu'ils faisaient peser sur l'environnement ou à fournir aux pays en développement des technologies et des ressources financières nouvelles et additionnelles pour les aider à parvenir à un développement durable » (Waller-Hunter, 2002).

Cela montre bien la manière dont les pays développés ont pu faire pression pour ne pas avoir à subir les mêmes contraintes de production que chez eux. Leur mode de développement aurait désormais été en cause, renchérissant au Sud aussi les procédés de fabrication. Quant aux pays du Sud, ils ont vu là une fenêtre intéressante de développement, et ont donc rejoint les pays riches pour ne pas adopter de mesures de principe sur un meilleur respect de l'environnement.

Les modalités de fonctionnement de l'OMC laissent aussi comprendre la stratégie de certains pays du Nord pour imposer la continuité de leur propre développement, et les pays du Sud leur acceptation tacite. Les accords commerciaux existants ne permettent pas réellement de refuser l'importation d'un produit au seul motif de son mode de production dans le pays d'origine. Il faut que le produit importé soit jugé dangereux ou risqué dans sa forme finale pour qu'un État puisse s'opposer à son importation. De cette manière, les États importateurs ne pourront pas se fonder sur le mode de fabrication et donc sur les pressions environnementales pour interdire l'entrée d'un des deux biens (Anderson et Pohl Nielsen, 2001).

En matière de production métallurgique, une fois le produit fabriqué, son utilisation ne présente pas de danger aux yeux des pays du Nord. Ainsi, seul le processus de production est perçu comme dangereux ou polluant. Dès lors que d'autres acceptent de subir les dommages, les pays riches continuent à importer les biens finis.

Conclusion

Pour analyser les phénomènes de dumping environnemental que peuvent pratiquer certains pays, il est important de comprendre les changements à l'œuvre au sein des pays développés. Ces pays supportent de plus en plus mal la pollution et le risque de pollution. Les activités industrielles représentent le symbole des activités potentiellement dangereuses et sales. Le rapport qu'entretiennent ces sociétés avec leur environnement a évolué. Au départ fondé sur la possibilité d'exploitation des ressources naturelles à des fins de développement industriel, les pays du Nord sont aujourd'hui plus sensibles à leur condition de santé et à leur patrimoine naturel. Or, l'industrie pollue plus que d'autres secteurs. Le secteur devient alors l'objet d'un ensemble de mesures visant à contrôler, maîtriser, mesurer les activités polluantes. La limitation des pollutions autorisées et l'ensemble des mesures régissant les sites industriels ont pour conséquence un renchérissement des coûts de production et la création d'incertitudes sur les profits des entreprises.

La conséquence de cet enchaînement est que les firmes multinationales occidentales peuvent avoir un intérêt à se délocaliser pour poursuivre l'utilisation d'environnement ailleurs, dans des pays où son accès est plus aisé. Ce n'est donc pas tant le « dumping environnemental » qui attire les activités que les changements de compromis au Nord qui chassent les activités polluantes.

La délocalisation des activités industrielles polluantes vers les pays en voie de développement a une double conséquence. D'abord elle permet le développement, dans les pays occidentaux, d'activités à haute valeur ajoutée, dans le secteur tertiaire notamment, nécessitant un environnement de qualité. Elle laisse ainsi la place au développement d'activités nécessitant de la main-d'œuvre plus qualifiée. Par ailleurs, la délocalisation de certaines activités revient à une exportation des pollutions vers des pays où les acteurs y sont sans doute moins sensibles (le niveau de richesse étant un des déterminants de la manière dont on perçoit les dégradations environnementales).

Tout se passe comme si les pays en voie de développement avaient un avantage comparatif à accepter certaines dégradations environnementales par rapport aux pays développés. Si la perception de l'environnement est très liée au niveau de richesse et de développement des populations, attirer les investissements étrangers sur cette base cantonne aussi les pays du Sud dans leur niveau de sous-développement. Il est toutefois important de souligner que les déterminants des stratégies des grandes firmes sont sans doute plus diverses et plus complexes que le simple niveau d'acceptation des pollutions.

Au regard de ces développements, les arguments qui consistent à penser que les délocalisations sont, à terme, bénéfiques à l'environnement, parce qu'elles permettent une croissance des pays les moins développés et donc une hausse du niveau de vie avec in fine comme corollaire, une moindre acceptation des pollutions nous semble ambigu. Les données du PNUD semblent au contraire attester d'un accroissement des différences Nord-Sud et d'une augmentation des inégalités dans le monde, ce qui va à l'encontre de l'idée que les délocalisations peuvent enrichir le pays d'accueil et que toutes les activités permettent un développement.

Références

Agence européenne pour l'environnement, *L'environnement en Europe : troisième évaluation*, 2003.

Aggeri, F., « Les entreprises françaises et le développement durable », *Regards sur l'actualité*, n° 302, pp. 57-65, 2004.

Anderson, K. et Pohl N., « Cultures transgéniques et commerce international », *Économie Internationale*, n° 87, pp. 45-62, 2001.

Baumol, W. et Oates W., « The theory of environmental policy », *Cambridge University Press*, 29, 1998.

Cerin, P. et Karlson L., « Business incentives for sustainability : a property rights approach », *Ecological Economics*, vol. 40, Issue 1, janvier 2002, pp. 13-22, 2002.

Chavigny, R., « Économies en transition et économies en développement : une comparaison », *Problèmes Économiques*, n° 2563, 8 avril, pp. 4-8, 1998.

Cohen, D., *Richesse du monde, pauvreté des nations*, Flammarion, Paris, 1997.

Commission Permanente de Concertation pour l'Industrie, « L'industrie française en 2002/2003 », *Rapport 2003*, 2003.

Convert, B. et Pinet, M., *Logiques industrielles de reconversion et politiques de mobilisation*, Mission de la recherche ATP « Socio-économie des transports », Laboratoire d'aménagement régional et urbain, ministère des Transports, 1978.

Cordella, T. et Grilo, I., « Social dumping and relocation : is there a case for imposing a social clause ? », *Regional Science and Urban Economics*, 31, pp. 643-668, 2001.

DATAR, *La France puissance industrielle, une nouvelle politique industrielle par les territoires*, Études prospectives de la DATAR, 2003.

DRIRE, *L'industrie au regard de l'environnement en 1998*, Édition Nord-Pas-de-Calais, 1999.

DRIRE, *L'industrie au regard de l'environnement en 2002*, Édition Nord-Pas-de-Calais, 2003.

FIOM, *Perspectives pour la métallurgie mondiale*, 2000.

Fontagné, L., « Protectionnisme : l'environnement à l'OMC », *Lettre du CEPII*, n° 206, novembre, 2001.

Godard, O., « Pourquoi seules certaines entreprises se soucient-elles de développement durable ? », *Revue des Deux Mondes*, octobre-novembre, 2002.

IFEN, « Pollution atmosphérique, la géographie des émissions polluantes par département », *Données de l'environnement*, février-mars, 1995.

IFEN, *Données économiques de l'environnement, Rapport de la Commission des Comptes et de l'économie de l'environnement*, Édition 2000-2001, 2001.

Jaffe, A., Peterson, S., Portney, P. et Stavins, R., « Environmental regulation and the competitiveness of U.S. manufacturing : what does the evidence tell us ? », *Journal of Economic Literature*, vol. XXXIII, mars 1995, pp. 132-163, 1995.

Lacroix, A., Mollard, A. et Pecqueur, B., « Origine et produits de qualité territoriale : Du signal à l'attribut ? », *Revue d'Économie Régionale et Urbaine*, vol. 0, Issue 4, pp. 683-705, 2000.

Lascoumes, P., *L'éco-pouvoir, Environnements et Politiques*, Éditions La Découverte, Paris, 1994.

Latour, B., *Politiques de la nature. Comment faire entrer les sciences en démocratie*, Éditions La Découverte, Armillaire, 1999.

Lepeltier, S., *Rapport d'information sur la mondialisation et l'environnement, pour le Sénat*, 2004.

Lipietz, A., *Qu'est-ce que l'écologie politique ?*, La Découverte, Paris, 1999.

Martinet, A.-C. et Reynaud E., « Shareholders, stakeholders et stratégie », *Revue Française de Gestion*, n° 136, novembre-décembre, pp. 12-25, 2001.

Millet, D., Bistagnino, L., Lanzavecchia, C. et Camous, R., « L'entreprise face au développement durable : changement de paradigme et processus d'apprentissage », *Nature Sciences et Sociétés*, vol. 11, Issue II, avril, pp. 146-157, 2003.

Miquel, G., *Les effets des métaux lourds sur la santé et l'environnement*, Rapport pour l'office parlementaire d'évaluation des choix scientifiques et technologiques, 2001.

Mollard, A., « Qualité et développement territorial : une grille d'analyse théorique à partir de la rente », *Économie Rurale*, n° 263, mai-juin, pp. 16-39, 2001.

OCDE, Numéro spécial « Le développement Durable », *Science Technologie Industrie Revue*, n° 25, 2000.

Passet, R., *L'économique et le vivant*, 2e édition, Économica, Paris, 1996.

Rousseau-De Vetter, « Économie-Environnement : une analyse régulationniste de la rente environnementale », Thèse de doctorat, 26 février, 2002.

Rousseau-De Vetter, « Rente sur l'environnement et localisation », *Géographie, Économie et Société*, n° 5, pp. 77-90, 2003.

Treillet, S., « Nouvelles contraintes environnementales : quelle stratégie pour les FMN ? », in *Problèmes Économiques*, n° 2789, 18 décembre, pp. 20-25, 2002.

Waller-Hunter, J., « La gouvernance au service du développement durable dans le contexte de la mondialisation », *Reflets et Perspectives de la vie économique*, n° 1, t XLI, 2002.

QUATRIÈME PARTIE

LE RÔLE INDISPENSABLE DE L'ÉTAT

Les facteurs favorables / défavorables à la croissance économique des pays pauvres

Sandrina Berthault Moreira

Escola Superior de Ciências Empresariais,
Instituto Politécnico de Setúbal, Portugal

Une version préalable de ce papier a été présentée au colloque international « La mondialisation contre le développement ? », Université de Versailles, Saint-Quentin-en-Yvelines, 10 et 11 juin 2004 et au 16th annual meeting on socio-economics « Private powers and public domains : redefining relations among states, markets, and societies », George Washington University, Washington DC, 8-11 juillet 2004. L'auteur remercie vivement les remarques des participants ainsi que le rapport du referee.

C'est dans les années 1980 que l'on trouve les premiers signes d'un large consensus sur les « bonnes » politiques pour les pays en développement au sein des instances économiques importantes de Washington, à savoir le Fonds monétaire international, la Banque mondiale et le département du Trésor américain. Les « directives du consensus de Washington » étaient orientées à l'origine vers le marché et ont ensuite été assorties de « réformes institutionnelles ». Cette nouvelle génération de réformes est en relation directe avec un changement dans la pensée du développement d'une suprématie du marché vers une perspective plus équilibrée. Les défaillances de l'État ne sont plus considérées omniprésentes et totales, et les marchés ne sont plus l'unique espoir. Selon cette nouvelle orientation de la pensée du développement, le marché et l'État ont tous deux leurs limitations et leurs défaillances, et on les considère dans une relation complémentaire où deux entités travaillent en partenariat.

Depuis le début des années 1980, l'acceptation par les gouvernants du Tiers Monde d'un ensemble de mesures est devenue une condition préliminaire à l'assistance. Les efforts initiaux se concentraient quasi-exclusivement sur l'établissement d'un cadre macroéconomique stable.

Alors l'aide étrangère a été attribuée aux pays en développement qui s'engageaient dans des politiques économiques d'austérité comme la réduction des déficits, l'augmentation des impôts, et l'augmentation des taux d'intérêt. Après la fin de la guerre froide, l'accent s'est déplacé progressivement sur la stabilisation d'un cadre institutionnel adéquat. Ainsi des thèmes comme la qualité de l'administration publique, la force de l'État de droit ou la lutte contre la corruption sont devenus des conditions prépondérantes pour l'assistance. Cependant les résultats n'ont pas été à la hauteur des attentes, et aujourd'hui certains défendent que la conditionnalité devrait être remplacée par la sélectivité, c'est-à-dire que l'aide devrait être attribuée aux pays en développement sur la base de résultats obtenus. Une discussion animée sur la sélectivité de l'aide est en cours.

« L'annonce officielle » d'un pas vers la sélectivité dans l'allocation de l'aide au développement a donné une nouvelle impulsion au débat sur l'efficacité de l'aide. C'est ainsi que de nombreuses études économétriques associant la croissance économique à l'aide étrangère ont été publiées dans les dernières années. Comparées aux études antérieures, elles ouvrent de nouvelles perspectives dans ce domaine en s'appuyant sur la littérature empirique florissante sur la croissance pour utiliser des modèles plus sophistiqués. C'est ainsi que des mesures de politique économique et des mesures de l'environnement politique et institutionnel sont incluses dans les régressions de croissance aux côtés de variables traditionnelles.

La présente étude se concentre sur les nouvelles études empiriques sur l'efficacité de l'aide, en particulier sur trente régressions de croissance entre pays, soigneusement sélectionnées à partir de douze études économétriques récentes sur la relation aide-croissance. Elle a pour objectif de répondre aux deux questions suivantes : Ces études fournissent-elles la preuve empirique pour affirmer que l'aide étrangère favorise la croissance économique dans les pays en développement ? Apportent-elles des validations empiriques de l'existence d'autres facteurs favorables à la croissance ? On se propose d'explorer ces questions en se basant sur un résumé des principaux résultats et conclusions des auteurs et en examinant les paramètres estimés d'un ensemble commun de variables de contrôle.

I. L'aide étrangère, le consensus de Washington et la bonne gouvernance

L'aide publique au développement représente la partie plus importante des flux publics en faveur des pays en développement. Cette source considérable de financement du développement est définie par le

Comité d'aide au développement (CAD) de l'Organisation de coopération et de développement économique (OCDE) comme l'ensemble des flux financiers qui : proviennent du secteur public (y compris les organismes locaux et régionaux) ; ont pour but essentiel de promouvoir le développement économique et le bien-être dans les pays destinataires ; sont accordés à des conditions de faveur (dons et prêts à taux bonifié) ; sont destinés à des pays ou territoires en développement ainsi qu'à des organismes multilatéraux figurant dans la liste établie par l'OCDE.

En plus d'avoir les objectifs de développement des pays pauvres, il y a eu d'autres motifs pour participer à l'aide au développement. Ils se diversifient au cours du temps bien aussi que parmi les donateurs d'aide et les acteurs de coopération. On trouve parmi les motifs sous-jacents à la coopération pour le développement, la promotion des intérêts commerciaux et/ou d'investissement des donateurs, l'accès aux ressources naturelles, aux matières premières et aux marchés des anciennes colonies, la sécurité nationale, les intérêts politiques. Dans la dernière décennie, l'accent s'est aussi déplacé vers la préservation de l'environnement, la limitation des migrations internationales, le déclin des épidémies comme le VIH/SIDA et la lutte contre le terrorisme, et contre la culture et la diffusion des narcotiques (Degnbol-Martinussen ; Engberg-Pedersen, 2003). Pourtant, il peut y avoir une grande différence entre les objectifs déclarés et les pratiques réelles, en particulier dans l'aide bilatérale.

Le début des années 1990 a été marqué par un revirement dans le modèle de financement du développement ; on peut identifier deux grandes tendances : l'accroissement régulier des investissements directs étrangers (IDE) et une expansion rapide et soutenable à la fin de la décennie ; la diminution de l'aide publique au développement, soit en termes réels ou nominaux, représentant 0,20 % du revenu national brut (RNB) global des membres du CAD en 1999, pour retourner à augmenter seulement en 2002. Cependant la réémergence des flux privés a été concentré dans un petit nombre de pays. Par conséquent, l'aide continue à jouer un important et unique rôle de financement du développement, en particulier dans l'Afrique.

Le consensus de Washington est apparu au début des années 1980 comme la contrepartie néo-libérale pour les pays en développement de l'idéologie prescrite pour les pays développés après l'élection de conservateurs aux États-Unis, en Allemagne et au Royaume Uni à la fin des années 1970 et au début des années 1980 (Fine, 2003). C'est la crise de la dette en 1982 qui a mené à cette situation. Des déséquilibres macroéconomiques durables et chaque fois plus insupportables éprouvés par la plupart des pays en développement, à l'exception de quelques pays d'Asie de l'Est et du Sud-Est, ont amené leurs gouvernements à chercher un appui auprès de « prêteurs de dernier recours ». En guise de résultat, la Banque mondiale (BM) et le Fonds monétaire international (FMI) ont accompagné à leurs financements un ensemble de directives, tenues pour « bonnes », pour associer les pays en développement au processus de mondialisation. Les directives néo-libérales des institutions de Bretton Woods en sont venues à exercer une très forte influence dans toute la communauté des donateurs. Williamson (1990, 2004), l'auteur qui forgea l'expression, a résumé l'approche du consensus de Washington en dix points, ainsi appelé réformes de la première génération : discipline fiscale ; réorientation des dépenses publiques par une réduction des subventions ; réforme des impôts ; libéralisation financière, commerciale et des flux d'entrée des IDE ; taux de change compétitifs ; privatisation ; déréglementation ; et garantie des droits de propriété.

Il y a plusieurs raisons au nouvel intérêt à la promotion de la bonne gouvernance depuis le début des années 1990. Les raisons les plus largement citées sont des facteurs géopolitiques, tels que la fin de la guerre froide, et l'échec des programmes d'ajustement structurel pendant les années 1980. L'effondrement du communisme en Europe de l'Est et en Union soviétique a ouvert une grande partie du monde qui voulait se tourner vers le modèle occidental de démocratie libérale et d'économie de marché. De surcroît, cela contrecarrait l'attribution d'aide (en particulier bilatérale) à des régimes autoritaires peu respectueux des droits de l'homme, dans le simple but de contenir l'expansion du communisme dans les pays du Tiers Monde. En ce qui concerne l'échec des réformes mises en œuvre dans les années 1980 pour redresser les économies des pays concernés, l'opinion croissante était que la pauvre gouvernance en était la cause principale.

De nombreux points de vue s'opposent sur la signification de la bonne gouvernance, mais fidèles au mandat non-politique des institutions financières internationales (IFIs), les donateurs multilatéraux ont adopté une approche plus technocratique envers les réformes de gouvernance, tandis que les donateurs bilatéraux l'ont élargie pour y inclure des exigences politiques comme la démocratisation et le respect des droits de l'homme. En bref, la bonne gouvernance est basée sur des principes-clés comme la crédibilité, la prévisibilité, la cohérence, la responsabilité, la transparence, la participation et la règle de droit. L'action proposée pour appliquer ces principes s'étend de la réforme des institutions publiques à la modernisation de l'infrastructure institutionnelle de l'économie de marché. Ces réformes sont connues sous le nom de réformes de la seconde génération[1], parce qu'elles sont perçues

---

[1] Naím (1994) est l'auteur de cette expression.

comme le complément nécessaire à celles de la première génération. Comme ce point de vue reprend et élargit le consensus de Washington, il est décrit par certains analystes comme « Au-delà du Consensus de Washington »[2] (Burki ; Perry, 1998). D'autres préconisent l'expression « Post-Consensus Washington », en cela qu'elle recouvre les mêmes réformes institutionnelles tout en se démarquant du consensus de Washington (Stiglitz, 1998).

II. Aperçu des études économétriques sur l'efficacité de l'aide

À partir de la fin des années 1960 (à ma connaissance) des chercheurs ont essayé d'évaluer si l'aide atteignait son objectif principal, défini comme la promotion du développement économique et du bien-être dans les pays en développement. Une branche de la littérature empirique sur l'efficacité de l'aide s'est concentrée sur le but traditionnel de l'aide étrangère – la promotion de la croissance économique des pays en développement – à la fois au niveau macro et micro.

En ce qui concerne les études au niveau macro sur l'efficacité de l'aide, Hansen et Tarp (2000) considèrent trois générations d'études de régression entre pays. Les études de la première génération offrent une évaluation empirique de l'influence de l'aide sur l'épargne domestique. Les études de la seconde génération évaluent le lien entre l'aide étrangère et la croissance économique, soit au travers des investissements soit directement dans des équations de forme réduite. Comme la seconde vague des études de seconde génération, celles de la troisième génération ont exploré la relation directe entre aide et croissance.

La littérature empirique produite depuis le milieu des années 1990 est qualifiée de nouvelle génération d'études sur l'efficacité de l'aide, parce que « selon notre point de vue, la troisième génération d'études représente une avancée dans le travail empirique entre pays sur l'efficacité de l'aide » (Hansen et Tarp, 2000, p. 114). En effet, comme le notent ces auteurs, la littérature scientifique de la troisième génération a employé l'économétrie des données de panel pour tenir compte des effets non-linéaires de l'aide sur la croissance et de l'endogénéité de l'aide et d'autres variables. De surcroît, ces études ont été inspirées par la littérature scientifique de la « nouvelle croissance », englobant plusieurs modifications apportées au modèle de croissance néoclassique Solow-Swan et des modèles de croissance endogène, qui fournissent une base analytique différente des travaux antérieurs.

---

[2] En effet, une des réformes institutionnelles incluse dans la version originale du consensus de Washington concernait la protection des droits de propriété.

Une analyse globale des études de régression entre pays réalisées jusqu'au milieu des années 1990 révèle une insuffisance de preuves d'un effet positif et statistiquement significatif de l'aide sur la croissance. Les résultats non-conclusifs au niveau macro, contrastent avec les résultats présentés par les études au niveau micro. Mosley (1986) appelle cette contradiction le « paradoxe micro-macro ». De nouvelles analyses de ce travail entre pays apportent des éléments permettant d'affirmer le contraire (par exemple, Hansen et Tarp, 2000 ; Moreira, 2003). Même ainsi, l'impression persiste largement selon laquelle les résultats au niveau micro et macro publiés à l'époque sont divergents.

La troisième génération d'études de régression entre pays, avec leurs avancées théoriques et méthodologiques, a obtenu les résultats prévus par les tenants de la thèse de l'efficacité de l'aide étrangère et, par conséquent, le paradoxe micro-macro cesse d'exister. Mais plus important encore, nombre de ces nouvelles études empiriques sont allées au-delà des travaux antérieurs en s'intéressant aux conditions nécessaires pour une (plus grande) efficacité de l'aide.

L'origine du débat sur les conditions nécessaires qui doivent être remplies pour que l'aide devienne (plus) efficace a été l'analyse de Burnside et Dollar (1997), publiée ensuite dans l'*American Economic Review* (Burnside et Dollar, 2000). Leurs régressions de croissance montrent que l'impact de l'aide sur la croissance dépend d'un bon environnement politique[3]. Cela se traduit généralement par de bonnes politiques fiscales, monétaires et commerciales. La principale conclusion est que l'aide doit être attribuée en sélectionnant les pays en développement en fonction de leur environnement politique[4].

L'étude de Burnside et Dollar a attiré l'attention des chercheurs, sans parler du plaidoyer pour l'adoption du principe de sélectivité dans

---

[3] Les régressions de Burnside et Dollar (1997) apparaissent sous une forme légèrement différente dans le rapport Évaluation de l'aide (*Assessing Aid*) de la Banque mondiale (World Bank, 1998).

[4] Le rapport Évaluation de l'aide va encore plus loin, en affirmant que les donateurs devraient concentrer les attributions de l'assistance au développement sur des pays plus pauvres qui remplissent les critères de bonne politique et bonne gouvernance. Le premier terme recouvre les qualités définies comme des éléments dominants du consensus de Washington, orienté vers le marché, comme l'ouverture commerciale et la discipline fiscale et monétaire. Le second correspond aux qualités des institutions, ce qui reflète l'approche technocratique de la gouvernance des cercles de la Banque mondiale. Mais dans la plupart des cas, le concept de bonne gouvernance n'est pas simplement ramené aux institutions ou principes de gouvernance ; il inclut aussi une claire préférence pour certaines politiques (Hout, 2003). Dans ce cas, de bonnes politiques et/ou de bonnes institutions seront considérées comme des signes de l'existence d'une bonne gouvernance dans les pays en développement.

l'attribution de l'aide. Certaines études ont démontré que les conclusions de Burnside et Dollar ne supportent pas une analyse plus serrée, tandis que d'autres ont apporté des éléments supplémentaires en leur faveur. Certains chercheurs ont même suggéré d'autres facteurs importants, en plus des politiques, qui conditionnent l'efficacité de l'aide (par exemple, géographie, stabilité politique, démocratie)[5].

La discussion engagée montre que les dernières études économétriques de la relation aide-croissance attire l'attention de chacun sur le thème de l'efficacité et la sélectivité de l'aide. Ainsi, l'ensemble des études à partir duquel j'ai sélectionné les régressions aide-croissance, objet de ce papier, inclut l'étude de Burnside et Dollar (2000) et des études académiques qui y ont fait suite. McGillivray (2003) fournit des guides concernant la recherche sur l'efficacité et la sélectivité de l'aide (voir appendice I).

III. Caractéristiques principales et variables de contrôle des études économétriques récentes sur l'efficacité et la sélectivité de l'aide

Le rapport Évaluation de l'aide (*Assessing Aid*) de la Banque mondiale (World Bank, 1998) a posé explicitement les bases d'une tendance vers la sélectivité dans l'allocation de l'aide au développement. Les arguments en faveur de la sélectivité de l'assistance sont basés sur un certain nombre de documents de travail. Celui de Burnside et Dollar (1997) a stimulé la discussion sur l'efficacité de l'aide (en termes de croissance). En conséquence, de nombreuses études économétriques associant la croissance à l'aide ont été publiées depuis cette publication. Bien que la liste disponible en appendice I ne soit pas exhaustive, elle rassemble les études les plus fréquemment citées sur l'efficacité et la sélectivité de l'aide.

J'ai identifié trente régressions de croissance entre pays à partir de douze études économétriques récentes sur l'aide-croissance (voir les entêtes de colonnes en appendice II). Les régressions de croissance sélectionnées correspondent à celles qui offrent un support empirique aux principales conclusions des auteurs en ce qui concerne l'efficacité et la sélectivité de l'aide[6]. L'appendice II présentent les détails suivants : les variables principales incluses dans les équations de croissance estimées ;

---

[5]   Ce sujet est abordé plus en détails dans la section IV.

[6]   J'ai choisi de me concentrer sur les estimations empiriques référencées dans l'appendice II. Mais cela n'implique pas que les régressions non-sélectionnées doivent être ignorées. Elles sont tout aussi importantes pour la recherche des principaux résultats que pour leur consolidation.

la magnitude, le signe et la signification statistique des paramètres critiques ; la couverture des données, c'est-à-dire la période totale de l'échantillon, le nombre de sous périodes moyennes ou de périodes de temps, le nombre de pays échantillonnés et le nombre d'observations ; le pouvoir explicatif des modèles spécifiés ; et la technique d'estimation.

Dans leur ensemble, les douze études sélectionnées partagent un ensemble de caractéristiques communes. Cependant un examen plus précis des méthodes ou procédures utilisées dans chacune des trente régressions révèlent des différences. Tout d'abord, ces auteurs travaillent avec des données de panel, c'est-à-dire qu'ils examinent la variation des taux de croissance entre les pays pendant des périodes de temps spécifiées. Les sous-périodes moyennes sont utilisées dans les estimations au lieu des données annuelles, sauf dans le cas des variables d'état, comme par exemple le revenu par habitant, qui se réfèrent aux données initiales[7]. Certaines études choisissent d'examiner la relation aide-croissance en utilisant à la fois l'échantillon total des pays en développement et le sous-échantillon des pays à revenus faibles.

Ensuite, la grande majorité des études incluent des variables fictives régionales dans les régressions. C'est le cas pour l'Afrique subsaharienne, l'Amérique latine et l'Asie de l'Est pour montrer que, toutes choses étant égales par ailleurs, les performances de croissance dans ces régions semblent différentes de celles des autres pays en développement. Hansen et Tarp (2001) et Chauvet et Guillaumont (2002) préfèrent prendre en compte l'hétérogénéité individuelle en incluant les effets spécifiques des pays, ce qui explique partiellement le choix de l'estimateur. Des variables fictives de temps sont incluses dans toutes les régressions pour corriger le cycle économique mondial.

En troisième lieu, comme c'est la norme dans la littérature empirique sur la « nouvelle croissance », le niveau initial du revenu par habitant et les variables de contrôle de nature économique, politique et institutionnelle sont inclus en même temps dans les régressions. Le logarithme du PIB réel par habitant au début de la période d'échantillonnage saisit l'effet de convergence conditionnelle. On attend des variables de contrôle qu'elles expliquent les différences de taux de croissance entre pays. Il faut de plus considérer ces contrôles – déterminants de croissance – pour isoler l'impact de l'aide sur la croissance.

---

[7] La découverte d'une variable de revenu initial par habitant statistiquement négative corrobore l'hypothèse de la convergence conditionnelle, et par cela il prédit une croissance plus élevée en réponse à un revenu initial plus bas, quand les variables de contrôle sont maintenues constantes.

En quatrième lieu, une relation non-linéaire entre l'aide et la croissance est prise en compte en utilisant des termes quadratiques et/ou des termes d'interaction. L'aide au carré tient compte des rendements décroissants de l'aide. L'interaction entre l'aide et une variable donnée renvoie à l'hypothèse selon laquelle l'efficacité de l'aide est conditionnée par cette variable. L'aide a été mise en interaction avec des indicateurs de politique économique, vulnérabilité économique, chocs extérieurs négatifs, scénarios post-conflits, géographie, instabilité politique, démocratie et avec l'indice d'évaluation de la politique et des institutions nationales (l'indice EPIN) de la Banque mondiale.

Enfin, la majorité des études de régression de croissance suppose que l'aide étrangère est une variable endogène. La stratégie générale consiste à présenter à la fois les estimations OLS (Moindres carrés ordinaires) et 2SLS/GMM (Moindres carrés à deux étapes / Méthode des moments généralisés) pour faciliter la comparaison des résultats et pour éviter une discussion sur l'utilisation des estimateurs de variables instrumentales et sur le choix des instruments. L'endogénéité de l'aide est traitée dans l'étude Burnside et Dollar (2000). Mais les auteurs remarquent qu'aucune différence significative n'a été trouvée dans les principaux résultats. À la lumière de cette étude, Collier et Dehn (2001), Collier et Dollar (2002), et Collier et Hoeffler (2002b) s'appuient sur l'OLS pour calculer leurs régressions. Seules quelques études considèrent la possible endogénéité d'autres variables explicatives.

La stabilisation macroéconomique est un des principes de base de l'approche du consensus de Washington. Elle est considérée comme une condition indispensable à la croissance économique durable. Un environnement macroéconomique stable peut se définir en termes d'inflation faible et prévisible, de bonne performance fiscale, de développement financier, de taux de change compétitif et prévisible et de stratégies commerciales orientées vers l'extérieur. Étant donnée la difficulté pratique de mesurer la stabilité macroéconomique, les chercheurs se sont attachés à identifier des indicateurs de politique macroéconomique en corrélation avec la croissance économique.

Dans l'appendice II, j'ai placé le premier ensemble de variables explicatives incluses dans les régressions de croissance sous le titre « Cadre macroéconomique ». Cet ensemble comprend des indicateurs de politique monétaire, fiscale, de change et commerciale. Des taux d'inflation élevés font baisser les taux de croissance, par opposition à de forts (faibles) excédents (déficits) budgétaires mesurés en relation au PIB. On peut également mesurer la politique fiscale par le rapport des dépenses du gouvernement sur le PIB, qui en principe est associé de façon négative avec la croissance économique. La profondeur financière est traditionnellement mesurée par la proportion M2/PIB. Svensson (1999) utilise le rapport des engagements à très court terme du système financier sur le PIB comme mesure alternative de la profondeur financière. Le signe attendu de ces deux variables est positif. La rentabilité des taux de change du marché noir est un indicateur de la distorsion des marchés des changes, et on s'attend donc à ce qu'elle porte préjudice à la croissance économique. Pour mesurer la relation positive entre la croissance et l'ouverture, la majorité des études utilise une variable fictive pour l'ouverture commerciale développée par Sachs et Warner (1995). L'indicateur binaire d'ouverture définit les pays comme fermés en se basant sur cinq éléments : rendement du marché noir supérieur à 20 % ; fréquence moyenne de mesures non-tarifaires sur les biens d'équipement et les biens intermédiaires supérieure à 40 % ; tarif moyen sur les biens d'équipement et les biens intermédiaires supérieur à 40 % ; intervention envahissante du gouvernement dans le secteur des biens commercialisables ; économie socialiste.

Depuis le début des années 1990, la communauté internationale des donateurs a accordé de plus en plus d'importance à l'environnement politique et institutionnel des pays en développement. Un certain nombre de facteurs politiques et institutionnels sont également apparus dans les études empiriques sur la croissance pour expliquer les différences de croissance entre les pays. L'instabilité politique recouvre de nombreux évènements comme les manifestations anti-gouvernementales, assassinats, changements de gouvernement, changements de constitution, coups d'État, crises gouvernementales, purges, révolutions et émeutes. La majorité des études mentionnées ici utilisent la variable assassinats pour mesurer l'instabilité du système politique. Deux études présentent quant à elles un indice d'instabilité politique qui comprend les éléments pondérés de la même façon : coups d'État et changements de régime (Chauvet et Guillaumont, 2002) ; assassinats et révolutions (Guillaumont et Chauvet, 2001). La majorité des études présupposent que la diversité ethnique peut exercer une influence négative sur la croissance économique, notamment à travers ses effets défavorables sur des facteurs associés à la croissance économique. La variable fractionnement ethnolinguistique utilisée par Easterly et Levine (1997) est l'indicateur choisi pour indiquer d'éventuels clivages sociopolitiques. Cette variable mesure la probabilité que deux individus sélectionnés au hasard dans un même pays appartiennent à des groupes ethnolinguistiques différents. Cette variable est également mise en interaction avec la variable assassinats pour mesurer l'effet négatif attendu de l'instabilité politique sur la croissance en tant que fonction positive des divisions ethniques. Svensson (1999) cherche également à savoir si les libertés civiles et politiques sont un déterminant significatif de la croissance économique. Il utilise pour cela un indice de démocratie qui classe les droits civils et politiques sur une échelle de 0 à 12, où 12 correspond à la plus grande liberté[8]. Enfin, la variable qualité institutionnelle de Knack et Keefer (1995) est également incluse dans les régressions de croissance pour mesurer la qualité des institutions. L'indice est basé sur une simple moyenne des classements du Guide International des risques par pays (ICRG) pour les cinq indicateurs institutionnels suivants : respect de la loi ; risque d'expropriation ; répudiation des contrats par le gouvernement ; corruption au sein du gouvernement ; et qualité de la bureaucratie.

À partir de la liste des variables mentionnées ci-dessus, Burnside et Dollar (2000) regroupent l'excédent budgétaire, le taux d'inflation et la variable Sachs-Warner dans une même variable politique. L'indice politique (*policy index*) se présente de la façon suivante :

Indice politique = 1.28 + 6.85 Excédent Budgétaire − 1.4 Inflation + 2.16 Ouverture,

où les coefficients de pondération sont donnés par les paramètres respectifs dans la régression de croissance utilisée pour les déterminer[9].

Un environnement politique favorable, en termes de faible déficit budgétaire, faible inflation et une économie ouverte, détermine une valeur élevée de l'indice. Par conséquent l'indice politique est censé avoir un effet positif sur la croissance.

Fidèles à l'approche de Burnside et Dollar (BD), Guillaumont et Chauvet (2001), et Chauvet et Guillaumont (2002) construisent leur propre variable composite au lieu d'utiliser les données politiques de

---

[8]   « L'indice des libertés civiles est basé sur une liste de quatorze items : liberté de la presse ; discussion publique autorisée ; liberté d'assemblée et de manifestation ; liberté des organisations politiques ; rôle non-discriminatoire de la loi dans les affaires politiques ; inexistence de terreur politique non-justifiée ; liberté des syndicats et des organisations paysannes ; liberté du commerce et des coopératives ; liberté des organisations professionnelles et autres organisations privées ; libertés des institutions religieuses ; droits sociaux des individus ; droits socio-économiques ; inexistence d'inégalités socioéconomiques flagrantes ; inexistence d'indifférence flagrante du gouvernement ou de corruption. L'indice des libertés politiques repose sur une liste de onze items : chef de l'autorité récemment élu selon un procédé significatif ; autorité législative récemment élue selon un procédé significatif ; lois électorales justes ; juste réflexion de la préférence des électeurs dans la distribution du pouvoir ; multiplicité des partis politiques ; changements récents du pouvoir au moyen d'élections ; vote de l'opposition significatif ; inexistence de domination par des forces militaires, des pouvoirs étrangers ou autres groupes puissants ; droit à l'autodétermination pour tous les groupes ; pouvoir politique décentralisé ; et consensus informel » (Svensson, 1999, p. 294).

[9]   Voire Burnside et Dollar, 2000, tableau 3, régression 1.

BD. Collier et Dollar (2002) et Collier et Hoeffler (2002b) optent pour une mesure large de l'environnement politique en introduisant l'indice d'évaluation de la politique et des institutions nationales (l'indice EPIN ou *CPIA index*) de la Banque mondiale dans les régressions de croissance.

J'ai exclu l'indice EPIN des deux ensembles de variables explicatives données en appendice II, parce qu'il inclut, entre autres facteurs, des mesures de politique macroéconomique et des institutions. En effet la mesure EPIN comprend vingt éléments pondérés de la même façon recouvrant des aspects macroéconomiques, des politiques structurelles, la gestion du secteur public, et des politiques d'intégration sociale[10].

IV. Analyse des facteurs favorables/défavorables à la croissance économique des pays pauvres

Tous les travaux mentionnés dans l'appendice I contiennent plusieurs estimations empiriques. Les études examinées ici offrent des résultats empiriques qui confirment les principales conclusions des auteurs sur l'efficacité et la sélectivité de l'aide. Ainsi, quelques précisions doivent être ajoutées concernant les constatations et conclusions tirées à partir des estimations[11].

Dans un document important, Burnside et Dollar (2000) tentent d'apporter un nouvel éclairage sur l'insuffisance de preuves des travaux antérieurs sur l'efficacité de l'aide. Ils utilisent une base de données qui

---

[10] L'indice EPIN comprend vingt éléments regroupés en quatre catégories. Première catégorie, gestion économique : gestion de l'inflation et des déséquilibres macroéconomiques ; politique fiscale ; gestion de la dette publique (extérieure et domestique) ; gestion et viabilité du programme de développement. Deuxième catégorie, politiques structurelles : politique commerciale et régime des taux de change ; stabilité financière ; importance du secteur financier, efficacité et mobilisation des ressources ; environnement compétitif pour le secteur privé ; marché des produits et services ; politiques et institutions en faveur de l'équilibre environnemental. Troisième catégorie, politiques en faveur de l'intégration/égalité sociale : sexe ; équité de l'utilisation des ressources publiques ; construction des ressources humaines ; protection sociale et des travailleurs ; suivi et analyse des conséquences et impacts de la pauvreté. Quatrième catégorie, gestion du secteur public et des institutions : droits de propriété et gouvernance basée sur la loi ; qualité de la gestion budgétaire et financière ; efficacité de la mobilisation des recettes ; qualité de l'administration publique ; transparence, responsabilité et corruption du secteur public (Hout, 2003).

[11] Il est important de noter que les résultats et conclusions qui ne sont pas basés sur des estimations de régression de croissance sont au-delà du champ d'étude de la présente section. Il faut également préciser que les résultats énoncés ici présupposent « toutes choses étant égales par ailleurs » (*ceteris paribus*).

contient 56 pays[12] (40 pays à faible revenu et 16 pays à revenue intermédiaire) et excluent cinq observations aberrantes (Gambie 1986-1989, 1990-1993 ; Guyana 1990-1993 ; Nicaragua 1986-1989, 1990-1993). L'hypothèse qu'ils émettent est la suivante : l'impact de l'aide étrangère sur la croissance économique des pays en développement dépend des politiques économiques qui influencent la croissance. Burnside et Dollar (BD) trouvent que l'interaction entre l'aide et un indice politique (*policy index*) est statistiquement positive, ce qui indique que l'effet de l'aide sur la croissance dépend de façon positive de la politique économique (c'est-à-dire l'excédent budgétaire, le taux d'inflation, et l'ouverture commerciale). De plus, la conclusion selon laquelle l'aide semble être plus efficace dans de meilleurs environnements politiques, se révèle plus importante dans des pays à faibles revenus. BD concluent donc que l'aide étrangère devrait être attribuée plus systématiquement à des pays à faibles revenus menant de bonnes politiques.

Chauvet et Guillaumont (2002) introduisent deux hypothèses supplémentaires à leurs travaux antérieurs (Guillaumont et Chauvet, 2001). Présupposant que l'aide améliore la politique économique, ils considèrent que plus la politique antérieure est médiocre, plus grande sera l'efficacité de l'aide. Ils pensent également que l'instabilité politique, qui est en soi un facteur ayant un effet négatif sur la croissance, est un facteur capable de diminuer la contribution de l'aide sur la croissance. Les résultats de leurs régressions apportent des arguments à ces deux hypothèses.

Collier et Dehn (2001) incorporent des variables de chocs commerciaux, définis comme des changements de prix à l'exportation, dans la spécification de BD[13]. Les principaux résultats s'articulent sur deux points : les chocs négatifs influencent de façon négative la croissance, tout comme les estimations d'autres études le montrent également ; l'interaction entre les changements de l'aide et les chocs négatifs se révèle statistiquement positive, ce qui suggère que les effets négatifs des chocs sur la croissance peuvent être atténués par un accroissement de l'aide. De plus, l'étude de Collier et Dehn est cohérente avec les conclusions de BD : l'interaction de la politique et de l'aide est positive et

---

[12] Algérie, Argentine, Bolivie, Botswana, Brésil, Cameroun, Chili, Colombie, Costa Rica, Côte d'Ivoire, République dominicaine, Équateur, Égypte, El Salvador, Éthiopie, Gambie, Gabon, Ghana, Guatemala, Guyane, Haiti, Honduras, Inde, Indonésie, Jamaïque, Kenya, Corée, Madagascar, Malaisie, Malawi, Mali, Mexique, Maroc, Nicaragua, Niger, Nigeria, Pakistan, Paraguay, Pérou, Philippines, Sénégal, Sierra Léone, Somalie, Sri Lanka, Syrie, Tanzanie, Thaïlande, Togo, Trinidad & Tobago, Tunisie, Turquie, Uruguay, Venezuela, Zaïre, Zambie, Zimbabwe.

[13] Les auteurs utilisent également une base de données semblable à celle de BD et incluent les cinq observations aberrantes omises par BD.

statistiquement significative. Les auteurs concluent donc que ces deux points – politiques économiques et chocs extérieurs négatifs – devraient influencer l'allocation de l'aide.

Collier et Dollar (2002) ont pour objectif de calculer l'attribution de l'aide qui aurait un effet maximal sur la réduction de la pauvreté. Il est important de noter ici la première étape vers cet objectif qui consiste à évaluer la relation aide-politique-croissance. Collier et Dollar (CD) utilisent une mesure plus large de la politique que celle utilisée par BD : c'est l'indice EPIN[14]. Mais leurs résultats ne diffèrent pas de ceux de BD.

Collier et Hoeffler (2002b) incorporent des situations post-conflits, définies comme des situations post-guerres civiles, aux spécifications de CD[15]. À partir d'une série d'estimations, ils ont trouvé que les taux de croissance sont plus rapides pendant les quatre premières années complètes de paix, qu'ils définissent comme post-conflit 1. Collier et Hoeffler cherchent ensuite à savoir si cette phase relativement courte de « croissance supra-normale » de post-conflit est largement ou entièrement attribuable à une efficacité atypique de l'aide. Leurs résultats empiriques montrent que cela semble être le cas, dans la mesure où ils ont trouvé que l'interaction entre la variable post-conflit 1 et l'interaction aide-politique est statistiquement significative. Les auteurs en concluent que si l'on trouve l'aide plus efficace dans des circonstances de post-conflit – les politiques et institutions (indice EPIN) étant maintenues constantes –, alors l'attribution de l'aide à des pays en situation de post-conflit devrait augmenter graduellement pendant les quatre premières années de paix et revenir progressivement à un niveau normal à la fin de la première décennie de paix.

Dalgaard et Hansen (2001) concluent que les résultats de BD dépendent de la mise à l'écart des cinq observations aberrantes, car il est démontré que l'aide augmente la croissance de façon inconditionnelle quand on choisit un ensemble différent d'observations capitales. Dalgaard et Hansen démontrent également que les données de BD sont pertinentes en présence d'une relation aide-croissance définie comme une fonction quadratique. Ils ont également montré combien il est important d'inclure les décalages de la variable aide de façon à contrôler son endogénéité.

---

[14] Voir section III.

[15] Les auteurs ajoutent des données de Collier et Hoeffler (2002a) à la base de données de CD et excluent cinq observations manquantes qui avaient été faussement codées à zéro à l'origine.

Dalgaard *et al.* (2002) introduisent une nouvelle variable interactive pour analyser l'influence de la géographie sur l'effet marginal de l'aide sur la croissance. La portion de territoire qui se trouve sous les tropiques est une variable géographique importante ayant une influence négative sur la croissance. Les résultats montrent que l'aide est beaucoup plus efficace dans des pays se trouvant en dehors de la zone tropicale.

Easterly *et al.* (2003) testent la robustesse du résultat principal de BD en ajoutant de nouvelles données à l'ensemble d'origine de BD. Leur réévaluation du complexe aide-politique-croissance ne diffère de celle de BD qu'en termes de données (périodes de temps et pays). Cependant, ils n'ont pas établi d'interaction positive et statistiquement significative entre aide et politique. Le résultat de BD est donc sensible aux données.

Guillaumont et Chauvet (2001) émettent l'hypothèse que l'environnement climatique et externe influence l'efficacité de l'aide. Ils construisent un indice de vulnérabilité économique aux chocs exogènes qui comprend des indicateurs de volume des chocs commerciaux et écologiques et d'exposition à ces chocs. Guillaumont et Chauvet montrent que la vulnérabilité – en plus d'être préjudiciable à la croissance – est associée positivement à l'efficacité de l'aide, c'est-à-dire que la contribution de l'aide à la croissance est plus positive dans des pays plus vulnérables. Les auteurs concluent donc qu'une aide plus importante devrait être attribuée, plus qu'actuellement, aux pays touchés par un environnement pauvre.

Hansen et Tarp (2000) font une nouvelle estimation de la régression de croissance de Burnside et Dollar (1997, tableau 3) en utilisant un ensemble semblable de données qui inclut les cinq observations aberrantes. Ils montrent que l'interaction aide-politique est sensible aux données. Au contraire de Burnside et Dollar (1997), ils ont trouvé un fondement statistique pour une relation non-linéaire entre l'aide et la croissance dans laquelle la rentabilité de l'aide est décroissante.

Dans le même ordre d'idées, Hansen et Tarp (2001) testent la robustesse du résultat principal de Burnside et Dollar (2000) au regard des données et de la spécification du modèle. Leurs conclusions sont semblables à celles de Hansen et Tarp (2000). Les estimations GMM apportent également un support supplémentaire à la notion de rendements décroissants de l'aide.

Svensson (1999) examine dans quelle mesure l'efficacité de l'aide est conditionnée par les libertés civiles et politiques en utilisant un indice de démocratie[16]. Les résultats montrent que l'interaction aide-démocratie est statistiquement significatif. Svensson conclut que si l'on

---

[16]   Voir section III.

trouve l'aide plus efficace dans les pays plus démocratiques, alors l'aide devrait être attribuée à des pays disposant d'un environnement de ce type.

Les études mentionnées ici ont évaluées la relation non-linéaire entre l'aide et la croissance, quand d'autres variables explicatives issues de la littérature empirique sur la « nouvelle croissance » sont introduites dans la régression. Cette méthodologie est censée garantir que toute inférence statistique de la relation aide-croissance est robuste. Pour autant que l'aide étrangère influence la croissance, cette méthodologie sera également censée garantir la robustesse de toute inférence de la relation entre chaque variable explicative et la croissance. En d'autres termes, si les différences entre pays pour une variable donnée expliquent une partie des différences de croissance entre pays quand la proportion aide/PIB est maintenue constante, on pourra conclure que l'effet estimé n'est pas « contaminé » par les différences entre les aides reçues par ces pays.

En règle générale, les résultats estimés indiquent qu'aussi bien l'environnement macroéconomique que l'environnement politique et institutionnel semblent influencer la croissance. C'est-à-dire que, à l'exception des dépenses publiques et de la démocratie, les variables mentionnées dans le tableau 1 sont de signe correct et statistiquement significatives au moins une fois. On pourrait donc conclure que, par exemple, les pays ayant des taux d'inflation bas semblent avoir réalisé des taux de croissance plus élevés que ceux ayant des taux d'inflation forts (toutes choses étant égales par ailleurs). On peut dire la même chose pour les pays menant des politiques commerciales plus orientées vers l'extérieur, ayant des déficits budgétaires plus faibles, une moindre rentabilité du marché noir, des circuits financiers mieux implantés, moins de divisions ethniques, une plus grande stabilité politique, une meilleure qualité des institutions ou de meilleurs environnements politiques.

Le tableau 1 montre que, par exemple, seules deux régressions contiennent la variable démocratie, alors que plus de vingt régressions contiennent la variable qualité institutionnelle. Ainsi, on doit simplement s'attacher aux variables qui sont souvent incluses dans les régressions de croissance. Alors, si l'on considère le pourcentage des régressions pour lesquelles une variable donnée est significative – au seuil de signification de 5 % ou 10 % – et de signe prévu, un phénomène intéressant se révèle. Il apparaît que quatre variables seulement remplissent cette condition dans au moins 90 %des régressions qui les incluent. On pourrait en conclure que les résultats les plus précis et cohérents appartiennent aux variables suivantes : ouverture (100 %), indice politique (93 %), qualité institutionnelle (91 %) et inflation (90 %).

Tableau 1. Les résultats estimés
de trente régressions de croissance entre pays

Variable explicative	Signe attendu	Signe correct et signification statistique (1)	Absence de signification statistique (2)	Fraction de signification (3) = (1)/(1+2)
Indice politique (*policy index*)	+	14	1	93%
Ouverture	+	10	0	100%
Inflation	-	9	1	90%
Excédent budgétaire	+	7	2	78%
Dépenses du gouvernement	-	0	4	--
Rendement du marché noir	-	2	0	--
Profondeur financière	+	2	19	10%
Fractionnement ethnique	-	3	17	15%
Assassinats	-	9	9	50%
Frac. ethnique x Assassinats	+	8	10	44%
Instabilité politique	-	1	2	--
Démocratie	+	0	2	--
Qualité institutionnelle (*ICRG*)	+	21	2	91%
Indice EPIN (*CPIA index*)	+	3	0	--

Note: Extrait de l'Appendice II

Pour tester plus en détails la fiabilité des résultats, j'ai utilisé le critère de robustesse de Sala-i-Martin (1997) sur chacune des neuf variables d'intérêt. Le chercheur examine la robustesse des résultats des modèles de croissance entre pays en testant la sensibilité du paramètre estimé d'une variable d'intérêt à l'introduction de variables explicatives supplémentaires. Le point de départ consiste à appliquer les régressions qui ont la variable dépendante – croissance économique – comme fonction d'un vecteur de variables indépendantes « standard » (par exemple le revenu initial par habitant), de la variable d'intérêt, d'un vecteur d'exactement trois variables indépendantes supplémentaires – prises dans un ensemble de variables potentiellement pertinentes pour expliquer la variation en terme de croissance économique, selon la littérature – et d'un terme d'erreur. Ainsi, pour chaque variable d'intérêt, les auteurs estiment toutes les régressions pouvant être définies en ajoutant des combinaisons de trois variables d'un ensemble de déterminants possibles de la croissance.

Dans la mesure où le présent document se concentre sur les récentes études empiriques sur l'efficacité de l'aide ayant été réalisées et publiées, mon analyse de robustesse des résultats estimés est strictement basée sur les trente régressions étudiées ici. Par conséquent je me suis éloigné de Sala-i-Martin en ce qui concerne l'estimation de régressions. De plus, bien qu'elles partagent un ensemble commun de caractéristiques, les régressions de croissance présentées dans l'appendice II diffèrent entre elles sur des détails comme la couverture des données, la méthode d'estimation ou même la spécification de la relation aide-croissance[17]. J'ai cependant suivi Sala-i-Martin en ce qui concerne le « test » des variables, bien que l'objectif sous-jacent soit différent. L'auteur se propose d'analyser les conséquences d'un changement dans l'ensemble des variables conditionnelles pour l'effet estimé de la variable d'intérêt sur le taux de croissance. Mon objectif est d'analyser à quel point le signe et la signification statistique de la variable d'intérêt est sensible aux différences de procédures méthodologiques et économétriques des études en question.

La procédure « d'analyse de la fonction de distribution cumulée » suggérée par Sala-i-Martin revient à dire que si 95 % de la fonction densité du paramètre se trouve d'un côté du zéro, la variable explicative correspondante devrait être considérée comme étant fortement corrélée à la croissance économique. L'appendice III présente les résultats d'une version non-pondérée de ce test, présupposant la normalité de la distribution des coefficients estimés. Comme on peut le voir, indice politique, ouverture, inflation, assassinats et qualité institutionnelle sont considérés comme ayant un effet robuste sur la croissance.

Si l'on considère le critère de Sala-i-Martin et que l'on y ajoute la première condition – fraction de signification ≥ 90 % (voire tableau 1) – comme critère supplémentaire, il s'ensuit que sur les neufs variables testées, on ne retiendra qu'indice politique, ouverture, inflation et qualité institutionnelle comme étant en forte corrélation avec la croissance économique. En d'autres termes, les coefficients estimés de l'indice politique de Burnside et Dollar (2000), ceux de deux de ses éléments et ceux de l'indice de qualité institutionnelle de Knack et Keefer (1995) ne semblent pas être sensibles aux différences de procédures méthodologiques et économétriques des études mentionnées ici.

---

[17]   Voire section III et appendice II.

V. Commentaires de conclusion

L'objectif de ce papier est de tirer des conclusions relatives aux facteurs favorables (ou défavorables) à la croissance parmi les pays pauvres, en se basant sur les résultats des nouvelles études économétriques sur l'efficacité et la sélectivité de l'aide. Les régressions de croissance examinées ici nous en apprennent beaucoup sur la relation entre l'aide et la croissance, mais les résultats de l'exercice réalisé sur les variables de contrôle suggèrent que ces régressions nous en disent peu sur la relation entre la croissance et la majorité des variables examinées.

Une conclusion que l'on peut tirer des résultats empiriques récents sur l'aide et la croissance est que l'aide étrangère semble promouvoir la croissance économique, mais que son impact varie entre les pays en fonction des conditions auxquelles ils sont confrontés. La controverse porte sur le fait de savoir si l'impact bénéfique de l'aide sur la croissance est entièrement dépendant des bonnes politiques en place ou s'il entre en jeu indépendamment des politiques. Néanmoins, le fait que les politiques conditionnent ou du moins influencent fortement l'efficacité de l'aide est indiscutable. De plus, l'aide semble être plus efficace à augmenter la croissance économique dans des situations post-conflit, dans des pays structurellement plus vulnérables (y compris ceux qui souffrent de chocs commerciaux), dans des pays situés en dehors de la zone tropicale, dans des régimes politiquement stables et dans des pays plus démocratiques. L'aide semble également être sujette à des rendements décroissants, en cela des montants excessivement élevés (mesurés en relation au PIB) peuvent mener à des problèmes de capacité d'absorption.

En ce qui concerne d'autres facteurs favorisant la croissance, la validation empirique est faible. L'indice politique et deux de ses éléments semblent être en corrélation cohérente avec la croissance économique. On peut dire la même chose de l'indice qualité institutionnelle. Le premier souligne l'importance des politiques d'ouverture au commerce international et de discipline monétaire et fiscale en tant que facteurs favorisant la croissance économique. Le second met en valeur l'importance des institutions favorables à la croissance comme les droits de propriété et les lois qui les soutiennent. Les résultats empiriques soutenant que les autres variables incluses dans les estimations sont importantes pour la croissance sont soit réfutables soit insuffisantes pour en tirer aucune conclusion.

Les nouveaux travaux sur l'efficacité de l'aide apportent la validation empirique de la relation entre l'aide étrangère et la croissance économique qui devrait donner confiance dans l'assistance en tant que facteur favorisant la croissance. À première vue, la preuve empirique des effets plus favorables de l'aide sur la croissance dans des environnements particuliers justifie d'ajouter cette nouvelle information aux mécanismes de sélectivité déjà utilisés. Il faut cependant être prudents avant de tirer de telles conclusions à partir de ces évaluations empiriques. Il n'y a qu'une seule étude empirique pour chaque facteur démontré pertinent pour l'efficacité de l'aide et son allocation. De plus, l'indice politique se révèle statistiquement significatif et de signe prévu dans 90 % des cas par opposition à un de ses éléments (l'excédent budgétaire). Ainsi, il faut pour le moins être extrêmement prudent à conclure que les différents éléments de l'indice politique (ou de l'indice de qualité institutionnelle) sont des déterminants significatifs de la croissance (en termes statistiques), quand la variable composite est de signe correct et statistiquement significative. Cependant le travail jusqu'alors développé ouvre de nouvelles perspectives dans la littérature empirique sur l'efficacité et la sélectivité de l'aide et améliore notre compréhension de la forme comme l'aide peut interférer dans le processus de croissance des pays en développement.

APPENDICE I

Liste des études sur l'efficacité et la sélectivité de l'aide

(1) Burnside, C. et Dollar, D., « Aid, Policies and Growth ». *American Economic Review* 90(4) : 847-868, 2000.

(2) Chauvet, L. et Guillaumont, P., « Aid and Growth Revisited : Policy, Economic Vulnerability and Political Instability ». Paper presented at the *Annual Bank Conference on Development Economics : Towards Pro-poor Policies*, 24-26 juin, Oslo, 2002.

(3) Collier, P. et Dehn, J., « *Aid, Shocks, and Growth*. Washington » : *World Bank, Policy Research Working* Paper n° 2688, 2001.

(4) Collier, P. et Dollar, D., « Aid Allocation and Poverty Reduction ». *European Economic Review* 46 : 1475-1500, 2002.

(5) Collier, P. et Hoeffler, A., « Aid, Policy, and Growth in Post-Conflict Societies ». Washington : *World Bank, Policy Research Working* Paper n° 2902, 2002b.

(6) Dalgaard, C.-J. et Hansen, H., « On Aid, Growth and Good Policies ». *Journal of Development Studies* 37(6) : 17-41, 2001.

(7) Dalgaard, C.-J., Hansen, H. et Tarp, F., « On the Empirics of Foreign Aid and Growth », Centre for Research in Economic Development and International Trade, CREDIT Research Paper n° 02/08, Nottingham, 2002.

(8) Easterly, W., Levine, R. et Roodman, D., « New Data, New Doubts : Revisiting Aid, Policies, and Growth », Center for Global Development, Working Paper n° 26, Washington, 2003.

(9) Guillaumont, P. et Chauvet, L., « Aid and Performance : A Reassessment ». *Journal of Development Studies* 37(6) : 66-92, 2001.

(10) Hansen, H. et Tarp, F., « Aid Effectiveness Disputed », in *Foreign Aid and Development : Lessons Learnt and Directions for the Future*, Tarp, F., et Hjertholm, P. (eds.), Routledge, Londres, 2000.

(11) Hansen, H. et Tarp, F., « Aid and Growth Regressions », *Journal of Development Economics* 64 : 547-570, 2001.

(12) Svensson, J., « Aid, Growth and Democracy », *Economics and Politics* 11(3) : 275-297, 1999.

APPENDICE II [a]

Appendice II - Régressions de croissance entre pays sélectionnés à partir des études mentionnés dans l'appendice I [a]

Variable dépendante: croissance économique, traditionnellement mesurée par le taux de croissance du PIB réel par habitant	Burnside et Dollar (2000)			Chauvet et Guillaumont (2002)	Collier et Dehn (2001)		Collier et Dollar (2002)		Collier et Hoeffler (2002b)	Dalgaard et Hansen (2001)			
	tableau 4, reg. 5	tableau 4, reg. 8	tableau 5, reg. 8	tableau 2, reg. 8	tableau 3, reg. 3	tableau 3, reg. 4	tableau 1, reg. 1	tableau 1, reg. 2	tableau 3, reg. 4	tableau 2, reg. 3	tableau 2, reg. 6	tableau 2, reg. 8	tableau 4, reg. 11
Cadre macroéconomique													
Indice politique (*policy index*) [b]	0.71**	0.74**	0.56* / 0.59	0.61**	0.69**	0.82**				1.04**	1.17**	0.96**	1.13**
Ouverture													
Inflation													
Excédent budgétaire													
Dépenses du gouvernement													
Rendement du marché noir													
Profondeur financière	0.012	0.017	0.024 / 0.025		0.01	0.02				0.004	0.015	0.009	0.026
Environnement politique et institutionnel													
Fractionnement ethnique	-0.42	-0.73	-0.58 / -0.67		-0.41	-0.38				-0.50	-0.77	0.57	0.30
Assassinats	-0.45*	-0.41	-0.79* / -0.76*		-0.40	-0.37				-0.42	-0.67	-0.45*	-1.02**
Frac. ethnique x Assassinats	0.79*	0.71	0.69 / 0.63		0.68	0.63				0.82*	1.11	0.88*	1.59
Instabilité politique				-0.003									
Démocratie													
Qualité institutionnelle (ICRG)	0.69**	0.66**	0.84** / 0.84***		0.64**	0.67**	0.28*	0.27	0.17	0.70**	0.89**	0.86**	0.93**
Indice EPIN (CPIA index)							0.46**	0.64**	1.02**				
Autres variables communes													
Aide (% du PIB ou PNB)	oui	oui	oui	oui	oui	oui	oui	non	non	oui	oui	oui	oui
Aide x X [c]	oui	oui	oui	oui	oui	oui	oui	oui	oui	non	non	non	non
(Aide)²	non	non	non	non	non	non	oui	oui	oui	non	non	oui	oui
Revenu initial par habitant	oui	oui	oui	oui	oui	oui	oui	oui	oui	oui	oui	oui	oui
Variables fictives de temps	oui	oui	oui	oui	oui	oui	oui	oui	oui	oui	oui	oui	oui
Variables fictives régionales	oui	oui	oui	non	oui	oui	oui	oui	oui	oui	oui	oui	oui
Période de l'échantillon	1970-93	1970-93	1970-93	1975-99	1970-93	1970-93	1974-97	1974-97	1974-97	1970-93	1970-93	1970-93	1970-93
Pays/Périodes de temps	56/6	56/6	40/6	49/5	56/6	56/6	59/6	59/6	62/6	56/6	56/6	56/6	40/6
Observations	270	270	184	122	275	234	349	349	344	270	184	223	153
R² ou R² ajusté	0.36	0.35	0.42	?	0.42	0.46	0.34	0.33	0.38	0.42	0.51	0.36	0.45
Méthode d'estimation	OLS	2SLS	2SLS	GMM	OLS	OLS	OLS	OLS	OLS	OLS	OLS	2SLS	2SLS

	Dalgaard et al. (2002)		Easterly et al. (2003)		Guillaumont et Chauvet (2001)		Hansen et Tarp (2000)				Hansen et Tarp (2001)				Svensson (1999)	
	tableau 2, reg. 3	tableau 2, reg. 4	tableau 1, reg. 3	tableau 1, reg. 5	tableau 2, reg. 2.2	tableau 5, reg. 5.2	tableau 4.4, reg 2	tableau 4.4, reg 4	tableau A 4.2, reg 2	tableau A 4.2, reg 4	tableau 1, reg 1.2	tableau 1, reg 1.3	tableau 3, reg 3.1	tableau 3, reg 3.2	tableau 3, reg. 3d	tableau 3, reg. 3f
Cadre macroéconomique																
Indice politique (policy index) [b]	1.75**	1.97**	1.22**	1.61**	0.75**	0.85**	2.19**	2.07**	2.18**	1.93**	0.017**	0.019**	0.022**	0.028**		
Ouverture																
Inflation	-1.12**	-1.14**					-1.32**	-1.22**	-1.37**	-1.17**	-0.011**	-0.013**	-0.012**	-0.002		
Excédent budgétaire	0.072**	0.047					7.34	7.73*	8.30*	7.85*	0.091**	0.077*			0.075*	
Dépenses du gouvernement							-2.09	-3.01	-3.82	-5.04						
Rendement du marché noir															-0.023**	-0.027**
Profondeur financière			0.002	0.014	0.034*	0.067**	0.016	0.013	0.02	0.015	0.010	0.018				0.014
Environnement politique et institutionnel																
Fractionnement ethnique	0.59	0.021	-0.012	-0.74							0.001	-0.002			-0.030**	-0.033**
Assassinats	-0.37	-0.36	-0.37	-0.69*							-0.46**	-0.42*	-0.33	-0.53**		
Frac. ethnique x Assassinats	0.76*	0.72*	0.18	0.69							0.92**	0.77*	0.59	1.00**		
Instabilité politique					-1.04	-2.18**										
Démocratie					-3.15**	-2.14									-0.001	-0.002
Qualité institutionnelle (ICRG)	0.76**	0.70**	0.31**	0.37**			0.61**	0.68**	0.62**	0.72**	0.81**	0.68**				
Indice EPIN (CPIA index)																
Autres variables communes																
Aide (% du PIB ou PNB)	oui	oui	oui	oui	oui	oui	oui	oui	oui	oui	oui	oui	oui	oui	oui	oui
Aide x X [c]	oui	oui	oui	oui	oui	oui	oui	oui	oui	oui	non	non	non	non	oui	oui
(Aide)²	non	non	non	non	non	non	oui	oui	oui	oui	oui	oui	oui	oui	non	non
Revenu initial par habitant	oui	oui	oui	oui	oui	oui	oui	oui	oui	oui	oui	oui	oui	oui	oui	oui
Variables fictives de temps	oui	oui	oui	oui	oui	oui	oui	oui	oui	oui	oui	oui	oui	oui	oui	oui
Variables fictives régionales	oui	oui	oui	oui	oui	non	oui	oui	oui	oui	oui	oui	oui	non	oui	oui
Période de l'échantillon	1974-93	1974-93	1970-97	1970-97	1970-93	1970-93	1974-93	1974-93	1974-93	1974-93	1974-93	1974-93	1974-93	1974-93	1970-89	1970-89
Pays/Périodes de temps	54/5	54/5	62/7	43/7	66/2	66/2	56/5	56/5	56/5	56/5	56/5	56/5	56/5	56/5	58/2	58/2
Observations	231	231	345	236	85	68	243	231	231	231	231	231	270	270	98	110
R² ou R² ajusté	?	?	0.33	0.35	0.66	0.58	0.38	0.39	0.39	0.39	?	?	?	?	?	?
Méthode d'estimation	GMM	OLS	OLS	2SLS	OLS	2SLS	OLS	2SLS	2SLS	2SLS	2SLS	2SLS	OLS	GMM	2SLS	2SLS

Notes: a) * et ** indiquent que le paramètre estimé est statistiquement significatif au seuil de signification de 10% et de 5% respectivement. Les magnitudes des paramètres estimés ne sont pas directement comparables à l'intérieur du tableau.
b) L'indice politique comprend l'excédent budgétaire, le taux d'inflation et la variable fictive pour l'ouverture commerciale développée para Sachs et Warner (1995).
c) X renvoie aux facteurs mis en corrélation avec l'aide (indicateurs de politique économique, vulnérabilité économique, chocs extérieurs négatifs, scénarios post-conflits, géographie, instabilité politique, démocratie et l'indice EPIN).

Source: Résumé à partir des sources indiquées dans les en-tête de colonnes.

APPENDICE III
Analyse de robustesse des résultats estimés

Variable explicative	"Analyse de la fonction de distribution cumulée" [a]			
	Mean	Standard Deviation	FDC	Robuste / Fragile
Indice politique (policy index)	0,94	0,27	0,9998	Robuste
Ouverture	1,22	0,40	0,9988	Robuste
Inflation	-0,74	0,36	0,9808	Robuste
Excédent budgétaire	3,51	2,93	0,8849	Fragile
Profondeur financière	0,01	0,02	0,8264	Fragile
Fractionnement ethnique	-0,21	0,72	0,6141	Fragile
Assassinats	-0,52	0,32	0,9484	Robuste
Frac. ethnique x Assassinats	0,79	0,62	0,8980	Fragile
Qualité institutionnelle (ICRG)	0,64	0,18	0,9999	Robuste

Notes:

a) Pour chaque régression on trouve une valeur estimée du paramètre (β) de la variable X et son écart-type. La moyenne de la distribution des valeurs estimées du paramètre est ensuite calculée comme la moyenne des valeurs estimées pour X. L'écart-type de cette distribution est calculé de la même façon en utilisant les variances des valeurs estimées pour X. La fonction de distribution cumulée (FDC) peut ensuite être construite en utilisant les tables normales. Si la portion de la distribution cumulée se trouvant d'un côté du zéro (à droite ou à gauche du zéro) est suffisamment grande, c'est-à-dire FDC = 0.95, la variable indépendante X est considérée robuste.

Source: Calculs propres à partir des sources indiquées dans les en-tête de colonnes de l'appendice II.

Références

Burki, S.-J. et Perry, G.-E., *Beyond the Washington Consensus : Institutions Matter*, World Bank, Washington, 1998.

Burnside, C. et Dollar, D., « Aid, Policies, and Growth », *Policy Research Working Paper* n° 1777, World Bank, Washington, 1997.

Burnside, C. et Dollar, D., « Aid, Policies and Growth », *American Economic Review* 90(4) : 847-868, 2000.

Chauvet, L. et Guillaumont, P., « Aid and Growth Revisited : Policy, Economic Vulnerability and Political Instability », Paper presented at the *Annual Bank Conference on Development Economics : Towards Pro-poor Policies*, 24-26 juin, Oslo, 2002.

Collier, P. et Dehn, J., « Aid, Shocks, and Growth », *Policy Research Working Paper* n° 2688, World Bank, Washington, 2001.

Collier, P. et Dollar, D., « Aid Allocation and Poverty Reduction », *European Economic Review* 46 : 1475-1500, 2002.

Collier, P. et Hoeffler, A., « Greed and Grievance in Civil War », *Center for the Study of African Economies Working Paper*, World Bank, Washington, 2002a.

Collier, P. et Hoeffler, A., « Aid, Policy, and Growth in Post-Conflict Societies », *Policy Research Working Paper* n° 2902, World Bank, Washington, 2002b.

Dalgaard, C.-J. et Hansen, H., « On Aid, Growth and Good Policies », *Journal of Development Studies* 37(6) : 17-41, 2001.

Dalgaard, C.-J., Hansen, H. et Tarp, F., « On the Empirics of Foreign Aid and Growth. Nottingham : Centre for Research in Economic Development and International Trade », *CREDIT Research Paper* n° 02/08, 2002.

Degnbol-Martinussen, J., Engberg-Pedersen, P., « Aid : Understanding International Development Cooperation », Zed Books, Londres, 2003.

Easterly, W. et Levine, R., « Africa's Growth Tragedy : Policies and Ethnic Divisions », *Quarterly Journal of Economics* 112(4) : 1203-1250, 1997.

Easterly, W., Levine, R. et Roodman, D., « New Data, New Doubts : Revisiting Aid, Policies, and Growth », *Center for Global Development Working Paper* n° 26, Washington, 2003.

Fine, B., « Neither the Washington Nor the Post-Washington Consensus : An Introduction », in Fine, B., Pincus, J. et Lapavitsas, C. (eds.), *Development Policy in the Twenty First Century : Beyond the Post-Washington Consensus*, Routledge, Londres, 2003.

Guillaumont, P. et Chauvet, L., « Aid and Performance : A Reassessment ». *Journal of Development Studies* 37(6) : 66-92, 2001.

Hansen, H. et Tarp, F., « Aid Effectiveness Disputed », in Tarp, F. et Hjertholm, P. (eds.), *Foreign Aid and Development : Lessons Learnt and Directions for the Future*, Routledge, Londres, 2000.

Hansen, H. et Tarp, F., « Aid and Growth Regressions », *Journal of Development Economics* 64 : 547-570, 2001.

Hout, W., « Good Governance and the Political Economy of Selectivity », Asia Research Centre, *Working Paper* n° 100, Murdoch, 2003.

Knack, S. et Keefer, P., « Institutions and Economic Performance : Cross-Country Tests Using Alternative Institutional Measures », *Economics and Politics* 7(3) : 207-227, 1995.

McGillivray, M., « Aid Effectiveness and Selectivity : Integrating Multiple Objectives into Aid Allocations », Paper presented at *Joint OECD DAC / Development Centre Experts' Seminar : Aid Effectiveness and Selectivity-Integrating Multiple Objectives into Aid Allocations*, Paris, 10 mars 2003.

Moreira, S., « Evaluating the Impact of Foreign Aid on Economic Growth : A Cross-Country Study (1970-1998) », Paper presented at the *Society for the Advancement of Socio-Economics (SASE) 15ᵗʰ Annual Meeting*, 26-28 juin, Aix-en-Provence, 2003.

Mosley, P., « Aid Effectiveness : The Micro-Macro Paradox », *IDS Bulletin* 17(2) : 22-27, 1986.

Naím, M., « Latin America : The Second Stage of Reform », *Journal of Democracy* 5(4) : 32-48, 1994.

Sachs, J.-D. et Warner, A., « Economic Reform and the Process of Global Integration », *Brookings Papers on Economic Activity* 1 : 1-118, 1995.

Sala-i-Martin, X., « I Just Run Four Million Regressions », *NBER Working Paper* n° 6252, National Bureau of Economics Research, Cambridge, 1997.

Stiglitz, J., « More Instruments and Broader Goals : Moving Toward the Post-Washington Consensus », Paper presented at the *1998 WIDER Annual Lecture*, 7 janvier, Helsinki, 1998.

Svensson, J., « Aid, Growth and Democracy », *Economics and Politics* 11(3) : 275-297, 1999.

Williamson, J., « What Washington Means by Policy Reform », in Williamson, J. (ed.), *Latin American Adjustment : How Much Has Happened ?*, Institute of International Economics, Washington, 1990.

Williamson, J., « The Washington Consensus as Policy Prescription for Development », *A lecture in the series Practitioners of Development delivered at the World Bank*, Institute for International Economics, Washington, 13 janvier 2004.

World Bank, *Assessing Aid : What Works, What Doesn't, and Why*, Oxford University Press, New York, 1998.

Mondialisation et développement humain

L'intervention de l'État et le progrès social[*]

Floriana D'Elia et Stefania Gabriele

Chercheur dans l'Unité « Microéconomie » à l'ISAE,
Instituto di Studi e Analisi Economica, Rome
Directeur de l'Unité « Microéconomie » à l'ISAE,
Instituto di Studi e Analisi Economica, Rome

La mondialisation est définie d'une manière générale comme la croissante intégration des économies et des peuples, déterminée par l'énorme réduction des coûts des transports et des communications et par l'abattement des barrières artificielles à la circulation internationale des biens, services, capitaux, connaissances et personnes (Stiglitz, 2002).

Malgré la multiplicité des études effectuées[1], il n'a pas été possible d'établir de manière univoque si le phénomène étudié a eu un effet décisif sur l'évolution du degré de pauvreté et des inégalités, aussi bien entre les pays qu'à l'intérieur de chaque nation, et plus en général sur les conditions de vie des populations.

De toute façon, les potentialités du marché et des commerces doivent être reconduites à leur rôle plausible dans le développement économique. Quant aux niveaux d'instruction et à l'espérance de vie, à la pauvreté et à l'inégalité, à la garantie d'un revenu pour tous, il existe aussi d'autres instruments, dont les plus importants relèvent de l'intervention publique.

Afin d'analyser les politiques publiques favorables au progrès social dans les pays du Sud du monde, il vaut la peine de rappeler comment la discussion sur les tâches et l'étendue de l'État et des finances publiques s'est ouverte, dans les pays actuellement appelés développés, quand encore le niveau des dépenses par rapport au PIB était inférieur à 10 %.

---

[*] Cette communication est tirée des Rapports ISAE (2003) et ISAE (2004).

[1] Voir Collier-Dollar (2003), Milanovic (2002), Bourguignon et Morrisson (2002), Sala-i-Martin (2002), Robbins (1996), Ravallion (2001), Dollar et Kray (2001) et Cornia et Kiiski (2001).

En effet, déjà à la fin du 19ᵉ siècle quelques alarmes étaient exprimées sur l'augmentation des sorties du budget, et la réflexion s'acheminait avec les analyses de Wagner (1893), et avec les interventions critiques de Nitti[2]. Quelques réflexions synthétiques sur les tâches de l'action collective, destinées à éclaircir notre point de vue, sans aucune prétention d'exhaustivité, seront exposées dans la section suivante.

D'un point de vue empirique, l'expérience du monde occidental industrialisé – vue dans la longue période – est celle d'une générale amélioration des niveaux de vie, en présence de la croissance économique et d'une encore plus rapide augmentation des dépenses publiques (voir la troisième section). Pour ce qui concerne les autres pays, les écarts entre les niveaux de développement humain sont très remarquables (quatrième section) et les dépenses publiques sont souvent très limitées (cinquième section). Dans la dernière section on propose quelques réflexions sur les politiques à mettre en œuvre.

I. L'intervention publique à l'ère de la globalisation

Du point de vue théorique, la justification traditionnelle de l'intervention publique dans l'économie dérive de l'examen des défauts de marché et des biens collectifs. L'économie du bien-être a produit des résultats importants qui, même aujourd'hui, peuvent représenter des points de repère pour l'examen des besoins des pays en développement (PED). La capacité à reconnaître les situations dans lesquelles des externalités provoquent d'importantes divergences dans les résultats du calcul individuel par rapport à ceux du calcul social est, par exemple, un héritage encore valable[3], en raison aussi de certaines indications de théorie normative qui en découlent. La discussion sur l'importance et sur les limites de l'intervention publique s'est ensuite beaucoup développée, avec le débat entre l'école du *Public choice* et celle de *Public finance* et les contributions de *La nouvelle économie publique de la réglementation et de l'économie institutionnelle de la réglementation.*

Nous n'avons certainement pas la possibilité de rappeler ici, même brièvement, les différentes positions et considérations qui ont permis d'éliminer toute ingénuité de l'étude de l'action collective, en séparant

---

[2] Nitti (1907), en polémique avec les partisans de l'individualisme méthodologique en économie, défendait le rôle de l'État avec des argumentations qui étaient beaucoup en avance par respect au débat suivant sur les défaillances du marché et sur celles de l'intervention publique.

[3] Abstraction faite de l'objectif implicite à cette analyse, c'est-à-dire l'approximation à un optimum de Pareto qui ne permet pas d'aborder la question de l'équité (en considérant la distribution comme une donnée) et qui se base sur le concept fragile de la maximisation de l'utilité.

les buts déclarés des objectifs cachés de l'élite politique et de la bureaucratie. En tout cas, les conclusions les plus « défaitistes » ne semblent pas avoir trouvé un fondement suffisamment solide ni dans la découverte des défaillances de l'État, ni dans l'exaltation acritique des valeurs du marché. La conviction qu'il faut récupérer un équilibre entre l'État (les institutions) et le marché s'est, par contre, davantage imposée.

Une position constructive, qui met aussi à profit l'appareil critique des économistes modernes concernant l'intervention publique, est celle récemment proposée par Olson (Olson, 2000) qui, tout en partant de l'analyse du *self-interest* de ceux qui détiennent le pouvoir, finit par justifier l'action collective. Pour qu'une économie prospère, il faut tout d'abord garantir la sûreté ainsi qu'une définition précise des droits individuels et leur sauvegarde, c'est-à-dire le respect impartial des contrats et de la propriété privée. La deuxième condition est l'absence de comportements prédateurs, y compris ceux pratiqués par les *lobbys*, qui défendent leurs propres intérêts, provoquant des pertes pour la société dans son ensemble. Dans la conception de Olson, ceux qui sont au pouvoir ont avantage à limiter la charge fiscale et à fournir certains biens collectifs, afin d'assurer une prospérité économique durable. Si, de plus, le système en question est une démocratie, le gouvernement, qui représente une large partie de la société, a un *encompassing interest*, un intérêt compréhensif, et par conséquent tire un plus grand avantage de l'amélioration des conditions économiques.

À ce stade, allant au-delà de l'analyse positive de Olson, on peut se concentrer sur les objectifs de l'action collective qui, à notre avis, dépassent le concept de prospérité. L'étude de Sen peut nous guider dans cette direction. Il considère comme étant une priorité l'augmentation des opportunités offertes aux êtres humains. L'épanouissement de la liberté des personnes et l'égalité sur le plan des « fonctionnements » – les acquisitions finales –, mais surtout des « capacités », c'est-à-dire les chances de choisir parmi des combinaisons de fonctionnements, représentent les problématiques fondamentales de l'analyse de Sen (1991). Sur cette idée se fonde l'approche du développement humain, qui a conduit à la définition d'indicateurs de bien-être multidimensionnels, comme par exemple l'indice du développement humain du PNUD (Programme des Nations unies pour le développement). Cette approche requiert que l'on prenne en considération les objectifs sociaux dans le domaine de la gouvernance globale, afin de permettre que les pays les plus faibles et les populations les plus pauvres bénéficient de la globalisation. De façon plus détaillée, cette perspective privilégie la participation des citoyens aux processus décisionnels – tout en reconnaissant les limites dues à l'insuffisance des capacités et aux conditionnements qui peuvent conduire à l'acceptation de situations de déprivation. Cette approche exige aussi la réduction des disparités extrêmes caractérisant la distribution des revenus et les rapports de force entre les acteurs du marché et entre les pays, et demande l'octroi d'une aide structurelle aux pays en développement pour favoriser le dépassement des conditions de marginalisation (Jolly, 2002).

De ce point de vue, nous considérons qu'on peut reconnaître à l'État un rôle important aussi bien dans la gestion des processus de globalisation – à travers une régulation efficace pour favoriser un développement économique majeur et pour en limiter les conséquences néfastes – que dans l'effort d'augmentation des opportunités pour la population dans son ensemble.

Il faut toutefois rappeler que l'approche du développement humain ne comporte pas la définition d'un plan d'action préétabli et n'indique pas le niveau optimal des dépenses publiques, mais elle stimule l'approfondissement des analyses au niveau institutionnel et historique-empirique, afin que ces dernières soutiennent les décisions à prendre au sujet des politiques à mettre en œuvre.

II. Les dépenses publiques des nations industrialisées dans la longue période

Pour approfondir l'analyse des possibilités d'amélioration des conditions de vie des populations par le biais de l'instrument des dépenses publiques, on voudrait d'abord rappeler quelques étapes fondamentales du processus d'élargissement du budget public dans les pays industrialisés.

L'évolution des dépenses dans la longue période a été retracée par Tanzi et Schuknecht (1995) dans un article qui est devenu une référence essentielle pour tous ceux qui traitent ce sujet. Le tableau 1 propose une mise à jour, à l'année 2000, de celui présenté dans l'étude qu'on vient de citer. Il contient les données relatives aux dépenses des Administrations Publiques (AP) en pour cent du PIB[4].

L'histoire racontée par Tanzi et Schuknecht peut être rapidement synthétisée. Nous référant à la moyenne des pays considérés, les dépenses en pour cent du PIB avoisinent à peine 8 % autour de 1870, quand les tâches de l'État sont limitées à la fonction d'allocation des ressources. Les dépenses ne sont que légèrement plus élevées dans les années juste avant le début de la Première Guerre mondiale, malgré l'extension

---

[4] L'observation des données sur les dépenses publiques en quote-part du PIB est une méthodologie tout à fait répandue dans l'analyse de l'expansion de la dimension et du poids de l'activité financière publique. Toutefois il ne s'agit pas d'une modalité exhaustive de calcul, manquant d'incertitudes et de limites (voir Franco, 1993 et Piacentino, 1984).

du champ d'intervention, qui envisage alors quelques actions de redis-tribution des revenus, la constitution des premières écoles primaires publiques, l'introduction des premiers systèmes de sécurité sociale et quelques importants travaux publics. Vers 1920, le rapport entre les dépenses et le PIB atteint et ensuite dépasse 15 %, évolution influencée surtout par les pays les plus impliqués dans le conflit. Pendant l'entre-deux-guerres, une ultérieure augmentation significative (21 % du PIB en 1937) se vérifie à la suite de la progressive diffusion des systèmes de sécurité sociale et des politiques fiscales expansives adoptées après la Grande Dépression, à laquelle s'ajoute le net accroissement enregistré dans les pays qui se préparent à l'effort de guerre.

Au cours de la période suivant la Seconde Guerre mondiale, et en particulier en 1960, le poids des dépenses publiques par rapport au PIB effleure même 28 %. Seulement à la fin des années 1960 la tendance commence à s'inverser : on remet en question l'efficacité de l'État dans l'allocation des ressources, la capacité d'adopter des mesures distributi-ves bien ciblées, la possibilité d'effectuer des politiques de stabilisation efficaces en présence de la stagflation des années 1970. On attribue de même de l'importance aux effets de dissuasion d'une taxation élevée et on s'inquiète de la présence de l'économie souterraine. On en conclut que la démocratie et les mécanismes de vote par lesquels les décisions collectives sont prises permettent l'exploitation des minorités et des contribuables. Toutefois, Tanzi et Schuknecht (1995) observent com-ment, après 1960 aussi, le trend de croissance de l'incidence des dépen-ses publiques continue. Les dépenses se placent à 43 % du PIB en 1980 et à 44,8 % en 1990. En l'an 2000, aussi, nous retrouvons un niveau de dépenses en pour cent du PIB d'environ 45 % en moyenne.

On a observé (Di Majo, 1998) que les préoccupations concernant la croissance des dépenses publiques, qui avaient déjà été avancés au début du 19e siècle, se sont démontrées fondées pour ce qui concerne l'accroissement qui s'est vérifié au cours du 20e siècle, mais non par rapport à la crainte que cette augmentation aurait freiné la croissance économique : cette dernière a, au contraire, accompagné l'évolution des finances publiques pendant toute la période.

Tanzi et Schuknecht considèrent pertinent à affirmer que jusqu'à 1960 l'augmentation des dépenses publiques a apporté une amélioration tangible des indicateurs sociaux, alors que l'on ne peut pas soutenir la même chose pour ce qui concerne la période suivante, lorsque les varia-tions des indicateurs sociaux (distribution des revenus, instruction et participation au système scolaire, espérance de vie et mortalité infantile) sont restées limitées. Pendant cette phase, quelques pays ont augmenté leurs dépenses moins que d'autres, mais cela ne s'est pas traduit en différences significatives en termes d'avancements sociaux, sauf au niveau de la distribution des revenus qui est devenue légèrement moins égalitaire et en ce qui concerne certains indicateurs de cohésion sociale (nombre de divorces et de détenus) devenus plus préoccupants.

Tableau 1. Dépenses publiques (en % du PIB)

Pays	1870	1920	1937	1960	1980	1990	2000 (1)	2000 (2)
États-Unis	3,9	7,0	8,6	27,0	31,8	33,3		33,6
Canada		13,3	18,6	28,6	38,8	46,0		41,2
Japon	8,8	14,8	25,4	17,5	32,0	31,7		38,6
Australie				21,2	31,6	34,7	34,5	36,0
Nouvelle-Zélande				26,9	38,1	41,3		37,2
Suisse		4,6	6,1	17,2	32,8	33,5	39,0	
Norvège	3,7	13,7		29,9	37,5	53,8		43,5
Autriche		14,7	15,2	35,7	48,1	48,6	52,4	52,3
Belgique			21,8	30,3	58,6	54,8	49,2	49,4
Finlande							48,5	48,9
France	12,6	27,6	29,0	34,6	46,1	49,8	51,4	52,7
Allemagne	10,0	25,0	42,4	32,4	47,9	45,1	48,4	45,9
Grèce							47,4	48,9
Irlande				28,0	48,9	41,2		31,9
Italie	11,9	22,5	24,5	30,1	41,9	53,2	46,5	46,9
Hollande	9,1	13,5	19,0	33,7	55,2	54,0	45,6	39,6
Portugal							43,2 (3)	45,2
Espagne		9,3	18,4	18,8	32,2	42,0	38,1	40,2
Danemark	5,7						53,6	54,8
Suède	9,4	8,1	10,4	31,0	60,1	59,1	59,2	57,4
Royaume-Uni		26,2	30,0	32,2	43,0	39,9	39,9	37,0
Moyenne	**8,3**	**15,4**	**20,7**	**27,9**	**42,6**	**44,8**	**46,7**	**44,1**

Source : Tanzi V. et L. Schuknecht (1995) ; pour l'année 2000, (1) *General government expenditure*, FMI (2002a) ; (2) *General Government outlays*, OCDE (2003) ; (3) Donnée relative à 1999.

Les données pour l'an 2000 comprennent les encaissements des licences d'UMTS, comptabilisés comme débours négatifs qui, en pour cent du PIB, résultent égaux à : Australie (0,2), Autriche (0,4), Allemagne (2,5), Italie (1,2), Hollande (0,7), Royaume-Uni (2,4), Espagne (0,1).

D'ailleurs, dans les pays avec des secteurs publics « restreints » (comme les États-Unis, le Japon et la Suisse), on aurait obtenu de meilleurs résultats en termes d'efficience économique et de réglementation, mesurés en fonction de la croissance économique en moyenne quinquennale, du taux de chômage, de la quote-part de l'économie souterraine et du nombre de brevets.

Une tentative de vérification empirique des effets sociaux des dépenses publiques a été réalisée par Scully (2000), qui utilise des indices multidimensionnels de progrès social (mais aussi de liberté politique et économique et de droits civils) et analyse la relation entre les dépenses pour les consommations finales des administrations publiques et les indices de progrès de la société (au moyen de divers modèles non linéaires). Cette étude confirme que l'écart entre les valeurs exprimées par les indices sociaux des pays qui dépensent moins de 40 % du PIB et ceux qui en affectent plus de 50 % n'est pas important et soutient que l'augmentation marginale des dépenses, dans les pays développés, n'a pas d'effets sur le progrès social. En effet, selon Scully, les dépenses publiques ont un impact positif sur ce progrès, mais cet impact tend à se réduire par rapport à l'augmentation des dépenses mêmes, jusqu'à s'annuler au moment où il atteint son seuil critique, qui est désormais tout à fait dépassé dans les pays les plus industrialisés[5]. Les nations les plus pauvres, au contraire, devraient augmenter considérablement leurs dépenses publiques avant d'atteindre le seuil où ce bénéfice s'épuise.

III. Le tableau synthétique offert par les indicateurs du PNUD

Paradoxalement, ce sont justement les objectifs atteints par les pays industrialisés au niveau du progrès social qui posent une question d'équité à laquelle il est difficile d'échapper : celle de l'écart entre les conditions de vie des différentes populations, qui amène à s'interroger sur la nécessité de répandre les avantages du bien-être.

L'Indicateur du développement humain (IDH)[6], malgré les limites dues à l'inévitable caractère arbitraire des critères de pondération des variables utilisées pour l'établir, peut aider à fournir une description synthétique des écarts, soit quantitatifs, soit qualitatifs et sociaux, entre les pays et les macro régions géographiques.

Dans le tableau 2, on montre l'évolution entre 1990 et 2001 du IDH[7], qui bénéficie d'une substantielle amélioration même si cet indicateur présente quelques différences importantes entre les régions. Si, d'un côté, quelques éléments font ressortir des retards préoccupants pour l'Afrique subsaharienne et des ralentissements dans le développement pour quelques-uns des pays de l'ex-Union soviétique, de l'autre il est

---

[5] Le niveau moyen des consommations finales qui annule le bénéfice marginal des dépenses correspond à 18,6 % du PIB en moyenne.

[6] Voir les Rapports du PNUD (Programme des Nations unies pour le développement) ; voir aussi Fukuda-Parr et Kumar (2003).

[7] Les valeurs moyennes des régions sont des moyennes simples des indicateurs de chaque pays.

nécessaire de souligner les résultats positifs en termes de bien-être des individus obtenus dans l'Asie méridionale.

L'Afrique subsaharienne est placée, dans les deux périodes d'observation, au dernier rang dans le classement du développement aussi bien humain qu'économique ; elle présente, en effet, des valeurs alarmantes pour quelques-unes des plus élémentaires dimensions de développement.

Les pays de l'Afrique subsaharienne se placent, dans l'ensemble, aux marges des processus d'intégration commerciale ; ils sont caractérisés, de même, par des modestes « performances » de développement humain et économique, même dans les nations où l'on enregistre une ouverture plus importante au phénomène de la mondialisation[8].

Pour ce qui concerne l'Europe de l'Est et les ex-Républiques soviétiques, on peut mettre en évidence un léger ralentissement du processus de développement humain et économique. L'écart existant entre ces pays et ceux en développement s'est en effet réduit, surtout à la suite des profonds bouleversements politiques et sociaux qui ont suivi la chute du mur de Berlin. Cette évolution, toutefois, n'a pas été homogène à l'intérieur de la région. Les conditions de vie dans les pays de l'Europe orientale sont nettement meilleures que celles des pays de l'ex-Union soviétique. Quelques études récemment effectuées[9] soulignent une augmentation généralisée de la concentration des revenus dans les pays qui étaient par le passé sous influence soviétique. Ces études démontrent cependant comment une telle augmentation est faible dans le cas de l'Est européen et beaucoup plus marquée (et préoccupante) pour le reste de la région.

La région du Sud-Est asiatique enregistre une évolution socio-économique positive, avec d'évidents progrès au niveau du revenu et du développement humain, même si avec des différences significatives entre les parties orientale et méridionale. Hong-Kong, Corée du Sud et Singapour peuvent désormais être inclus dans le groupe des pays économiquement plus avancés et plus mondialisés. Leur développement a été caractérisé, déjà à partir de l'immédiat après-guerre, par des investissements massifs dans l'instruction, avec la conséquente formation adéquate de capital humain qualifié, et, dans quelques cas, par des réformes de type redistributif, surtout dans les secteurs agraire et fiscal. La réforme agraire, en effet, a permis de sauver de la pauvreté de larges

---

[8] On se réfère à l'analyse de Collier et Dollar (2003), qui, sur la base de la variation du volume des échanges en pour cent du PIB, distinguent entre pays plus mondialisés et moins intégrés.

[9] Cornia et Kiiski, 2001, Sala-i-Martin, 2002.

segments de la population, alors que l'introduction de nouvelles formes de prélèvement, comme celles sur la richesse, a rendu plus progressif le système fiscal[10].

Tableau 2. Indicateurs

	IDH 1990	PIB p/h ($ USA en PPA) 1990	IDH 2001	PIB p/h ($ USA en PPA) 2001
Asie de l'Est	0,669	5 560	0,710	7 094
Asie du Sud	0,521	1 886	0,600	2 932
Moyen-Orient et Nord Afrique	0,623	5 354	0,702	8 334
Amérique latine	0,713	4 800	0,759	6 697
Afrique subsaharienne	0,443	1 700	0,478	2 927
Europe centrale et orientale et CEI	0,769	6 335	0,779	6 605
OCDE	0,891	17 955	0,928	26 781
Monde	0,659	6 227	0,698	8 767

Source : D'Elia et Sulis (2003), Élaboration sur données PNUD, 2003 et Banque mondiale, 2002.

En Asie orientale, on peut distinguer un autre groupe de pays, constitué par les économies émergentes des Philippines, Malaisie et Thaïlande, qui est pleinement intégré dans les processus de mondialisation, mais qui se trouvent dans une phase de ralentissement de leur avancement socio-économique. Ce phénomène est souligné par l'évolution de quelques indicateurs d'inégalité, qui, après la diminution enregistrée jusqu'aux années 1980, montrent une légère augmentation à partir de la fin de cette période. Jomo (2002) a interprété la nouvelle intensification de la concentration des revenus comme étant le résultat de la mise en place, à partir des années 1980, de politiques de libéralisation accompagnées par une réorganisation de l'intervention publique dans l'économie et par une limitation des mécanismes redistributifs. Il faut toutefois souligner que, même en présence d'une légère reprise de l'indicateur d'inégalité, la croissance élevée connue par ces pays, dans le laps de temps analysé, a permis de réduire de manière considérable la pauvreté absolue.

La Chine, entre 1990 et 2001, a connu des rythmes élevés de croissance économique (le taux d'augmentation du PIB par tête correspondait alors à presque 9 % annuel), a obtenu des résultats importants en termes d'intégration (elle a été classée par la Banque mondiale des pays plus mondialisés) et a atteint des succès considérables dans la lutte contre la

---

[10] Cornia et Kiiski, 2001.

pauvreté économique et humaine (mesurée par l'Indicateur de Pauvreté Humaine, IPH, du PNUD)[11]. Toutefois, il faut ajouter que la Chine est caractérisée par de profondes inégalités, surtout en ce qui concerne la distribution des revenus entre les régions urbaines et les zones rurales et entre les régions côtières et celles qui se trouvent à l'intérieur.

L'Asie du Sud, enfin, occupe avec l'Afrique subsaharienne les derniers rangs relatif à l'IDH, mais elle a entrepris un chemin de développement humain et économique, en réduisant, entre 1990 et 2001, l'écart avec les régions plus avancées au niveau des principaux indicateurs de bien-être. Bien que ces pays présentent encore des niveaux de privation humaine et de pauvreté absolue élevés, ils ont connu quelques succès encourageants (quoique encore limités). Le pourcentage de la population qui se trouve au dessous du seuil de pauvreté absolue s'est réduit, entre 1990 et 1998, de 44 % à 40 % (Banque mondiale, 2001) et le niveau de l'IPH pour la région a baissé de 5 points en pour cent entre 1997 et 2001.

En ce qui concerne l'Inde[12], il est utile de rappeler qu'à partir des années 1990 (caractérisées par des mesures de libéralisation de l'activité économique, des réductions aux dépenses pour les subventions destinées aux pauvres et pour les grands travaux d'infrastructures), après une période de réduction, le degré d'inégalité a repris à augmenter, à cause surtout de la progressive concentration des revenus dans les régions urbaines et de l'inégale distribution des ressources entre les divers États indiens.

Quant aux pays du Moyen-Orient et de l'Afrique du Nord, on peut mettre l'accent sur leur modeste implication dans le processus d'intégration économique (seulement la Jordanie compte parmi les pays les plus intégrés dans le processus de mondialisation). Le tableau d'ensemble de la région est généralement assez positif, bien que de profondes contradictions soient présentes, soit en termes de revenu par tête, soit en termes de dimensions non économiques du développement.

L'Amérique latine compte un grand nombre de réalités fortement hétérogènes, d'un point de vue à la fois économique et social. La région présente, toutefois, un tableau général de degrés de développement intermédiaires au niveau socio-économique, comme le soulignent les principaux indicateurs de développement humain et de privation.

On peut conclure cette section en rappelant que, face à la difficulté d'arriver à une conclusion acceptée unanimement sur le niveau d'intégration internationale à même d'influer sur les conditions de vie maté-

---

[11]   Voir PNUD, plusieurs années.
[12]   Voir Ravallion et Datt, 2001.

rielles et immatérielles des pays et des individus, le prix Nobel pour l'économie A. Sen (2002) affirme que « *les doutes concernant l'ordre mondial doivent être considérés à la lumière de la présence contemporaine d'une misère dégradante et d'une prospérité sans antécédents* (notre traduction)...».

IV. Les dépenses publiques dans les différentes régions du monde

Nous allons analyser maintenant le niveau des dépenses publiques dans les régions qui ne font pas partie du monde occidental industrialisé, à l'aide des graphiques en annexe.

Quoique avec la prudence nécessaire – liée à la difficulté de construire un recueil de données à même d'offrir des informations suffisamment homogènes sur un aussi grand nombre de pays, et aux insuffisances concernant surtout la connaissance des dépenses effectuées à un niveau décentralisé –, on peut affirmer que le seul groupe d'États où les dépenses publiques en pourcentage du PIB se placent en moyenne sur des niveaux proches de ceux du monde occidental industrialisé est celui qui comprend les ex-Républiques soviétiques et l'Europe de l'Est (Gabriele et Meucci, 2003). Dans les autres régions, les dépenses publiques par rapport au PIB n'excèdent pas souvent 30 %, et l'intervention publique dans la plupart des cas reste inférieure ou égale à 25 %. Même si l'on choisit comme objectif l'indication minimaliste de Tanzi et Schuknecht (1997) d'un rapport de 30-40 %, on ne peut que conclure en faveur d'une augmentation des dépenses publiques dans la majorité des pays, dans le but de favoriser l'amélioration des conditions sociales et du développement humain.

Un élément ultérieur de réflexion concerne la réorganisation de l'intervention publique dans quelques pays en transition vers l'économie de marché, à laquelle s'ajoute l'incertitude sur la possibilité de maintenir les résultats déjà atteints dans les domaines de l'instruction et de la santé, connaissant des cas de réduction des taux de participation au système scolaire, des problèmes d'accès aux services sanitaires et, encore, la diffusion, surtout dans les ex-Républiques soviétiques, de pathologies épidémiques qu'on croyait désormais presque vaincues, comme la diphtérie (UNICEF, 1999). Bien sûr, ceci ne prouve pas qu'une diminution du rôle du secteur public produit nécessairement des conséquences dévastatrices, mais certainement l'expérience de la transition doit inciter à une certaine prudence et doit suggérer que le transfert de quelques fonctions, particulièrement importantes du point de vue de la cohésion et de la croissance du capital humain, au secteur privé ne peut pas se produire simplement par le retrait du secteur public, mais doit comporter une réflexion sérieuse sur les moyens alternatifs d'offre de certains services et prestations.

Quant à la distribution fonctionnelle des dépenses (Gabriele et Meucci, 2003), on observe que, parmi les dépenses visant à accroître le capital humain et à améliorer les conditions sociales, ceux pour l'éducation sont certainement les plus importants dans toutes les régions analysées dans cette section, sauf pour le groupe de l'Europe de l'Est et des ex-Républiques soviétiques et pour quelques pays d'Amérique latine, où les fonds alloués au secteur de la santé et surtout à celui de la protection sociale apparaissent plus considérables.

Plus précisément, la quote-part attribuée aux programmes pour l'éducation dépasse 20 % des dépenses totales dans quelques pays asiatiques, d'Amérique latine et d'Afrique. Dans ces cas, l'effort pour accroître le capital humain par des politiques d'éducation et de formation est clairement important, et certainement supérieur, en termes relatifs par rapport aux sorties globales, à celui que l'on réalise dans les pays plus développés (11,6 % en moyenne dans l'UE, en l'an 2000).

D'ailleurs, on a constaté que, même dans ces derniers pays, les politiques pour l'instruction ont été parmi les premières adoptées. Toutefois, on doit encore observer qu'il y a beaucoup de pays (voir graphique), pour lesquels les dépenses pour l'enseignement restent limitées ou nettement dérisoires.

Les dépenses pour la santé atteignent ou dépassent 10 % du total seulement dans une bonne partie de l'Europe de l'Est et des ex-Républiques soviétiques, dans quelque pays d'Amérique latine et dans peu d'autres cas. Dans les États-membres de l'UE, au contraire, la quote-part des dépenses attribuées à cette sphère est égale à celle de l'éducation (11,8 %). On remarque que, dans les pays à bas revenu, seulement la moitié des dépenses sanitaires est financée par le secteur public, alors que dans les pays à moyen et surtout à haut niveau de revenu l'intervention publique est plus considérable (voir D'Elia et Sulis, 2003).

La quote-part des dépenses pour la protection sociale présente la plus grande marge de variation, avec des pourcentages très élevés là où il existe des systèmes de garantie sociale (surtout dans les pays en transition, et aussi en Argentine, Brésil, Uruguay et Chili), mais des niveaux très contenus dans la plupart des autres cas.

Conclusion

Dans les pays développés le rôle de l'État est toujours mis en discussion, même si l'alternance des vicissitudes de l'histoire et l'évolution de la réflexion des chercheurs mettent chaque fois l'accent sur les avantages ou sur les risques de l'intervention publique. Toutefois, on relève un accord presque universel sur le fait que, jusqu'à un certain point, la présence du secteur public a été décisive pour garantir ces améliorations dans le capital humain et dans les conditions de vie auxquelles aujourd'hui on n'est probablement pas disposé à renoncer (sans mentionner les reflets positifs sur le développement économique).

Ces réflexions ont peut-être influencé également l'analyse critique des politiques d'aide internationale qui s'est développée au cours des années 1990. En effet, le constat de l'inefficacité du système fondé sur une multiplicité de projets financés par des donateurs différents – chacun avec ses mécanismes de vérification des conditions d'accès aux financements et avec ses propres procédures d'action – a amené à favoriser, d'une part, la concentration des ressources dans le budget public du pays récepteur (*budgetary aid*), et, d'autre part, le soutien aux programmes nationaux[13] visant à réduire la pauvreté (programmes définis par les gouvernements, mais avec la participation de la société civile). De même, à ceci s'est ajoutée une révision des mécanismes de conditionnalité, traditionnellement basés sur les programmes d'ajustement macroéconomiques, le plus souvent établis par le FMI (Fond monétaire international), et sur les contrôles effectués pour vérifier la réalisation effective de chaque projet financé. La nouvelle position, qui attribue au budget public du pays récepteur la tâche de cibler les axes prioritaires de l'aide étrangère, exige au contraire qu'un rapport de *partnership* s'établisse entre le pays donateur et le pays bénéficiaire. Ceci devient possible lorsque ce dernier adopte ce que l'on définit généralement les *sound policies*.

Ces politiques « correctes » sont celles qui préconisent la stabilisation macroéconomique et la mise en place de « bonnes institutions ». Ce dernier concept, s'il souscrit, d'une part, l'exigence, pour que l'économie de marché fonctionne, d'un système de règles vouées à garantir la protection de la propriété privée et le respect des contrats, représente en réalité un modèle réducteur, qui n'accorde pas suffisamment d'importance à l'action collective. Nous pensons que ce modèle devrait être développé en fonction des thématiques traitées dans la deuxième section de cette communication.

Afin de financer les budgets des PED, il faut non seulement se valoir des aides internationales mais aussi viser une amélioration des mécanismes de mobilisation des ressources fiscales. L'analyse des indicateurs économiques relatifs aux PED souligne, en effet, le caractère insuffisant des ressources publiques disponibles ; le niveau moyen du prélèvement

---

[13] SWAP, *Sector-Wide Approaches*, ou PRSP, *Poverty Reduction Strategy Papers*.

pour les PED correspond environ à 16 % du PIB (13,4 % dans les pays asiatiques et moins de 17 % dans les pays de l'Afrique subsaharienne). Une partie de la littérature économique[14] soutient que le montant insuffisant des entrées fiscales disponibles peut être expliqué par deux facteurs principaux : d'une part, l'incapacité du système économique en question à générer des recettes fiscales ; d'autre part, l'incompétence des autorités nationales qui gèrent de façon non optimale la capacité contributive du système.

Afin de déterminer si et à quel niveau un pays dispose des qualités économiques nécessaires pour améliorer ses *performances* fiscales, on fait recours à l'« indice de l'effort fiscal »[15], une mesure synthétique de la capacité de générer des ressources, obtenue en comparant le produit fiscal réel avec le potentiel fiscal (c'est-à-dire les recettes publiques qu'un pays pourrait vraisemblablement mobiliser, après avoir pris en compte toutes ses caractéristiques structurelles).

L'analyse de l'indice[16] de l'effort fiscal permet de démontrer que certains pays, tout en étant caractérisés par des paramètres économiques pouvant permettre l'augmentation de la pression fiscale, enregistrent un produit fiscal réel inférieur à leurs potentialités. L'amélioration de la gestion de la capacité contributive du système économique consentirait donc de corriger l'état des finances publiques de nombreux pays en développement, aujourd'hui caractérisés par des niveaux préoccupants de déficit et d'endettement publics.

Les réflexions pour l'avenir consistent, d'une part, à évaluer les possibilités d'obtenir les ressources destinées à financer le développement humain – au sein des PED aussi bien que par le biais d'un système de taxation globale – et, d'autre part, à approfondir les problématiques liées à la qualité des dépenses publique et aux exigences de *accountability* des institutions et des budgets publics.

Références

Alm, J., Martinez-Vazquez, J. et Schneider, F., *Taxing the Hard to Tax*, Elsevier, Amsterdam, 2004.

Banque mondiale, *World Development Report 2000/2001. Attacking Poverty*, Oxford University Press, New York, 2001.

Banque mondiale, *World Development Indicators 2002*, Oxford University Press, New York, 2002.

---

[14] À ce sujet voir Stotsky et Mariam, 1997.

[15] Voir Musgrave, 1987.

[16] Sur ce thème, voir Alm *et al.*, 2004.

Bourguignon, F. et Morrisson, C., « Inequality among world citizens : 1820-1992 », *The American Economic Review*, vol. 92, n° 4, pp. 727-743, 2002.

Collier, P. et Dollar, D., *Globalization, Growth and Poverty : Building an Inclusive World Economy*, Oxford University Press, New York, 2003.

Cornia, G. et Kiiski, S., « Trends in Income Distribution in the Post-World War II Period », *Discussion Paper* n° 2001/89, WIDER, 2001.

D'Elia, F. et Sulis, I., *Globalizzazione e sviluppo umano, Finanza pubblica e redistribuzione*, Parte Prima, Rome, 2003.

Di Majo, A., « La crescita della spesa pubblica nell'analisi economica », *Studi e note di economia*, n° 2, pp. 31-65, 1998.

Dollar, D. et Kraay, A., « Trade, growth and poverty », *Working Paper* n° 2615, Banque mondiale, Washington (DC), 2001.

FMI, *Government Financial Statistics Yearbook*, Washington, 2002.

FMI, *Supplement to Government Financial Statistics Yearbook*, Washington D.C., 2002a.

FMI, *International Financial Statistics*, Washington DC, 2003.

Franco, D., *L'espansione della spesa pubblica in Italia*, Il Mulino, Bologne, 1993.

Fukuda-Parr, S. et Kumar, A. (eds.), *Readings in Human Development*, Oxford University Press, New Delhi, 2003.

Gabriele, S. et Meucci, L., « Le finanze pubbliche e i traguardi sociali », in *Rapporto ISAE, Finanza pubblica e redistribuzione*, Parte Prima, Rome, 2003.

ISAE, *Finanza pubblica e redistribuzion*, Parte prima, Rome, 2003.

ISAE, *Finanza pubblica e redistribuzione*, Parte prima, Rome, 2004.

Jolly, R., « Human development and neo-liberalism : paradigms compared », in Fukuda-Parr, S. et Kumar, A. (eds.), *Readings in Human Development*, Oxford University Press, Oxford, 2003.

Jomo, K., « Globalization, Liberalization, Poverty and Income Inequality in Southeast Asia », communication présentée au colloque *Poverty and Inequality in Developing Countries : A Policy Dialogue on the Effects of Globalization*, OCDE, Paris, 2002.

Musgrave, R., « Tax Reform in Developing Countries », in Newbery, D. et Stern, N. (eds.), *The Theory of Taxation for Developing Countries*, Oxford University Press, New York, 1987.

Milanovic, B., « True world income distribution, 1988-1993 : first calculation based on household surveys alone », *The Economic Journal*, vol. 476, pp. 51-92, 2002.

Nitti, F., *Scienza delle finanze*, 3e édition revue, L. Pierro, Naples, 1907.

OCDE, *Economic Outlook*, n° 73, Paris, 2003.

Olson, M., *Power and Prosperity, Outgrowing Communist and Capitalist Dictatorship*, Basic Books, New York, 2000.

Piacentino, D., *L'espansione delle finanze pubbliche nei paesi industriali*, Franco Angeli, Milan, 1984.

PNUD, *Rapport Mondial sur le Développement Humain*, Oxford University Press, New York, 1997.

Ravallion, M., « Growth, inequality and poverty : looking beyond averages », *Working Paper Series*, n° 2558, Banque mondiale, Washington, 2001.

Ravallion, M. et Datt, G., « Why has economic growth been more pro-poor in some states of India than others ? », *Journal of Development Economics*, vol. 68, n° 2, pp. 381-400, 2002.

Robbins, D., « Evidence on trade and wages in the developing world », *OECD Development Centre Technical Paper* n° 119, Paris, 1996.

Sala-i-Martin, X., *The disturbing rise in global income inequality*, 2002, disponible à www.columbia.edu/~xs23/papers/globalincomeinequality.

Scully, G., « Public Spending and Social Progress », *NCPA*, n° 232, 2000.

Sen, A., *Inequality Reconsidered*, Oxford University Press, Oxford, 1991.

Sen, A., *Globalizzazione e libertà*, Arnoldo Mondadori Editore, Milan, 2002.

Stiglitz, J., *Globalization and Its Discontents*, W.W. Norton & Company, New York, 2002.

Tanzi, V. et Schuknecht, L., « Reconsidering the Fiscal Role of Government : The International perspective », *The American Economic Review*, pp. 164-168, mai 1997.

Tanzi, V. et Schuknecht, L., « The Growth of Government and the Reform of the State in Industrial Countries », *International Monetary Fund*, n° 130, pp. 1-39, 1995.

UNICEF, *After the Fall. The Human Impact of ten years of transition*, The MONEE project, 1999.

Wagner, A., « Three Extracts on Public Finance », in Musgrave, R. et Peacock, A. (eds.) 1958, *Classics in the Theory of Public Finance*, The Macmillan & CO. Ltd, Londres, 1893.

Dépenses publiques des Administrations centrales
(% du PIB) 2000

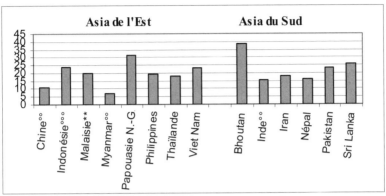

Chine, Malaisie, Thaïlande, Inde : Administrations publiques[1].

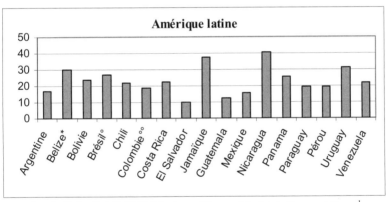

Argentine, Bolivie, Brésil, Chili, Mexique, Pérou : Administrations publiques[1].

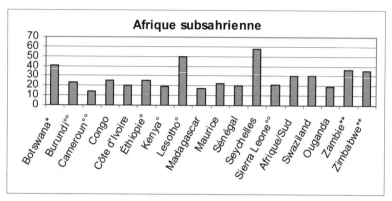

Afrique du Sud, Ouganda : Administrations publiques[1].

[1] Les dépenses « consolidées » des Administrations publiques ont été reconstruites approximativement en additionnant les postes des différents niveaux de gouvernement et en soustrayant les transferts entre les administrations. Pour la Chine : les transferts ne sont pas disponibles ; la donnée des Administrations publiques est la somme des dépenses des différents niveaux de gouvernement.

*1996 ; **1997 ; °1998 ; °°1999 ; °°°2001.

Source des graphiques : Gabriele et Meucci (2003), élaborations sur données FMI 2002, 2002a, 2003, PNUD, 2002.

Rôle économique et impact géopolitique des investissements directs étrangers dans le développement

Cas comparés de la Chine et de l'Inde

Jean-Christophe BERTHOD

Étudiant chercheur à l'Institut français de géopolitique
(Université de Paris VIII)

Le 13 mai 2004, un séisme politique bouleverse l'ordre établi depuis cinq ans en Inde : l'Alliance démocratique nationale (NDA) au pouvoir, conduite par les nationalistes hindous du Parti du peuple indien (BJP), est sévèrement battue au profit de ses opposants, le Parti du Congrès et ses alliés, partis communistes et formations régionales. Cette élection sanctionne une politique qui a privilégié les classes moyennes urbaines au détriment des masses rurales marginalisées, comme l'illustre la défaite localement de deux des « *chief ministers* » des États phares de l'informatique indienne : Chandrababu Naidu en Andhra Pradesh et S.M. Krishna au Karnataka, dont la capitale Bangalore s'est imposée comme la Silicon Valley indienne. Le résultat de cette élection montre bien le hiatus qui existe entre le décollage économique de « l'Inde qui brille », un décollage tiré notamment par un niveau sans précédent d'investissements étrangers, et le développement du pays, qui est passé en dix ans du 94ᵉ au 127ᵉ rang dans le classement établi par le PNUD sur les critères de développement humain.

De son côté, la Chine, qui a accueilli en 2003 53,5 milliards de dollars d'IDE (Investissements directs à l'étranger) s'est imposée depuis deux ans comme le second pays d'accueil pour ce type d'investissements, devant les États-Unis. D'après la banque d'affaires Goldman Sachs, l'économie chinoise devrait dépasser l'Allemagne dans les quatre prochaines années, le Japon en 2015 et les États-Unis en 2039. Mais là aussi, les IDE sont-ils et seront-ils vecteurs de développement et non pas seulement de croissance économique ?

Au moment où le phénomène des délocalisations d'activités vient au centre du débat économique dans les pays développés (aux États-Unis face à la menace que fait peser le phénomène offshore dans l'emploi informatique, en Europe occidentale alors que l'Union européenne s'élargit à dix nouveaux membres, au Japon où les grandes entreprises nationales installent leurs bases productives chez le voisin chinois), il est essentiel de renverser la question et de se demander ce que ces IDE apportent aux pays qui les accueillent. Quels sont leur rôle et leur impact sur les économies de ces pays ?

Les pays en développement, les économies émergentes et les pays en transition voient de plus en plus les IDE comme une source de développement économique et de modernisation, d'emploi et de croissance des revenus. De nombreuses études montrent en effet que les IDE peuvent déclencher des transferts de technologie, participer à la formation du capital humain, contribuer à l'intégration d'une économie dans les échanges internationaux, aider à la création d'un environnement économique plus compétitif et par suite contribuer à la baisse du niveau de pauvreté du pays tout en contribuant à l'amélioration des conditions sociales et environnementales. Mais ce cercle vertueux des IDE est très souvent contrebalancé par des phénomènes destructeurs qui peuvent retarder, voire aller à l'encontre du processus de développement : détérioration de la balance des paiements du pays d'accueil suite au rapatriement de leurs profits par les multinationales, faible ancrage de ces investissements dans l'économie locale, impact négatif sur l'environnement, accroissement des inégalités, distorsions concurrentielles, etc.

Il est donc urgent de chercher à comprendre le lien qui existe entre investissements directs étrangers et développement afin de définir des pratiques qui permettront d'attirer les « bons » IDE.

La comparaison des stratégies de développement de l'Inde et de la Chine et l'étude des conséquences des IDE sur leurs économies respectives va nous permettre de mieux comprendre l'articulation entre investissements étrangers et développement. Comme nous le verrons dans un premier temps, ces deux pays ont suivi des politiques d'ouverture économique divergentes liées aux choix effectués dans les modes d'allocation des ressources. Schématiquement, la Chine serait « l'atelier du monde » quand l'Inde s'imposerait comme « le bureau du monde ». Dans une seconde partie, nous étudierons alors l'impact des IDE sur les différents équilibres des deux pays. Il sera alors possible de tenter de mettre en évidence certaines bonnes pratiques afin de maximiser l'effet positif des investissements étrangers sur le développement des pays d'accueil.

I. Stratégies de développement comparées de l'Inde et de la Chine : des attitudes très divergentes à l'égard des IDE

A. *Un poids des IDE bien supérieur en Chine qu'en Inde, mais des économies finalement peu ouvertes*

Géants démographiques de l'Asie, l'Inde et la Chine font état de différences très marquées en termes d'attraction des IDE. Ainsi, les flux d'IDE vers la Chine sont passés de 3,5 milliards de dollars en 1990 à 52,7 milliards de dollars en 2002 (tableau 1). Même si ce chiffre est gonflé par le phénomène « d'aller-retour »[1], le flux réel d'IDE s'établirait d'après la CNUCED à 40 milliards de dollars. Sur la même période de 1990 à 2002, les flux d'IDE vers l'Inde sont quant à eux passés de 0,4 à 5,5 milliards de dollars. Ainsi, même après ajustements, il apparaît que la Chine attire 7 fois plus d'IDE que l'Inde, l'équivalent de 3,2 % de son PIB contre 1,1 % pour l'Inde.

Pourtant, le succès avec lequel la Chine a attiré les IDE depuis le lancement des réformes se doit d'être relativisé. En effet, si l'on rapporte le montant total des IDE à la population du pays, on observe que la Chine accueille moins d'IDE par habitant que tous les pays membres de l'OCDE à l'exception de la Turquie. L'Inde et la Chine restent donc des économies relativement fermées.

---

[1] Il s'agit de capitaux sortis illégalement et qui reviennent dans le pays pour bénéficier des conditions préférentielles faites aux investisseurs étrangers ; ces « faux IDE » pourraient représenter jusqu'à 25 % du total des investissements étrangers en Chine. En Inde, « l'aller-retour » avec Maurice existe, mais dans une moindre mesure, et pour des raisons fiscales.

Tableau 1. Chiffres-clés

		1990	2002
Flux d'IDE (M$)	Chine	3 487	52 700
	Inde	379	5 518
Stocks d'IDE (M$)	Chine	24 782	447 892
	Inde	1 961	41 525
Poids du stock d'IDE dans le PIB	Chine	7,0	36,2
	Inde	0,6	8,3
Part du flux d'IDE dans la FBCF*	Chine	3,5	10,5
	Inde	0,5	5,8
Flux d'IDE par tête (M$)	Chine	3,0	40,7
	Inde	0,4	5,3
PIB (Mds$)	Chine	388	1 237
	Inde	311	502
Croissance du PIB	Chine	3,8	8,0
	Inde	6,0	4,9

Source : CNUCED, WIR 2003.
* FBCF : Formation Brute de Capital Fixe.

B. Des conditions d'attraction inégales

1. Des avantages compétitifs différents

De par ses indicateurs macroéconomiques, la Chine bénéficie d'un niveau d'attractivité supérieur à celui de l'Inde : un PIB/habitant supérieur, qui attire les IDE destinés à la conquête du marché local ; un niveau d'éducation global supérieur, ce qui laisse penser que la main d'œuvre chinoise est plus performante qu'en Inde ; des ressources naturelles importantes et des infrastructures de meilleure qualité (en particulier à l'Est du pays). De son côté, outre la taille de son marché, l'Inde se distingue davantage notamment par le niveau de ses ingénieurs et par la nombre d'anglophones.

L'effet d'accumulation a exacerbé ces spécificités au cours de la période : la croissance rapide de la Chine a entraîné avec elle celle de la demande intérieure, renforçant l'attraction des IDE destinés à la conquête du marché. De plus, l'arrivée en masse de capitaux étrangers dans l'industrie a généré un effet d'entraînement pour d'autres investissements.

Il faut rajouter enfin la lourdeur des procédures administratives en Inde, la souplesse des lois sociales en Chine, et la volonté résolue du gouvernement chinois d'accueillir les investissements étrangers face aux réserves plus marquées des Indiens dans ce domaine.

2. Le rôle des diasporas

Le rôle des réseaux d'affaires chinois à l'étranger qui investissent de façon massive en Chine contraste avec celui des NRI (Non Resident Indians), beaucoup moins nombreux et prêts à investir dans leur patrie d'origine.

Ne sachant pas comment traiter avec des entreprises étrangères, Deng Xiaoping a ainsi commencé par proposer au début des réformes que les Chinois d'outre-mer et les ressortissants étrangers d'origine chinoise soient autorisés à implanter des usines en Chine (Deng, 1984).

Les familles de la diaspora chinoise représenteraient 75 % des investissements étrangers en Chine (Ma Mung, 2000). Plus riche globalement, la communauté chinoise expatriée a conservé des liens très forts avec la Chine : réseaux familiaux, réseaux d'origine, etc. Ces connexions (*guanxi*) sont un véritable atout pour la Chine. Les Indiens expatriés constituent à l'inverse un groupe plus restreint, avec des attaches nationales moins fortes. Il n'est ainsi pas rare d'entendre parler en Inde des NRI comme des « Non Required Indians ».

C. Le rôle des IDE dans la croissance et l'ouverture économique

1. En Chine plus qu'en Inde, les IDE ont été partie intégrante du processus de réforme

Les investissements directs étrangers ont joué un rôle de plus en plus important au cours des deux dernières décennies. Ainsi, si le stock d'IDE représentait 7 % du PIB chinois en 1990, cette proportion s'élevait à plus de 36 % en 2002. Entre ces deux mêmes dates, le poids du stock d'IDE dans le PIB indien est passé de 0,6 % à 8,3 % (tableau 1).

En Chine, cette période a également coïncidé avec les taux de croissance les plus élevés enregistrés par le Bureau de la statistique depuis 1949. Même si ces chiffres doivent être pris avec beaucoup de prudence, la croissance réelle du PIB aurait été de 9,7 % dans les années 1980 et 1990, contre 7,4 % dans les années 1970 et 3 % dans les années 1960. Or, le principal moteur de la croissance du PIB au cours des vingt dernières années a été l'investissement fixe (formation brute de capital fixe, FBCF), auquel les IDE ont contribué de plus en plus pour atteindre un maximum de 17,4 % en 1994 et retomber à 10,5 % en 2002 (figure 1).

**Figure 1. Apports d'IDE en Chine en proportion
des investissements fixes (en %)**

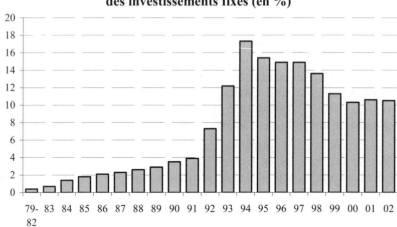

Source : Bureau national de la statistique, Rapport statistique de la Chine.

Le rôle des IDE dans la croissance économique de la Chine depuis 1978 est donc indéniable :

- Au début des réformes, les capitaux étrangers ont fourni un mécanisme de substitution au système financier commercial inexistant. Les IDE ont ainsi été utilisés à l'origine comme un moyen de moderniser l'industrie chinoise.

- Dans les années 1980, les IDE en Chine ont eu pour objectif principal la recherche de ressources : ils venaient en effet pour l'essentiel de Hong Kong et de Macao, ou bien du Japon, pays que les entreprises cherchaient à quitter afin d'échapper à la hausse des coûts des terrains et de la main d'œuvre. À cette époque, les IDE étaient largement concentrés dans les cinq zones économiques spéciales (ZES) du Sud-Est de la Chine, la plus grande partie du reste du pays étant fermée même aux visiteurs.

- Dans les années 1990, les IDE ont pu se renforcer dans le cadre du système économique chinois et se sont banalisés. C'est l'époque de l'intégration de la Chine dans la mondialisation. Les IDE ont ainsi largement contribué à la croissance des exportations du pays : au début de la période, les filiales étrangères réalisaient 9 % des exportations chinoises, contre 50 % en 2001. Simultanément, l'origine géographique des IDE s'est diversifiée, les investisseurs américains et européens convoitant davantage le potentiel du marché intérieur chinois.

Apporteurs de capitaux, générateurs de gains de productivité et de rentabilité, les IDE ont donc eu un certain nombre d'externalités positives sur l'économie chinoise qu'ils ont largement contribué à moderniser. Leur contribution à la valeur ajoutée industrielle atteint ainsi 29 % en 2001.

En Inde, le constat est moins net : l'impact des IDE sur l'économie du pays est resté relativement marginal. Ainsi, alors que la Chine faisait état de taux de croissance impressionnants, l'Inde semblait cantonnée à un taux structurellement faible qualifié par les économistes de « Hindou rate of growth ». Selon Aggrawal (2001), il est ainsi difficile d'affirmer que l'industrie indienne a bénéficié de gains de productivité grâce aux IDE. Si leur poids dans les exportations manufacturières indiennes a bien augmenté, il reste faible, passant de 3 % au début des années 1990 à 10 % aujourd'hui.

2. *Grâce aux IDE, la Chine s'est insérée dans la mondialisation du commerce en devenant centre d'assemblage alors que l'Inde s'est positionnée sur des niches technologiques*

Contrairement au cas indien, l'insertion de la Chine dans le commerce mondial s'appuie sur une intégration régionale forte. L'observation de l'origine des flux d'IDE met bien en évidence le rôle majeur des pays asiatiques pour la Chine : sur la période 1991-2001, les trois quarts des IDE viennent d'Asie et la moitié de Hong Kong. Ces chiffres illustrent les stratégies des firmes asiatiques qui ont fait de la Chine leur plate-forme d'exportation pour l'Amérique et l'Europe.

Tableau 2. Flux d'IDE en provenance des pays de l'OCDE vers la Chine et l'Inde en 2002

	Chine		Inde	
	Mds$	%	Mds$	%
Asie Océanie	13,3	41	1,6	22
ALENA	10,1	31	1,4	19
Europe	8,9	28	4,4	59
TOTAL OCDE	32,3	100	7,4	100

Note : les pays membres de l'OCDE classés dans la région Asie-Océanie sont le Japon, la Corée du sud, l'Australie et la Nouvelle-Zélande.

Source : OCDE.

Économiquement, la Chine bénéficie donc d'une forte insertion dans les processus d'intégration régionale. L'Inde, de par sa localisation géographique, est restée à l'écart des dynamiques régionales qui se sont bâties en Europe et en Asie (tableau 2).

La politique commerciale de la Chine a encouragé les opérations internationales d'assemblage et de sous-traitance, en exemptant des droits de douane les importations qui sont destinées à être réexportées après transformation. La Chine est ainsi devenue un vaste atelier employant une main d'œuvre bon marché dans des activités à forte intensité de travail humain. Les exportations après assemblage représentent plus de 55 % des exportations chinoises totales en 2002 et les importations pour assemblage représentent 41 % du total (tableau 3).

**Tableau 3. Commerce extérieur de la Chine
par régime douanier et type d'entreprises en 2002**

Mds$	Entreprises chinoises	Filiales étrangères		Total	
Exportations totales dont :	**156**	**170**		**326**	
Assemblage		45	135		180
Ordinaires		104	32		136
Importations totales dont :	**135**	**160**		**295**	
Assemblage		28	94		122
Ordinaires		95	35		130
Solde commercial total dont :	**21**	**10**		**31**	
Assemblage		17	40		57
Ordinaires		10	-3		7

Source : Lemoine, F., 2003.

Or, ce sont les filiales des entreprises étrangères implantées en Chine (essentiellement en provenance de Taiwan, Hong Kong et la Corée du Sud) qui dominent largement ces activités d'assemblage (trois quarts des flux commerciaux).

Grâce aux IDE, la Chine a donc réussi à s'insérer dans la chaîne de valeur ajoutée et donc à se faire une place dans le commerce international, ce qui est moins vrai dans le cas de l'Inde. Françoise Lemoine montre ainsi que l'industrie chinoise a développé une spécialisation verticale (singulièrement sur les activités d'assemblage) dans 14 secteurs sur 23 alors que l'Inde s'est limitée à 5 secteurs. En remontant progressivement la chaîne de valeur, la Chine a alors réussi en dix ans à se doter de fortes positions sur les marchés internationaux de produits finis dans des secteurs technologiques nouveaux (matériels de bureau, de télécommunication, électronique), où la demande mondiale est forte.

L'Inde a adopté un mode de développement organique en marge de la division internationale des processus productifs et où les IDE (essentiellement à la recherche de marché) n'ont qu'un impact marginal sur l'économie du pays. Elle a conservé une spécialisation horizontale sur des secteurs traditionnels à forte intensité de main-d'œuvre et à faible valeur ajoutée technologique. Du fait de cette spécialisation, l'Inde exporte des produits pour lesquels la demande internationale croît lentement (Srinivasan, 2001) : textiles, produits agricoles, produits chimiques et pierres précieuses essentiellement.

Simultanément, elle a développé un avantage comparatif sur des niches technologiques : industrie pharmaceutique, biotechnologie, services informatiques.

3. L'économie chinoise a cependant atteint un niveau de dépendance très important à l'égard des IDE

Les entreprises à capitaux étrangers ont aujourd'hui pris une place de tout premier plan dans le paysage industriel de la Chine. Le taux de dépendance de l'économie chinoise à l'égard des capitaux étrangers est devenu excessif : le montant des IDE rapporté à l'ensemble de l'investissement dans le pays atteint ainsi 10,5 % en 2002, contre 5,8 % en Inde. En excluant le secteur d'État, les IDE ont représenté, dans les années 1990, entre 50 % et 60 % de l'investissement privé national.

Cette situation met bien en évidence le fait que la croissance des IDE s'est effectuée aux dépens d'un secteur privé dont le développement a longtemps été bridé par les autorités pour des raisons idéologiques et politiques. Les entreprises privées, marginalisées par un statut souvent précaire et par le manque de ressources financières, ont ainsi laissé le champ libre aux investisseurs étrangers. Ne pouvant avoir accès aux crédits bancaires réservés aux entreprises d'État, elles n'ont pu jouer le rôle de sous-traitants locaux des firmes multinationales. Celles-ci ont alors pris la place qu'aurait pu ou dû occuper un secteur privé local fort (Huang, 2003).

Aujourd'hui, l'assouplissement de la politique officielle à l'égard du secteur privé a permis de réduire ce taux de dépendance à l'égard des IDE (il était de 17,3 % en 1994). Quant au ratio entre IDE et investissement privé national, il est retombé à 20 %, tandis que les commandes des firmes étrangères à des producteurs locaux se sont développées.

La croissance de l'économie chinoise n'en reste pas moins encore aujourd'hui très fortement dépendante des investissements directs étrangers.

4. La politique menée par le gouvernement chinois a alimenté la constitution de deux économies antagonistes

Alors que les exportations d'assemblage sont largement dominées par des filiales étrangères, les exportations ordinaires sont pour les trois quarts réalisées par des entreprises chinoises (tableau 3). Or, nous avons vu que la croissance de l'économie chinoise s'est appuyée sur les premières, laissant de côté le secteur exportateur traditionnel.

Les industries locales se sont ainsi vues marginalisées au profit des importations. À titre d'illustration, on retiendra que les échanges extérieurs sont aujourd'hui devenus plus importants que les échanges intérieurs (entre provinces) : les premiers sont passés de 10 % à 18 % du PIB entre 1985 et 1992 alors que les seconds régressaient de 25 à 16 %.

Contrairement à l'Inde, la Chine a donc fait le choix résolu des IDE, qui lui ont permis de s'insérer dans les flux d'échanges internationaux et donc de développer une spécialisation verticale sur une étape du processus de production, à savoir l'assemblage. Cette spécialisation verticale lui permet de monter peu à peu en gamme en allant vers des segments où la demande internationale est forte (matériel électrique). Cependant, l'économie chinoise est aujourd'hui fortement dépendante des IDE et divisée entre un secteur extraverti fortement lié aux investissements étrangers d'un côté et un secteur privé national marginalisé. C'est pourtant ce dernier secteur qui semble le plus apte à porter le développement du pays.

II. Au-delà de la croissance économique, les IDE peuvent jouer un rôle dans le développement des pays qui les accueillent

A. IDE et transferts de technologie

1. En Chine, une grande part des technologies étrangères importées est incorporée dans les produits exportés

Les technologies importées par la Chine n'ont pas pour objectif premier de moderniser l'appareil de production, mais sont pour l'essentiel intégrées dans les biens produits par la filière électronique, puis réexportées. La diffusion des technologies dépend alors des capacités d'absorption du pays et doit donc s'accompagner d'efforts pour favoriser la constitution d'un potentiel propre d'innovation.

Dans l'industrie automobile, un secteur très dépendant des IDE (les multinationales de l'automobile contrôlent les quatre cinquièmes du marché chinois), l'investissement étranger a ainsi eu des effets d'entraînement importants et a conduit à la constitution d'un système industriel complet. L'industrie électronique fournit un autre exemple de l'émergence d'une industrie nouvelle, reposant initialement sur des technologies et des investissements étrangers. Le retard technologique des productions chinoises dans ce secteur par rapport aux leaders mondiaux qui était de 9 à 10 ans au milieu des années 1990 s'est réduit à 2 ans au début du 21e siècle.

Ainsi, peu à peu, des producteurs locaux émergent et exportent à leur tour, ne se contentant plus du rôle de sous-traitant. Le nombre total de marques enregistrées en Chine a ainsi été multiplié par 15 en vingt ans (source : Bureau chinois de la propriété industrielle). Le succès de Legend, renommé Lenovo, qui réalise aujourd'hui 2,5 milliards d'euros de chiffre d'affaires est exemplaire : son récent rachat de la division PC d'IBM illustre bien le renversement du rapport de force.

Trois phénomènes conjuguent leurs effets pour expliquer cette montée en gamme :

– La création d'entreprises communes : lorsqu'une entreprise étrangère souhaite s'implanter en Chine, elle a la possibilité de créer un joint-venture, en s'associant à un partenaire local. Le capital de la nouvelle société est alors réparti égalitairement entre les deux sociétés apporteuses. Alors que la société chinoise apporte l'ensemble de l'outil de production (bâtiments, machines, etc.), la société étrangère peut effectuer un apport en industrie qui consiste uniquement en un transfert de savoir-faire. En effet, si en droit international, l'apport en industrie ne donne pas droit à une participation dans une entreprise, le droit chinois le permet. Ainsi, les entreprises étrangères bénéficient d'une économie très importante de capital engagé au prix de transferts de technologie.

– La politique du gouvernement : celle-ci a évolué depuis la fin des années 1990. Après avoir privilégié le soutien à des « champions nationaux », la Chine mène aujourd'hui une politique qui accorde un soutien aux entreprises porteuses d'innovations technologiques quelle que soit leur origine. Elle favorise également le retour des ingénieurs émigrés, les *haiguipa* (« tortues de mer ») qui reviennent avec leur diplôme et leurs connaissances. Enfin, elle s'attache à définir des standards technologiques chinois, de manière à conférer aux entreprises locales un avantage sur la concurrence étrangère.

– La contrefaçon : selon l'International Intellectual Property Alliance, 93 % des logiciels professionnels, 91 % des DVD et 90 % des CD font l'objet de piratage.

La Chine semble donc bénéficier de plus en plus de transferts technologiques qui lui permettent de monter en gamme dans la chaîne de valeur industrielle. Mais il n'en reste pas moins qu'une grande partie des IDE prend encore la forme d'investissements à court terme dans des activités manufacturières à forte intensité de main d'œuvre.

2. L'Inde a adopté une politique très sélective d'IDE qui contribue à moderniser les capacités de production nationales

En adoptant un positionnement de spécialiste sur des niches sectorielles, l'Inde a mené une politique très sélective d'IDE orientés vers les secteurs de pointe. Elle importe beaucoup moins de produits de haute technologie que la Chine (5 % contre 15 %), mais ceux-ci présentent une répartition plus équilibrée par stade de production. Il s'agit pour une large part de biens d'investissement destinés à moderniser les capacités de production. Des firmes locales puissantes se sont ainsi constituées, avec de fortes capacités d'assimilation des technologies étrangères. C'est le cas notamment de l'industrie pharmaceutique indienne. C'est également celui des services informatiques.

L'Inde est ainsi aujourd'hui le premier exportateur mondial de logiciels et de services informatiques. Ce secteur s'est fortement développé à l'origine grâce aux IDE des entreprises informatiques américaines, qui, après avoir fait venir aux États-Unis les professionnels indiens dans les années 1980, ont commencé à délocaliser leurs activités sur le sous-continent. Il y aurait aujourd'hui moins d'informaticiens dans la Silicon Valley (120 000) qu'à Bangalore (150 000).

Ce succès de l'Inde dans les services informatiques doit cependant être nuancé au regard de ses conséquences sur le développement du pays :

– Une activité destinée à l'exportation : plus des trois quarts des logiciels et des services produits sont exportés (tableau 5). Les retombées sur le marché national sont donc très faibles. L'industrie du logiciel constitue en réalité « une activité sophistiquée dans une économie non sophistiquée » (Balasubramanyam, 1997). Or, un trop grand décalage entre le niveau de l'industrie ouverte aux IDE et le tissu économique national limite les retombées positives de ces IDE.

– Un nombre d'emplois créés relativement faible : l'industrie des services informatiques en Inde emploie aujourd'hui environ 200 000 informaticiens, une population hautement diplômée, parlant anglais et donc favorisée. Mais les débouchés dans cette industrie pour les 700 millions de paysans sont totalement inexistants.

**Tableau 5. Décomposition des revenus
de l'industrie IT indienne (milliards de dollars)**

Milliards de dollars	2003-04	2004-05
Exportations de logiciels et services	9,2	12
Exportations de services de BPO*	3,6	5,2
Marché local	3,9	4,8
Revenus totaux	**16,7**	**22**
Part des revenus IT exportés	77%	78%

Source : NASSCOM, 2005.

Il n'empêche que des champions nationaux ont su s'imposer et convoitent aujourd'hui les marchés étrangers. Ces acteurs (Infosys, Wipro ou Tata Consultancy) ont réussi à remonter la chaîne de valeur et sont devenus aujourd'hui les concurrents de leurs donneurs d'ordre d'hier.

B. *L'impact social des IDE*

Les IDE peuvent-ils réduire la pauvreté ? Cette question est au cœur de la réflexion sur le rôle des investissements étrangers dans le développement.

1. *Les entreprises étrangères sont faiblement créatrices d'emplois*

La croissance chinoise n'est pas créatrice d'emplois. Elle en détruit dans l'agriculture et les grandes entreprises d'État. 27 millions de salariés des entreprises d'État ont été licenciés au cours des cinq dernières années. Dans les campagnes, la modernisation des techniques de production a déjà supprimé des millions d'emplois et les mouvements de révolte se multiplient (mai 2004). 150 millions de migrants sans emploi se massent aux portes des grandes villes prospères de l'Est, en quête d'un travail et d'un salaire.

Les entreprises étrangères en Chine employaient 7 millions de personnes en 2001, ce qui représente à peine 3 % de l'emploi urbain disponible. Les entreprises privées et individuelles emploient quant à elles 37 millions de personnes, soit 15 % de l'emploi urbain (China Statistical Yearbook, 2002).

Il est donc clair que les IDE ne suffisent pas à absorber les sureffectifs issus des grandes entreprises d'État. La préférence du gouvernement chinois pour les investissements étrangers aux dépens du secteur privé national a sans doute aggravé la situation, le secteur privé ayant des capacités d'absorption de main d'œuvre sensiblement plus importants que les entreprises étrangères plus productives.

2. Les IDE alimentent-ils la montée des inégalités ?

Malgré une augmentation de plus de 50 % d'une période à l'autre, le coût salarial moyen en Chine reste sensiblement inférieur au niveau de l'Inde. Il n'absorbe ainsi qu'un quart de la valeur ajoutée produite, contre 38 % en Inde (tableau 6).

Tableau 6. Évolution du coût salarial et de la valeur ajoutée par tête en Chine et en Inde

	Coût salarial par tête ($)		Valeur ajoutée par tête ($)		Coût salarial / valeur ajoutée	
	1980-1984	1995-1999	1980-1984	1995-1999	1980-1984	1995-1999
Chine	472	729	3 061	2 885	0,15	0,25
Inde	1 035	1 192	2 108	3 118	0,49	0,38

Source : ONUDI, 2002.

La Chine a donc réussi à maintenir l'avantage comparatif du coût très faible de sa main d'œuvre, tout en connaissant des taux de croissance très élevés. Ces chiffres indiquent effectivement qu'une part très importante de la population continue à percevoir un salaire très modeste et alimente le phénomène d'attraction des investissements étrangers sans en percevoir les bénéfices.

Simultanément s'est constituée une classe moyenne de 130 à 400 millions de consommateurs selon les estimations. Au sein des grandes villes chinoises se développe un culte immodéré de la modernité et de l'ascension sociale. Il s'agit notamment des salariés des entreprises étrangères beaucoup plus productives (il suffit pour s'en convaincre de rapprocher la part qu'elles représentent dans l'emploi urbain (3 %) et leur poids dans l'économie nationale – 29 % de la valeur ajoutée industrielle) et qui touchent des salaires beaucoup plus élevés que la moyenne.

L'étude de la distribution des revenus montre en effet que la Chine est devenue aujourd'hui un pays aussi inégalitaire que l'Inde (tableau 7).

Tableau 7. Répartition des revenus

Part (en %) dans le revenu ou la consommation des :

	10% les plus pauvres	20% les plus pauvres	20% les plus riches	10% les plus riches	Coefficient de Gini
Chine	2,4	5,9	46,6	30,4	40
Inde	3,5	8,1	46,1	33,5	38

Source : World Bank, WDR 2003.

La Banque mondiale estime notamment que le coefficient de Gini, qui mesure le niveau d'inégalité dans la distribution des revenus dans une société (0 exprimant une égalité parfaite, 100 traduisant une inégalité totale) est passé de 29 en 1981 à 40 en 2001.

Ces chiffres semblent indiquer que l'ouverture de la Chine a eu pour effet direct la montée des inégalités. Cependant, ce diagnostic se doit d'être nuancé. En effet, une étude de Shang-Jin Wei, économiste au FMI, a montré qu'il semblait y avoir au contraire une relation inverse entre ouverture et inégalité dans les zones rurales : l'industrialisation des campagnes aurait permis de donner du travail aux paysans sans emploi.

3. Les IDE permettent à une frange de population d'atteindre un niveau de vie élevé. Mais peut-on parler de développement au sujet de sociétés marquées par une profonde injustice ?

On assiste depuis le début des réformes à un rattrapage global du niveau de vie des pays riches par la Chine et l'Inde (dont le revenu par tête représentait respectivement 4 % et 6 % de celui des pays riches en 1980 et 17 % et 10 % en 2002 d'après le CEPII).

Tableau 8. Indicateurs de développement humain. Comparaison Chine-Inde

	Inde	Chine
Espérance de vie à la naissance (années)	63,3	70,5
Taux d'alphabétisation des adultes (%)	57	84
Mortalité infantile (pour 1000 naissances)	69	32
Dépenses d'éducation en % du PIB (1995-1997)	3,2	2,3

Source : World Bank, WDR 2003.

Ce phénomène d'enrichissement global des populations se double d'une amélioration sensible des indicateurs sociaux (tableau 8). En Chine, l'extrême pauvreté a déjà baissé de 50 % depuis 1990. Et la part de la population vivant au-dessous du seuil de pauvreté est passée de

17 % à 11 %. C'est ainsi qu'émerge une « nouvelle Chine », qui a 25 ans à peine, et qui cultive l'individu, le corps et le bien-être. Aujourd'hui, des grands patrons occidentaux jouent un rôle politique et influencent les décideurs, à l'image de Daniel Bernard, le président du groupe Carrefour, nommé comme conseiller du maire de Pékin.

Le rôle et l'influence des investissements étrangers dans la modernisation des sociétés est donc évident. Il suffit pour s'en convaincre d'observer les habitudes des nouveaux riches Indiens de Bangalore, qui se jettent corps et âme dans la société de consommation occidentale, ou bien de se promener le long de Nanjing Road à Shangai, pour voir les Chinois s'engouffrer dans les magasins dont les enseignes nous sont bien familières. Peut-on parler de développement pour autant ? Il est certain en tout cas qu'une partie de la population de ces deux pays profite d'une hausse très significative de son niveau de vie.

Conséquence directe de ce phénomène, on assiste à une nouvelle vague d'investissements étrangers, en provenance essentiellement des pays européens et des États-Unis : les IDE à la conquête de marché. L'entrée de la Chine dans l'OMC en décembre 2001, ainsi que la perspective des JO de Pékin en 2008 ou de l'exposition universelle de Shangai en 2010 participent de cette stratégie de séduction des investisseurs internationaux. La Chine n'attire plus seulement pour ses bas coûts de main d'œuvre ou pour les économies de capital engagé qu'elle permet, mais aussi pour son immense marché intérieur. Ainsi, le nombre d'automobiles vendues a été multiplié par 2,4 entre 1999 et 2003 et le pays compte 1 million de nouveaux abonnés au téléphone mobile chaque mois.

Ces chiffres semblent indiquer que la Chine change et a bel et bien pris le chemin du développement. Mais en réalité, ce sont deux sociétés qui s'opposent. Si des femmes chinoises occupent aujourd'hui des postes de direction dans certaines entreprises, elles sont encore 500 dans les campagnes selon l'OMS à se donner la mort chaque jour au moyen de pesticides pour échapper à leur condition misérable. En Inde, les cas de femmes violées sur la place publique des villages du Rajasthan parce qu'elles ont osé transgresser la règle des castes ne sont pas rares. En réalité, la population qui a un revenu suffisant pour acquérir des biens importés et avoir un mode de consommation occidental ne dépasse sans doute pas 30 millions en Chine, alors que près de près de 20 % de la population vivent avec moins de 1 dollar (PPA) par jour (source : World Bank, WDR 2003).

La Chine et bientôt l'Inde seraient entrées dans la modernité, lit-on, depuis que les biens de consommation occidentaux envahissent les marchés des grandes villes. Mais peut-on véritablement parler de développement ? Ce concept implique des comportements nouveaux : respect de la liberté individuelle, de la dignité humaine, soumission consciente et volontaire à la loi, mise au premier plan du mérite dans l'évaluation des individus.

Le sociologue indien Dipankar Gupta n'hésite pas à parler d'archaïsme pour désigner la société indienne. Le néologisme de « ouestoxication » semble particulièrement approprié pour désigner le syndrome de deux sociétés qui tentent de ressembler à l'Occident en n'en adoptant que les travers. Et ce sont les IDE qui portent en eux l'ensemble des représentations faussées de ce qu'est le modèle occidental.

C. Le rôle des IDE dans les équilibres régionaux et l'environnement

1. Les IDE ont façonné une géographie économique profondément déséquilibrée en Chine

Depuis le début des réformes, la géographie économique de la Chine a été bouleversée par l'essor très rapide d'un côté des régions côtières liée en grande partie à leur ouverture aux investissements étrangers et par le recul relatif des provinces de l'intérieur et des anciens pôles industriels.

Les provinces côtières jouent aujourd'hui un rôle dominant dans l'activité économique du pays. Avec un poids dans la population qui est resté stable depuis 1978, leur contribution au PIB du pays est passée de 48 % à 64 % de 1978 à 2001. Surtout, elles attirent plus des quatre cinquièmes des investissements étrangers dans le pays (tableau 9).

Tableau 9. Part des provinces côtières dans la production et les échanges (2001)

en %	Population	PIB	Production industrielle	IDE (moyenne 1979-2001)
Provinces cotières	38	64	60	82
Provinces intérieures	62	36	40	18

Source : China Statistical Yearbook 2002.

NB : Provinces côtières : 7 provinces (Liaoning, Hebei, Shandong, Jiangsu, Zhejiang, Fujian et Guangdong), l'île de Hainan et trois municipalités de rang provincial (Pékin, Shanghai et Tianjin).

En Inde, l'inégalité entre les territoires est encore plus nette, très peu de centres urbains concentrant la quasi totalité des IDE (exemple de Bengalore pour les services informatiques).

Il est intéressant dans le cas de la Chine d'expliquer cette politique à l'égard des IDE au regard des enjeux de géopolitique interne. Il n'est ainsi pas étonnant que la quasi totalité des IDE soit concentrée au sein des provinces peuplées par le groupe dominant des Hans et plus particulièrement au cœur des lieux de pouvoir. Par contre, les provinces du Centre et de l'Ouest, peuplées de Tibétains, d'Ouïghours, de Mongols, de Tadjiks, ont été mises à l'écart. Dans un second temps, s'étant rendu compte qu'une marginalisation excessive de ces provinces risquerait de fournir le terreau d'un mouvement d'opposition, le gouvernement cherche aujourd'hui à encourager les transferts d'IDE vers le Sichuan ou le Xinjiang (plan « Go West »).

2. IDE et environnement : quelle responsabilité des entreprises étrangères ?

La croissance chinoise, encore fortement dépendante des industries lourdes, est très consommatrice d'énergie. On estime ainsi que 70,5 kg de cuivre, d'aluminium, de plomb, de zinc, d'étain et de nickel sont consommés pour créer 10 000 yuans [1 020 euros] de PIB, soit 7,1 fois plus qu'au Japon, 5,7 fois plus qu'aux États-Unis et 2,8 fois plus qu'en Inde (source : *Courrier international*, mai 2004).

En outre, le faible taux de recyclage génère un immense gaspillage et une pollution dramatique. La Banque mondiale estime ainsi que le coût de la pollution pour la Chine (pertes en vie humaine, coûts médicaux) représente entre 3 et 8 % de son PIB.

Devant ce constat alarmant, le rôle des entreprises étrangères est primordial : plus productives, elles consomment moins d'énergie et la recyclent davantage. Les compagnies étrangères spécialisées dans le traitement des déchets et de l'eau sont encouragées à investir en diffusant leurs technologies. Les partenariats public/privé avec des entreprises étrangères sont ainsi de plus en plus fréquents. Début 2004, Veolia a notamment emporté en association avec Beijing Capital le contrat géant de Shenzen (8,5 milliards d'euros sur 5 ans avec un service total : eau, assainissement, réseau, facturation).

Moins pollueurs que les autres pans de l'économie, les IDE peuvent ainsi jouer un rôle positif sur l'environnement, en permettant aux administrations locales d'acquérir plus rapidement les technologies de pointe.

D. IDE et puissance

Le rôle des IDE dans la géopolitique internationale ne doit pas être négligé ; il est même déterminant dans le cas de la Chine.

En s'insérant dans la mondialisation, la Chine s'est aujourd'hui imposée comme une puissance régionale incontournable. Membre du groupe de Shanghai, son avis compte et est intégré dans la réflexion de tous les acteurs locaux. Au-delà de ce poids régional, la Chine est de plus en train de gagner une stature mondiale, du fait des représentations qu'elle génère en Europe et aux États-Unis. Immense marché potentiel, terre d'accueil des activités délocalisées, la Chine fascine et fait peur. La visite d'État du président chinois Hu Jintao en France en 2004 a bien mis en évidence ce nouveau statut de la Chine, renforcé par les innombrables publications qui tentent d'analyser « le miracle chinois ».

De son côté, l'Inde semble beaucoup plus marginalisée. Au sein du SAARC, elle ne dispose pas du même pouvoir d'influence régionale que son rival du Nord. Le rebond de sa croissance en 2003 et le discours des dirigeants de New Delhi sur l'Inde qui brille renforcent pourtant la représentation de sa puissance. Or, ce sont bien les IDE et la crainte des délocalisations des services informatiques qui sont à l'origine de ce poids géopolitique renforcé.

Il faut rajouter que la faiblesse des IDE en Inde peut également être interprétée à l'aune de la vision qu'a le sous-continent de son développement. Ainsi, la situation de dépendance excessive à l'égard des capitaux étrangers que connaît la Chine aujourd'hui serait antinomique avec la volonté du gouvernement indien de privilégier un développement autonome indépendant des grandes puissances occidentales.

Conclusion

« La qualité de notre développement n'est pas bonne » avouait le premier ministre chinois Wen Jiabao en mars 2004. Cet aveu met bien en évidence les lacunes de la croissance chinoise en termes de développement du pays. Il est évidemment difficile de quantifier le rôle des investissements étrangers dans ce développement. S'il est clairement significatif, il n'en a pas moins généré de nombreux dysfonctionnements.

Il est possible à l'issue de cette rapide étude d'identifier quelques pratiques susceptibles de maximiser l'impact positif des IDE sur le développement des pays d'accueil.

– *Une politique d'ouverture qui commence par s'appuyer sur des IDE d'origine proche culturellement* : en s'appuyant sur sa diaspora, la Chine a pu apprendre plus facilement à travailler avec des entrepreneurs étrangers.

- *Une nécessaire insertion de l'économie nationale dans la division régionale des processus productifs.*

- *La mise en place d'une spécialisation verticale sur un étape du processus de production.* Ceci permettra de bénéficier de compétences transversales puis d'étendre son avantage à d'autres secteurs de l'économie.

- *Une collaboration étroite entre le tissu d'entreprises privées nationales et les entreprises étrangères* : une relation de sous-traitance doit s'établir très rapidement afin de maximiser les effets des IDE sur l'économie nationale. Les entreprises nationales doivent jouer le rôle de débouché des IDE localement car elles sont bien plus chargées en facteurs locaux (à commencer par leur part dans l'emploi national).

- *Des transferts de technologie systématiques* : il est difficile d'évaluer laquelle des stratégies est la plus efficace en terme de transfert des technologies étrangères à l'économie nationale, entre les hautes technologies contenues dans des biens d'investissement utilisés pour moderniser l'appareil productif et celles qui sont importées puis réexportées après la phase d'assemblage. L'Inde semble montrer qu'elle a réussi à mieux s'approprier les technologies étrangères en privilégiant la première stratégie. Malgré des progrès certains, la Chine reste en effet encore très dépendante de ses donneurs d'ordre étrangers. Cependant, l'Inde a peut-être sauté une étape, celle de la spécialisation verticale, ce qui relativise les externalités positives que ses IDE ont sur son économie.

- *Le passage d'IDE en quête de ressources aux IDE à la conquête de marchés* : dans la division internationale du travail, les pays en développement commencent en principe par accueillir les investissements étrangers en misant sur le faible coût de leur main d'œuvre. L'effet de ces IDE sur le développement des pays d'accueil reste cependant faible. Mais en permettant un enrichissement global de la population, ils génèrent des IDE d'un nouveau type : les investissements à la conquête de marchés, qui s'inscrivent dans une vision à plus long terme.

- *Le rôle des IDE dans l'aménagement du territoire* : en Inde comme en Chine, les IDE ont généré des géographies internes très contrastées. Il est donc essentiel de bien coordonner leur impact afin d'éviter une mise en concurrence des territoires et donc des salariés qui les peuplent.

– *Le rôle social des IDE est essentiellement indirect* : les entreprises étrangères plus productives créent relativement peu d'emplois et privilégient une minorité de la population. Pourtant, leur impact sur la société peut être très important, si elles véhiculent un certain nombre de valeurs nobles et positives. Malheureusement, elles portent plus souvent en elles le rêve consumériste occidental avec tous ses travers. Dans des pays où certaines pratiques sont condamnables (privation de liberté, système de caste, mépris de la femme), les entreprises étrangères ont une vraie responsabilité politique qu'elles assument trop rarement.

– *Face aux problématiques de pollution et de recyclage, les entreprises étrangères spécialisées dans le traitement des déchets ont un rôle important à jouer* en terme de transfert technologique.

Le rôle des investissements étrangers dans le développement des pays est donc très complexe. Pour l'appréhender, l'analyse économique ne suffit pas, les données statistiques disponibles étant peu fiables et difficilement interprétables. L'analyse géopolitique apporte des éléments de réflexion complémentaires en mettant en évidence le lien profond qui existe entre IDE et puissance.

Dans une perspective de réflexion globale, l'évaluation des coûts et des gains que ces flux d'investissements vont générer dans les pays d'origine et dans les pays d'accueil permettra aux gouvernements et aux institutions internationales notamment de mieux accompagner la transformation d'économies interdépendantes.

Références

Aggrawal, K., *Winning in Asia, European style : market and nonmarket strategies for success*, Palgrave, New York, 2001.

Balasubramanyam, A. et Balasubramanyam, V.N., « Singer, Services and Software », *World Development* 25 (11), pp. 1857-1861, 1997.

At Kearney / Foreign Policy, *Measuring Globalization"*, 2004.

At Kearney, *Making Offshore Decisions*, 2004.

Berthod, J.-C., *Étude du phénomène offshore dans le secteur informatique*, *Groupe Alpha*, 2005.

Cardebat, J.-M., *La mondialisation et l'emploi*, La Découverte, coll. « Repères », Paris, 2002.

China Statistical Yearbook, China Statistics Press, Beijing, 2002.

Courrier International, « Le grand gaspillage chinois », n° 707 du 19 mai 2004.

CNUCED, *World Investment Report 2003*, United Nations, New York et Genève, 2004.

Cui, G., « *The Evolutionary Process of Global Market Expansion : Experiences of MNCs in China* », Columbia, Journal of World Business, vol. 33, 1998.

Deng, *Selected Works of Deng Xiaoping, Volume II* (*1975-1982*), Foreign Language Press, Beijing, 1984.

« India's Shining Hopes. A survey of India », *The Economist*, Londres, février 2004.

Hale, D. et Hale, L.H., *China Takes Off*, Foreign Affairs, New-York, novembre-décembre 2003.

Huang, Y., *Selling China : FDI during Reform Era*, Cambridge University Press, Cambridge, 2003.

Huang, Y., *Why is Foreign Direct Investment Too Much of a Good Thing for China ?*, Modern Asia Series, Harvard University Asia Center, 2000.

Huang, Y. et Khanna, T., *Can India Overtake China ?* Foreign Policy, Washington D.C., juillet-août 2003.

Jha, R., *Reducing Poverty and Inequality in India*, Australian National University, Canberra, Australie, 2002.

Lemoine, F. et Ünal-Kesenci, D., *Commerce et transfert de technologies : le cas comparé de la Turquie, de l'Inde et de la Chine*, Document de travail du CEPII, Paris, 2003.

Lemoine, F., *L'économie chinoise*, La Découverte, coll. Repères, Paris, 2003.

Lemoine, F. et Chauvin, S., *India in the World Economy : Traditional Specialisations and Technology Niches*, Document de travail du CEPII, Paris, 2003.

Ma Mung, E., *La diaspora chinoise, géographie d'une migration*, Éditions Ophrys, Paris, 2000.

MINEFI, DREE/Trésor, *L'investissement direct étranger en Chine en 2002*, Ambassade de France en Chine, Pékin, 2003.

OCDE, *Examens de l'OCDE des politiques de l'investissement : Chine : progrès et enjeux de la réforme*, Publications de l'OCDE, Paris, 2004.

OCDE, *Foreign Direct Investment for Development : Maximising Benefits, Minimising Costs*, Publications de l'OCDE, Paris, 2002.

ONUDI, *Industrial Development Report 2002 / 2003*, ONUDI Publications, Vienne, 2002.

Problèmes Économiques, numéro spécial : *Chine : un nouveau géant économique*, La Documentation française, Paris, mars 2004.

Questions internationales, numéro spécial sur la Chine, La Documentation française, Paris, mars-avril 2004.

Ramadorai, S. et Karnik, K., *Indian IT-ITES : FY 05 Results and FY 06 Forecast*, NASSCOM, Bangalore, 2005.

Sachs, G., *Dreaming with BRICs : the Path to 2050*, 2003.

Srinivasan, T.N., *Economic Reforms and global integration, working paper n° 120*, Center for Research on Economic Development and Policy Reform, Stanford University, 2001.

Wade, R., « Is Globalization Reducing Poverty and Inequality ? », *World Development*, Montréal, vol. 32, pp. 567-589, 2004.

Wei, S.-J., « *Is Globalization Good for the Poor in China ?* », *Finance & Development, International Monetary Fund* (IMF), Washington DC, vol. 39, 2002.

Wei, S.-J. ; Wu Y., *Globalization and Inequality : Evidence from Within China*, Working paper, National Bureau of Economic Research, Cambridge (USA), 2001.

Wen, G., « New Frontier of economic globalization : the Significance of China's Accession to WTO », *China Economic Review*, Beijing, pp. 432-436, 2001.

World Bank, *World Development Report 2003 : Sustainable Development in a Dynamic World*, World Bank et Oxford University Press, Washington DC, The World Bank, 2002.

World Bank, *India : Sustaining Reform, Reducing Poverty*, Washington DC, The World Bank, 2003.

Cinquième partie

Impliquer les groupes sociaux

Technologie, mondialisation et développement

Guy CAIRE

Professeur émérite à l'Université de Paris-X Nanterre

La technologie[1] est tout à la fois une composante et un vecteur de la mondialisation :

- composante, dans la mesure où on peut définir la globalisation, qui est la modalité contemporaine de la mondialisation, comme le processus d'intégration des systèmes commerciaux, productifs, financiers et informationnels ;
- vecteur, car la technologie est simultanément médium, acteur et moteur de la mondialisation dans laquelle, parmi l'ensemble des facteurs déterminants, elle tient une place à part.

---

[1] Tout en sacrifiant à l'usage courant, n'hésitons pas cependant à bien marquer la spécificité que devrait présenter l'emploi de ce néologisme : « En se référant à l'étymologie grecque, on doit distinguer technique de technologie, alors que l'usage de plus en plus répandu de l'américain tend à confondre les deux notions. Une technique est la connaissance d'un lien particulier permettant de transformer la réalité en utilisant un savoir pratique particulier. Toute technique renvoie à un métier particulier, c'est-à-dire à un ensemble de connaissances et d'aptitudes qu'un individu peut posséder, fut-ce au prix d'un long apprentissage. En rajoutant le mot logos, on rajoute une notion de discours c'est-à-dire de reconstruction des savoirs dans une vision plus globale. La maîtrise d'un système productif particulier ne saurait se limiter à la possession de techniques particulières, quel qu'en soit le nombre, elle n'est possible qu'à travers des discours structurant des connaissances particulières, c'est-à-dire qu'elle nécessite la mise en œuvre de technologies », Ruffier, 1996. En d'autres termes la technique devient technologie quand elle se présente comme doctrine, quand elle devient théorie des processus de production.la technologie est donc la connaissance organisée et formalisée des techniques. C'est en ce sens que Littré, en 1876, pouvait penser la technologie comme « explication des termes propres aux divers arts et métiers », tâche qu'avait précisément réalisée l'*Encyclopédie* de Diderot. La technologie permet donc d'enquêter sur l'état des techniques, de les décrire, les codifier, de comprendre et entreprendre des transferts de schémas opératoires entre activités disjointes ; la technologie se présente ainsi comme un corpus de développements techniques élaborés sur la base de connaissances scientifiques.

251

La globalisation comporte en effet une dimension commerciale (intensification des échanges internationaux de biens et services avec un poids croissant des firmes multinationales à travers des échanges captifs intra-firmes) une dimension productive (architecture transnationale des conditions dans lesquelles le produit est fabriqué et ensuite distribué), une dimension financière (les capitaux sont davantage mobiles entre les nations et en même temps les actifs financiers sont davantage substituables entre eux, les marchés financiers se trouvent unifiés), une dimension informationnelle (l'Internet en assurant une diffusion quasi-instantanée des informations et des rumeurs nous fait pénétrer dans le village-monde). Ainsi, pour ne considérer que les technologies dont il est le plus souvent fait état à notre époque – les NTIC (nouvelles technologies de l'information et de la communication) – leur développement, en contribuant à connecter l'espace-monde, en favorisant les échanges de toute nature, en générant une « instantanéisation » des communications dont les marchés financiers ont été les premiers à se saisir, ont bouleversé la donne de la mondialisation. Avec elles et par elles on est passé d'une globalisation du commerce à une globalisation de la production puis à une globalisation des données, du stock des connaissances et des compétences[2]. Les conséquences de cette globalisation sont variées. Le vecteur de la technologie génère une information codifiée transmise par des réseaux, provoque une baisse du coût d'acquisition des connaissances, entraîne le démantèlement des barrières à l'entrée, suscite la volatilisation des monopoles naturels, raccourcit le cycle de vie des produits, valorise le savoir et le capital humain, provoque une fracture sociale aggravée entre les économies du centre et celles de la périphérie.

Nous plaçant donc dans un cadre – celui de la globalisation – et dans une problématique – celle du développement – nous cernerons la technologie successivement sous trois angles, celui de sa nature, celui de sa circulation et celui de sa gouvernance. Ce faisant, en introduisant une série de distinctions sémantiques nous appréhenderons mieux la complexité du domaine auquel nous nous intéressons ; en étudiant ensuite

---

[2] On peut décrire comme suit les étapes de cette irruption de l'informatique dans le système productif : « les années soixante ont vu l'informatisation des activités de gestion, elles ont concerné pour l'essentiel les institutions financières. Éric Verdier nous rappelle que cette première phase s'est effectuée dans la droite ligne taylorienne par une "spécialisation étroite distinguant par exemple, traitement, codification et saisie des informations". Nous sommes actuellement dans la deuxième étape du processus qui concerne l'informatisation d'une information qui devient un facteur direct de production et de rentabilité. La troisième étape sera la régulation de la communication, elle est entamée dans certaines entreprises. On aboutira ainsi à une complète intégration des différentes fonctions de l'entreprise, du traitement et de la circulation des produits et des informations, puis des communications », Craipeau, in Alter ed., La Documentation française, 1986.

les conditions de la diffusion des technologies dans un espace mondialisé nous décrirons les stratégies mises en œuvre par les agents et auxquelles peuvent se heurter les pays en voie de développement ; enfin, en voyant comment on peut s'efforcer d'assurer la maîtrise de leur utilisation efficiente, on tentera de formuler quelques propositions normatives.

I. Nature de la technologie

La technologie est souvent un concept fourre-tout, ne serait-ce déjà que par l'emploi qu'on peut en faire au singulier (la technologie) ou au pluriel (les technologies). Au singulier et littéralement, la technologie est un discours sur la technique, autrement dit sur les matériaux, les machines et les outils et leur mise en œuvre. Mais, dans une acception plus courante et à la suite d'un glissement sémantique, on se réfère à la mise en œuvre des techniques et aux processus sociaux qui permettent de les appliquer et on évoquera ainsi les technologies du BTP ou celles de l'informatique. Opérant sur des objets, mettant en œuvre des processus, requérant des savoir-faire, on peut en faire, selon différents angles d'attaque, des analyses plus ou moins larges. « Comme beaucoup d'autres concepts largement acceptés, la technologie n'est pas étroitement définie par ses avocats. On peut en donner trois définitions. a) La technologie consiste en un brevet ou un groupe de brevets et dans le savoir-faire pour les utiliser. Dans cette définition qui est la plus précise, c'est quelque chose qui peut être cerné de manière spécifique. b) Plus généralement et à un niveau moins élaboré, elle peut simplement désigner les qualifications possédées par les artisans ou les travailleurs qualifiés. c) La définition la plus générale de toutes considère la technologie comme l'éducation de base combinée avec une attitude d'esprit qui favorise l'innovation et accepte le changement à la fois comme inévitable et désirable. Les sociétés occidentales sont technologiquement orientées en ce sens que les changements et améliorations, au moins dans les biens matériels de la vie, interviennent constamment. Ce qu'on appelle l'écart technologique entre nations peut être moins un écart mesurable de la production ou des moyens de production entre un pays et un autre que, plus profondément, une attitude différente à l'égard de l'acceptation du changement » (Livingstone, 1975). Dans l'optique de développement qui est la nôtre, la technologie peut être appréhendée de deux façons complémentaires.

A. *Dans une perspective factuelle*

On distinguera les technologies selon leur âge (technologies traditionnelles, NTIC), selon leur complexité (technologies banales, technologies de pointe), selon leur champ d'application (technologies communes, technologies spécifiques), selon leur disponibilité juridique (technologies universelles, technologies confidentielles) ou technique (technologies diffusantes, technologies contrôlées), chacun de ces critères rétro-agissant sur la maîtrise que les agents peuvent avoir des technologies à leur disposition. Ces distinctions ne visent pas seulement à diversifier le paysage de la réception des technologies lorsqu'on envisage de les mettre au service du développement dans le cadre d'une économie mondialisée ; elles nous invitent aussi à réfléchir sur les processus et les tensions qui accompagnent l'irruption de nouvelles techniques dans des systèmes socio-techniques pré-existants :

> toute nouvelle technologie s'accompagne de l'instauration d'un nouveau système hiérarchique, en partie incorporé en elle, en partie façonné et structuré par elle à travers la ré-élaboration des systèmes auxiliaires de commandement et de contrôle (chaînes, contrôle de qualité, entretien). Puis s'amorce un système de socialisation de la main-d'œuvre ou nouveau système hiérarchique qui, après tensions et conflits initiaux (erreurs d'enfance du système) manifeste une dynamique d'adaptation. À son terme commence une période de pleine maturation, où le système hiérarchique s'installe et domine, Puis, à la suite de phénomènes extérieurs (tensions revendicatives ou sociales) et internes (appréhension de la vulnérabilité du système) commence la phase de crise, d'abord lente puis aiguë et traumatisante (Salerni, 1979).

Dans cet ensemble complexe de technologies mineures ou majeures, dont la maîtrise est plus ou moins aisée ou difficile, peut-on introduire un semblant d'ordre ? Deux possibilités s'offrent pour cela à nous. La première consiste, en se plaçant dans une perspective schumpétérienne où le temps joue un rôle essentiel, à cerner des vagues d'innovations en grappes permettant de cerner différentes révolutions industrielles : la première centrée sur la vapeur et l'acier, la seconde sur l'électricité et la chimie, la troisième, actuellement en cours, dominée aujourd'hui par l'informatique et peut être demain par les bio-technologies. On pourrait alors évoquer une société de l'information donnant aux technologies leur couleur spécifique[3]. La seconde qui privilégie l'espace consiste à se

---

[3] « Le volume de l'information mobilisable a changé d'ordre de grandeur, le transport quasi-instantané et le stockage de cette information sont réalisables à coûts négligeables ; le néo-cortex humain dispose désormais d'une prothèse qui multiplie les possibilités d'utilisation de l'information, des réseaux d'information qui sont, selon le cas, des infrastructures, des règles de gestion ou des modes de relations entre acteurs se développent et contribuent à l'émergence de systèmes complexes ; les technologies de l'information contribuent à l'éclosion simultanée du musée et de l'éphémère, elles entraînent une croissance des investissements intellectuels, elles suscitent une concurrence et une complémentarité entre les langages d'une part, les supports de l'autre, elles permettent d'économiser les ressources naturelles », Lesourne, 1997, reproduit in *Problèmes économiques* du 4 juin 1997.

placer dans une perspective à la B. Gilles des systèmes techniques ou ensemble de structures compatibles les unes avec les autres (Gilles, 1978). La cohérence des technologies relèverait alors d'une société de la connaissance[4].

B. Dans une perspective analytique

Plus centrée sur les rapports de pouvoir qui caractérisent le mode d'appropriation des technologies, on distinguera technologies aliénées, capitalisées, socialisées, incarnées. Précisons la nature de ces distinctions.

La technologie « aliénée » est la technologie « retenue » et cédée en vertu d'un droit de propriété ou d'un accord particulier. Elle concerne l'information non libre, le *know how* secret, le plus souvent les techniques de management, l'assistance technique restrictive. La technologie « capitalisée » est la technologie « cristallisée » dans les biens de capital, les biens intermédiaires, les produits et qui peut être acquise dans l'échange. La technologie « socialisée » est la technologie socialement disponible et accessible sans restriction. Elle concerne l'information libre, la connaissance des procédés techniques tombés dans le domaine public. La technologie « incarnée », c'est les connaissances de base, l'expérience pratique, le savoir-faire, assimilés et incorporés par les hommes. La technologie « capitalisée » ne suffit généralement pas seule. Le plus souvent, pour être mise en œuvre, il faut avoir recours à la technologie « aliénée » qui en est la condition d'utilisation. La technologie « incarnée » peut être « socialisée » en ce sens que l'assistance technique s'effectue sans restriction, ou « aliénée » si elle reste retenue vis-à-vis de la livraison de certaines informations (Gonod, 1976).

L'espace de marchandage pour l'acquisition de la technologie permet en conséquence, en utilisant une terminologie marxiste, de distinguer valeur d'usage et valeur d'échange de celle-ci.

On peut compléter cette liste de qualificatifs par quelques autres déclinaisons se référant moins aux modes d'acquisition des technologies sur le marché qu'aux spécificités relatives à leurs modalités d'usage ; dans cette perspective « les technologies « au service de l'humanité » seraient un transfert des technologies modernes – et donc du nord – appliquées au segment de la population la plus pauvre du sud, les technologies « mélangées » seraient une fusion de technologies modernes et

---

[4] « Les économies fondées sur la connaissance se constituent historiquement à partir d'un double phénomène : d'une part une tendance longue, relative à l'augmentation des ressources consacrées à la production et à la transmission des connaissances (éducation, formation R et D, coordination économique) et d'autre part, un événement technologique majeur (l'avènement des nouvelles technologies de l'information et de la communication) », Foray, 2000.

traditionnelles s'appliquant dans le cadre socio-économique existant au sud ; les technologies « intermédiaires » étaient envisagées soit comme le transfert de technologies à capital peu intensif existantes au nord, soit comme la création de technologies de ce type dans le sud ; les technologies « villageoises », voisines des précédentes, sont des technologies existantes qu'il conviendrait de disséminer après sélection et d'améliorer, principalement par les communautés rurales elles mêmes, et/ou, éventuellement, avec quelque apport extérieur de la recherche et développement » (Gonod, 1986).

II. Circulation de la technologie

« Les transferts de technologie correspondent à des échanges très composites : ils ont trait à la fois à la vente des droits d'utilisation de connaissances, à la vente d'informations technologiques, mais aussi à la vente de biens d'équipement » (Perrin, 1983). Au-delà de la commercialisation de la technologie, il convient d'assurer la diffusion de l'information, la formation du personnel, la constitution d'une infrastructure scientifique et technique, l'apprentissage institutionnel, l'expérimentation sociale qui permettront la constitution d'une véritable capacité technologique indigène. Le caractère imparfait du marché de la technologie, son coût excessif, les pratiques commerciales qui y sévissent, la dépendance technique et financière qui en résulte et, en même temps les risques de « croissance perverse » que peut comporter un transfert mimétique ont retenu depuis longtemps l'attention des observateurs (CNUCED, 1974). Dans un espace mondialisé la technologie est en effet simultanément soumise à des processus de diffusion qui permettent de la mettre à la disposition des différents agents mais aussi à des facteurs de freinage ou de blocage qui en limitent l'emploi. Il convient donc d'étudier les uns et les autres.

A. Diffusion de la technologie

Dans un système qui peut être baptisé réseau technico-économique trois vecteurs essentiels interviennent mettant en communication des agents différents et impliquant des modalités de transfert distinctes

les RTE (réseaux technico-économiques) sont organisés autour de trois pôles a) Le pôle scientifique (S) qui produit des connaissances certifiées ; il comprend des centres de recherche indépendants (publics ou privés), des universités mais également des laboratoires d'entreprises qui font partie du pôle dans la mesure où leurs activités sont de même nature que celles des autres centres de recherche universitaire ; b) Le pôle technique (T) qui conçoit, élabore ou transforme des artefacts destinés à rendre des services spécifiques, ses productions peuvent être indifféremment des maquettes, des pilotes, des prototypes, des tests et essais, des brevets, des normes, des règles de l'art ; il rassemble les labos techniques d'entreprise, les centres de recherche collective, les usines pilotes ; c) le pôle marché (M) qui regroupe les utilisateurs et les usagers qui expriment (produisent) plus ou moins explicitement et directement une demande, des besoins et qui s'efforcent de les satisfaire. Entre ces trois pôles prennent place des activités d'intermédiation. L'éventuelle incorporation de la science dans les techniques donne lieu à des opérations de transfert (ST) ; la mobilisation des techniques pour satisfaire des demandes potentielles ou exprimées prend la forme d'activités que par convention nous qualifierons de développement-distribution (TM) ; elles sont en général prises en charge par les entreprises et leurs réseaux de commercialisation[5].

On distinguera ainsi les espaces de la communauté scientifique pour lesquels jouent essentiellement des processus cognitifs, les espaces des complexes militaro-industriels conditionnés par des préoccupations géopolitiques et des rapports de puissance et les espaces des firmes multinationales régulés par des considérations économiques entendues au sens large.

En amont intervient un lieu de production des connaissances, requérant souvent des équipements lourds qui impliquent des programmes de coopération, géographiquement déconcentrés, pour lequel en raison des liens qu'entretiennent la science et la technique a été forgé le terme de « techno-globalisme » et dont il importe de bien comprendre les structures de fonctionnement et les objectifs recherchés[6] :

Les connaissances techniques sont toujours produites par rapport à un objectif, celui de concevoir et découvrir un artefact matériel (machines, biens de consommation) ou immatériel (logiciel, système d'organisation..) Si les laboratoires de recherche sont le principal lieu de production des connaissances scientifiques, par contre ce sont les activités de conception individuelle ou par des structures d'étude (bureau d'étude, société d'ingénierie) qui constituent le principal lieu de production des connaissances techniques. Les techniques font système à deux niveaux différents : celui des artefacts et celui des connaissances. Les nouveaux artefacts sont toujours conçus en fonction de ceux déjà en place. Avec le développement économique, le nombre de nouveaux artefacts créés augmente et les contraintes de compatibilité deviennent de plus en plus fortes... Tout objet technique a donc une double face : une face technologique, la plus apparente et qui permet de rendre compte des techniques utilisées pour sa construction, et une face organisationnelle généralement méconnue et qui permet de retracer l'ensemble des

---

[5] Callon, in Boyer ; Chavance et Godard ed., 1991.

[6] On ne peut qu'inviter à consulter Science et société, *Cahiers français*, n° 294 janvier-février 2000.

relations et connections qui ont été nécessaires à sa production (ou qui seront nécessaires pour sa consommation[7].

Le complexe militaro-industriel a été et demeure, quant à lui, un vecteur essentiel du transfert des technologies[8] ; la géopolitique peut prendre en effet la forme d'une techno-politique, d'une diplomatie technique comme on peut le voir dans le cas du nucléaire. Durant toute la période de guerre froide, marquée par l'importance des progrès et de la compétition des technologies militaires[9], tant sur le plan scientifique que sur le plan commercial, la technologie pouvait être caractérisée par trois traits majeurs. C'était une technologie d'objectifs se caractérisant par de grands programmes à long terme dans les domaines de l'armement, du spatial ou de la communication. C'était une technologie marquée par le secret, ce que favorisait la prédominance des laboratoires publics et du financement d'État. C'était enfin une technologie poussée par le militaire d'où résultait un certain style de développement technique, celui des grands systèmes (Chesnay et Serfati, 1992 ; Hebert, 1991). L'importance de la contribution de la recherche et de la production militaire sur l'orientation de la technologie et plus généralement sur l'évolution cyclique du système économique ne saurait être sous-estimée :

> La guerre froide joua un rôle majeur dans le développement, l'entrée en crise puis le délitement des deux grands mode de régulation de l'après guerre. Les activités militaires eurent dans un premier temps des effets bénéfiques : devenues un moteur permanent des économies, elles renforcèrent le rôle de l'État, financèrent massivement l'innovation, assurèrent des débouchés à l'industrie et eurent sur le plan structurel une influence décisive en termes d'infrastructures, de choix énergétiques, de développement de secteurs et de compétences, de localisation géographique des industries etc. Ces effets s'inversèrent cependant à partir des années 1970 pour devenir négatifs : devenues un fardeau, les activités militaires précipitèrent à l'Ouest, la fin du *gold exchange standard*, déstabilisèrent le *welfare/warfare state*, biaisèrent la direction du développement technologique et tendirent les relations

---

[7] Perrin, *op. cit.*, pp. 151-152 et 161.

[8] On en trouvera des illustrations dans l'ouvrage de Huntington, *Le choc des civilisations*, Odile Jacob, Paris, 1997, pp. 118-124, 269-280. Selon cet auteur, « la puissance militaire revêt quatre dimensions : quantitative – le nombre d'hommes, d'armes d'équipements et de ressources –, technologique – l'efficacité et la sophistication des armes et des équipements –, organisationnelle – la cohérence, la discipline, l'entraînement et le moral des troupes ainsi que l'efficacité du commandement et des structures de contrôle –, et sociétale – la capacité et la volonté de la société de mobiliser la force militaire de façon efficace », p. 118.

[9] Avec éventuellement les retombées civiles qui pouvaient en résulter car on sait en effet, par exemple, qu'Internet est le rejeton du système sécurisé du Pentagone et des sites stratégiques américains en cas de guerre nucléaire.

entre l'Europe et les États-Unis ; la même séquence en deux temps fut observée en Union soviétique et chez les satellites : après avoir permis, dans un contexte encore proche de celui de la guerre, une reconstruction rapide et des taux de croissance de la production supérieurs à ceux de l'Ouest, les dépenses militaires s'avérèrent désastreuses lorsque survint la détente. À partir des années 1980, l'orientation militaire de la technologie et la ponction des dépenses d'armement se conjuguèrent à la stagnation de la productivité et du niveau de vie pour aboutir à la crise définitive du système (Schméder, 2001).

Cette influence du complexe militaro-industriel, aux effets variables dans le temps, s'exerce dans les pays développés (Maulny, 1989) mais se répercute aussi dans les pays en voie de développement (Fontanel et Drumont-Sarriva, 1986 ; Fontanel, 1983).

Dans la circulation des technologies ce sont toutefois les firmes multinationales qui jouent un rôle essentiel, étant à l'origine de la création, de l'acquisition ou de la vente de techniques nouvelles[10]. Les firmes multinationales restent liées à leur pays d'origine et favorisent le développement technique national (Bigay, 1999 ; Cohen, 1996) le contrôle par le siège social demeure dominant[11], avec notamment les procédures de veille technologique d'autant plus indispensable que le taux de renouvellement des produits est de 3 à 5 ans selon les secteurs industriels, voire de quelques mois dans les technologies de l'information et de la communication. Outre la mobilisation de leurs propres services de recherche, les firmes multinationales développent les accords de coopération entre leurs services de R-D et les laboratoires de recherche publics ainsi que les PME innovantes, sous forme d'accords de sous-traitance (Commissariat général du plan, 1990). En même temps les firmes multinationales acquièrent de nouvelles technologies. Ratissant les brevets, pratiquant l'espionnage industriel, suscitant la recherche

---

[10] « De façon schématique, il est possible de synthétiser les traits spécifiques du transfert technologique opéré par les FMN autour des thèmes suivants : la centralisation de la production des connaissances, la circulation interne de la technologie, la circulation externe de la technologie », Michalet, 1976.

[11] Jacquemot, 1990. « Le pouvoir du centre s'exerce principalement par la détention d'un certain nombre de fonctions, celles-ci pouvant varier d'une entreprise à l'autre selon le stade organisationnel auquel elles se situent mais qui recouvrent au minimum le spectre suivant : 1) La détermination de la stratégie de la firme dont le corollaire opératoire est l'élaboration et le contrôle d'une planification à moyen ou long terme (l'horizon temporel à dix ans n'est pas rare chez les FMN) ; 2) le quasi-monopole de la production des connaissances scientifiques et techniques par la centralisation près du centre des laboratoires de recherche-développement (ou, à tout le moins, la détermination des programmes de recherche), le contrôle de l'innovation et de son exploitation commerciale ; 3) Enfin le contrôle des résultats financiers des filiales et la centralisation des ressources financières du groupe », Michalet et Delapierre, 1976.

d'imitations « les firmes multinationales font leur marché technologique sur l'espace monde soit en acquérant des brevets partout où cela est possible, soit en acquérant des compétences individuelles (embauche de chercheurs) ou collectives (croissance externe par rachat de PME et filialisation »[12]. Enfin les firmes multinationales sont fournisseurs de technologies, ce dont on peut donner une illustration qui pour être imagée n'en est sans doute que plus parlante :

> Le consommateur français « mange » du multinational (Nestlé, General food), il en « boit » (Coca-cola), il se lave avec (Unilever, Palmolive) et en met dans son moteur (Esso, BP). Le multinational le transporte (Fiat, Ford, Honda), le soigne (Dow Chemical, Imperial chemical industry), récolte pour lui (Massey-Fergusson, John Deere), « réfléchit » pour lui (IBM, Honewey), l'habille (Genesco), s'intéresse à ses yeux et à ses oreilles (Nikon, Philips, ITT), le rase (Gilette) (Maire et Julliard, 1975).

B. *Freinages et blocages*

Les transferts de technologie sont des opérations complexes et en conséquence nombre de problèmes peuvent en résulter. La transmission d'une information ne suffit pas pour en acquérir la maîtrise car d'une part le détenteur de la technologie peut jouer sur sa complexité pour en limiter sa diffusion et garder ainsi le contrôle de son utilisation (plusieurs rapports de l'OCDE n'ont pas manqué d'attirer l'attention sur le rôle stratégique de l'information scientifique et technique), soit parce qu'il faut aussi, d'autre part, que les récepteurs de l'information, pour en avoir la maîtrise, puissent accéder aux savoir-faire (*know how*) techniques et pratiques, individuels et collectifs indispensables. La technologie est un produit qui s'échange selon essentiellement trois modalités : les accords de sous-traitance, l'investissement direct (création de filiales), la vente clés en main. Sa production est concentrée dans les pays industrialisés et de plus en plus dans les firmes multinationales ; or les détenteurs de technologie n'ont aucune vocation à partager leur monopole et pour cela soit ils vendront leurs techniques le plus cher possible, soit ils fixeront certaines restrictions à leur usage. L'achat de la technologie, par ailleurs, ne garantit pas sa maîtrise, soit parce que le pays récepteur n'a qu'une faible capacité d'ingénierie industrielle, soit parce que l'achat de technologies est porteur de nouvelles formes de dépendance[13].

---

[12] Daguzan, 2001-2022, reproduit in *Problèmes économiques* du 24 avril 2002.

[13] Comme le souligne la déclaration finale de la conférence internationale sur l'impérialisme culturel d'Alger des 11-15 octobre 1977 : « Toute domination même simplement, si l'on peut dire, économique ou technique, porte en elle l'impérialisme culturel, comme la nuée porte l'orage. Il faut beaucoup de vigilance pour éviter que la coopération technique et culturelle, l'importation des équipements et des technolo-

La maîtrise de la technologie ne peut être que le résultat d'une politique technologique ayant pour objectif l'organisation de l'importation de technologies de plus en plus complexes et la mise en place d'une infrastructure technologique nationale (service d'ingénierie, construction de biens d'équipements, etc). La maîtrise de la technologie passe par l'intégration de cette politique technologique dans la planification du développement industriel[14].

Enfin le transfert de technologie est aussi celui d'un apprentissage social en tant qu'acceptation d'une organisation du travail, or « les causes de dysfonctionnement dans l'apprentissage des techniques peuvent souvent être imputées à la non-reconnaissance de la différence dans les systèmes de valeurs, dans les schémas et codes de connaissance »[15].

Les freins ou plus généralement les obstacles à l'utilisation des technologies disponibles peuvent faire l'objet de regroupements ternaires. Ils peuvent être légaux (législation sur les brevets ou réglementations de l'OMC), économiques (exigences de financement et de rentabilité de l'adoption des technologies), comportementaux (relevant en amont de stratégies d'entreprise ou en aval d'incapacités des agents à utiliser les technologies de façon efficiente).

Le brevet est le moyen retenu, après examen par des organismes officiels et accomplissement de procédures spécifiques, pour récompenser l'inventeur en lui conférant un droit moral (se manifestant par le nom cité dans le brevet) et un droit matériel sous forme de monopole temporaire d'exploitation de l'invention Pour être brevetées les inventions doivent avoir un caractère industriel, le terme industrie étant entendu au sens large d'activité à finalité productive (encore que cet aspect n'apparaisse guère avec les tentatives actuelles de brevet des gènes). Ces inventions doivent présenter un caractère de nouveauté (nouveauté exclue lorsqu'on peut opposer une antériorité pas toujours aisée à caractériser il est vrai, ou tempérée par la théorie des équivalents dont l'application reste parfois délicate). La nouveauté peut concerner les produits, les moyens (brevets de procédé), les applications ou les combinaisons nouvelles. Le brevet comporte un titre permettant de préciser l'objet de l'invention et de rechercher éventuellement des antériorités, une description souvent rendue plus claire grâce à des dessins ou schémas, des revendications définissant les droits détenus. Le rôle du brevet a été renforcé par la compétition technologique et l'interdépendance crois-

gies, n'imposent pas un modèle de développement inadapté, ne favorisent pas l'exode des cerveaux et, sous les apparences d'une coopération de bon aloi, ne conduisent pas à une nouvelle dépendance ».

[14] Perrin, *op. cit.,* p. 79.

[15] *Idem*, p. 97.

sante des nations, des activités industrielles ou des firmes à l'heure de la globalisation. L'exploitation de l'invention ayant fait l'objet d'un brevet est soumise à un droit de licence, la licence pouvant être simple ou exclusive, limitée dans l'espace et dans le temps (20 ans dans la plupart des pays mais cette durée peut être aménagée par des dispositions nationales ou des accords internationaux). Le brevet ne conférant un monopole d'exploitation que sur le territoire national du pays qui l'accorde et les législations nationales étant différentes, des efforts d'unification ont été faits : la convention de Paris de 1883 constitue le fonds commun minimal des règles judiciaires relatives à la propriété industrielle qui, à côté des brevets, englobe les appellations d'origine, les dessins et modèles, les marques de fabrique ou de commerce, les noms commerciaux (Wagret et Wagret, 1998) ; la convention du Conseil de l'Europe du 27 novembre 1963, la convention de Munich de 1973 entrée en vigueur le 1er janvier 1993 sur le brevet communautaire dans le cadre de l'Union européenne. Le système peut générer des risques d'abus de situations dominantes grâce à des contrats de licence croisées que se consentent certains industriels et qui leur permettent d'acquérir un monopole de fait principalement dans les techniques de pointe ; c'est pourquoi l'Union européenne a pu élaborer toute une législation protectrice en réglementant les ententes. Le système des droits de propriété intellectuelle a connu de profondes mutations au cours de la dernière décennie, en particulier avec l'accord TRIPS (*trade related intellectual property rights*) négocié dans le cadre de l'Cycle d'Uruguay et entré en vigueur en 1993 qui vise à instaurer des standards minimaux de protection devant progressivement être atteints par tous les membres de l'OMC. Les effets à en attendre demeurent quelque peu incertains ; une étude approfondie conclut qu'

> il semble encore difficile d'adopter une position définitive en faveur ou en défaveur de ces réformes. Initialement, les pays en voie de développement devraient sans aucun doute enregistrer une perte du surplus statique apporté par les différentes stratégies d'imitation qu'ils mettaient en œuvre. Le montant de ces pertes varie cependant grandement selon les estimations de la nature du produit étudié. Il n'est pas non plus possible, en l'état des connaissances, d'évaluer si ces pertes seront compensées par des échanges plus importants entre ces pays et les pays industrialisés. Tant les modèles théoriques que l'évidence empirique soulignent que pour certains pays (ceux qui ne disposent pas d'une capacité d'imitation suffisante) le renforcement des DPI pourrait bien entraîner un ralentissement des échanges. De même, l'effet de renforcement de la protection a un effet théoriquement ambigu sur l'inno-

vation, une ambiguïté que les rares études empiriques menées jusqu'à présent ont bien du mal à lever[16].

On ne peut en conséquence que voir se multiplier les études de la question[17].

L'internationalisation croissante de l'économie et la complexité de plus en grande de la technologie ne sont pas sans poser de nombreux problèmes. Bornons nous à en évoquer deux aspects de nature différente. Les nouvelles technologies de l'informatique ou de la biotechnologie ont donné lieu à de difficiles discussions dans les organisations internationales :

> Un système de protection par allocation de droits d'auteur (*copyright*) a été initialement mis en place pour tenir compte de l'importance grandissante des logiciels informatiques. Mais plusieurs problèmes se posent : les logiciels, définis au sens strict comme des codes d'instructions, sont de plus en plus étroitement associés à des matériels spécifiques, eux-mêmes brevetables. Des demandes de brevets concernent aussi des applications (par exemple des services financiers) qui peuvent être considérés comme représentant un « saut inventif » – et donc brevetables – ou comme des idées non brevetables. L'appréciation des pays diffère en la matière, sans que l'on ait encore vraiment mesuré les difficultés réelles qui en résultent pour l'industrie du logiciel. Dans le secteur de la biotechnologie, la protection par brevet des développements du génie génétique et l'isolation des gènes a posé de nombreux problèmes. La controverse porte sur la brevetabilité des espèces vivantes. L'accord TRIP a pris acte de la brevetabilité de micro-organismes, de procédés micro-biologiques et de variétés végétales dans certaines conditions, mais l'application de ce principe varie suivant les pays... La controverse se poursuit notamment autour de la brevetabilité des gènes humains et des variétés végétales ou animales qui ne sont pas obtenus par ces procédés micro-biologiques (Ferne, 1998).

À côté de ces questions qui en viennent à aborder le champ de l'éthique jouent aussi des préoccupations plus prosaïques parce que de nature financière :

> La stratégie globale des entreprises est de plus en plus directement affectée par le coût de la gestion d'un portefeuille de brevets. Non seulement le coût des demandes de brevets et de la recherche annuelle qu'il faut payer par la suite varie d'un pays à l'autre (une demande coûtait jusqu'en 1997 quatre fois moins cher au Japon qu'à l'Office européen des brevets, de l'ordre de 2 000 dollars contre plus de 8 000 dollars, mais cette différence vient d'être diminuée par réduction d'environ un tiers des coûts européens), mais il faut

---

[16] Combe et Pfister, 2001 reproduit in *Problèmes économiques* du 14 novembre 2001.

[17] C. Ramphft, *Le rôle des brevets et des normes dans l'innovation et l'emploi*, rapport au Conseil économique, Journal officiel du 4 juin 1998.

aussi le plus souvent assumer en complément des frais de traduction et de conseil. En outre, la pratique dans certains pays favorise des procédures contentieuses qui peuvent être extrêmement coûteuses : une action type aux États-Unis coûterait entre 25 000 et 200 000 dollars, et au-delà de un million de dollars dans certains cas, en fonction de l'importance et de la durée du litige, des conseils et experts qu'il faut mobiliser etc.[18].

On conçoit fort bien que ces coûts puissent être prohibitifs pour nombre de firmes des pays en voie de développement dans l'incapacité dès lors à mobiliser les technologies dont elles souhaiteraient pouvoir disposer.

Le projet de code international en matière de transfert des technologies de la CNUCED préconise la levée des clauses commerciales restrictives qu'elles visent des abstentions de faire (redevances différentes selon que le produit est destiné au marché national, aux pays voisins ou au marché mondial, restrictions à l'achat de biens intermédiaires, interdiction d'exporter les produits fabriqués avec les équipements sous licence) ou au contraire des obligations de faire (achats des matières premières ou de produits semi-finis au vendeur, droit de regard de ce dernier sur les prix ou la qualité des produits, obligation d'utiliser certaines marques de fabrique). Ces restrictions ne sont qu'une des manifestations de l'inégalité des pouvoirs car relevant d'un « comportement bloquant la communication et la diffusion des innovations et des expériences afin de préserver un pouvoir de marché ou des pouvoirs institutionnels ou personnels » (Crozier, 1972).

III. Gouvernance de la technologie

La technologie change la nature des théories du commerce international et de leur composante majeure la théorie des avantages comparatifs ; « en réalité le modèle statique a vécu. C'est un modèle dynamique qui s'y substitue. Les vrais avantages résiduels d'un pays sont aujourd'hui le savoir, le système de formation et la maîtrise du passage de la connaissance à la technologie »[19]. On comprend mieux dès lors les revendications des pays en développement en ce domaine crucial marqué par de telles disparités (Turow, 1997). La thématique du « nouvel ordre économique et social », avec sa composante technologique[20], qui

---

[18] *Idem*, p. 26.

[19] Daguzan, *op. cit.*, p. 21.

[20] Le point relatif au transfert des techniques du programme d'action visant à établir un nouvel ordre économique international voté à la sixième session extraordinaire de l'Assemblée générale de l'ONU en mai 1974 était rédigé comme suit : « Tous les efforts possibles devraient être faits : a) pour formuler un code international de conduite pour le transfert de la technologie correspondant aux besoins et aux condi-

pouvait animer le « groupe des 77 » a cédé aujourd'hui la place à des modalités plus éclatées de contestation de la situation et de revendication de règles nouvelles. Cette nébuleuse qui mobilise gouvernements, ONG et différentes associations de la société civile, peut faire l'objet d'un double éclairage[21].

---

tions propres aux pays en voie de développement ; b) pour donner, à de meilleures conditions, accès aux techniques modernes et les adapter, selon qu'il conviendra, aux conditions économiques, sociales et écologiques particulières des pays en voie de développement et aux stades variables de développement de ces pays ; c) pour développer considérablement l'assistance des pays développés aux pays en voie de développement, sous forme de programmes de recherche-développement et par la mise au point de techniques locales appropriées ; d) pour adapter les pratiques commerciales régissant le transfert des techniques aux besoins des pays en voie de développement et empêcher les vendeurs d'abuser de leurs droits ; e) pour promouvoir la coopération internationale en matière de recherche-développement pour l'exploration et l'exploitation, la conservation et l'utilisation légitime des ressources naturelles et de toutes les sources d'énergie... ». La résolution de 1975 retenait les orientations suivantes en matière de science et de technologie : permettre aux pays sous-développés d'accéder de façon plus immédiate aux applications de la recherche et de la technologie ; promouvoir dans les pays sous-développés la recherche appliquée dans un contexte plus localisé ; orienter les travaux de recherche du monde développé plus résolument sur les besoins et les préoccupations des pays sous-développés, tout en cherchant à promouvoir leur auto-dépendance.

[21] En 1979 à la conférence des Nations unies sur la science et la technologie pour le développement, le secrétaire général Joao da Costa avait attiré l'attention des participants sur les deux manières de considérer la technologie : comme une marchandise d'une part mais aussi comme le résultat d'un système économique, social, politique et culturel particulier d'autre part.

A. Dans une perspective économique

On parlera d'optimisation des technologies[22], optimisation pouvant être étudiée sous l'angle des choix technologiques, des modalités de transfert des technologies et de l'apprentissage de leur utilisation[23].

Dans l'éventail des choix technologiques offerts, le concept de technologie « appropriée » a souvent été utilisé pur les pays en voie de développement. Encore faut-il en préciser les caractéristiques.

La technologie mondiale ou la technologie disponible consiste en toutes les technologies qui ont existé. Quelques unes sont devenues obsolètes pour des raisons techniques comme c'est le cas quand une nouvelle technologie requiert moins de tous les inputs. D'autres ne peuvent plus désormais être utilisées pour des raisons économiques, ce qui peut se produire par exemple si les coûts du travail s'accroissent par rapport aux coûts du capital. Le premier groupe n'est plus optimal nulle part dans le monde mais le dernier – maintenant obsolète dans les pays les plus développés – peut rester optimal dans les pays moins développés où le travail reste abondant et le capital rare… Le terme technologie appropriée a été utilisé pour s'appliquer à tou-

---

[22] Si l'on préfère se référer aux sciences de l'ingénieur plutôt qu'aux disciplines économiques on parlera de solution apportée dans le cadre d'un paradigme technologique. « Un paradigme technologique peut être défini comme un modèle de solution de problèmes techno-économiques sélectionnés, basé sur des principes hautement sélectionnés dérivés des sciences exactes, conjointement avec des règles spécifiques conçues pour acquérir de nouvelles connaissances » (Dosi, 1988). Un paradigme technologique est donc un ensemble de problèmes techno-économiques à résoudre (améliorations de performances d'une voiture par exemple) qui s'inscrit à la fois dans des structures scientifiques et techniques données (technologie du moteur à essence par exemple) et dans un ensemble de questions telles que « quel type de savoir devons nous utiliser ? ». Il est clair que les paradigmes technologiques fondent l'idée d'un certain potentiel technologique à exploiter à travers la découverte d'innovations. De ce point de vue, on peut noter qu'une distinction entre innovations majeures et innovations mineures est ici implicite. Alors que les innovations majeures constituent le cadre du paradigme technologique et à ce titre restent exogènes à l'interaction de la firme et de son environnement, les innovations mineures, elles, constituent le produit de cette interaction et sont déterminantes à la fois dans l'exploitation d'un potentiel technologique et dans son évolution. Évidemment, le potentiel est lui-même variable et dépend largement de la nature du chemin parcouru au sein du paradigme. Le chemin emprunté dans l'exploitation du potentiel, au sein du paradigme, définit la notion de trajectoire technologique, Ruffieux et Ngo Hai, 1994.

[23] « Le transfert de techniques ne consiste pas simplement à communiquer des renseignements et à envoyer des machines : il s'agit en fait de transplanter en bloc tout un ensemble d'institutions, de valeurs, de méthodes et d'infrastructures qui risquent de poser de graves problèmes d'adaptation. Ces difficultés s'accentuent encore si l'on introduit des structures sociales et techniques telles quelles sans avoir d'abord réalisé les conditions qui en permettent l'assimilation par la société qui les reçoit », F.J. Dy, « Se servir de la technologie pour humaniser le travail », *Revue internationale du travail*, 1978 reproduit in *Problèmes économiques* du 31 janvier 1979.

tes les techniques qui sont devenues économiquement inutilisables dans les pays les plus développés mais qui demeurent encore utilisables dans les pays les moins développés en raison de l'abondance du travail et de la rareté du capital. Il peut aussi inclure la technologie nouvellement introduite dans les pays les moins développés et qui est adaptée aux mêmes conditions. La technologie appropriée est simplement la technologie efficace. C'est l'ensemble des techniques qui minimisent le coût social de la poursuite d'objectifs (Loeur et Powelson, 1982).

Mais si l'entreprise est considérée, dans les manuels d'économie, comme un ensemble identifié par une technique déterminée permettant de construire une fonction de production représentant les modalités de combinaison des facteurs de production, la réalité est, quant à elle plus complexe et, partant, les choix technologiques sont plus diversifiés :

les entrepreneurs qui effectuent une analyse plus poussée sont parfaitement conscients du fait qu'il existe un choix entre divers rapports de facteurs mais nient l'utilité d'une analyse basée sur une fonction de production globale unique. Ils avancent qu'il existe un choix de techniques pour chaque opération effectuée dans l'usine et qu'il y a divers degrés auxquels les facteurs peuvent être substitués entre eux. Il peut y avoir dans chaque cas deux ou trois choix pratiques. Toutefois, pour des raisons techniques, une fois que l'on a déterminé un rapport de facteurs pour l'une des opérations, le choix des techniques se trouve fortement restreint pour les autres traitements. Les fonctions de production globale n'ont donc qu'une faible signification pratique. Toutefois, il est évidemment possible de diviser la production en, d'une part, opérations centrales dont le rythme est habituellement réglé par la machine et qui sont liées à certains processus mécaniques ou chimiques et, d'autre part, en opérations traditionnelles telles que le transport, l'entretien, la manutention de biens, le nettoyage etc. Les rapports de facteurs peuvent être différents pour ces deux types de traitement : pour les opérations traditionnelles, il est réellement possible de choisir entre différents degrés d'intensité capitalistique alors que ce choix peut ne pas exister pour les opérations centrales, l'existence simultanée de deux « univers » ayant des intensités capitalistiques différentes n'affecte pas nécessairement la productivité globale[24].

---

[24] Pfeffermann, 1974, pp. 18-19. Dans le même sens on relèvera que « dans la mesure où les technologies commerciales-industrielles sont concernées deux grandes classes de technologies doivent être distinguées : 1) la technologie « centrale » qui contient l'information de base nécessaire pour produire le bien ou le service, y inclus les spécifications du produit, les plans, les schémas d'ingénierie, les exigences des matériaux, les techniques de production de base et le savoir faire opérationnel et 2) la technologie « périphérique » ou annexe qui est concernée par le système d'accompagnement nécessaire pour réunir les inputs et réaliser les outputs. Une caractéristique de la technologie centrale est que les spécifications du produit et les coûts des facteurs étant donnés, il y a habituellement peu de possibilités de changement, ce qui

L'ouverture du « paquet technologique » permet en effet de séparer la technologie modulaire qui définit un processus productif des techniques périphériques qui l'accompagnent. Si la technologie doit être promue comme variable du développement, il convient donc tout d'abord de réfléchir à la possibilité d'option entre différentes solutions techniques, de déterminer les objectifs à atteindre dans le cadre d'une stratégie de l'ingénierie nationale à la fois sous l'angle de la mise en œuvre éventuelle de politiques défensives mais aussi en optant pour des politiques offensives de stimulation de l'innovation nationale.

Transférer des technologies n'est pas simplement en céder l'usage mais bien davantage tenter d'en permettre l'adaptation au pays d'accueil. Ceci a fait l'objet de nombreux débats souvent complexes mais qu'on peut essayer de présenter le plus simplement possible.

En effet, qu'est-ce qu'un projet parfaitement adapté à son milieu ? Faut-il qu'il fasse le choix de transférer la meilleure technologie mais en prenant le risque de l'insérer dans un environnement non adéquat nécessitant de la part du pays receveur des efforts considérables ? Faut-il plutôt prévoir des projets adaptés aux potentialités réelles de l'environnement et risquer de décevoir le pays receveur avec des technologies quelque peu obsolètes ne lui permettant pas de survivre à la concurrence extérieure imposée par une économie ouverte ? Faut-il prévoir un projet intermédiaire ou sur mesure, à la fois relativement performant sur le plan technologique et complètement adapté au milieu mais qui coûte alors très cher puisqu'il est par nature spécifique à chaque pays, à chaque environnement ? (Madaule, 2003).

L'utilisation de nouvelles technologies par les travailleurs a donné lieu à des analyses nombreuses et aux conclusions souvent contradictoires :

Traditionnellement, la relation entre la technologie employée dans les entreprises d'une part et les caractéristiques du travail demandé aux employés d'autre part, est appréhendée selon deux approches fondamentales. La première approche est fondée sur l'idée que le niveau ou le type de technologie détermine le niveau de qualification des ouvriers et que tous les problèmes sociaux qui apparaissent, sous forme de reconversion ou de redéploiement de la force de travail sont liés à des problèmes d'ajustement et d'adaptation. Consulter les travailleurs, ou les faire participer, contribuerait à apaiser tous les problèmes de résistance ouvrière… S'opposant à l'ensemble de ces positions, Braverman a situé le débat sur travail et technologie dans le contexte

---

implique que le champ de la substitution des facteurs est limité. Cependant la technologie périphérique qui comprend le transport des matériaux, l'emballage, le stockage et autres opérations similaires, offre souvent un large champ à la substitution des facteurs et est plus ouverte aux techniques labour intensives. En général la technologie périphérique est plus adaptable aux conditions de nombreux pays en développement que la technologie centrale », Co, 1987.

du capitalisme, Selon lui, les progrès de la technologie sont le résultat d'un mouvement visant à déqualifier le travail. La technologie n'est pas seulement une donnée extérieure aux entreprises, mais elle est délibérément conçue pour augmenter le contrôle de la direction sur le procès de production et réduire le coût de la main d'œuvre en déconsidérant et déqualifiant progressivement le travail (Wilkinson, 1984).

Peut être est-il possible de réconcilier ces deux points de vue différents en disant que « la technologie "informe" le procès de travail pour produire de nouvelles valeurs d'usage, mais la technologie "informe" également le procès de travail pour produire de nouvelles valeurs d'échange et reproduire le rapport capital-travail »[25]. On peut ajouter que, pour les travailleurs pris individuellement, à ces tensions sociales s'ajoutent des tensions psychologiques ; on peut en effet « définir schématiquement les trois oppositions principales qui structurent l'ensemble de connaissances, de savoir-faire et de matériels désignés habituellement par « technologie » : l'opposition savoir organisés / savoir inorganisé qui permet de différencier connaissances techniques et connaissances technologiques ; l'opposition savoir non codifiable / savoir codifiable, qui permet de différencier le savoir-faire de la connaissance technique ou technologique ; l'opposition connaissances / produits technologiques qui permet de différencier le savoir abstrait de ses supports matériels (machines, usines complètes) »[26].

B. Dans une perspective sociale

On utilisera le terme de « démocratisation » des technologies. Dans la mesure où l'homme est tout à la fois au service de technologies données et bénéficie de ces technologies disponibles ce sont les espaces de la production et donc du travail et ceux de la consommation ou de la vie quotidienne qui doivent être envisagés.

Dans une perspective temporelle élargie quatre étapes qualitatives principales du développement de la technique peuvent être considérées :

1) L'époque de l'outil manuel, où les fonctions essentielles de la production sont des fonctions ouvrières régularisées par le sujet et sa force de travail effective.

2) L'époque du machinisme où la fonction ouvrière (ou exécutrice) et par suite les fonctions énergétiques et de transmission cessent de relever du sujet, pour être transférées aux systèmes productifs artifi-

---

[25] Perrin, *op. cit.*, p. 17.
[26] *Idem,* pp. 27-28.

ciels : moteur / dispositif de transmission / machine-outil (cette dernière étant prépondérante).

3) L'époque des systèmes productifs déterminés automatisés, où la fonction de contrôle et de correction du processus technologique régulier, qui était auparavant fondée sur les réactions des organes sensoriels de l'homme, est transmise au bloc de commande du système productif artificiel.

4) L'époque des systèmes productifs indéterminés, à auto-commande et auto perfectionnement, où le sujet transmet aux facteurs objectifs de la production toute une série d'opérations logiques, y compris l'analyse de la situation et la prise de décision non programmées dans la mémoire du bloc de commande (Lucas, 1982).

Mais si les technologies impliquent des pratiques, elles forgent aussi des représentations : « ce que les nouvelles technologies façonnent et imposent, c'est à la fois des modèles de fonctionnement de plus en plus complexes et les modes de raisonnement nécessaires à leur utilisation. Nous pensons de plus en plus au travers de techniques qui fournissent les catégories, les images, les logiques » (CFDT, 1977).

Démocratiser les techniques c'est donc tout à la fois permettre la diffusion de leur usage et la maîtrise des significations dont elles sont porteuses. En effet, « la technologie ne concerne pas seulement le matériel et ses caractéristiques de fonctionnement, mais aussi l'organisation sociale qui permet d'utiliser ce matériel et de mener à bien des processus productifs » (Sen, 1993). On adopte donc ici la perspective sociologique des « construits sociaux » car en effet

> les machines sont des « construits techniques ». Le terme de « construit » rend bien compte du fait que chaque équipement correspond à une œuvre unique, produite par l'action de différents acteurs. Le mot « équipement » réfère davantage à un objet matériel ou physique ; le mot « construit » nous permet d'intégrer dans notre représentation la partie immatérielle de ces équipements. Enfin et surtout le mot construit insiste sur le processus social de production de ces instruments productifs, le construit est un résultat d'actions nombreuses et passées, son fonctionnement dépend de la plus ou moins bonne articulation de ces actions entre elles[27].

Ces propos abstraits demeureraient abscons s'ils n'étaient pas éclairés par des considérations plus concrètes. Pour préciser ce qu'il faut entendre par « démocratisation » des technologies nous sélectionnerons trois illustrations concernant respectivement l'information, la santé et l'éducation, domaines pour lesquels une conceptualisation en termes de

---

[27] Ruffier, *op. cit.,* pp. 91-92.

biens publics mondiaux[28] permet sans doute d'élargir l'horizon d'interprétation.

L'information est un bien ayant de multiples dimensions :

L'information peut être une ressource, en même temps qu'une marchandise. Il s'agit d'un bien de nature complexe. Ce bien se vend et s'achète, c'est donc une marchandise. Mais il peut aussi permettre de produire mieux et autrement, plus rapidement ou plus proche du consommateur : c'est alors un facteur de production. Il peut enfin être objet de transformation et de manipulation : c'est alors un enjeu de pouvoir économique (Belon, 2003).

Étant à la source même de la société de la connaissance, l'information est incontestablement un bien public mondial[29]. Mais cette potentialité de partage qu'elle recèle n'est hélas pas toujours réalisée. La « fracture numérique » a retenu l'attention de nombre d'observateurs. La fracture numérique entre individus ou groupes sociaux caractérisés par leur âge, leur sexe ou leur position sociale existe en France (Dumartin et Mignard, 1999) mais elle est encore beaucoup plus manifeste entre pays développés et pays sous-développés[30] : ainsi si 61 % des islandais utilisent Internet le Congo est 5000 fois moins connecté. C'est pourquoi au sommet mondial de Genève sur la société de l'information (SMSI) qui s'est tenu du 10 au 12 décembre 2003 sous l'égide des Nations unies, réunissant chefs d'État et de gouvernement, représentants du secteur privé et de la société civile, et qui sera suivi d'une autre réunion à Tunis les 16-18 novembre 2005 ont été abordées deux questions : question juridique des droits de l'homme, du respect de la vie privée, de la liberté et de la sécurité d'accès aux informations, questions politiques de la gouvernance d'Internet et des moyens à mettre en œuvre pour réduire la fracture numérique. En proposant la création d'un fonds de solidarité numérique, à gestion tripartite et abondé sur la base du volon-

---

[28] « Sous le nom de "bien publics" les économistes désignent à la suite de Samuelson des biens accessibles à tous dont l'utilisation par un acteur ne porte pas préjudice aux autres utilisateurs qu'il est impossible d'exclure, les biens publics "mondiaux" étant alors ceux qui peuvent bénéficier à l'ensemble des habitants de la planète, présents et futurs », Constantin, 2002.

[29] « Cumulativité et non-rivalité font de la connaissance un bien particulier... Coût d'accès important, faible nombre d'individus concernés : la connaissance doit donc, pour partie, être considérée comme un bien public local et soumis à un coût d'entrée. C'est cependant un bien public », Guellec et Ralle, 1995.

[30] Même s'il faut introduire ici quelques nuances. On sait ainsi que les firmes multinationales ont su jouer des disparités de coût de main d'œuvre pour délocaliser en Inde nombre de leurs services informatiques, ce pays bénéficiant de nombreuses compétences d'ingénieurs en ce domaine. Il faudrait aussi ajouter que la pratique de l'anglais qu'avait permis la colonisation a également facilité la délocalisation dans ce pays de *call centers*.

tariat par les gouvernements, les entreprises et la société civile, le Président du Sénégal Abdoulaye Wade a mis l'accent sur la contribution que le développement et la maîtrise de cette technologie pourrait apporter dans les domaines de la santé, de l'éducation et de l'environnement. Avec le projet ADEN du ministère français des Affaires étrangères, pour répondre par le recours à l'informatique libre à la nécessité de désenclaver les pays du sud, soixante points d'accès collectifs dans les pays de l'Afrique sub-saharienne ont été programmés.

La santé apparaît bien comme emblématique des biens publics mondiaux, « plus petits dénominateurs communs des droits dont aucun humain ne devrait en principe être privé » (de Filippis et Losson, 2002), « appartenant à l'ensemble de l'humanité et devant être considérés comme élément dont chacun est responsable pour la survie de tous » (Badie et Smouts, 1999). La santé est concernée par la globalisation à trois points de vue :

> En premier lieu l'interdépendance mondiale des déterminants de la santé fait que n'importe quel taux de mortalité ou de morbidité constaté localement, toute situation épidémique ou institutionnelle observée dans un village ou un quartier, résulte au moins en partie des relations économiques et politiques internationales. En deuxième lieu, la circulation mondiale des modèles sanitaires en termes de représentations et de pratiques tend à constituer, comme cela a été constaté, dans d'autres secteurs, un référentiel global. On a affaire à des schèmes produits par des communautés médiales, scientifiques et politiques au niveau international. En troisième lieu, il est une dimension probablement plus fondamentale de cette globalisation, c'est la manière dont la santé devient partout objet de préoccupation des États, de négociations et de conflits entre collectivités internationales, nationales ou locales, en somme objet d'un souci public (Fassin, 2001).

Mais, non seulement la recherche médicale est plus orientée vers les pathologies propres aux habitants des pays développés que vers les maladies spécifiques des pays en voie de développement, nombre d'obstacles institutionnels se dressent aussi sur cette voie de « démocratisation » de la santé. L'OMS devrait détenir le *leadership* en ce domaine ; or, après avoir perdu la direction de la lutte contre le sida au profit de l'ONUSIDA, elle voit échapper à sa sphère d'influence directe le fonds global de lutte contre le sida, la tuberculose et le paludisme dont la gestion a été confiée à la Banque mondiale. Plus généralement, avec l'instauration de l'OMC en 1994 et l'accord sur les DPI la reconnaissance des brevets et des royalties afférentes a été étendue à tous les secteurs industriels, y compris les produits pharmaceutiques avec possibilité pour les États de faire prévaloir deux mécanismes ; les importations parallèles et les licences obligatoires dans des cas d'intérêt général (extrême urgence, santé publique) ou de pratiques anticoncurrentielles.

Ces deux principes n'ont pu être pleinement appliqués devant la résistance des industries pharmaceutiques. La question d'accès aux médicaments a fait l'objet de nouvelles négociations à Doha au Qatar en novembre 2001, conduisant à un élargissement de la définition des exceptions à la règle du brevet « aux crises de santé publique ou autres circonstances d'extrême urgence, mais cette avancée reste précaire car les pays en développement n'ont pu obtenir de pouvoir faire fabriquer par un pays tiers producteur les médicaments génériques dont ils ont besoin » (Gauvfrit, 2002).

L'enseignement est un bien public impur (ou mixte) national et international. La divisibilité des services, le fait que la qualité soit fonction des effets d'encombrement et de congestion, la possibilité d'exclusion et de production concurrentielle l'éloignent d'un bien collectif pur. Par contre les externalités positives qu'il crée, les asymétries informationnelles, le rôle de ciment national et de transformation ou de reproduction des hiérarchies sociales l'éloignent d'un service marchand où le marché conduit à l'optimum (Hugon, 2002).

Aussi depuis la conférence d'Addis-Abeba en 1961 jusqu'au forum de Dakar en 2000 l'objectif de l'éducation pour tous est affirmé comme facteur de croissance, de réduction des inégalités et de construction de la citoyenneté. Ce rôle de l'éducation est encore renforcé dans la nouvelle économie de l'information et de la connaissance qui caractérise aujourd'hui l'économie mondiale. Or la conjugaison d'effets *push* (crise économique, conflits tribaux, situation politique) et d'effets *pull* (salaires élevés, sécurité, bonnes conditions de travail) fait que les pays sous-développés sont aujourd'hui confrontés à une fuite massive des cerveaux, question au cœur du forum social mondial qui se tient en janvier 2004 à Bombay. Le nombre de chercheurs et d'ingénieurs originaires de Chine, d'Inde, d'Afrique ou d'Amérique latine et installés aux États-Unis, en Europe ou au Japon est évalué à plus de 600 000, potentiel équivalent au tiers des effectifs scientifiques et techniques en activité dans les pays en développement. Les efforts faits par les pays sous-développés en matière d'éducation et encouragés par les organisations internationales ne leur bénéficient donc guère. Pour tenter de corriger cette trajectoire de transfert technologique au bénéfice du « centre » et au détriment de la « périphérie », commence à s'organiser une aide des chercheurs du « sud » à leurs pays d'origine. La contribution des diasporas scientifiques et techniques au développement local revêt différentes modalités : échange d'informations, accueil d'étudiants, participation à des enseignements, organisation de séminaires de formation, mise en place de programmes tenant compte des possibilités scientifiques du pays d'origine, repérage des domaines scientifiques ou économiques à investir, montage de projets conjoints, réalisation d'expertises ou de travaux de consultance, voire participation à distance la création d'entreprises.

La technologie façonne nos façons de produire, nos modes de vie, nos manières de penser ; elle transforme les forces productives et remodèle les rapports de production et est, par là même, à l'origine de la dynamique des systèmes et d'une dialectique sociétale :

> le plan technologique ne désigne pas, comme celui de la langue pour le langage, une abstraction méthodologique fixe qui vient au monde réel par la mouvance des connotations, mais un système structurel évolutif que les connotations (les différences inessentielles) viennent figer, stéréotyper et faire régresser. Le dynamisme structurel de la technique se fige au niveau des objets, dans la subjectivité différentielle du système culturel, qui se répercute lui même sur l'ordre technique (Baudrillard, 1968).

Par elle, à l'heure de l'économie-monde, des flux de toutes sortes explosent : les hommes (avec les migrations intercontinentales hier, les migrations nord-sud aujourd'hui), les biens et services (la terre se constituant en un espace commercial unique), l'argent (le domaine financier émergeant comme le premier champ réellement mondialisé), les informations (CNN ou Internet font de l'habitant des antipodes notre voisin), les idées (les droits de l'homme deviennent l'objet d'un affrontement planétaire), les représentations mentales (le réchauffement planétaire nous oblige à intérioriser le concept de développement durable). Mais s'il est vrai que « science sans conscience n'est que ruine de l'âme », le problème se pose de savoir si nous saurons véritablement mettre la technologie au service du développement, c'est à dire afin de promouvoir un

> processus endogène et cumulatif de long terme de progrès de productivité permettant à une part croissante de la population de réduire sa situation de précarité, de vulnérabilité et d'insécurité grâce à l'acquisition de droits dont l'éducation, la construction de capacités, la mise en œuvre d'organisations et d'institutions, notamment scolaires, et des modes de régulation aux niveaux nationaux et internationaux permettant de piloter des systèmes complexes[31].

Références

Alter, N. (eds.), *Informatique et management : La crise*, La Documentation française, Paris, 1986.

Badie, B. et Smouts, C., *Le retournement du monde*, Presses de Sciences Po et Dalloz, Paris, 1999, p. 206.

Baudrillard, J., *Le système des objets*, Denoël-Gonthier, Paris, 1968, p. 16.

---

[31] Hugon, *op. cit.*

Belon, B., « Les conditions d'efficience de l'information par la firme », in Bellon, B., Ben Youssef, A. et Rallet, A., *La nouvelle économie en perspective*, Économica, Paris, 2003, p. 58.

Bigay, J., *La nouvelle rationalité de l'entreprise*, La Documentation française, Paris, 1999.

Callon, M., « Réseaux technico-économiques et irréversibilités », in Boyer, R., Chavance, B. et Godard, O. (dir.), *Figures de l'irréversibilité en économie*, Éditions de l'EHES, Paris, 1991, pp. 196-197.

CFDT, *Les dégâts du progrès*, Éditions du Seuil, Paris, 1977, p. 22.

Chesnay F. et Serfati, C., « L'armement en France, genre, ampleur et coût d'une industrie », Nathan, Paris, 1992.

CNUCED, *Possibilité et faisabilité d'un code international de conduite en matière de transfert des technologies*, 1974.

Co, H.X., « The role of transnationals », in *Technology transfer Economic impact*, n° 59, p. 46, 1987.

Cohen, E., *La tentation hexagonale : la souveraineté à l'épreuve de la mondialisation*, Fayard, Paris, 1996.

Combe, E. et Pfister, E., « Le renforcement international des droits de propriété intellectuelle », *Économie internationale*, n° 85, 1er trimestre 2001, reproduit in *Problèmes économiques*, n° 2736 du 14 novembre 2001.

Commissariat général du plan, *Recherche et innovation : la France dans la compétition mondiale*, 1990.

Constantin, F., « Biens communs et relations nord-sud », *Cahiers français* n° 306, janvier-février, p. 95, 2002.

Craipeau, Y., « La télématique dans l'entreprise : naissance de l'organisation flexible », in Alter, N. (dir.), *Informatique et management, la crise*, La Documentation française, Paris, 1986.

Crozier, M., *La société bloquée*, Éditions du Seuil, Paris, 1972.

Daguzan, J., « Technologie et mondialisation », *Géoéconomie*, n° 20, hiver 2001-2002, reproduit in *Problèmes économiques* n° 2758 du 24 avril 2002, p. 22.

De Filippis, V. et Losson, C., « Le temps des biens publics et mondiaux », *Libération*, 26 août 2002.

Dumartin, S. et Mignard, F., « L'informatique à la maison : une diffusion sensible mais encore très ciblée », *INSEE première*, n° b629, janvier, 1999.

Dy, F., « Se servir de la technologie pour humaniser le travail », *Revue internationale du travail*, septembre-octobre, 1978, reproduit in *Problèmes économiques*, n° 1608 du 31 janvier 1979, p. 6.

Fassin, D., « La globalisation et la santé. Éléments pour une analyse anthropologique », in Hours, B. (dir.), *Systèmes et politiques de santé. De la santé publique à l'anthropologie*, Éditions Karthala, Paris, 2001, p. 30-32.

Ferne, C., « Brevets, innovation et mondialisation », *L'Observateur de l'OCDE*, février-mars, p. 25, 1998.

Fontanel, J. et Drumont-Sarriva, J., « Les industries d'armement comme vecteur du développement économique du Tiers Monde », *Études polémiques*, 1986.

Fontanel, J., *L'économie des armes*, La Découverte-Maspero, Paris, 1983.

Foray, D., *L'économie de la connaissance*, La Découverte, Paris, 2000, p. 3.

Gauvfrit, E., « La santé, un bien public mondial ? », *Cahiers français* n° 310, septembre-octobre, 2002, pp. 84-90.

Gilles, B., ed., *Histoire des techniques*, Gallimard, Paris, 1978.

Gonod, P., « Des technologies "appropriées" à celles "au service de l'humanité" », *Travail et société*, janvier, p. 56, 1986.

Gonod, P., « Matériaux pour de nouvelles politiques de transfert technologique », *Tiers Monde*, n° 65, janvier-mars, pp. 19-20, 1976.

Guellec, D. et Ralle, P., *Les nouvelles théories de la croissance*, La Découverte, Paris, 1995, p. 67.

Hebert, J., « Stratégie française et industrie d'armement », FEDN, Paris, 1991.

Hugon, P., « Les politiques éducatives et le développement », *Cahiers français* n° 310, septembre-octobre, p. 95, 2002.

Huntington, S., « Le choc des civilisations », Odile Jacob, Paris, 1997, pp. 118-124, 269-280.

Jacquemot, P., *La firme multinationale : une introduction économique*, Économica, Paris, 1990.

Lesourne, J., « Penser la société d'information », *Réseaux*, janvier-février 1997, reproduit in *Problèmes économiques* n° 2523 du 4 juin 1997, p. 18.

Livingstone, J., *The international enterprise*, Willey and sons, pp. 116-117, New York, 1975.

Loeur, W. et Powelson, J., « The role of technology : an analysis », *Economic impact*, 4, p. 21, 1982.

Lucas, Y., *L'automation*, PUF, Paris, 1982, p. 61.

Madaule, S., *Relations internationales : penser autrement*, Paris, L'Harmattan, pp. 44-45, Paris, 2003.

Maire, E. et Julliard, J., *La CFDT aujourd'hui*, Éditions du Seuil, p. 111, Paris, 1975.

Maulny, J., « Les ventes d'armes : la fin de l'euphorie », *Le Trimestre du monde*, 4e trimestre 1989.

Mc Neil, W., « La recherche de la puissance technologie, force armée et société depuis l'an mil », Économica, Paris, 1992.

Michalet, C., « Transfert de technologie, firmes multinationales et internationalisation de la production », *Tiers Monde*, n° 65 janvier-mars, p. 162, 1976.

Michalet, C. et Delapierre, M., *Les implantations étrangères en France : stratégies et structures*, Calmann-Levy, pp. 17-18, Paris, 1976.

Perrin, J., *Les transferts de technologie*, Maspero, La Découverte, p. 16, Paris, 1983.

Perrin, J., « Méthodologie d'analyse des systèmes techniques », in Boyer, R., Chavance, B. et Godard, O. (dir.), *op. cit.,* pp. 151-152 et 161.

Pfeffermann, G., « Hommes et machines en Afrique », *Finances et développement*, 1er mars 1974, p 18-19.

Ramphft, C., *Le rôle des brevets et des normes dans l'innovation et l'emploi*, Rapport au Conseil économique, Journal officiel du 4 juin 1998.

Ruffier, B. et Ngo Hai, S., « Cohérence de la firme : de l'allocation des ressources à la dynamique industrielle », in Hollard, M. (dir.), *Génie industriel : les enjeux économiques*, PUG, pp. 53-54, Grenoble, 1994.

Ruffier, J., *L'Efficience productive : comment marchent les usines*, Editions du CNRS, Paris, 1996.

Salerni, D., « *Le pouvoir hiérarchique de la technologie* », Sociologie du travail, janvier-mars 1979, p. 15.

Sen, A., *Éthique et économie*, PUF, Paris, 1993, p. 237.

Schméder, G., « Défense, sécurité et régulation », *La lettre de la régulation* n° 37 juin 2001, reproduit in *Problèmes économiques* n° 2733 du 24 octobre 2001, p. 25.

« Science et société », *Cahiers français* n° 294, janvier-février, 2000.

Turow, L., *La fracture du capitalisme*, Le Village mondial, Paris, 1997.

Wagret, F. ; Wagret, J., *Brevets d'invention, marques et propriété industrielle*, PUF, Paris, 1998.

Wilkinson, B., « Technologie, compétence et formation, une étude de cas sur les machines à commande numérique », *Sociologie du travail*, octobre-décembre, 1984, pp. 447-448.

Economic Integration and Citizenship

Modeling Social Inclusion after Doha

Daniel DRACHE

Director, Robarts Centre for Canadian Studies, York University

I. Introduction

Robert Putnam has called for a research programme which would "explore creatively how public policy impinges on (or might impinge on) social capital formation" (Putnam, 1995). For the purposes of global public policy, social cohesion, and its counterpart, inclusion, describe the dynamics of citizenship and socio-economic well-being. This paper builds on these insights and attempts to model social inclusion after the collapse of trade talks at Doha in 2004. It begins by mapping the conceptual foundations of social inclusion and its relationship to economic integration. It seeks to investigate the net effects of state practice in this critical policy area. Next, it describes what a simple index of social inclusion might look like, using human services as a case example. Third, it proposes a model that demonstrates how economic integration often leads to marginalisation rather than equitable societies. Finally, the paper examines the need to construct political linkages between social inclusion and economic integration. Such a first step recognises inclusion as an imperative, which is inseparable from other integrative forces at work in the hemisphere. Paradoxically The *Plan of Action* produced after the Quebec Summit can be read as an incipient model of social inclusion, reflecting many of the concerns of the summit participants and their desire to harness the integration process for social ends.

After the walkout by African governments at Doha, governments ought to have had second thoughts about the adequacy and compatibility of unregulated global markets as an organising framework for governance (Drache, 2001). Along with integration has come an unprecedented rise in poverty and inequality, the most powerful indicators of exclusion in our time. There are two billion people on the planet, who do not have clean water, sanitation or access to power (UNDP, 2002). The question that speaks to this situation is, how, in an age of unprecedented afflu-ence can society justify having so many on the outside looking in? Politically it raises a second and equally vexing issue: in this era of globalisation, how can societies develop the political will to remove the many complex structural obstacles to inclusion?

In the western hemispheric context, the Free trade area of the Ameri-cas (FTAA) offers few possibilities to develop social inclusion on two continents. Economic integration and social inclusion are part and parcel of a larger group of processes already underway regionally and globally. But unplanned integration is undermining the goal of building stronger inclusive societies. Over the past half century, international economic inequality has been rising (see figure 1.1). A conceptual model of social inclusion is crucial to reversing this trend.

**Figure 1.1 GINI Coefficient: Unweighted
international inequality, 1950-1998**

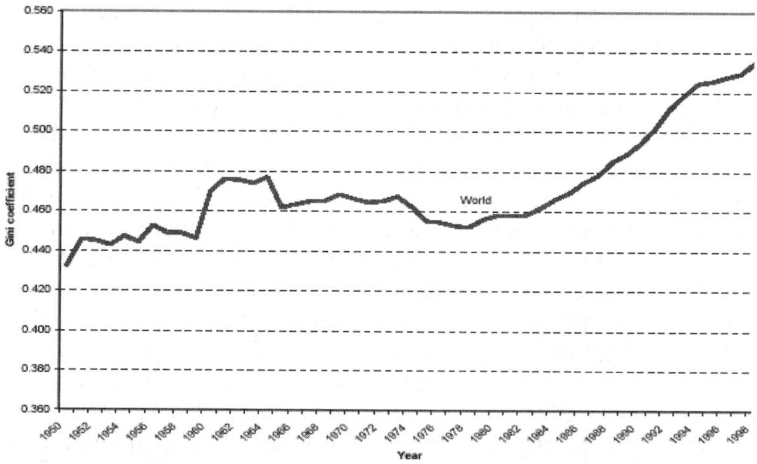

Source: Branko Milanovic, 2002.
www.networkideas.org

Social inclusion is a soft concept, lacking a precise definition. As such, it is often misunderstood, or used in such a way as to render its meaning imprecise. Further, governments and civil society lack the analytical tools to study the complex relationships involved in hemi-spheric integration. They need social indicators that will enable them to map, track, and assess the effects of hemispheric integration beyond the "narrow measures of material efficiency" currently available to policy-makers (Stanley, 2002).

A fundamental condition of vast inequality now exists between the countries within the proposed FTAA.[1] In terms of GDP per capita income, the differences between the north and south are significant (see table 1.1). Even though growth in the last decade has been modest, it has not been enough to close the gap. Since the Washington Consensus principles have been adopted everywhere and particularly in Latin America, international inequality, as measured by the GINI, has almost doubled. Inequality is the highest it has ever been in the last half century. Between the countries of the FTAA, economic disparity has been persistent.

Table 1.1 GDP Per-Capita and GDP Per-Capita Annual Growth Rate (%)

	(PPP US$) 2000	1975-2000	1990-2000
United States	$34,142	2	2.2
Canada	$27,840	1.5	1.9
Mexico	$9,023	0.9	1.4
Brazil	$7,625	0.8	1.5
Argentina	$12,377	0.4	3
Chile	$9,417	4.1	5.2

Source: United Nations Development Program, Human Development Indicators.

These wealth disparities make it especially difficult to quantify socially inclusive state practice and to qualify civil society's demands at the national and international level. For this reason, basic human services are a proxy for social inclusion (Drache and Stewart 2001). They provide the quantitative means to reduce inequality and marginalisation. Human services are a measure of a state's own ability to facilitate social inclusion. They are also a concern to many civil society actors. There is a growing consensus that investment in social and human capital and a strong public domain are essential components of inclusion that markets cannot automatically provide. Effective public authority is the key to a strong civil society and a policy environment where the processes of

---

[1]   The United States, Canada, Mexico, Brazil, Argentina and Chile were chosen for comparison because these countries represent approximately 85% of the total population in the Western Hemisphere and account for a similar share of GDP. The countries represent both advanced economies and middle income societies. They are also core members of NAFTA and MERCOSUR, the two largest trading blocs in the hemisphere

social inclusion can progress. Many experts believe that we are further from this goal today than we were two decades ago.

A. Economic Integration and the Foundations of Social Inclusion

Political theorists have thought much about the role of the state and public in building inclusive societies (Habermas, 1989; Putnam, 1995). The process of building inclusive societies must begin in the public sphere, the place of *optimal inclusivity,* because this is the primary site of political life, democratic values, institutions and debate (Drache, 2001). It is often forgotten that the modern notion of the public was one of the great achievements and a lasting legacy of the Enlightenment. The Enlightenment revolutionised our way of defining the public because it was an unparalleled time when ordinary people were thrust into the stream of history, the printing press created the fourth estate and public opinion emerged as a force to be reckoned with. The presence of ordinary people at centre stage legitimated democratic politics for the first time. Out of all this emerged a shared sense of the 'public' (Manchester, 1992). These ideas shaped modern democratic society and so when problems of any significance arose, they were by definition general concerns that had to be addressed by and through the public.

Social inclusion is often considered to be a national issue only, but it is also a hemispheric one. Nevertheless, human services are the responsibility of the state and this primary institution plays an important part in the co-ordination of social goals and takes responsibility for public policy outcomes. Etzioni exaggerates when he says that the master planning approach of the past is antiquated and unworkable. Rather it is more accurate to insist that new ways are needed to link public authority to the twin processes of consensus building and democracy (Drache, 2002). Inclusion requires that civil society as well as governments think outside the box to address the social effects of markets when they underperform and over-shoot. Public authority, with its arsenal of policy tools and large amounts of public resources, has to protect the social bond from the pressures of marginalisation and the corrosive effects of poverty. Many governments have yet to develop optimal ways to achieve these goals.

B. Defining Social Inclusion

From a policy perspective, the goal of social inclusion is to reduce structural barriers that limit participation so that all individuals or members of groups have the opportunity to play a role in articulating the 'good life' and have the opportunity to find themselves within reach of that good life. The good life is conceived in relation to each society's wealth and social norms, and consequently will be defined at the national or even local level and increasingly at the global level through the promotion of the notion that there are universal human rights. For states everywhere, the attraction of social inclusion is that it empowers individuals and groups by removing obstacles to exclusion. With this definition, it is possible to better understand inclusion by considering the exclusionary aspects of economic integration. Social exclusion results from the pressures of unplanned economic integration, which narrows access to the benefits of society, producing poverty, disease and marginalisation.

There are several different aspects of inclusion, which must be examined because integration without economic, political and social inclusion produces marginalisation for many rather than well-being for all (see figures 1.2 and 1.3).

Figure 1.2 The Downward Spiral of Social Exclusion

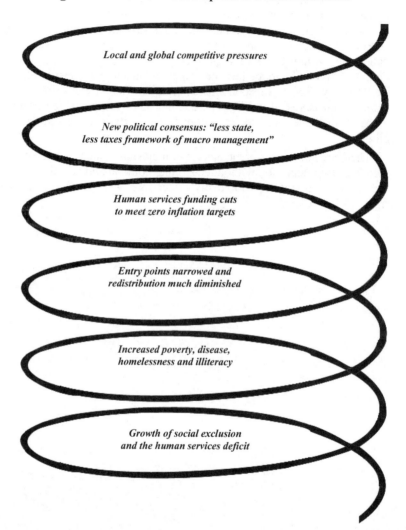

Source: Robarts Centre for Canadian Studies 2002.

Policy makers who are intent on designing socially inclusive policies need to be aware of the socio-political context of integration in order to delineate the boundaries of the social as well as define their concrete goals.

- *Economic inclusion* exists when citizens have the opportunity to participate in economic activity and governments make an effort to reduce or eliminate structural barriers such as lack of access to the labour market, or safe, affordable child care. By removing barriers and opening access, participation is facilitated. Additionally, the existence of a distributional regime that ensures people's basic needs, in terms of access to health care, education and basic sustenance are met without personally devastating economic consequences is a necessary condition for economic inclusion. Many studies underline the fact that redistribution is a more effective poverty reduction strategy than attempts to grow out of poverty. Skills training, reinsertion in the labor market and affirmative action are critical policy measures.

- *Political inclusion* exists when citizens feel that their voices are heard either through responsible government or other processes of participatory democracy. This does not mean that citizens will agree with every government policy or decision, but they must perceive that their viewpoint was considered fairly. Moreover, adult citizens should not be excluded from these processes on the bases of race, ethnicity, gender, territory, or sexual orientation. Today, many indicators such as voter turnout and trust in representation of interests reveal a marked decline in the public's confidence in many democratic institutions. The reconstruction of the public is arguably, at this point in time, more important than market openness because the benefits of society depend upon a strong social bond that cannot be provided by the market. Transparency and accountability require political and legal mechanisms which protect both individual and group rights.

- *Social inclusion* speaks to quite a different human condition. It exists when societal processes incorporate dimensions of inclusivity irrespective of group membership or spatial location. This includes the basic social services such as medical care, as well as higher level services such as post-secondary education. Human services are a corner stone of strong democratic societies because they build capabilities. For these benefits to contribute to inclusion there must be sufficient time free from market activities to participate society other than the labour market. Markets are embedded in institutions, and many of their negative effects can be addressed only through strong public policy initiatives and universal entitlements.

If inclusion is to mean anything it must reverberate in the public domain and in the allocation of public goods as well as private goods accessed through the market. A healthy public sphere is one of the keys to building a strong civil society where citizens are encouraged to organise, articulate their interests and satisfy their needs through cooperative endeavours. If this idea has any validity, states have to pay attention to the large interface between the rights and obligations that we have for each other, the adequacy of legal processes, the protection afforded by effective public interest regulation and other kinds of accountability mechanisms. To produce different outcomes, the rules of the game must be changed globally and locally.

At the theoretical level, the social dimension of the relationship between economic integration and inclusion has not yet been recognised at the theoretical level. The social aspect of integration is, strictly speaking, inclusion – the process of building stronger societies with healthy public and private spheres. But without proper institutions, social networks and regulatory policies, the result of powerful market pressures is frequently marginalisation rather than equitable societies. The model below shows just how difficult it is to achieve equitable integration. Integration always has unintended consequences, which social scientists call 'perverse effects'. It is difficult then to ascertain whether certain countries are catching up or falling behind *vis-à-vis* development and social inclusion. Surprisingly, there are no comprehensive empirical benchmarks that measure 'perverse effects' even though such benchmarks would enable policy makers to track and monitor governmental progress towards the removal of national and hemispheric barriers to social inclusion.

Figure 1.3. A Simplified Model of Inclusion and Economic Integration: A Difficult Interface

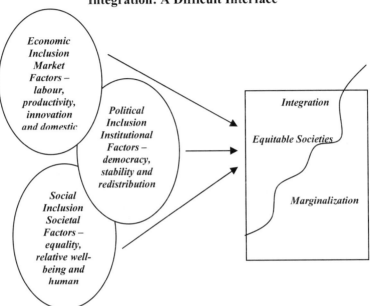

The idea of treating social inclusion as a marker on a continuum rather than a zero-sum game is a critical distinction of this report. Indicators need to capture both positive and negative social developments. 'Inclusion' indicators are considered positive measures of political will while 'exclusion' indicators are considered negative benchmarks. Studies published by the Robarts Centre demonstrate the importance of the causal link between political will and negative outcomes (www.robarts. yorku.ca). For policy purposes, it is not only the numbers that are important, but also the relationship between the numbers. This means that government failure to address inclusion issues in one area may inhibit or diminish commendable action in another area.

Figure 2.1. The Continuum Concept

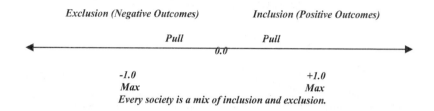

Exclusion (Negative Outcomes)   *Inclusion (Positive Outcomes)*

Pull   *Pull*

-1.0   +1.0
Max   *Max*
Every society is a mix of inclusion and exclusion.

A good example is gender empowerment. In many countries in the hemisphere, women's empowerment is measured by per-capita income, share of professional and technical positions and share of parliamentary seats. In each of these areas women have made progress, but the net effects have been incremental and uneven. Continuing wage discrimination points to the failure of government to address serious issues of labour market equity. In this, as in other cases, it is the net effects that are the most important measure of social inclusion.

At present, we do not have an adequate understanding of net-effects as a concrete policy measure or of development policy as it effects the daily lives of the most vulnerable members of society. In the 1960s, many experts argued that a per-capita income of $5000 USD was a benchmark of democratic inclusion in Latin America. Clearly, many Latin American countries have barely reached this threshold of economic inclusion set nearly 40 years ago. Measuring social inclusion at the hemispheric level requires an in-depth understanding of the social forces at work within and between societies. An important first step in addressing the knowledge gap is to develop *national* level indicators of health, education and economic well-being.

1. National-level Indicators

Nationally, human services indicators can be divided into four broad categories. The first is *income security*. Indicators of income security include the GINI coefficient, a well-established measure of income inequality, and the average annual employment rate, a broad measure of the extent to which a population is able to support itself through paid employment. The second is *population health*. Government spending per-capita captures the level of state commitment to achieving population health goals. The fertility-rate among teenage women (age 15-19), and the rate of heart attack and cancer deaths in a society are tied to lifestyle factors and access to health services-making both key indicators of population health.

The third category measures *access to shelter*. Indicators for housing capture levels of access to and the relative cost of shelter. The percentage of owner-occupied housing is an important indicator of economic well-being and social stability. Rent indicators, on the other hand, are critical to capturing the challenges faced by low-income populations. Finally, *population knowledge*, as a category, attempts to measure knowledge levels across a population. Public spending as a percentage of GDP, the gross primary and secondary enrollment ratio, and the adult illiteracy rate are crucial indicators of a population's ability to perform in the global market. Education indicators are especially important to measuring levels of social inclusion. Such measures provide a deeper understanding of the impact of economic integration on the inclusive aspects of society (see Appendix 1 for a full explanation of these indicators, their rationale and their relevance to social inclusion). These four measures constitute the basic parameters of modern citizenship in its economic aspect. However, different indicators are needed to measure inclusion in the hemisphere in order to understand the dynamics of integration and inclusion between nations.

2. *International-level Indicators*

Broad measures of international and inter-regional socio-economic difference best portray the challenges of integration between North and South America. It is not possible to produce a full index at this time, but high on our list would be the following five comparative indicators. These measurements go a long way towards capturing the dynamics of social forces at work between nations that constitute the basic register of international asymmetry.[2] Each of the indicators below must be compared to G7 best practice benchmarks or their equivalent.[3]

- *GDP per-capita averages and GDP growth rates* – GDP measurements are important because they effectively capture disparities in national wealth and differential levels of economic growth, and measure the benefits of openness in a simple, yet compelling way (Source: World Bank, World Development Indicators).

---

[2] There is a large amount of data available, and a number of adequate indexes, but quantification problems remain. Much of the data for Latin America is not comparable across the hemisphere. Few, if any, comprehensive cross-sectional studies of North and South America exist.

[3] This creates a high standard, but it is important to compare regions which have done better in recent times against benchmarks in order to measure movement towards goals. Nevertheless, such comparisons remain difficult from a methodological standpoint.

- *Gender Empowerment averages* – The Gender Empowerment Measure (GEM) is a human development indicator which enables civil society and policy makers to track women's participation in economic, professional and political activities by measuring per-capita incomes, women's share of technical and professional positions and share of parliamentary seats. It is particularly useful in allowing us to understand the effects of integration on gender equity (Source: United Nations Development Program (UNDP)).

- *Educational enrollment, achievement and time spent in school* – It is important for countries to cultivate an educated workforce in order to benefit from the increasingly knowledge-based global economy. Education is also essential for developing civil society and is a good measure of a state's commitment to reducing what Sen terms 'capability deprivation' – especially for the structurally marginalised (Sources: United Nations Educational, Scientific and Cultural Organization (UNESCO) and the United States Agency for International Development (USAID)).

- *Macro-indicators of average levels of health* – Inclusive societies place emphasis on government funding in order to reduce infant mortality rates, boost life expectancy and enhance children's nutrition. Improving population health by investing in communities is a primary goal for all governments (Sources: World Health Organization (WHO) and UNDP Human Development Indicators).

- *Poverty and inequality rates* – Poverty is not a single category and researchers tabulate poverty in different ways. Usually poverty has two measures: relative poverty and extreme poverty (indigence). However, measuring income disparity between the top and bottom quintiles of income earners is the most accurate measure of national inequality (Sources: UNDP, World Bank, International Monetary Fund (IMF) and USAID).

While this paper discusses the role of national level governmental institutions in facilitating social inclusion, non-state actors deliver many services. There is "a very large terrain between atomized civil society and state dominated public practice (Drache 2001 p. 39)." In many societies, civil society organisations provide services to the socially excluded alongside government provided services. Particularly in socially fragmented societies, their role and responsibility has increased in recent times. Often, however, civil society lacks the resources to close the socio-economic gaps that have widened in both North and South American countries. Further investigation would clarify under what conditions civil society actors can be active partners with the state and effective actors in their own right.

II. Trade Liberalisation and Social Inclusion

Trade has become more important to all countries in the hemisphere over the past several decades, although not to the same extent or degree. Canada accounts for 5.5% of world exports, and 4.5% of world imports, impressive figures for a mid-sized economy (World trade organization, 2003). However, trade with the United States has always been a commanding portion of Canada's gross domestic product. For the United States, trade has historically been a significant feature of economic growth, but not to the degree seen in Canada. US foreign trade makes up about 26% of GDP, whereas in Canada that figure is over 80%. For the Latin American countries, trade has become more important over the last quarter century, although the extent to which this is true varies as table 2.3 shows.

Table 2.3 Trade as % of GDP in Selected Latin American Countries

	1980	1990	1995	1999
Argentina	11.5	15	19.8	21.3
Brazil	20.4	15.2	17.2	22.3
Chile	49.8	66	59.3	56.4
Mexico	23.7	38.3	58.2	62.8

Source: World Bank, World Development Indicators.

Inclusion is often presumed to follow automatically from free trade. In theory, efficiency gains from increased competition and economic openness lead to a higher standard of living across the board. However, record levels of exclusion in the hemisphere contradict this assertion. The data in tables 2.1 and 2.2 show 12 measures of economic and demographic growth, human services, economic inequality, poverty and educational enrollment. While these are but a few of the measurements necessary to gain a comprehensive view of the current state of inclusion in the hemisphere, they do provide an example of the categories of data needed and the different sources where this data can be found. However, the vast differences in wealth, health and education underline the fact that broadening and deepening integration cannot be accomplished through economic means alone.

Table 2.1 North American Countries at a Glance (NAFTA) 2000

	United States	Canada	Mexico
Population (millions)	283.2	30.8	98.9
GDP ($ billion US)	$9,837	$688	$575
Foreign Trade (% GDP)	26.20%	86.80%	64.70%
Government Spending (% GDP)	29.90%	37.70%	15.80%
Access to an Improved Water Source (% population)	100%	100%	86%
Life Expectancy (years at birth)	77	78.8	72.6
Infant Mortality (per 1000 live births)	7	6	25
Child Malnutrition (% under 5)	1%	/	8%
Inequality (ratio of income of top quintile to bottom quintile)	16.6	8.5	32.6
Poverty (% population below national poverty line)	/	/	/
Gross Enrollment in Primary Education (% of school age population) Male	103%	103%	116%
Gross Enrollment in Primary Education (% of school age population) Female	101%	101%	113%
Illiteracy (% population age 15+)	<1%	<1%	9%

Table 2.2 South American Countries at a Glance (MERCOSUR) 2000

	Argentina	Brazil	Chile
Population (millions)	37	170.1	15.2
GDP ($ billion US)	$285	$595.50	$70.5
Foreign Trade (% GDP)	21.30%	22.30%	56.40%
Government Spending (% GDP)	13.80%	18.20%	12.20%
Access to an Improved Water Source (% population)	79%	87%	94%
Life Expectancy (years at birth)	74	67	76
Infant Mortality (per 1000 live births)	18	32	10
Child Malnutrition (% under 5)	2%	6%	1%
Inequality (ratio of income of top quintile to bottom quintile)	/	/	/
Poverty (% population below national poverty line)	/	22%	21%
Gross Enrollment in Primary Education (% of school age population) Male	111%	/	103%
Gross Enrollment in Primary Education (% of school age population) Female	111%	/	100%
Illiteracy (% population age 15+)	3%	15%	4%

Sources: International Monetary Fund, Organization for Economic Cooperation and Development, UN Development Program, US Bureau of Labor Statistics, World Bank.

High rates of poverty and economic inequality within and between countries are a serious obstruction to socially inclusive integration. The facts about hemispheric poverty show how tenuous the links between liberalisation and the good life really are. Conservative estimates place the poverty rate in Latin America somewhere between 20% and 40% of the population, depending on the measure adopted (ECLAC). Significantly, poverty rates are highly variable throughout the hemisphere, and are greatly affected by macro-economic policy and poverty reduction strategies. Argentina's poverty rates soared as the result of the structural adjustment crisis. Yet, Brazil's rate of poverty is still higher than Argentina's because of vast income disparity between the top and bottom quintiles of income earners. Canada's poverty rates (around 16% of the population) are 'better' than those of the United States (now above 20%), but both have remained high in the past decade. Thirty years of experience has shown that people escape poverty when domestic growth is strong enough to bolster job creation rates. At best, the benefits of trade openness are only a secondary factor, and at worst a cause of structural instability and job loss.

There is still much to be learned about the connection between Washington Consensus macro-economic policy and national outcomes (*Canada Watch* 8:4-5). As Rodrick has pointed out,

> Integration into the global economy... is not something that policymakers control directly. Telling finance ministers in developing nations that they should increase their 'participation in world trade' is as meaningful as them that they need to improve technological capabilities – and just as helpful. Policymakers need to know which strategies will produce these results, and whether the specific prescriptions that the current orthodoxy offers are up to the task (Rodrick, 2001).

The UNDP measures poverty in terms of longevity, knowledge and standard of living (see tables 2.4 and 2.5). Longevity in particular captures the unique asymmetries between North and South America, which challenge economic integration. In both the north and the south, the probability of surviving to old age is determined by a wide number of factors including pre-natal care, childhood nutrition, occupation, income and lifestyle. In North America the benchmark is set at 60 years. In South America, longevity is benchmarked at 40 years. This measure highlights the vast structural inequality between north and south in the hemisphere. The levels of deprivation one is born into determine the probability of an individual living past the benchmark age. Access to adequate health care, hygiene and nutrition is more widely available in Canada and the US. But in the US, 40 million Americans live without health coverage.

Tables 2.4 and 2.5 Poverty in the Hemisphere

Human and Income Poverty in OECD Countries					
			Population below income poverty line (%)		
	Probability at birth of not surviving to age 60 (% of cohort) 1995-2000	People lacking functional literacy skills (% age 16-65) 1994-98	50% of median income 1987-98	$11 a day (1994 PPP US$) 1994-95	$4 a day (1990 PPP US$) 1996-99 e
United States	12.8	20.7	16.9	13.6	/
Canada	9.5	16.6	12.8	7.4	/

Human and Income Poverty in Developing Countries					
			Population below income poverty line (%)		
	Probability at birth of not surviving to age 40 (% of cohort) 1995-2000	Adult illiteracy rate (% age 15 and above) 2000	$1 a day (1993 PPP US$) 1983-2000	$2 a day (1993 PPP US$) 1983-2000	National poverty line 1987-2000b
Mexico	8.3	8.6	15.9	37.7	10.1
Brazil	11.3	14.8	11.6	26.5	17.4
Argentina	5.6	3.2	/	/	17.6
Chile	4.5	4.2	<2	8.7	21.2

Source: UNDP, Human Development Indicators.

Even a simple measure of well-being demonstrates how different the life circumstances are between Latin Americans and North Americans. Canadians live an average of 11.8 years longer than Brazilians, a huge difference (see tables 2.1 and 2.2 p. 12). Canada has taken the lead in developing health promotion strategies at the national level, permitting public authority to make multiple legislated interventions in the interest of public health, including use of seatbelts in automobiles, taxes on cigarettes, workplace health and children's health standards. So far, no other jurisdiction in the hemisphere has been as active in promoting a higher health standard through public services (Glouberman and Millar 2003). Again, this underscores the importance of governmental intervention as a force for the public good.

Countries with high levels of social instability, weak public-sector institutions and small national economies are unlikely to benefit significantly from the current drive for economic integration (Stiglitz 1998, 2002). The less state, less tax model has ill-served the public in many countries. The social dimension of economic integration into the FTAA, as with NAFTA and MERCOSUR, has not been factored into the equation. Many experts have noted that MERCOSUR has a more civic dimension (Vaz, 2001; de la Reza, 2001), but so far this has made little difference for social inclusion in the Southern Cone, according to the five measures above.

A. From the Global Disconnect to the Policy Reconnect

1. The Quebec Summit Plan of Action

The *Quebec Summit Plan of Action* constitutes a new departure with respect to linking social inclusion to economic integration (www.sice. oas.org/ftaa/quebec/declara_e.asp). Every student of social inclusion should read it attentively. A large part of the plan addresses the need to broaden and deepen the integration process while recognising the centrality of its social dimension. It identifies the importance of access to quality education and primary health care as important resources that are required to overcome obstacles to greater social justice. It stresses that strengthening the role of women "in all aspects of political, social and economic life in our countries" is "essential to reduce poverty and social inequalities and to enhance democracy and sustainable development". It states that the "ultimate goal is to better meet the needs of the population, especially the needs of women and the most vulnerable groups, including indigenous people, the disabled, children, the aged and minorities" (FTAA, 1995).

Taken in its entirety, it constitutes an incipient model of social inclusion. While far from being fully conceived, it is something of a milestone.[4] The challenge of building inclusive societies is conceptually represented as a multi-tiered process of development in Figure 2.2. Political will, broad access to public goods, strong redistributive mechanisms and active political citizenship are necessary components of a socially inclusive public policy agenda. To translate these broad markers into active public policy, requires rethinking democratic norms and practices. The values, institutions and vision of social inclusion speak to this necessity.

---

[4]   The challenge of building inclusive societies is now a transnational challenge. It has become the central preoccupation of the European Union, the United Nations, and international financial organizations such as the Inter-american development bank (IADB).

Figure 2.2. The Challenge of Building Inclusive Societies

Social Inclusion

The test of the fairness of the public processes and government policies that exist in the public domain to *all* citizens.

Participation and Citizenship

Ensuring that all have a voice in political decision-making processes facilitates building an inclusive society. Public processes can differentially impact gender, ethnicity, age, education or space. Each society has to choose policy models and practices that are more successful than others in strengthening democracy and securing rights for those at the margin of society.

Sharing and Redistribution

The goal of social inclusion requires the reduction of structural barriers that limit participation and civic engagement. The good life is conceived in relation to each society's wealth and social norms and consequently will be defined locally. Inclusion must reverberate in the public domain - the public places and spaces, public culture, the environment and in the allocation of public and private goods accessed through the market.

Broadening Access

The removal of all kinds of barriers to ensure that public authority supports the existence of a vibrant civil society, which will generate public discourse, social connections and social integration. Building inclusive societies is not solely a project of governments but must occur in the public sphere, those sites of political life, democratic values, institutions and debate that underpin a broad notion of citizenship entitlements and social rights.

Proactive Political Will

A focused commitment to enfranchise those at the margins of society to ensure that all have voice in political decision-making processes. This requires leadership and commitment by government to support equality of opportunity measures and to remove structural barriers that disenfranchise groups and individuals. Political will is the capacity to set expectations and establish standards of behaviour for society.

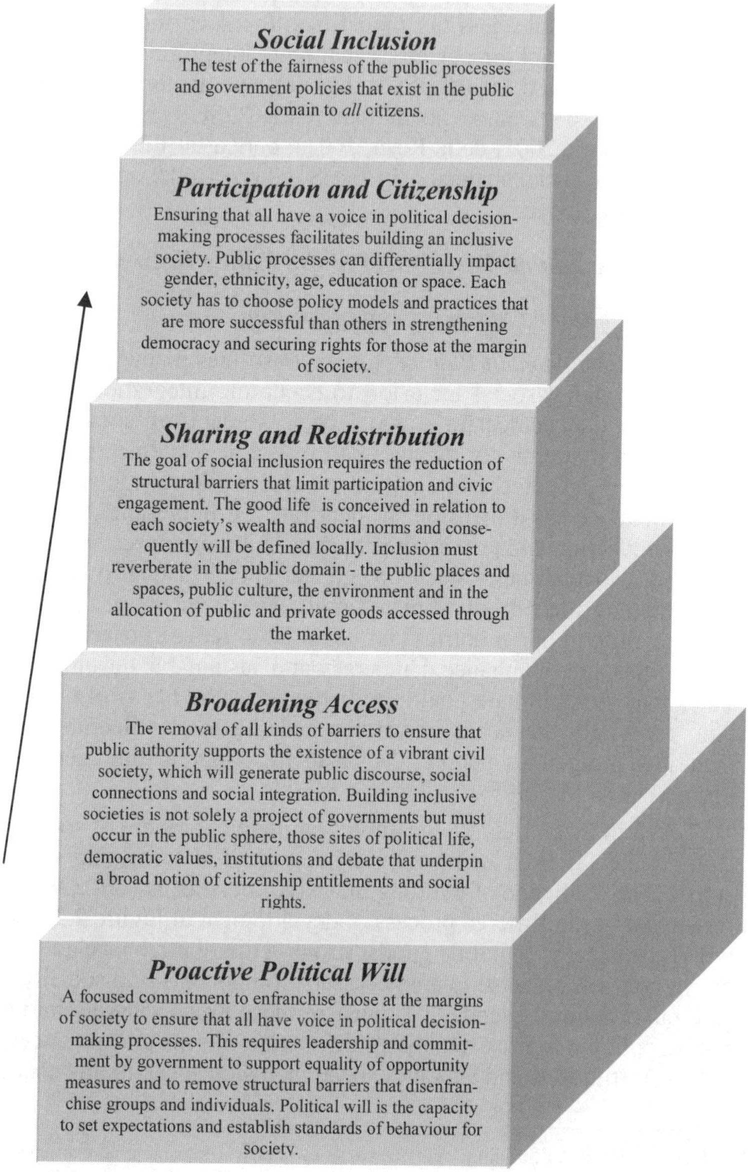

Two questions of vital importance remain. The first is, can freer markets generate better human services? So far, market fundamentalism has failed to create an effective policy model beyond the negative integration framework that tells states what they cannot do rather than what they must do to address issues like poverty reduction. Economic integration as a policy process has met serious opposition from civil society and many policy experts because of the record levels of inequality and growing financial indebtedness. In the hemisphere, no country has yet been able to grow out of poverty. Even in the world's richest country poverty is persistent, and for many an insurmountable obstacle to participation and inclusion. As a result, the policy environment is becoming sceptical about narrow integration processes that do not address the social dimension. Still, there is no alternative economic model to address human development in a multidimensional way.

Second, does an open economy foster an open society? The UNDP has found that poverty is not an obstacle to democracy per se (UNDP, 2002), but whenever a large number of people are excluded, democracy is the worse for it. Freer markets, while often a democratising force, do not lead to an equitable allocation of wealth. Such disparity is not conducive to participation in democratic institutions as envisioned in the Quebec Summit's *Plan of Action*.

In most societies today, it is necessary acquire voice and information to develop any immediate kind of countervailing power. Acquiring effective voice is a matter of being fully informed and having a presence powerful enough to raise issues that are not given their full due. This is why developing incisive analytical tools like benchmarks and indicators are so important. They raise public discourse to a new level. There remains much about this process that needs to be better understood. As governments wrestle with new competitive pressures, they must look for benchmarks and innovative policy tools in order to better understand the complex relationship between hemispheric integration and strong democracy. The challenge for government is to identify the inputs, processes and outcomes that will enable the construction of more inclusive societies at a time of FTAA-led integration.

Developing effective tools for civil society actors as well as public authority will assist both in pinpointing the many different kinds of barriers that prevent society from building inclusive institutions, values and practices. Integration is tightly tied to trade, but has a much wider orbit than is usually acknowledged. Developing a model and index of social inclusion will enable policy makers as well as social movements to rethink the fit between social inclusion and integration. In a post-Quebec summit world, this process of deepening and strengthening democratic debate with respect to the public sphere is a critical element in new strategies for action used by social movements and others.

If a comparative examination is to become authoritative from a public policy perspective, it needs a comprehensive framework focusing on human services and equity, human security and risk, cyberspace and the information commons. So far, the causal connection between economic integration and public initiatives in creating strongly inclusive policies and outcomes remains to be specified. This paper attempts to identify and explain some of the social determinants and risk factors present in a model of unplanned integration. There is still a great deal of analytical and practical policy research that remains unfinished.

2. Next Steps

The predilection for market fundamentals, tough zero-inflation targets, an unstoppable political dynamic of one worldism and silence on the need for an expansive notion of the public sphere in all of its parts are no longer the watershed event of our times. Many will be left behind by economic globalisation's relentless drive for efficiency and labour market demands for increasingly sophisticated knowledge and skills. In all countries, diverse and vulnerable groups from the urban poor to the homeless constitute the *nouveaux exclus* of the twenty-first century. The FTAA's *Plan of Action* is a significant departure from the status quo, even though it lacks concrete social policy benchmarks. In this regard, it is noteworthy that the 'northern model's' privileging of redistribution and the public good reflects a growing consensus on the need to draw a firm boundary between the market and public domain. This balance is always difficult to achieve without a conscious effort and so far the process and plans of integration are not coordinated. They remain separate and parallel, with social goals not yet embedded in the integration process.

Selecting the appropriate mix of policy tools to operationalise political will could provide modern decision-makers with a powerful framework to develop a strategy of collective action. To take this step brings us to the heart of the matter. Soft but compelling concepts like social inclusion require a hard multi-dimensional edge. Lining up the ducks calls for finding optimal ways to enhance the process of inclusion as a public good. Public authority must to make a significant investment to make the goal of inclusivity a state priority. It has to develop strategic targets and positive benchmarks. There has to be a tangible commitment to build and implement a new consensus on inclusion.

Citizenship is premised on collective engagement and, more importantly, emphasises the quality of participation in a political community.

Richard Falk reminds us that it is not law but politics and the adversity of experience that more adequately captures the experiences of individuals and groups. The goal and process of inclusion rests on strengthening over time a better way of organising life on the planet. It speaks to the 'politics of aspiration and desire' and of the growing dissatisfaction with globalisation-from-above. Inclusion wants to move the goal posts of community and to hold public authority, the market and the media accountable. It is also expressive of a very different kind of dynamic between contemporary state/market relations where political choice and dedicated action can make a difference to the most vulnerable and disadvantaged.

Why should social inclusion edge its way back from the margin? No one can say with total certainty that it is likely to become more prominent not less. In most societies today developing countervailing power is a matter initially of acquiring public voice and information. Those who are a force to be reckoned with are those who have the tools, the capacity and the motivation to challenge the existing public policy framework of market- based fundamentals. Acquiring an empowered voice means being fully informed and having the capacity to raise issues in a way that can effectively shift the centre of gravity beyond the narrow rules-based discourse of the Washington Consensus. This is why developing powerful analytical tools like benchmarks and indicators are so important for governments, no less than for civil society actors and social movements. They raise the content of public discourse to a level that is currently lacking. They also provide an alternative to the universal models that are so pervasive on the right and left. But most importantly, policy makers must bear in mind that integration is not only a market-driven process, but is also heavily dependent upon geography, history, communities and other social forces.

Proposing public policy alternative requires further research. Five research questions of top priority are:

- What has the effect of economic integration been on the provision of human services?
- What are the root causes of exclusion? Are they largely external or a product of domestic policy?
- What types of public policy minimise the perverse effects of integration?
- In terms of citizenship and identity, what can countries in the hemisphere learn from Canada's experience with multicultural policy and the provision of public goods?

- Finally, what are the linkages between strong democracy and economic openness, and how can they be strengthened?

Conclusion

A social inclusion perspective enables public policy makers to understand that redistributive policies are more effective than openness strategies in reducing poverty and social exclusion. Different outcomes require different rules. The current focus on efficiency and deep integration ignores the fact that unregulated global markets are an inadequate framework for governance. The basic tension in the current policy environment is still between economic imperatives and social needs. To move beyond this, policy makers need to construct political linkages between social inclusion and economic integration.

When private needs crowd out the public, the goal of a socially inclusive hemisphere remains elusive. Reducing the social costs of integration requires a better understanding of the role of the state and the public in facilitating hemispheric social inclusion. New frameworks for innovative policy are required to address the fundamentals of citizenship. States need to recognise the positive relationship between effective human services provision and deeper economic integration. Unplanned integration will continue to face stiff opposition in the public sphere and beyond.

Appendix 1

Social inclusion in human services indicators data table								
Indicator	Source	Year	Argen-tina	Brazil	Canada	Chile	Mexico	United States
Income security: **(30% weighting)**								
	ILO LABST	1985	93,2	98,0	92,4	87,8	98,0	94,4
Positive political will indicator		1990	92,7	96,3	91,9	92,2	97,8	94,4
Average annual employment rate **(ER)**		1995	81,2	93,9	90,5	92,6	95,3	94,4
		2000	87,2	91,0	92,4	90,8	92,8	95,8
	ILO WLR 2K	1985	62,8	67,7	100,0	61,3	17,1	100,0
Positive political will indicator		1990	62,8	67,7	100,0	61,3	17,1	100,0
Old-age pensioners as a % of pop. 65 and over **(PC)**		1995	62,8	67,7	100,0	61,3	17,1	100,0
		2000	62,8	67,7	100,0	61,3	17,1	100,0
	IDB	1985	12,0	34,0	17,0	38,0	28,0	19,6
Negative outcome benchmark indicator		1990	12,0	37,0	18,5	33,0	34,0	20,3
Urban poverty rate **(UPR)**		1995	12,0	39,0	19,8	19,0	29,0	21,6
		2000	12,0	41,0	21,3	15,0	30,0	23,8
	IDB/ WIID	1985	40,6	54,3	34,0	48,5	32,1	40,6
Negative outcome benchmark indicator		1990	42,3	53,5	33,0	47,1	42,4	42,8
Gini **Gini**		1995	43,9	51,2	32,0	47,3	40,5	45,0
		2000	45,6	49,7	31,5	48,1	40,5	45,9
Health: **(25% weighting)**								
	WHOSIS	1985	802,3	404,7	1818,7	556,7	392,7	3704,6
Positive political will indicator		1990	809,6	414,2	1825,9	565,5	403,0	3714,9
Annual gov't health spending per capita (int'l dollars) **(PHS)**		1995	816,5	421,6	1831,7	574,0	412,5	3720,0
		2000	823,0	428,0	1836,0	581,0	421,0	3724,0

WHOSIS	1985	5,6	3,1	12,9	5,7	1,9	12,3
Negative outcome benchmark indicator	1990	6,0	3,2	12,7	5,7	2,2	12,4
Annual suicides per 100k pop. (**SD**)	1995	6,4	3,3	13,4	5,7	3,1	11,9
	2000	6,8	3,4	12,3	5,7	3,7	11,4
WHOSIS	1985	183,9	94,5	268,9	183,9	188,9	283,2
Negative outcome benchmark indicator	1990	183,9	94,5	268,9	183,9	188,8	283,2
Heart attack and cancer deaths per 100k pop. (**HCD**)	1995	183,9	94,5	268,9	183,9	188,9	283,2
	2000	183,9	94,5	268,9	183,9	188,9	283,2
IDB WDI 2000	1985	64,0	72,0	24,0	47,0	69,0	51,0
Negative outcome benchmark indicator	1990	64,0	72,0	24,0	47,0	69,0	51,0
Births per 1000 women age 15-19 (**TB**)	1995	64,0	72,0	24,0	47,0	69,0	51,0
	2000	64,0	72,0	24,0	47,0	69,0	51,0
Housing: (25% weighting)							
UNCHS	1985	67,8	63,5	62,1	63,1	63,1	64,2
Positive political will indicator	1990	67,8	63,5	62,1	65,7	65,7	64,2
Percentage of owner-occupied housing (**OOH**)	1995	67,8	63,5	62,6	68,3	68,3	64,2
	2000	67,8	63,5	63,1	68,9	70,9	64,2
ILO YLS 2K	1985	100,0	100,0	100,0	100,0	100,0	100,0
Negative outcome benchmark indicator	1990	100,0	100,0	100,0	100,0	100,0	100,0
Rent indices (**RI**)	1995	610,1	209,7	111,9	187,8	240,7	114,0
	2000	579,8	394,5	117,1	229,6	493,8	128,3
Education: (20% weighting)							
UNDP	1985	8,9	17,7	14,1	15,3	13,6	11,9
Positive political will indicator	1990	10,8	17,7	13,5	15,4	12,8	12,5
Public education spending as % of gov't exp. (**PES**)	1995	12,6	17,7	12,9	15,5	23,0	14,4
	2000	14,4	17,7	12,3	15,6	23,0	15,9
UNESCO	1985	7,9	16,8	-1,0	7,8	11,3	1,8
Negative outcome benchmark indicator	1990	7,6	10,7	-1,8	8,8	16,4	2,2

Gross primary & secondary non-enrolment ratio (GER)		1995	4,1	1,7	-3,4	10,3	11,7	0,3
		2000	5,0	-7,3	-5,0	11,8	7,0	-1,6
	CIA FACTBK	1985	7,0	28,0	1,0	7,8	12,0	1,0
Negative outcome benchmark indicator		1990	6,0	24,0	1,0	8,8	12,0	1,0
Adult illiteracy rate (ALR)		1995	5,0	20,0	3,0	10,3	12,0	3,0
		2000	4,8	17,7	3,0	4,8	10,4	3,0

Source: Drache and Stewart 2001.

Bibliography

Bernard, P., *Social Cohesion: A Dialectical Critique of a Quasi-Concept.* Ottawa: Strategic Research and Analysis, Strategic Planning and Policy Coordination, Department of Canadian Heritage, 1999.

Drache, D., "Introduction: The Fundamentals of Our Time: Values and Goals That Are Inescapably Public". In *The Market or the Public Domain: Global Governance and the Asymmetry of Power*, edited by Daniel Drache. London: Routledge, 2001.

Drache, D., "When Labour and Investment Standards Almost Mattered: A Putative History Lesson in Trade Politics That Ought Not to Be Forgotten". In *Global Instability: Uncertainty and New Visions in Political Economy*, edited by McBride, S., Dobuzinskis, L., Cohen, M. and Busumtwi-Sam, D., The Netherlands: Kluwer Academic Publishers, 2002.

Drache, D., Malcolm, S., *The Human Services Deficit and What Can Be Done About It: Benchmarking Human Services in the Hemisphere.* Toronto: Robarts Centre for Canadian Studies, York University, 2001.

Glouberman; Sholom; Millar, J., Evolution of the Determinants of Health, Health Policy, and Health Information Systems in Canada. *American Journal of Public Health 93*, n° 3, 2003.

Habermas, J., *The Structural Transformation of the Public Sphere: An Inquiry into a Category of Bourgeois Society, Studies in Contemporary German Social Thought.* Cambridge, Mass. Cambridge, England: MIT Press; Polity Press, 1989.

Manchester, W., *The World Lit Only by Fire: The Medieval Mind and the Renaissance.* New York: Little Brown, 1992.

Milanovic, B., *The Two Faces of Globalization: Against Globalization as We Know It.* New Delhi, India: International Development Economics Associates, 2002.

Putnam, D., *Bowling Alone: America's Declining Social Capital. Journal of Democracy 6*, n° 1, 1995, pp.65-78.

De la Reza, G., FTAA's *Transition Period: An Unexpected Source of Disparity.* Paper presented at the Robarts Centre for Canadian Studies, Summer Institute, York University, Toronto, Canada, 2001.

Rodrick, D., *Trading in Illusions. Foreign Policy*, March 2001.

Second Draft Agreement of the Free Trade Area of the Americas [HTML File], Free Trade Area of the Americas, 1995 [cited March 15th 2003]. Available from www.ftaa-alca.org.

Special Double Issue on Canada-U.S, *Relations in the New Millenium.* Canada Watch 8, n° 4-5, 2000.

Stanley, D., *What Do We Know About Social Cohesion: The Research Perspective of the Federal Government's Social Cohesion Research Network.* Ottawa: Strategic Research and Analysis (SRA), Strategic Policy and Research, Department of Canadian Heritage, 2002.

Stiglitz, E., *Globalization and Its Discontents.* New York: W.W. Norton and Company Inc., 2002.

Stiglitz, E., *Towards a New Paradigm for Development.* Geneva: United Nations Conference on Trade and Development, 1998.

Third Summit of the Americas, Plan of Action [HTML FILE], *Free Trade Area of the Americas,* 2001 [cited March 15th 2003]. Available from http://www.sice.oas.org/ftaa/quebec/declara_e.asp.

Trade Policy Review Body, *Trade Policy Review: Canada.* Geneva: World Trade Organization, 2003.

United Nations Development Program, *Human Development Report 2002: Deepening Democracy in a Fragmented World.* New York: Oxford University Press, 2002.

Vaz, A., Forging a Social Agenda within Regionalism: The Cases of MERCOSUR and the FTAA in a Comparative Approach. Paper presented at *the Robarts Centre for Canadian Studies,* Summer Institute, York University, Toronto, Canada, 2001.

SIXIÈME PARTIE

PROMOUVOIR UN DÉVELOPPEMENT AUTONOME

Les théories de la CEPAL des années 1990 pour l'insertion dans l'économie mondiale de l'Amérique latine et du Cône Sud

Une mise en perspective des cadres d'analyse

Alexis SALUDJIAN

Docteur en Sciences Économiques
Université de Paris 13-Villetaneuse
UFR Sciences Économiques et Gestion

Après les crises latino-américaines, asiatique ou russe, la critique de la vision des institutions internationales telles que le Fonds monétaire international et la Banque mondiale est devenue un passage presque obligé pour les économistes qui veulent rester audibles et en contact avec les réalités économiques, politiques et sociales. Tel est le cas de J. Stiglitz après son passage à la Banque mondiale et ses expériences de praticien du développement racontées dans sa « grande désillusion »[1]. Ces critiques étaient beaucoup plus rares au début des années 1990 à l'heure de la « fin de l'histoire » et du libéralisme triomphant[2]. À partir de la catastrophe argentine, des crises politiques en Amérique latine (Bolivie, Équateur, Venezuela) et des élections initialement porteuses au Brésil, les dirigeants politiques, les partis traditionnels et certains économistes sont tentés – par des discours et des actes certes symboliques mais marginaux – « de tout changer, afin que tout soit comme avant » selon l'expression du roman de Lampedusa. Pour que les crises à répétitions ne se reproduisent pas dans quelques années en Amérique latine, il est nécessaire de critiquer les fondements économiques qui soutiennent

---

[1] On peut comprendre l'ampleur de sa désillusion quand on se rappelle que le Prix Nobel d'économie J. Stiglitz est à l'origine de la nouvelle théorie du commerce internationale avec son article écrit en 1977 avec A. Dixit. Voir Stiglitz, 2002.

[2] Pourtant elles existaient, voir notamment Salama et Valier, 1994.

nent des intérêts politiques comme ceux de la Transformation productive avec équité[3] proposée par la CEPAL en 1990. Tel sera l'objectif de cet article.

Les économies latino-américaines ont connu des processus de libéralisation et d'ouverture rapides et profonds notamment des comptes financiers. Les plans d'ajustement structurels élaborés par les institutions internationales (FMI, Banque mondiale et Banque interaméricaine pour le développement) qui ont débuté dès la fin des années 1970, se sont poursuivis tout au long des années 1980 jusqu'aux années 1990. Au niveau mondial, les flux de capitaux occupent une place très importante, notamment les Investissements Directs de l'étranger. La financiarisation de l'économie est caractérisée par une situation où les entreprises industrielles consacrent une part croissante de leurs ressources à des activités strictement financières et cela, au détriment de l'activité productive[4]. Les Firmes multinationales (FMN) ont également pris une place tout à fait remarquable depuis le début les années 1980[5] et les conséquences de leurs stratégies de développement sont d'autant plus importantes que celles-ci se sont implantées depuis longtemps[6]. Dans ce contexte institutionnel et économique transformé par ces politiques et la décennie perdue, l'intégration régionale du Cône Sud a été présentée comme une voie de sortie de crise ainsi qu'un facteur de stabilité et de croissance lors de la libéralisation des économies[7].

Nous nous sommes intéressés aux déterminants de cette situation d'incertitude et d'instabilité qui font de l'Amérique latine un sujet d'étude passionnant car nous décelons dans les conditions de l'Amérique latine depuis la fin des années 1980, des éléments qui en font une zone test.

Les modèles d'insertion dans l'économie mondiale depuis 1990 doivent s'étudier dans un cadre historique de développement des pensées économiques. L'étude des théories de la CEPAL au cours des cinq décennies de son existence constitue donc cet article dans lequel nous présenterons dans une première partie les thèses structuralistes des premiers économistes de la CEPAL pour analyser dans une seconde section les nouvelles théories des néo-structuralistes des années 1990.

---

[3] TPE par la suite.

[4] Voir Aglietta *et al.*, 1990 ; Chesnais, 1996 et 1997 ; Salama, 1996.

[5] Voir Michalet, 1976 ; Michalet *et al.*, 1983 ; Chesnais, 1996 ; Michalet, 1999.

[6] Voir Furtado, 1979 ; Prebisch, 1969 ; CEPAL, 1949 ; Fanjzylber, 1976 ; Pinto, 1965.

[7] Voir CEPAL, 1990 ; CEPAL, 1992 et CEPAL, 1994.

I. Les structuralistes latino-américains de la CEPAL

Précisons que par auteurs structuralistes de la CEPAL nous pensons à R. Prebisch, C. Furtado, A. Pinto, M. Conceição de Taveres, O. Sunkel[8]. Ce dernier auteur ainsi que F. Fanjzylber se situent à la charnière (sans en faire partie) des auteurs néo-structuralistes des années 1980-1990 parmi lesquels R. Ffrench-Davis, J.A. Ocampo. L'approche structuraliste « originale » n'a pas disparu aujourd'hui à la CEPAL avec les auteurs fondateurs M. Conceição de Taveres, A. Ferrer et C. Furtado[9] toujours très actifs ou encore J. Katz, A. E. Calcagno.

Une définition de l'approche *historico-structurelle* développée par les structuralistes de la CEPAL[10] est donnée par Sunkel et Zuleta (1990) :

> Le structuralisme, dans sa version latino-américaine, interprète les comportements économiques des agents individuels suivant les contextes historiques (notamment sociologique et institutionnel) dans lesquels les agents formulent leurs décisions et développent leurs conduites. Le structuralisme considère que les individus se structurent en groupes sociaux organisés en une multiplicité d'institutions publiques et privées qui construisent au cours du temps un ensemble de valeurs et règles de comportements. Ces formes d'organisation sociale constituent à leur tour de véritables *cultures* qui déterminent et orientent les conduites individuelles. Ainsi, à partir des expériences historiques nationales et des relations internationales différentes, les économies et sociétés latino-américaines ont des caractéristiques structurelles et institutionnelles propres et distinctes. Il est important de les prendre en compte et de les rendre compatibles avec les propositions de politiques de développement. Pour cela, et en tenant compte des orientations générales des politiques de développement il peut exister un degré substantiel de coïncidence. De plus, des différences considérables persistent notamment concernant le rôle de l'État dans le domaine de l'action et des instruments des politiques (Sunkel et Zuleta, 1990, p. 49).

L'approche historico-structuraliste des économistes de la CEPAL (les structuralistes) constitue un cadre d'analyse spécifique à l'Amérique latine et intègre des dimensions historique, économique et sociologique particulièrement pertinentes selon nous. Ce cadre analytique s'est formé contre la méthodologie a-historique du paradigme dominant néoclassique.

---

[8] Voir « *America Latina, Ensayos de interpretación económica* », Colección Tiempo Latinoamericano, Ed. Editorial Universitaria, Chile, 1969.

[9] Celso Furtado est décédé récemment en décembre 2004.

[10] Voir Sunkel, 1991, Sunkel et Zuleta, 1990 ; Bielshowsky, 1998 ; Berthomieu et Ehrhart, 2000 ; Ben Hammouda, 2002 ; Guillen Romo, 1994.

Une autre caractéristique principale de l'approche structuraliste est sa conception de l'économie mondiale comme ensemble hiérarchisé en un Centre et une Périphérie qui définissent une insertion spécifique des pays latino-américains dans l'économie mondiale. Les pays de la Périphérie sont producteurs de biens et services dont la demande internationale est peu dynamique et importateurs de biens et de services avec une demande interne en rapide expansion basée sur des modes de consommation et des technologies du Centre (en opposition à la disponibilité des ressources et le niveau de revenus de la Périphérie). De plus, la structure socio-économique de la Périphérie a déterminé un mode spécifique d'industrialisation (progrès technique), de croissance, d'absorption de la force de travail et de distribution des revenus menant à l'hétérogénéité structurelle et sociale[11].

Cette approche et les idées de la CEPAL ont évolué dans le temps. Sur le plan théorique, une difficulté réside dans les évolutions des discours de la CEPAL au cours des quatres dernières décennies. Il serait ainsi erroné de prendre les analyses de la CEPAL comme un bloc monolithique. Nous serons donc amenés à distinguer les différents approches et notamment les divergences entre structuralistes et néo-structuralistes[12]. Les principaux éléments analytiques mobilisés lors de ces deux périodes par les économistes de la CEPAL sont reportés dans le tableau ci-dessous qui présente une vision de l'évolution au cours de cinq décennies des hypothèses de base, du type d'industrialisation et des politiques étatiques pour y parvenir.

Tableau 1. Synthèse des éléments analytiques
qui composent la pensée Cépalienne

Thèmes permanents	Analyse historico-structuraliste		
Périodes et thèmes	*Économie Mondiale :* Insertion internationale (Centre-Périphérie et vulnérabilité externe)	*Type d'industrialisation :* Conditions structurelles internes (économiques et sociales) de la croissance/ progrès technique et de l'emploi/distribution des revenus	*Politiques étatiques :* Actions de l'État
1948-1960 (industrialisation)	Détérioration des termes de l'échange ; déséquilibre structurel de la balance de paiements ; intégration régionale.	Processus d'industrialisation par substitution ; cycles vicieux dus à la spécialisation et l'hétérogénéité productive ; inflation structurelle et chômage.	Politique active et délibérée d'industrialisation

---

[11] Voir Prebisch, 1969 ; Furtado, 1976 et 1979.
[12] Voir Ocampo, 2000 et 2003 ; Ffrench-Davis 1993 et 1999.

1960 (réformes)	Dépendance, intégration régionale ; politique internationale de réduction de la vulnérabilité dans les pays de la Périphérie, biais anti-exportateur industriel	Réformes agraire et distributive des revenus comme préalables pour re-dynamiser l'économie ; hétérogénéité structurelle ; dépendance.	Réformes pour viabiliser le développement
1970 (types de croissance)	Dépendance, endettement dangereux, insuffisance exportatrice	Types de croissance, structure productive y distributive et structure du pouvoir ; industrialisation qui allie marché interne et effet d'exportation	Viabiliser le type de croissance qui mène à une homogénéité sociale ; renforcement des exportations industrielles.
1980 (dette)	Asphyxie financière	Ajustement avec croissance ; opposition aux chocs du à l'ajustement, nécessité de politiques de revenu et intérêt éventuel de chocs stabilisateurs ; coûts sociaux de l'ajustement	Renégociation de la dette pour faire des ajustements avec de la croissance.
1990-1998 (TPE, Transformation productive avec équité) *Néo-structuralistes cépaliens*	Spécialisation exportatrice inefficace et vulnérabilité aux mouvements de capitaux	Difficultés pour une transformation productive efficace et pour réduire la brèche de l'équité	Appliquer des politiques visant à renforcer la Transformation productive avec équité *Nouveau rôle de l'État et relations avec secteur privé.*

Source : (Bielshowsky, 1998, p. 13).

Ces différences résident moins sur les fins et la philosophie générale des approches que sur les moyens mis en œuvre. Il est vrai que l'environnement institutionnel a profondément changé depuis les analyses des premiers structuralistes. Toujours mobilisés, ceux-ci montrent que le recours au marché soutenu par les néo-structuralistes n'est ni une obligation ni une sécurité[13].

L'hypothèse sur laquelle nous travaillons a trait aux conséquences de l'ouverture sur l'insertion dans l'économie mondiale, la structure productive et, au-delà, sur le marché du travail. Les différents secteurs productifs ne se sont pas formés et n'ont pas réagi de manière identique à la nouvelle configuration économique des années 1990 (ouverture,

---

[13] Voir Tavares et Belluzzo, 2002 ; Furtado, 1998 et 1999 ; Ferrer, 1997 ; Calcagno et Calcagno, 1995 et 2001.

flux de capitaux, IDE, fin de l'inflation et privatisations). Les études de la CEPAL depuis plus de 40 ans ont qualifié cette spécificité latino-américaine *d'hétérogénéité productive structurelle* (encore dénommée *dualisme productif*).

Les théories et les différentes approches Cépaliennes spécifiques au cadre d'analyse de l'Amérique latine ne se sont pas développées en vase clos. Elles ont pris activement part au débat théorique en se positionnant par rapport aux nouveaux apports et prenant soin de toujours ramener ces théories aux préoccupations et au cadre historico-structurel de l'Amérique latine. Il est ainsi essentiel d'étudier les nouvelles théories du commerce international et de l'intégration régionale.

Les débats théoriques sur le rôle de l'intégration économique régionale comme étape ou obstacle à la mondialisation ont connu un renouveau depuis la fin des années 1980 avec les bouleversements dans la configuration de l'économie mondiale. À la théorie de l'intégration régionale comme « *second best* » de la période antérieure à 1990, se substituent des approches qui considèrent la régionalisation comme un moyen d'insertion dans l'économie mondiale compatible avec une plus grande ouverture au niveau mondiale. Les théories économiques qui soutiennent cette nouvelle conception ont dépassé les visions issues de l'approche standard de type Heckscher-Ohlin-Samuelson[14] et Viner (1950). Les modalités et la configuration de l'économie mondiale sont également profondément différentes par rapport aux années 1970-1980. Parallèlement à l'ouverture et la chute des droits de douanes dans la majorité des pays, l'économie mondiale a aussi vu l'avènement de la finance au centre des circuits économiques.

Le contexte de l'économie mondiale résolument ouverte et libéralisée ira de pair avec les théories du Régionalisme ouvert et du Nouveau régionalisme qui se basent sur les nouvelles théories du commerce international. Les théories de la croissance endogène[15] et de la nouvelle économie géographique[16], ont cherché à expliquer de nouvelles réalités (commerce intra-branche, spécialisation, agglomération des activités économiques) grâce à de nouvelles hypothèses issues des approches théoriques de la concurrence monopolistique (Dixit et Stiglitz, 1977).

Ces différentes approches sont autant de bases théoriques pour l'étude des conséquences de l'ouverture et du progrès technique sur la croissance (croissance endogène) et des effets de l'intégration économique sur la localisation des activités économiques. Comme nous le

---

[14] HOS par la suite.

[15] Voir Romer, 1990 ; Romer et Rivera-Batiz, 1991 ; Helpman et Grossman ; 1991.

[16] Voir Krugman, 1991a et b ; Ethier, 1998.

verrons, ces théories et leurs conclusions serviront en partie à la CEPAL pour proposer dans les années 1990 leurs *programmes* de recherche sur la Transformation productive avec équité (1990) et le Régionalisme ouvert au service de la TPE (1994). Dans cet article nous nous centrerons sur l'étude du premier point.

II. La libéralisation économique en Amérique latine au sortir de la décennie perdue : les théories économiques et le cadre analytique

Après l'essoufflement de l'Industrialisation par substitution d'importations (ISI), les politiques hétérodoxes de sortie de crises seront tenues pour responsables de l'ensemble des résultats négatifs décrédibilisant tout recours à l'État et sanctionnant tout écart vis-à-vis de l'orthodoxie des institutions financières internationales.

La stratégie d'ajustement des programmes dirigés par le FMI et de la Banque mondiale a connu de grands changements à la fin des années 1970 en réponse aux transformations de l'environnement économique (forte hausse des prix du pétrole et aux situations de déséquilibre financier des pays membres qui en résultaient). Les programmes d'ajustement structurels de la première génération et de deuxième génération mettaient l'accent sur les réformes structurelles. Les objectifs, tout en garantissant le remboursement de la dette, étaient de promouvoir la mobilisation des ressources nationales, de limiter au maximum les distorsions des prix, d'assurer un accès plus important aux importations et de réorganiser les priorités d'investissements des pays qui recherchaient l'assistance du FMI[17].

Tel est le contexte dans lequel la CEPAL va proposer sa « TPE ». Nous présenterons dans la section 1, le contexte théorique de l'insertion du Cône sud-américain dans l'économie mondiale en nous attachant à souligner le rôle du changement technologique dans les analyses de type néo-structuraliste développées par la CEPAL.

A. *Au niveau latino-américain : de la décennie perdue à la Transformation productive avec équité*

La période de relative « passivité technologique » (via l'importations de lignes de productions obsolètes dans les pays du Centre) et l'essoufflement de l'Industrialisation par substitution d'importations au cours des années 1970 ont amené certains auteurs de la CEPAL à considérer qu'il était essentiel d'adopter un nouveau type de développement. Le

---

[17] Voir Jilberto et Mommen, 1998 ; Salama et Valier, 1990.

progrès technique devrait se diffuser à l'ensemble des secteurs de l'économie permettant ainsi une certaine homogénéisation de la structure productive. Cette idée datait des années 1960 chez les auteurs structuralistes cépaliens. Comme le notait (Pinto, 1965),

> [...] les forces centripètes qui entraînent la concentration du progrès technique et de ces bénéfices devraient être supplantées par une force qui promeuve une diffusion soutenue de ce progrès technique et de ces bénéfices dans l'ensemble du système productif, une réduction substantielle des déséquilibres régionaux et entre les zones urbaines et rurales, une meilleure intégration interne, de nouveaux types de relations extérieures moins insoutenables et plus fructueuses et enfin, surtout, une meilleure distribution des revenus.

À la différence des thèses libérales, la CEPAL considérait que l'État devait prendre à sa charge et organiser le développement technologique et pas le marché[18].

Les années 1980 ont été une épreuve pour les économies, les structures productives, les salariés et la population mais également pour les idées économiques et les thèses défendues par tel ou tel groupe d'experts ou courant théorique. La CEPAL ne déroge pas à la règle et les économistes de cette organisation vont opérer un changement théorique important. Les erreurs et limites des théories d'ISI ont amené un ensemble d'économistes de la CEPAL à élaborer un nouveau cadre théorique sur le développement de l'Amérique latine[19].

À la fin des années 1980, un ensemble de travaux basés sur des travaux de F. Fajnzylber aboutira au texte de la TPE (1990) et la vision intégrée en (1992). Les articles fondateurs de ce nouveau programme mettaient l'accent sur des thèmes fondateurs de la vision structuraliste première période de la CEPAL : la nécessaire réduction de l'hétérogénéité structurelle et la croissance avec équité[20]. Le progrès technique est

---

[18] Nous reviendrons sur cette différence entre les moyens pour obtenir les objectifs de TPE par la suite. Notons que A. Pinto utilisait déjà des concepts (forces centripètes, diffusion, déséquilibres géographiques entre ville et campagne, etc.) qui seront bien plus tard également utilisés par les auteurs du nouveau régionalisme.

[19] Voir Sunkel et Zuleta, 1990 ; Ben Hammouda, 2002, pp. 228-229.

[20] Dans ces articles, F. Fajnzylber (1990) utilisera des métaphores qui seront intégrées dans la vision Cépalienne : la « *boîte noire* » désignait le progrès technique et la « *case vide* » faisait référence à l'absence de croissance avec équité en Amérique latine durant les années 1970-1984. Dans un tableau mettant en rapport les taux de croissance du PIB *per capita* d'une part et l'équité (mesurée par le ratio 40 % des revenus les plus bas/10 % des revenus les plus élevé), la case correspondant à une croissance avec équité restait vide alors que les autres cases du tableau (pas de croissance avec équité, pas de croissance pas d'équité ou croissance et pas d'équité) étaient remplies des noms pays d'Amérique latine.

au cœur des préoccupations car c'est grâce au progrès technique que la pauvreté pourra diminuer ainsi que la vulnérabilité externe de la région[21].

Les objectifs économiques ont été largement conservés mais le nouveau contexte et les échecs du passé ont conduit ces économistes à revoir certaines de leurs positions et à incorporer les nouvelles théories du commerce international dans l'étude de l'Amérique latine. Le courant néo-structuraliste latino-américain va être le contributeur essentiel de la TPE. Les thèmes chers aux structuralistes (hétérogénéité productive et sociale à faire diminuer, le progrès technique et l'innovation) ont été conservés mais ce sont les instruments pour y parvenir qui ont changés. Un des manques de l'école structuraliste a été, selon R. Ffrench-Davis[22], l'absence de modélisation et résolution théorique de l'approche structuraliste. Les avancées de la théorie du commerce internationale et les travaux sur le cadre de concurrence imparfaite dans le commerce international ont donc été mobilisés. La nouvelle théorie du commerce internationale met l'accent sur la croissance endogène dont le facteur essentiel est le progrès technique avec pour instruments l'ouverture des marchés et la libéralisation.

B. *Technologie et TPE :*

1. *Technologie et nouvelle théorie du commerce international*

Depuis les théories de la croissance exogène de R. Solow[23], et depuis un peu plus d'une décennie, une place essentielle dans les déterminants de la croissance est réservée à l'innovation et le progrès technologique.

---

[21] Ces réflexions renvoient à la problématique néo-schumpétérienne : Voir Katz J. et Perez C. (1986), « Las nuevas tecnologías. Una visión de conjunto », in Ominani C. (ed.), *La Tercera Revolución Industrial. Impactos Internacionales del Actual Viraje Tecnológico*, RIAL, Grupo Editor Latinoaméricano ; et Perez C. (1992), « Cambio técnico, reestructuración competitiva y reforma institucional en los países en desarrollo », *El Trimestre Económico*, n° 233, pp. 23-64.

[22] Auteur néo-structuraliste chilien de la CEPAL. Assistant principal de la CEPAL. Voir Ffrench-Davis, 1999, p. 20.

[23] Ces facteurs ont pris place dans les explications des échanges internationaux dès les années 1950-1960 avec les travaux d'auteurs néo-classiques tels que de R. Solow (1956, 1957 et 1963), Vernon, 1966 et Posner, 1961. R. Solow introduit le progrès technique dans la fonction de production néo-classique à deux facteurs (travail et capital) : $Q = F(\text{capital}, \text{travail}, \text{progrès technique}) = F(K, L, t) \cdot$
(t) représente l'effet du progrès technique au sens large : « J'utilise le terme de progrès technique en tant qu'expression pour décrire un quelconque changement dans la fonction de production. Ainsi, les récessions, les accélérations et les augmentations de l'éducation dans la force de travail et bien d'autres éléments seront considérés comme du progrès technique », Solow, 1957.

La formalisation de ces idées se retrouve dans la littérature ayant trait à la théorie de la croissance endogène « *Endogenous technical Change* » (1990) de P. Romer, est considéré comme l'article fondateur des théories de la croissance endogène. Les économies d'échelle et le progrès technique sont à la base du processus de croissance économique (Grossman and Helpman, 1990). Ce dernier élément implique la création d'une nouvelle variété de biens de capital et une différentiation horizontale de ces biens. Grâce à ces nouveaux biens de capital, chaque producteur de biens finaux peut trouver une meilleure technologie ou processus de production (en termes de productivité du capital physique, du capital humain et du travail non-qualifié)[24].

Comme le note deux des auteurs de la croissance endogène « les preuves empiriques rassemblées depuis les travaux pionniers de R. Solow (1957) ont amené à étudier plus avant l'accumulation de capital comme facteur de croissance » (Grossman and Helpman, 1990, p. 786). Ces modèles ont pour objet d'analyser le progrès technique par

---

Si nous prenons en compte la fonction de production, les rendements d'échelle constants et les rendements décroissants pour chaque facteur individuellement, le modèle implique que sans progrès technique (t) le taux de croissance à long terme par habitant tendrait vers zéro. En effet, la fonction de production est de la forme :

$$Q = F(\alpha(t)K, L) \quad avec \quad \alpha(t) = e^{mt}.$$

Dans ce cas, le progrès technique est exogène et varie au taux constant de *m* Solow, 1963. La productivité marginale décroissante du capital a un rôle important dans la tendance du taux de croissance. Ce facteur implique que l'accumulation de ce facteur affectera négativement la croissance et contrariant l'investissement. À long-terme, l'investissement suffira tout juste à compenser l'amortissement du capital pré-existant et à fournir l'équipement à la nouvelle force de travail dans le processus de production. Pour obtenir un taux de croissance supérieur (au taux de croissance de la population) il est nécessaire qu'un changement technologique exogène (révolution technologique) intervienne. Ce modèle considère que le progrès technique a lieu sans intervention possible des agents économiques. Au contraire, il concentre l'attention sur le rôle essentiel du progrès technique pour atteindre des niveaux de croissance supérieurs. Une croissance supérieure pour les pays sous-développés est censée leur permettre de combler le fossé technologique et de niveau de développement qui les sépare des pays développés (conception de l'économie monde et du sous-développement comme un simple décalage dans le temps).

[24] Voir Romer, 1990 ; Romer et Rivera-Batiz, 1991 ; Grossman et Helpman, 1991 ; Aghion et Howitt, 1992 et la thèse de doctorat de Chamboux-Leroux, 2000 qui regroupe un grand nombre de ces modèles. Voir également l'article de Hounie *et al.*, 1999 qui montre bien la démarche, le cadre théorique standard (optimisation de la fonction de consommation inter-temporelle du consommateur, fonction de production néo-classique, agent représentatif, etc.) et les hypothèses néo-classiques de ce type modèle. Cette présentation servira à souligner l'incompatibilité des cadres d'analyse entre les théories de la croissance endogène et l'analyse historico-structurelle de la CEPAL en conclusion.

rapport aux décisions d'investissements des agents économiques dans le secteur technologique[25].

2. La Transformation productive avec équité

La TPE se présentait comme la tentative de s'intégrer dans l'économie mondiale et de croître par le commerce et plus spécifiquement en suivant un modèle exportateur inspiré de l'expérience asiatique. Ce recours au marché mondial contrastait pourtant avec la situation précédente (ISI) et se voulait

une nouvelle dynamique qui permette d'atteindre certains objectifs propres à une conception actualisée du développement : croître, améliorer la distribution des revenus, consolider les processus démocratiques, acquérir une meilleure autonomie, créer les conditions préservant l'environnement et améliorer la qualité de vie de toute la population (CEPAL, 1990, p. 9).

Dans le contexte de la fin des années 1980, la transformation productive dépendait fortement de l'environnement extérieur mais également du degré d'ouverture du commerce international, du poids de la dette (qui limite la capacité d'importation ainsi que la capacité d'investissement de nombreuses économies de la région) mais aussi de l'accès plus ou moins facile aux technologies et à la connaissance. De plus, la correction des déséquilibres macro-économiques, la question du financement du développement mais surtout la nécessité de préserver la cohésion sociale étaient des priorités pour les économistes latino-américains de la CEPAL. Comme le note la CEPAL : « l'impératif d'équité exige que la transformation productive soit accompagnée de mesures redistributives » (CEPAL, 1990, p. 15). Cet impératif semble être martelé comme pour tenter de trouver une nouvelle insertion dans l'économie mondiale, moins dépendante des pays du Centre et comprenant des préoccupations d'équité.

a. Notion d'équité :

La notion équité n'est pas clairement explicitée dans les textes de la TPE mais elle renvoie au concept d'homogénéité sociale de la CEPAL[26]. Faute de références explicites dans les documents de la TPE, nous ne

---

[25] Contrairement aux thèses sur la convergence technologique et de niveaux de développement, cette théorie admet la possibilité de divergence des taux de croissance entre pays développés et sous-développés. Les rendements décroissants (base de l'analyse néo-classique Heckcher-Olhin-Samuelson-HOS) est remise en cause par l'introduction du facteur technologique et d'externalités positives (de l'innovation sur la croissance). La majorité des modèles prévoient néanmoins la convergence voir Edwards, 1998, p. 396. Ces théories se baseront sur les hypothèses de la concurrence imparfaite et adopterons une modélisation plus moderne et modélisée.

[26] Voir Fajnzylber, 1983, pp. 359-368 et Calcagno et Calcagno, 1995, pp. 207-212.

pouvons qu'évoquer l'hypothèse, néanmoins réaliste au vue du retentissement de cet ouvrage, que la notion d'équité de la TPE trouve une résonance avec le principe d'équité (ou de justice) dans la conception du libéralisme social de J. Rawls dans « *La théorie de la justice* »[27].

Selon la théorie de J. Rawls, « les inégalités sociales et économiques doivent être organisées de façon que : a) elles apportent aux plus désavantagés les meilleures perspectives (principe de différence) ; b) elles soient attachées à des positions ouvertes à tous, conformément à la juste égalité des chances (principe d'égalité). Il existe une hiérarchie entre ces deux sous-principes. Le principe de liberté est absolument premier par rapport au principe d'équité (la liberté ne doit jamais être sacrifiée pas même au profit d'une meilleure équité) et le principe d'égalité est absolument premier par rapport au principe de différence (c'est-à-dire qu'il ne serait pas juste que les inégalités soient réduites si cela peut être fait aux dépens de l'égalité des chances. Comme le notent les auteurs, « la théorie de Rawls répond bien à la caractérisation essentielle du libéralisme, en ce sens que le marché y apparaît le fondement de l'ordre social » (Salama et Valier, 1994, p. 152).

La conception Cépalienne (structuralistes) de l'équité ne repose pas sur les mêmes fondements puisque au contraire

> Le principe d'homogénéité sociale définit un rôle pour l'État : tout en respectant les libertés individuelles (mais sans s'y subordonner), il doit développer l'équité et l'authentique égalité d'opportunités et favoriser l'intégration et l'homogénéité sociale (Calcagno et Calcagno, 1995, pp. 210-211)[28].

b. TPE et activisme technologique

L'objectif de la TPE était également de dépasser le cadre étroit d'exportateur de produit primaire dans laquelle la région a longtemps été cantonnée pour passer à l'exploitation des matières premières et aux services. Ceci lui permettrait d'intégrer le système productif sous un autre jour et d'accéder à l'homogénéisation progressive des niveaux de productivité entre secteurs d'activité. La TPE avait donc pour objectif-

---

[27] Éditions du Seuil (1987), Paris, 1971. Notamment le chapitre 2, pp. 85-150. Une des questions que soulève ce livre a trait à la définition que l'auteur attribue au concept de liberté.

[28] Voir également l'analyse critique qui est faite par ces auteurs de l'ouvrage « *Free to choose* » (et plus spécifiquement le chapitre 5 « created equal ») de M. et R. Friedman, Ed. Secker & Walrbur, Londres, 1980. Pour une vision Cépalienne spécifiquement sur le concept d'équité voir : A. Gurrieri, « La equidad : aspectos conceptuales y tareas futuras », CEPAL, Santiago de Chile, juillet 1990 ; plus récemment CEPAL, *La brèche de l'équité. Amérique Latine et Caraïbes et le sommet social*, Santiago de Chili, 1997.

clé, le décloisonnement de l'Amérique latine de son rôle historique d'exportateur de produit primaire et la rupture définitive avec l'ISI.

Dès ce document fondateur de la TPE, l'intégration latino-américaine (ou la réactivation de cette intégration) était déjà considérée comme un moyen de renforcer le pouvoir de négociation des pays de la zone face à des tiers[29].

Reprenant l'approche schumpétérienne, l'investissement en recherche et développement est alors considéré comme « la force motrice de la dynamique endogène de l'innovation », permettant le développement d'avantages de type monopolistique dans la production de ce bien pour la firme innovante.

Dans cette approche, l'accent est mis autant sur les déterminants du progrès technologique et de compétitivité que sur l'équité sociale dans la distribution des fruits de ce progrès.

L'activisme technologique tel qu'il est considéré dans les analyses de la CEPAL veut privilégier la *compétitivité structurelle* (ou *compétitivité véritable*) à travers l'incorporation du progrès technique. F. Fajnzylber définit ce concept de la façon suivante :

> Dans le moyen-long terme, la compétitivité structurelle est la capacité qu'a un pays de soutenir et d'accroître sa part de marché au niveau international et, dans le même temps, d'améliorer les conditions de vie de sa population. Ceci requiert une augmentation de la productivité et donc les apports résultant de l'incorporation de la technologie. Les différences dans l'engagement international sont dues dans une large mesure à des facteurs structurels qui influent aussi bien sur les modalités que les résultats des stratégies nationales mais aussi sur l'utilisation que chaque pays fait des instruments spécifiques de politique économique et industrielle (F. Fajnzylber, 1990)[30].

Pour ne pas tomber dans les travers de la période d'ISI, deux points essentiels sont soulignés dans cette approche[31] :

- Œuvrer pour que la structure agraire, le système industriel et la consommation soient davantage compatibles avec la structure des investissements mais aussi avec l'équité sociale ;
- Agir sur les facteurs qui déterminent la dynamique des éléments cités précédemment : notamment les dotations en ressources naturelles de chaque pays, les tendances démographiques le potentiel entrepreneurial, les connaissances technologiques et le dévelop-

---

[29] Voir Saludjian, 2003 et 2005.
[30] Voir également Calcagno et Calcagno, 1995, p. 253 ; Chesnais, 1996.
[31] Voir aussi la vision lucide (déjà en 1970) dans Sunkel et Paz, 1970, pp. 366-380 ; Sunkel et Zuleta, 1990.

pement scientifique, les investissements directs étrangers, le système financier et les types de consommation au niveau international.

L'interaction entre ces deux éléments peut générer, d'après les défenseurs de l'activisme technologique, un cercle cumulatif vertueux qui – à l'instar des pays européens, nordiques ou du Japon – permettrait que la croissance et la compétitivité s'accompagnent d'équité sociale. Il est important de souligner que contrairement aux textes originaux de F. Fajnzylber ou des thèses structuralistes, la stratégie de la TPE comprend une politique d'ouverture commerciale[32]. L'objectif principal de l'ouverture était, au début des années 1990, d'éviter l'isolement technologique en période de globalisation productive et de révolution électronique et biotechnologie mais aussi accélérer le rattrapage technologique à travers une stratégie d'expansion des exportations (*desarrollo hacia afuera*).

Le rôle de l'État diffère entre les structuralistes et les néo-structuralistes. Ces derniers se sont situés dans l'approche des nouvelles pratiques market-friendly qui ont prévalu à partir des années 1990. Cette approche met l'accent sur le caractère complémentaire entre l'État et le marché dans la définition de nouvelles stratégies de développement. (Sunkel et Zuleta, 1990, pp. 47-48) qui notent que

L'approche néo-structuraliste reconnaît les failles de l'État et s'efforce d'élaborer une nouvelle proposition consensuelle autour du nouveau rôle de l'État en se basant sur des raisons pragmatiques et sur les leçons issues de l'expérience latino-américaine. [...] L'organisation efficace de l'État correspondrait ainsi à la nouvelle étape du développement latino-américain caractérisée par l'ouverture démocratique et la nécessité d'introduire des ajustements à la stratégie de développement.

L'État doit établir des priorités en raison de ses ressources limitées. L'État doit – ajoutent Sunkel et Zuleta à propos de l'approche néo-structuraliste –

décentraliser et dépolitiser la gestion publique puisque plus le nombre de conflits seront résolus par le système politique (contre le marché) ou au niveau central (contre les gouvernements régionaux des provinces ou locaux), plus grande sera la charge des demandes sociales qui se concentrent sur le niveau politique central et auxquelles il ne peut pas répondre. Ainsi la décentralisation et la dépolitisation des conflits est une manière indirecte mais réelle de réduire la surcharge qui pèse sur l'État central et améliore du même coup son efficacité.

---

[32] Voir Bielschwosky, 1998, p. 54.

La conception néo-structuraliste se rapproche ainsi de la vison de la Banque mondiale quand on se rappelle que La définition de décentralisation est donnée par (Rondinelli et Nellis, 1984 ; cité dans Banque mondiale, 1995a, p. 53) :

> Le transfert de responsabilité en matière de planification, d'administration ainsi que l'augmentation et l'allocation des ressources du gouvernement central et ces agences vers : i) des unités de décisions subordonnées ou à d'autres niveaux comme les gouvernements de Provinces ou les municipalités ; ii) des autorités publiques semi-autonomes ; iii) des autorités fonctionnelles en charge de zones spécifiques ou de régions ; iv) des organisations non-gouvernementales privées (ONG) ou de volontariat ; et v) déconcentration vers des niveaux inférieurs au sein des agences centrales existantes (unités de terrain)[33].

Conclusion

Remarques et critiques des moyens proposés par la TPE

Les objectifs de la TPE se fondent sur une longue tradition Cépalienne concernant le rôle central de la technologie et de la compétitivité structurelle dans le développement avec équité en Amérique latine. Il importe de mettre en lumière la distinction entre fins et moyens pour atteindre cette TPE. En effet, l'évolution la plus fondamentale concerne les moyens mobilisés pour atteindre les objectifs considérés. À partir du début des années 1990, la CEPAL et le courant néo-structuraliste vont voir dans les réformes de l'État et de l'économie les instruments pour développer la TPE.

A. Approche néo-structuraliste et compromis vis-à-vis de l'ouverture et du retrait du rôle de l'État[34]

À la vision du « développement vers l'intérieur » (*desarrollo hacia adentro*, ISI), les idées de la CEPAL se portent au fil des travaux sur le « desarrollo desde dentro » (développement depuis l'intérieur) puis sur le régionalisme ouvert au service de la TPE et l'intégration régionale par le marché (*desarrollo hacia fuera*). Le message de la CEPAL se brouille et devient contradictoire. La TPE doit favoriser le progrès technologique mais ce n'est plus l'État (via les politiques de promotion de l'éducation de la technologie et de l'innovation) qui va être moteur mais l'ouverture des marchés, les réformes et la déréglementation. Les auteurs néo-structuralistes ne défendent pas le recours exclusif au marché et adoptent

---

[33] Voir Ben Hammouda, 2002 ; Sunkel et Zuleta, 1990 ; Bielshowsky, 1998.

[34] Voir Bielschowsky, 1998, p. 57.

une attitude intermédiaire (*market friendly*) entre les postures extrêmes (Bielschowsky, 1998). Néanmoins, les politiques qu'ils soutiennent visent moins à remettre en cause l'ouverture économique et le poids du marché qu'à atténuer des fluctuations du cycle financier. Ainsi, J. Marques-Pereira note que

> La macro-économie (néo-structuraliste de J. A Ocampo) pourrait donc réduire la pauvreté si elle permet à l'État de lisser le cycle financier et de maintenir ainsi, voire d'accroître, les dépenses publiques qui contrent la destruction des capacités de croissance, humaine et physiques. Il ne s'agit pas là d'un changement de politique économique mais de se donner les moyens de faire en sorte que l'ouverture économique relance la croissance (Marques-Pereira, 2003, p. 35).

La divergence de vues des néo-structuralistes avec les thèmes et l'approche structuraliste marque la distance entre ces deux visions.

B. Un choc de cadres analytiques incompatibles

En terme analytique, ces auteurs néo-structuralistes vont s'appuyer sur les nouvelles théories du commerce international. La mobilisation de ce champ théorique est rarement explicite chez les économistes néo-structuralistes. Elle apparaît néanmoins clairement dans l'ouvrage de référence pour les thèses néo-structuralistes de la CEPAL écrit par R. Ffrench-Davis[35]. Comme le note explicitement l'auteur

> il est clair que bon nombre de spécialistes du monde académique néo-classique de l'hémisphère nord ne partagent pas plusieurs des traits caractéristiques du paradigme communément appelé néo-libéral. Les apports de ces spécialistes sont nombreux et très importants (conséquences de la différenciation des produits, économie d'échelle, apprentissage, externalités dynamiques et les dangers des marchés financiers) par exemple Krugman, 1986 et 1988, Rodrik, 1992 et Stiglitz, 1994. Ces apports sont très pertinents pour l'approche néo-structuraliste puisqu'ils peuvent contribuer à lui donner une forme plus formalisée. En général, les analyses de ces spécialistes du Nord sont ignorées par les recommandations néo-libérales (Ffrench-Davis, 1999, p. 20).

L'approche néo-structuraliste se place donc dans la continuité des nouvelles théories du commerce international[36]. Les objectifs économiques du courant néo-structuraliste restent dans une certaine mesure fidèles à ceux de leurs prédécesseurs structuralistes mais l'incorporation

---

[35] « *Macroeconomia, comercio y finanzas para reformar las reformas en America Latina* », Ed. Mc Graw Hill-CEPAL, Chili, 1999.

[36] La croissance endogène pour la TPE et la nouvelle économie géographique pour le Régionalisme ouvert.

d'instruments théoriques nouveaux (qui n'en restent pas moins standards, orthodoxes et libéraux à l'inverse de l'école structuraliste de la CEPAL) va profondément modifier le message structuraliste et avoir des conséquences sur les économies de la région. Relativisons toutefois, les néo-structuralistes ne sont pas des « *néo-libéraux soft* ». Ils apportent une vision intéressante qui les différencie de l'orthodoxie notamment en s'attachant à privilégier le côté de la demande, à appuyer une politique de change active régulée par la Banque centrale de mini-ajustement[37], à établir un contrôle du mouvement des capitaux et à concevoir le système financier comme essentiel pour capter l'épargne et la redistribuer via l'investissement dans l'appareil productif[38].

Les théories néo-classiques cohabitent mal avec des concepts issus d'une analyse historico-structurelle propre à l'Amérique latine (Périphérie) et en rupture avec les thèses standards libérales développées dans les pays du Centre[39]. Tel est le nouveau cadre d'analyse de la CEPAL à partir des années 1990 : ouverture et libéralisation économique, rôle moteur de la connaissance et du progrès technologique. L'ouverture et les réformes devaient être concertée pour répondre à une stratégie de développement à long terme et une TPE. L'ampleur et la rapidité des réformes et de la libéralisation ont grandement compromis cette « stratégie réformiste » de transformation productive par le marché des auteurs néo-structuralistes auteurs de la TPE.

Les résultats en terme de vulnérabilité aux crises, de fragilité politique et institutionnelle et surtout le panorama social désastreux[40] obligent, selon nous, à critiquer les fondements économiques libéraux qu'ils émanent du FMI, de la Banque mondiale mais également, et c'est rarement le cas, de la CEPAL néo-structuraliste des années 1990. Tel aura été l'objet de cet article. À l'heure du retour du néo-populisme en Argentine, des espoirs trahis au Brésil, de l'instabilité politique dans la majorité des pays d'Amérique latine et malgré des indicateurs de croissance économique positifs mais fragile, l'urgence d'un changement réel d'orientation doit inclure la délimitation des responsabilités de tous

---

[37] Ou flottement administré.

[38] Voir Ffrench-Davis, 1999, pp. 28-36 qui expose ces éléments en les opposant à la vision néo-libérale. Cette partie du livre de Ffrench-Davis (1999) reprend l'article « *Capital formation and macroeconomic framework : a neostructuralist approach* » publié en 1993 dans l'ouvrage coordonné par O. Sunkel : « *Development from within : Towards a neostructuralist approach for Latinamérica* », Ed. Lynne Rienner et Boulder, Londres, et New-York.

[39] De plus, la TPE *via* le marché et les privatisations ne substituent pas à une véritable politique industrielle orientée vers le Travail décent et l'équité.

[40] Voir Saludjian, 2005-2 et 2005-3.

les acteurs en présence même ceux – comme la CEPAL – qui ont originellement contribué à penser l'Amérique latine autrement.

Références

Aglietta M., A. Brender et Coudert, V., *Globalisation financière : L'aventure obligée*, Économica, Paris, 1990.

Ben Hammouda H., « Le néostructuralisme entre critique du Consensus de Washington et fondement d'une stratégie alternative », in *Économie Appliquée*, t. LV n° 1, pp. 225-235, 2002.

Ben Hammouda H., « Quoi de neuf chez les structuralistes ? », in *Revue d'économie politique*, n° 5, pp. 54-74, 2000.

Berthomieu, C. et Ehrhart, C., « Le néostructuralisme n'est pas un néolibéralisme modéré », in *Économie Appliquée*, t. LV n° 1, pp. 237-242, 2002.

Berthomieu, C. et Ehrhart, C., « Le néostructuralisme comme fondement d'une stratégie de développement alternative aux recommandations néolibérales », in *Économie Appliquée* n° 4, pp. 61-91, 2000.

Bielschowsky, R. et Mussi, C., *Políticas para a retomada do crecscimento ; reflexões de economistas brasileiros*, Ed. Ipea-Escritório da CEPAL no Brasil, Brasilia, 2002.

Bielschowsky, R., « Cincuenta años del pensamiento de la CEPAL : una Reseña », in CEPAL 1998b, *op. cit.*, 1998.

Calcagno, A. et Calcagno A., *El Universo neoliberal*, Editorial Allianza, Buenos-Aires, 1995.

CEPAL, *Equidad, Desarrollo y Ciudadania, Versión définitiva*, Santiago du Chili, 2001.

CEPAL, *Cincuenta años de pensamiento en la CEPAL*, Textos seleccionados, 2 ts. FCE-CEPAL, Santiago du Chili, 1998.

CEPAL, « El regionalismo abierto en America Latina y el Caribe ; la integración económica al servicio de la Transformación Productiva con Equidad », in *Libros de la CEPAL* n° 39, Santiago du Chili, 1994.

CEPAL, « Equidad y Transformación productiva : un enfoque integrado », *Libros de la CEPAL*, Santiago du Chili, 1992.

CEPAL, « Transformación productiva con equidad », in *Libros de la CEPAL* n° 25, Santiago du Chili, 1990.

Dixit, A. et Stiglitz, J., « Monopolistic competition and optimum product diversity », in *Amercian Economic Review*, 67, pp. 297-308, 1977.

Edwards, S., « Openness, productivity and growth : what do we really know ? », in *Economic Journal* 108, mars 1998.

Fajnzylber, F., « Industrialización en América Latina : de la caja negra al casillero vacio », in *Cuadernos de la CEPAL* n° 60, 1990 et repris dans CEPAL, 1998, *op. cit.*

Fajnzylber, F., *La industrialización trunca de América Latina*, Ed. Nueva Imagen, Mexico, 1983.

Fajnzylber, F., « Oligopolio, empresas transnacionales y estilos de desarrollo », in Fajnzylber, F. (dir.), *Industrialización e internacionalización en Américas Latina*, Ed. FCE-Trimestre económico, Mexico, 1980.

Fernandez, J. et Mommen, A. (eds.), *Liberalization in the Developing World, Institutional and Economic Changes in Latin America, Africa and Asia*, Routledge, Londres et New York, 1996.

Ffrench-Davis R., *Macroeconómica, comercio y finanzas para reformar las reformas en America Latina*, CEPAL-Mc Graw Hill, Santiago du Chili, 1999.

Ffrench-Davis, R., « Transformación productiva con equidad : la dimensión externa y financiera en la propuesta actual de la CEPAL », in *Estudios internacionales*, Santiago du Chili, 1997.

Ffrench-Davis, R., « Capital formation and the macroeconomic framework : a Neostructuralist approach », in Sunkel O., *op. cit.*, 1993.

Furtado, C., « El nuevo capitalismo », in *Revista de la CEPAL*, numéro anniversaire des 50 années de la CEPAL, Santiago du Chili, 1998.

Furtado, C., *Formação econômica do Brasil*, Companhia Editora Nacional, São Paulo, 1979.

Furtado, C., *Le Mythe du développement économique*, Édition Anthropos, Paris, 1976.

Furtado, C., *Teoria y politica del desarrollo economico* (15e édition, 1999), Siglo XXI, 1968.

Furtado, C., « Desarrollo y estancamiento en América Latina : un enfoque estructuralista », 1966, repris dans Prebisch, R. *et al.*, *op. cit.*,1969.

Grossman, G. et Helpman, E., « Comparative Advantage and Long-Run Growth », in *American Economic Review*, vol. 80, n° 4, septembre, pp. 796-815, 1990.

Guillen, R., « De la Pensée de le CEPAL au Néo-Libéralisme, du Néo-Libéralisme au Néo-Structuralisme, une Revue de la Littérature Sud-Américaine », *Revue Tiers Monde*, t. XXXV, n° 140, PUF, Paris, 1994.

Hounie A., Pittaluga, G., Porcile et Scatoli, F., « La CEPAL y las nuevas téorias del crecimiento », in *Revista de la CEPAL* n° 68, Agosto 1999, Santiago du Chili, 1999.

Krugman P. et Helpman, E., *Trade policy and market structure*, MIT Press, Cambridge, 1989.

Kuri, G., « Technogical change and structuralist analysis », in *CEPAL Review* n° 55, avril, Santiago du Chili, 1995.

Michalet, C., *La Séduction des Nations : ou comment attirer les investissements*, Économica, Paris, 1999.

Michalet, C., *Le capitalisme mondial*, PUF, Paris, 1976.

Ocampo, J. et Taylor, L., « Trade Liberalisation in developing economies : Modest benefits but problems with productivity growth, macro prices, income distribution », in *Economic Journal*, 1998.

Ocampo, J., « Latin America's growth frustrations : the macro and mesoeconomic links », in « Management of volatility, financial liberalization and growth in Emerging countries », CEPAL, avril 2003.

Ocampo, J., « Developing Anti-Cyclical Policies in a Globalized World », *Temas de conyunctura*, n° 13, CEPAL, Santiago du Chili, 2000.

Pinto, A., « Notas sobre los estilos de desarrollo en América Latina », in *Revista de la CEPAL n° 1*, 1976, et repris dans CEPAL, *op. cit.*, 1998.

Pinto, A., « La concentración del progreso técnico y de sus frutos en el desarrollo latinoaméricano », 1965, in Prebisch, R. *et al.*, *op. cit.*, 1969.

Prebisch, R., *et al.*, *América Latina, Ensayos de interpretación económica*, Editorial Universitaria S.A., Santiago du Chili, 1969.

Rawls, J., *Théorie de la justice*, Éditions du Seuil (nouvelle édition, 1987), Paris, 1971.

Romer, P. et Luis A Rivera-Batiz, « Economic Integration and Endogenous Growth », in *Quartely Journal of Economy*, pp. 531-556, mai 1991.

Romer, P., « Endogenous technical Change », in *Journal of Political Economy*, vol. 98 (5) Part 2, pp. 71-102, octobre 1990.

Salama, P., *Riqueza y pobreza en América Latina ; la fragilidad de las nuevas políticas económicas*, Ed. FCE-Universidad de Guadalajara, Mexico, 1999.

Salama, P., Marques-Pereira, J. et Lautier, B., « Régime de croissance, vulnérabilité financière et protection sociale en Amérique latine », *Serie finanaciamento del desarrollo de la CEPAL* n° 140, 2003, site internet.

Salama, P. et Valier, J., *Pauvretés et Inégalités dans le Tiers Monde*, La Découverte, Paris, 1994.

Saludjian, A., « Critiques du Régionalisme Ouvert à partir de l'économie géographique appliquée au MERCOSUR », in *Journal of Latin American Geography* (*JLAG*), vol. 4, n° 2, pp. 77-96, University of Texas Press, Texas, 2005.

Saludjian, A., « De la Volatilité des Salaires à la Croissance Excluante dans le MERCOSUR 1991-2003 : une Étude Statistique », in *Cadernos PROLAM/USP*, vol. 02, Ano 3, Ano 2004, ed. Universidade de São Paulo, 2005-2, pp. 29-46. Disponible sur la page Internet : www.uspp.br/prolam/downloads/2004_2_2.pdf.

Saludjian, A., « Le modèle de la croissance excluante et l'insécurité économique dans le MERCOSUR depuis 1990», in *Revue Tiers Monde* n° 184, octobre-décembre, pp. 883-905, PUF, Paris, 2005-3.

Saludjian, A., *Hacia otra integración sudamericana : críticas al MERCOSUR liberal*, Editions Libros del Zorzal, Buenos-Aires, 352 pages., 2004.

Saludjian, A., « Trajectoires de Croissance et Volatilité Macro-économique dans le MERCOSUR : Quelques Éléments d'Analyse Empirique », in *Revue Tiers-Monde* n° 179, juillet-septembre, pp. 595-615, PUF, Paris, 2004-2.

Saludjian, A., « Geografía Econômica : Vantagens e limites fundados no processo de integração » (en anglais, traduit en portugais), in *Revista Brasileira de Comércio Exterior*, Editions FUNCEX (Fundação do Comércio Exterior), n° 75, Année XVII, Avril-Juin, 2003, pp. 34-49. Disponible sur la page Internet : http://www.funcex.com/bases/75-MERCOSUL-ALEX %20S. pdf.

Solow, R., « Technical change and the aggregate production function », *Review of Economics and Statistics*, août, vol. 39, pp. 312-320, 1957.

Stiglitz, J., *La grande désillusion*, Éditions Fayard, Paris, 2002.

Sunkel, O., *Development from Within : Toward a Neostructuralist Approach for Latin America*, Lynne Riener, Boulder, Londres et New-York, 1993.

Sunkel, O. et Zuleta, G., « Neoestructuralismo versus neoliberalismo en los años 1990 », in *Revista de la CEPAL* n° 42, pp. 35-53, Santiago du Chili, 1990.

Sunkel, O. et Paz, P., *El Subdesarrollo latinoaméricano y la teoría del desarrollo*, Ed. Siglo XXI, Mexico, 1970.

Tavares, M. da Conceição. et Gomes, G., « La CEPAL y la integracion economica de America Latina », in *Revista de la CEPAL*, numéro anniversaire des 50 années de la CEPAL, Santiago du Chili, 1998.

Tavares, M. da Conceição, *El proceso de sustitución de importaciones como modelo de desarrollo reciente en América Latina*, 1964, repris dans Prebisch R. *et al.*, 1969, *op. cit.*.

Tavares, M. da Conceição et Belluzo, L. de Melo, « Desenvolvimento no Brasil – Relembrando um velho tema », in Bielschowsky, R. et Mussi, C. (dir.), *op. cit.*, 2002.

Nouveau mercantilisme et mondialisation

À propos du cadre légal mondial d'Accumulation et de ses conséquences sur les pays en développement

Dimitri UZUNIDIS

*Directeur du Laboratoire de recherche
sur l'industrie et l'innovation*

L'économie mondiale se présente comme un ensemble de relations entre centres d'intérêts et de pouvoir économiques (commerciaux, technologiques et financiers), politiques et militaires d'inégale puissance. Les rapports antagoniques (affrontements et pactes) entre ces centres nationaux (États et entreprises) définissent les structures des marchés nationaux et internationaux. Les institutions et les grandes entreprises des pays industriels façonnent par le jeu concurrentiel les marchés mondiaux, tandis que les économies les plus faibles subissent les fluctuations brutales des prix et des cours des marchés financiers ou des matières premières.

Le terme « mondialisation » désigne aussi bien la forte intégration des économies nationales dans les flux internationaux de capitaux et de marchandises que l'instauration par les institutions internationales de Bretton Woods (FMI, Banque mondiale, OMC) d'un ensemble de règles assurant la liberté d'action transfrontalière des firmes et des institutions financières. Un cadre légal mondial d'accumulation tend à se mettre en place, fruit des tensions et des compromis politiques entre États. Ce cadre légal mondial d'accumulation part du principe immuable dans le capitalisme selon lequel les capitaux doivent à tout moment être utilisés par tous les moyens financiers, commerciaux et réglementaires en vue de l'obtention d'un profit le plus durable possible. Les tentatives actuelles de constitution d'un cadre légal mondial d'accumulation sont motivées par la perspective même de formation-destruction et de la mise en valeur des capitaux, ce qui change la norme et la nature de l'expansion mondiale de la production capitaliste : l'ancienne norme associait l'élargissement des marchés et la généralisation de la consommation de masse, la nouvelle renouvelle les marchés par un souci d'« innovation permanente ». Les règles donc appliquées à la gestion et à l'accumulation transfrontalière du capital illustrent l'objectif prioritaire des grands pays dont les positions orientent les interventions des institutions internationales : préserver et renforcer le pouvoir économique des grands groupes industriels et financiers par un accès plus facile à des ressources de production nouvelles et par l'amélioration du potentiel de réalisation de profits.

Le cadre légal mondial d'accumulation sert à garantir la réussite de la politique néo-mercantiliste[1] selon laquelle le « reste du monde » est un marché sans bornes pour les produits nationaux. « Dans la mesure où le marché total ne croît pas suffisamment vite pour qu'il y ait de la place pour tous, chaque gouvernement considère que c'est un objectif valable et souhaitable d'augmenter sa propre part dans l'activité mondiale au bénéfice de son pays »[2]. De tout temps, les économies les plus puissantes (celles enregistrant des comptes extérieurs excédentaires et/ou possédant une monnaie-numéraire commune dans les échanges internationaux) déversent dans les autres pays ce qu'elles ont de trop (marchandises et capitaux), tout en sélectionnant minutieusement leurs achats auprès de ces pays. Elles se soucient du maintien de l'activité nationale et imposent des règles internationales (termes d'échange, « libre échange », lettres de change) assurant le flux d'épargne excédentaire tout en se désintéressant de la solvabilité à terme des débiteurs. Ces derniers, le plus grand nombre des pays en développement, sont ainsi entraînés dans la spirale de l'endettement, puis dans la crise du désendettement et de l'assainissement.

Ainsi, si la croissance des marchés internationaux n'est pas suffisante pour absorber les exportations mondiales, chaque puissance commerciale essaiera de réaliser un excédent de ses comptes extérieurs. Tel est le nouveau mercantilisme qui met en compétition les États-Unis avec l'Europe et l'Asie de l'Est (Japon, Chine, etc.) et qui se rapproche fortement avec les faits du 17e siècle, lorsque l'Angleterre (pauvre en travail et en terre) s'est enrichie grâce au commerce, essentiellement maritime, et à l'intervention de l'État pour devenir au 19e siècle l'atelier du monde. Les économies puissantes ont plus de facilités (technologiques, financières, militaires) pour se défendre et imposer une « division

---

[1] Le « nouveau mercantilisme », terme emprunté à Joan Robinson. Voir Robinson, 1984.

[2] *Idem*, p. 227.

internationale du travail ». Les moyens de défense évoluent, mais les principes restent.

Le « libéralisme » d'aujourd'hui est très loin du libre-échangisme enseigné aux tout jeunes étudiants en sciences économiques. Pour que l'économiste contemporain comprenne les subtilités du nouveau mercantilisme (masqué par les discours libéraux), il doit abandonner un instant ses outils de travail habituels (les hypothèses et les modèles smithiens et libre-échangistes). Il doit aussi accepter de regarder le monde à travers le prisme de son histoire. Dans la première partie de cette contribution, nous définirons le nouveau mercantilisme, ses principes et buts finaux, pour mieux apprécier l'application des règles d'organisation des activités économiques internationales et de gestion des rapports économiques internationaux afin de définir ce que nous appelons cadre légal mondial d'accumulation. La seconde partie sera consacrée à la présentation des programmes d'assainissement suivis dans la plupart des pays en développement pour constater leur échec. Nous allons ensuite montrer le besoin de réformer le nouveau mercantilisme. Une entreprise qui soulève de nombreux débats quant à l'effectivité de cette réforme.

I. Nouveau mercantilisme et le cadre mercantiliste d'accumulation à l'échelle mondiale

A. Les principes et la raison du nouveau mercantilisme

Revenons à Joan Robinson (1965) : le mercantilisme est la tendance naturelle du capitalisme parce que le plus souvent l'économie de marché et de l'entreprise privée est une économie d'acheteurs. Une telle économie se heurte à l'insuffisance de la demande effective. La situation de suraccumulation (définie par l'excédent des capacités d'offre en termes de capital, de capitaux et de marchandises par rapport à la demande solvable), comme Marx et Schumpeter l'ont habilement démontré, fait que les entreprises doivent toujours renouveler leur processus de production : rajeunir l'offre, réduire les coûts, ouvrir des nouveaux marchés. Elles doivent alors exporter. Une situation où la demande est supérieure à ce que les entreprises peuvent matériellement produire et vendre est souvent précaire. Les investissements et les embauches qui s'ensuivent accroissent les capacités de production jusqu'à ce qu'elles deviennent excédentaires. L'évolution de l'économie capitaliste est conditionnée par les prévisions des entrepreneurs. Les poches de profit sont vite saturées par l'arrivée massive de nouveaux investisseurs. La concurrence et la myopie des entrepreneurs, liée à l'opacité des marchés et la rétention de toute sorte d'informations, conduit autant à la surproduction qu'au monopole. Les économies étrangères fournissent des débouchés qui doivent être vite saisis pour sauvegarder et accroître les profits.

Dès que l'économie d'acheteurs s'installe, la « fermeture des frontières » partout dans le monde est non seulement condamnable, elle est surtout insoutenable. C'est une mauvaise politique, non pas en rapport avec une hypothétique supériorité du libre-échange, mais parce que gagner des parts de marché à l'exportation de marchandises et de capitaux est autant salutaire pour les capitalistes que pour les travailleurs. Pour comprendre la différence entre le libre-échangisme et le nouveau mercantilisme, nous sommes amenés à raisonner en termes de pertes et profits. Le plein-emploi n'étant pas garanti à tout moment dans un pays capitaliste, les profits et l'emploi pourraient être plus élevés si les exportations augmentaient plus vite que les importations. « Les nations commerçantes ont toujours été mercantilistes de cœur. Pour plaider l'adoption de politiques libre-échangistes, il faut nécessairement invoquer que l'avantage de suppression des protections étrangères est, pour les exportateurs nationaux, supérieur aux inconvénients de la suppression des barrières douanières nationales » (Robinson, 1979). Si les pays riches souhaitaient vraiment le développement des économies pauvres, ils chercheraient à favoriser les activités alternatives et à encourager les importations. Mais ceci irait à l'encontre du nouveau système mercantiliste ; « les règles des relations économiques internationales (étant) conçues pour avantager le pays le plus puissant » (Robinson, 1965).

Le mot d'ordre des gouvernements (en premier lieu celui des États-Unis) est « *Trade, not aid* ». Selon la théorie économique standard, la division internationale du travail et la spécialisation des économies nationales dans les productions pour la réalisation desquelles elles disposent du capital ou du travail en abondance sont non seulement bénéfiques à tel ou tel pays, mais au monde entier. Par le jeu des prix relatifs des marchandises et des facteurs, les coûts baisseraient et le niveau de vie des populations s'améliorerait. La libre circulation des marchandises et, à défaut, du capital, est la condition nécessaire et suffisante pour arriver au bien-être mondial, même si à court terme certains réajustements économiques en feraient souffrir plus d'un[3]. Mais l'histoire montre qu'il y a des spécialisations appauvrissantes et discriminantes. Les pays les plus pauvres souffrent de la détérioration des termes de l'échange encore plus que des subventions aux riches agriculteurs. Les prix des matières premières agricoles sont extrêmement volatiles : entre 1997 et 1999 les prix ont baissé de 48 % pour le cacao,

---

[3]   Voir Krugman, 2000.

de 36 % pour le thé, de 46 % pour le coton La meilleure tenue des prix durant les trois dernières années ne doit pas cacher le fait que depuis 1995, les termes de l'échange de tous les biens primaires exportés par le Sud se sont détériorés de 42 % en dollars constants (Banque mondiale, 2004). Ces pays doivent donc emprunter pour payer leurs importations de produits alimentaires et industriels ; ce qui aggrave leur déficit extérieur et, conséquemment, leur dette extérieure.

La « division internationale du travail » en défaveur des économies faiblement industrielles s'explique par deux facteurs structurels qui renforcent le cadre mercantiliste des relations économiques internationales : la formation des prix internationaux, la demande en importations des pays en développement. Là aussi la concurrence, et par conséquent la complémentarité, imparfaite s'impose. Les prix des produits manufacturés exportés par les pays riches ou vendus sur les marchés internationaux sont fixés par les monopoleurs (dans une économie d'acheteurs, comme a été dit plus haut) de sorte que les coûts soient couverts et qu'un profit net conséquent soit dégagé ; la régulation des prix et des ventes se fait par les quantités introduites sur le marché (on vend ce que le marché peut absorber pourvu que le profit escompté se réalise). D'un autre côté, les ventes des paysans des pays en développement s'adressent à des intermédiaires qui profitent des fluctuations saisonnières de l'offre, d'autant que le plus souvent l'offre en produits primaires et matières premières exportés par le Tiers monde se heurte à une demande rigide (inélastique) – ou une offre subventionné – dans les pays industrialisés. Par contre, les importations de biens manufacturés et, surtout d'armements, par le Tiers monde conduisent à des dépenses incompressibles ; ce qui accroît les besoins de financement, renforce le rôle des grands groupes industriels dans le commerce et la production de ces pays, détourne une partie de la demande nationale, crée des tensions inflationnistes et réduit d'autant leur propension à exporter. Il est clair qu'il n'y a aucun mécanisme amenant à l'équilibre sur le marché et, encore moins, aucun mécanisme qui permet le lancement d'une dynamique d'enrichissement collectif.

Nous dirons avec Roy Harrod (1993) que le commerce des pays développés avec les pays en développement ne peut être bénéfique aux deux parties que si l'épargne, non employée dans les premiers et transférée aux seconds, finance des investissements internes ou des achats de biens d'équipement et de technologies aux pays industriels. Mais les effets multiplicateurs peuvent être faussés dans les pays en développement si les investisseurs bénéficiant de l'excédent d'épargne ne sont autres que les grandes entreprises mondiales. Celles-ci « ne témoignent de patriotisme que vis-à-vis du capitalisme en tant que tel et ne font aucune distinction entre la production intérieure et extérieure »

(Robinson, 1979) et disposent de leurs bénéfices comme bon leur semble, qu'elles les rapatrient, qu'elles les placent, qu'elles les investissent ici ou ailleurs. Il devient alors évident que le nouveau mercantilisme regroupe un ensemble de mesures de politique économique de court terme et de courte vue. Les pays riches au lieu d'aider les autres pays à produire et à exporter, à s'endetter et à rembourser, à satisfaire les besoins fondamentaux de leurs populations et à élever le niveau de vie dans un contexte de croissance de la demande solvable, préfèrent batailler sur des marchés étriqués (en rapport avec l'ampleur des sommes des capitaux disponibles), fluctuants et incertains, jusqu'à adapter le droit international aux intérêts immédiats des groupes internationaux au détriment de leur propre emploi et des revenus distribués dans leurs propres économies.

B. Cadre légal mondial d'accumulation et questions de développement économique

Tout constat de mondialisation doit s'appuyer sur une analyse approfondie des changements du cadre juridique et institutionnel de la concurrence et de l'accumulation. La mondialisation et la stratégie mondiale de l'entreprise n'ont pas d'autre sens que celui que leur confèrent les possibilités de lever les obstacles à la réalisation de profits. D'où l'importance du cadre légal de promotion et de protection de la « liberté d'entreprendre » au niveau mondial. Par cadre légal mondial d'accumulation nous entendons l'ensemble cohérent des règles coercitives, des formes, des modalités, les moyens de concurrence et de coopération entre les acteurs économiques dont le but est d'organiser les activités économiques publiques et privées au niveau mondial sans discrimination apparente et sans traitement préférentiel. Ces règles peuvent être nouvelles (p. ex. le respect par tous les pays de la libre circulation des capitaux ou de la protection de la propriété du capital) ou anciennes mais qui, dans un contexte d'accords multilatéraux, s'imposent sans discrimination à tous les signataires (p. ex. le respect de la clause de la nation la plus favorisée pour les investisseurs étrangers, peu importe leur origine). Ce cadre légal est mondial dans la mesure où il attribue un statut juridique inaliénable aux acteurs économiques dont l'activité dépasse les frontières strictes d'une économie nationale. L'organisation des activités économiques transfrontalières n'est possible que si la firme internationale se dote d'un statut juridique, c'est-à-dire d'un statut de reconnaissance à part entière qui lui confère des droits et des obligations dans n'importe quel pays pourvu que ces droits et obligations soient identiques d'un pays à l'autre. Dans ce contexte d'établissement des règles supranationales, il est clair que tous les pays doivent réviser leurs lois et constitutions pour rendre compatibles leurs systèmes juridiques avec le droit international qui se profile. Le cadre légal mondial d'accumulation est un cadre de présentation de la façon par laquelle le « libéralisme économique » devenant réel rend service au nouveau mercantilisme des économies les plus puissantes.

Les politiques déflationnistes « sadiques » (selon l'expression d'après-guerre de John Maynard Keynes), qui ont été appliquées dans les années 1980, ont été combinées avec des politiques de réduction des droits de douane, de relâchement du contrôle des changes et de l'augmentation des échanges avec l'étranger. Ces politiques publiques de libéralisation et de rationalisation des marchés de capitaux, de biens et de services, ont aussi soutenu les grandes entreprises leur permettant de mettre en œuvre des stratégies financières, productives et commerciales mondiales (Uzunidis, 2002). Condition permissive pour la conception et l'application de l'ensemble des règles composant le cadre actuel d'accumulation à l'échelle mondiale. Depuis, appuyées par l'Organisation mondiale du commerce (OMC), par le Fonds monétaire international (FMI), par la Banque mondiale (institutions qui garantissent les activités internationales et veillent sur l'application des règles supranationales), ces entreprises ont, en effet, la possibilité de gérer leurs actifs financiers, industriels, technologiques et, souvent, humains au niveau mondial. Contraintes de faire du profit sans prendre en compte d'autres intérêts que les leurs, elles savent s'adapter aux règles économiques et politiques nationales qui, de leur côté, ont tendance à se simplifier et à s'adapter aux attentes des investisseurs internationaux. Une stratégie de profit mondiale est caractérisée par a) l'expansion transfrontalière des activités de l'entreprise et la centralisation consécutive de ses fonctions fondamentales en matière d'organisation et de gestion des investissements, des ventes et des finances ; b) une croissance fondée sur l'intégration et l'augmentation du patrimoine de l'entreprise obtenues par des nombreuses opérations d'acquisition, de rachat et d'alliances mettant en jeu d'autres entreprises et des institutions ; c) l'intégration et l'unification des activités industrielles, financières et commerciales de la grande entreprise au détriment de la cohésion des économies nationales.

La mondialisation (ou la globalisation) peut alors s'expliquer par a) le fait que les besoins et les aspirations des entreprises, en termes de marchés et de profit, ne peuvent être satisfaits et accomplis que dans un contexte de rapports marchands englobant le monde entier et b) par la fonction même des entreprises mondialisées : elles sont le bras armé des grands pays dans la bataille qu'ils se livrent pour s'approprier non seulement les plus grandes parts des marchés, mais aussi la plus grande part des ressources de production alimentant leurs industries. Prenons le cas du programme d'assainissement économique des pays en développement endettés (voir « consensus de Washington »[4]) et observons sa compatibilité avec le cadre légal d'accumulation pour ensuite comprendre les causes de son échec (en rapport avec les objectifs fixés qui ne sont autres que la meilleure allocation des ressources au niveau mondial au bénéfice de tous. Ce programme reprend les grands principes libéraux :

– « Discipline budgétaire » : Considérant que le déficit public est source d'inflation et de déficits extérieurs, l'austérité budgétaire vise à désendetter l'État, mais aussi à maintenir et à améliorer le pouvoir d'achat, essentiellement des catégories de la population les plus défavorisées.

– « Redéfinition des priorités en matière de dépenses publiques » : Les subventions à l'économie, à l'emploi, aux entreprises doivent se substituer aux aides directes finançant la santé, l'éducation et la construction d'infrastructures.

– « Réforme fiscale » : Pour contrer l'évasion fiscale et la montée de l'économie informelle, mais aussi pour améliorer les finances de l'État et donner un nouveau souffle à l'économie, le gouvernement doit poursuivre un double objectif : élargir l'assiette fiscale et baisser les taux d'imposition marginaux.

– « Libéralisation des taux d'intérêt » : Le marché doit fixer les taux d'intérêt, mais l'État doit veiller à ce que ceux-ci soient positifs et modérés afin qu'ils soient attractifs aux yeux des investisseurs internationaux. Ces derniers peuvent ainsi contribuer au financement du développement.

– « Taux de change compétitifs » : L'objectif est de favoriser les exportations. La dépréciation monétaire contrôlée doit œuvrer dans ce sens tout en évitant tout dérapage inflationniste dû à des taux trop faibles.

– « Libéralisation du commerce » : La promotion des exportations ne peut se faire sans la libéralisation des échanges commerciaux : limiter donc ou même supprimer les barrières tarifaires et non tarifaires.

– « Libéralisation des investissements directs en provenance de l'extérieur » : Dans un premier temps les investissements étrangers

---

[4] Le « consensus de Washington » a été rédigé à la fin des années 1980 par John Williamson, assisté par un groupe d'économistes américains de l'Institut d'économie internationale, par des fonctionnaires du gouvernement des États-Unis, de la Banque mondiale et du Fond monétaire international. Il s'agissait d'un programme de réformes pour sortir, dans un premier temps, les pays latino-américains de la crise de la dette. Voir Williamson, 2003.

doivent être sans entraves, puis les institutions financières internationales imposèrent la libéralisation des mouvements de toutes sortes de
capitaux qui ont donné lieu à des crises financières importantes tout
au long des années 1990.

- « Privatisation » : Réduire le déficit public, contenir l'intervention-
nisme étatique, mais aussi rendre, par une gestion plus appropriée,
les entreprises plus compétitives (sur les marchés libéralisés), voici
les principaux objectifs des privatisations qui connaissent le plus
large consensus des experts du « consensus de Washington ».

- « Déréglementation » : La contestabilité des marchés doit être appliquer sur une large échelle. Le succès supposé de cette politique
aux États-Unis (années Reagan) doit inspirer tous les gouvernements : éliminer les barrières à l'entrée et à la sortie des marchés et
favoriser la libre entreprise.

- « Droits de propriété » : Le renforcement des droits de propriété
favorise l'initiative individuelle et permet au secteur informel
d'obtenir des titres de propriété à des coûts acceptables.

Nous constatons que les deux principales caractéristiques de ce cadre
légal d'« assainissement » des économies endettées et peu compétitives
sont : a) le traitement par la finance des relations économiques internationales ; b) la supranationalité des règlements des différends entre
économies nationales. La libéralisation financière, combinée à la réduction des barrières douanières, sortie des politiques extérieures et inté-
rieures des grands pays et propagée de par le monde à travers les directives du FMI, permet les flux et reflux incessants des capitaux,
fragilisant tout processus d'investissement et de croissance. L'immobili-
sation du capital est très coûteuse pour deux raisons : a) le besoin croissant en innovations, en vue de renouveler l'offre pour une solvabilité
bien limitée des marchés mondiaux augmente le coût des investissements ; b) les fluctuations boursières et monétaires rendent imprévisible
le résultat des activités de production et de mise sur le marché par les
entreprises de biens et services nécessairement nouveaux et diversifiés.
La réponse à cette situation est double : a) la concentration mondiale de
la propriété du capital (fusions, acquisitions, participations croisées) ;
b) la préservation et le renforcement du pouvoir des firmes par l'application de mesures néo-mercantilistes. D'un côté, pour se protéger et
accroître leur pouvoir sur les marchés, les grandes entreprises poursuivent des stratégies de diversification de leurs portefeuilles d'actifs et
s'accordent, tant qu'elles le peuvent, pour mutualiser les risques
d'investissement dans la recherche et le développement technologique,
la production et, même, la conquête des parts de marché plus importantes. De l'autre côté, derrière le discours libre-échangiste et derrière les

réglementations internationales, les puissances néo-mercantilistes organisent l'espace économique mondial.

L'Organe de règlement des différends (ORD) de l'OMC doit juger tous les ans des dizaines de plaintes que les États-Unis (suivis par l'Union européenne) déposent contre le monde entier (et parfois réciproquement) : si les secteurs sont stratégiques (certains pays en développement sont accusés ne pas respecter la propriété intellectuelle), ou d'intérêt national (les industries d'armement sont bien protégées par les États à travers les réglementations, les subventions et les commandes publiques), ou à forte concurrence (le cas des produits agricoles ou textiles), ou encore à fortes répercussions sur la santé et l'environnement (biotechnologies, hormones, organismes génétiquement modifiés), les grandes puissances se livrent bataille à coups de règlements et de recours à la justice. Un autre exemple est celui de l'« accord multilatéral sur l'investissement » qui constitue un cadre juridique multilatéral assurant le « traitement national » des investissements étrangers dans tous les pays du monde et qui respecte la lettre et l'esprit du « programme d'assainissement » présenté ci-dessus : les pays en développement doivent s'ouvrir à la finance et à l'investissement internationaux, mais les États-Unis ne renoncent ni à leur législation extraterritoriale (lois Helms et D'Amato), ni à l'interdiction des investissements étrangers dans des domaines qui leur donnent toute leur puissance technologique et financière (les industries d'armement). Constatant que l'organisation des rapports économiques et politiques internationaux respecte les objectifs de croissance et de prospérité des puissants centres de pouvoir, publics et privés, de par le monde (la raison première du nouveau mercantilisme), il n'est pas étonnant d'observer que le « développement économique » n'y trouve pas sa place (Petras, 2000).

II. Nouveau mercantilisme ou nouveaux schémas de développement ?

A. *Nouveau mercantilisme et assainissement économique : constat d'échec*

« Le libre-échange pour les *autres* favorise les intérêts du concurrent le plus fort sur les marchés mondiaux, et un concurrent suffisamment fort n'a que faire de barrières douanières » (Robinson, 1977). Mais qu'en est-il d'un pays faible ? La généralisation du cadre légal d'accumulation dans la perspective de promotion et de maintien de la libre circulation des marchandises et des capitaux contribue à l'affaiblissement du rôle de l'État dans le processus du développement économique. Sans véritables instruments de politique économique (la monnaie étant soumise aux règles et aux fluctuations internationales ; le cadre réglementaire étant dessiné extérieurement), la grande majorité des pays en développement ne sont plus maîtres de leur économie (une grande partie de ceux-ci ne l'a d'ailleurs jamais été). Leur pouvoir de négociation avec les grandes entreprises internationales en matière de transfert de technologies, d'emploi, de réinvestissement de bénéfices ou de protection des jeunes industries se trouve amoindri. Les mesures de contrôle national des flux d'investissements ou de marchandises devenant caduques, l'économie échappe aux gouvernements nationaux. Le problème devient alors politique.

Dans le passé, le lancement de larges processus d'accumulation dans la plupart des pays en développement a été dû à l'application de mesures de contrôle des investissements étrangers dans les secteurs des ressources primaires, de l'énergie, du transport et des communications, de la défense et de la sécurité, de la banque et de la finance, etc. Mais, la libéralisation multilatérale des flux de capitaux actuelle favorise l'expansion des groupes industriels et financiers mondiaux. Le pays hôte n'a plus la capacité à orienter l'investissement étranger vers les secteurs susceptibles de promouvoir ou de renforcer les industries nationales et/ou de contrôler son marché. L'absence d'un encadrement efficace des activités des entreprises internationales réduit les effets d'entraînement sur les activités locales, freine l'investissement et appauvrit les structures locales de production et rend l'économie encore plus dépendante des ressources externes et plus vulnérables aux fluctuations des marchés mondiaux.

De surcroît, l'application du cadre mondial néo-mercantiliste d'accumulation ne signifie en aucun cas une meilleure distribution mondiale des ressources de production et du potentiel de croissance. Les pays dont le développement est le plus avancé, et qui ont mis en place des politiques d'attractivité adéquates, seront toujours ceux qui accueilleront le plus grand volume d'investissements étrangers et qui auront une place d'importance dans le commerce international. Les pays qui disposent d'importantes infrastructures de transport, de télécommunications et d'énergie, ceux dont le potentiel scientifique et technique est le plus riche, ceux ayant de grands marchés solvables seront les premiers servis par les firmes mondiales. Plus les forces de production sur une base nationale sont développées, plus l'économie en question est capable d'intégrer la logique mondiale du fonctionnement des grandes entreprises. La libéralisation des marchés de capitaux, les taux d'intérêt positifs, ainsi que les facilités et le « traitement national » accordés aux entreprises internationalisées devaient de leur côté ouvrir de nouvelles perspectives au financement du développement. Mais, toujours selon la CNUCED, dans les années 1990 et au début de ce siècle, 90 % des investissements directs à l'étranger ont été réalisés dans un petit groupe d'« économies émergentes », contre environ 50 % avant le déclenchement de la crise de la dette. Les « pays les moins avancés » (PMA) se contentent de 1 % des investissements internationaux. Non attractifs, ils sont de plus en plus tributaires de l'Aide publique au développement (APD) qui est loin d'atteindre l'objectif de 0,7 % du PIB des pays riches comme il a été promis lors du sommet de Rio en 1992.

Une des causes principales de l'échec du développement soumis aux règles dictées par le cadre légal mondial d'accumulation est l'idéologie du « tout marché » et les mesures de réglementation appliquées sous la pression des institutions financières internationales avec la bénédiction des institutions de Bretton Woods. Au niveau interne, la réduction des dépenses sociales jugées non rentables, l'austérité salariale, les licenciements et les politiques de rationalisation qui suivent les privatisations conduisent à un renforcement des inégalités sociales dans les pays adeptes de l'orthodoxie budgétaire et fiscale. De l'autre côté, la politique fiscale suit l'implacable logique libérale selon laquelle si le revenu des couches aisées de la population augmente, celles-ci finissent par investir, par embaucher, par distribuer de revenus, par résoudre le problème de la pauvreté Mais ces classes aisées, grâce à la libéralisation des marchés de capitaux, placent leur épargne à l'étranger et contribuent au financement de la croissance des pays du Nord.

Plus grave encore L'échec du « consensus »[5] est aussi imputable aux politiques très peu orthodoxes, mais fondamentalement néo-mercantilistes, suivies par les pays industriels. Comme le souligne la Banque mondiale[6], le gouvernement américain prône le libre-échange, mais sa politique agricole ou de l'acier et sa politique envers les « secteurs sensibles » (haute technologie, armements) est loin de respecter les principes de la « libre entreprise ». Les récents accords de l'OMC sur la suppression des subventions pourront-ils retourner la situation suivante en faveur des producteurs du Sud ? Chaque année, les producteurs américains reçoivent 10,7 milliards de dollars de subventions, tandis que ce pays ne consacre que 3,1 milliards de dollars au titre de l'APD à l'Afrique subsaharienne. D'un autre côté, en 1994, les textes sur les marchés publics des Accords de Marrakech qui ont donné naissance à l'Organisation mondiale du commerce stipulaient que les marchés d'armes, ainsi que les marchés « indispensables à la sécurité nationale » (art. 23) peuvent ne pas faire partie des négociations sur la réduction des barrières protectionnistes dans les relations commerciales et financières

---

[5] Pour une analyse plus approfondie du « consensus », voir Uzunidis, 2005.

[6] Banque mondiale, 2004, *op. cit.*

internationales. Les textes d'application qui ont suivi, émis par l'OMC (p. ex. l'Accord multilatéral sur l'investissement, voir plus haut) excluent du champ d'application du libre-échange les investissements internationaux et les commandes publiques concernant la défense et la haute technologie. Mais, est-il possible de tracer les pourtours de telles productions sans empiéter sur les industries « traditionnelles » ?

Les pays qui n'ont pas suivi à la lettre (Corée du Sud, Taiwan, le Chili de l'après-Pinochet) ou pas du tout (Chine, Inde) le programme ci-dessus et qui, au lieu de libéraliser et de privatiser tous azimuts, ont privilégié la voie du secteur public fort pour amortir la crise financière et pour continuer à développer leurs industries ont obtenu de meilleurs résultats macroéconomiques que d'autres comparables (Brésil, Argentine, Philippines, etc.). Ces pays ont eu recours à des politiques anticycliques, même durant la période de crise financière : augmentation des dépenses en éducation, santé, infrastructures, fiscalité progressive, contrôle des entrées de capitaux à court terme, etc. Les pays n'ayant pas suivis les programmes d'ajustement (assainissement) ont obtenu de meilleurs résultats en matière de lutte contre la pauvreté que ceux ayant appliqué le programme du FMI et de la Banque mondiale (Eastery, 2001). Il est à noter que ces mêmes pays sont défavorables à l'établissement des normes sociales (minima sociaux, interdiction du travail des enfants, etc.) dans le commerce international qui renchériraient le coût du travail, considéré comme le seul avantage comparatif qui leur reste. Ils défendent ainsi leurs propres politiques néo-mercantilistes.

Le cycle vertueux de l'accumulation et de croissance est intimement lié aux transformations profondes de l'économie et en particulier au développement et à la diversification de l'industrie. Même pendant la crise de la dette, les économies est-asiatiques ont continué à s'appuyer sur l'industrie et les services à haute valeur ajouté, intensives en technologie (et à appliquer à leur tour des politiques commerciales « agressives »). De l'autre côté, la plupart des économies latino-américains et africaines connaissent une « désindustrialisation prématurée » (Kozul-Wright et Rayment, 2004) (tableau ci-dessous).

Part de la production manufacturière
dans le PIB par région, 1960-2000 (en %)

Région	1960	1970	1980	1990	2000
Afrique Subsaharienne	15,3	17,8	17,4	14,9	14,9
Asie de l'Ouest et Afrique du Nord	10,9	12,2	10,1	15,6	14,2
Amérique Latine	28,1	26,8	28,2	25,0	17,8
Asie du Sud	13,8	14,5	17,4	18,0	15,7
Asie de l'Est (hors Chine)	14,6	20,6	25,4	26,8	27,0
Chine	23,7	30,1	40,6	33,0	34,5
Pays en développement	21,5	22,3	24,7	24,4	22,7
Pays développés	28,9	28,3	24,5	22,1	18,9

Source : à partir de Richard Kozul-Wright & Paul Rayment, Globalization Reloaded : An UNCTAD Perspective, Discussion Paper No. 167, United Nations Conference on Trade and Development, janvier 2004.

Les pays du monde en développement ne cessent de demander pourquoi les États-Unis, lorsqu'ils sont confrontés à une crise économique, se prononcent pour des politiques budgétaire et monétaire expansionnistes, alors que quand ils se trouvent, eux, dans la même situation, on exige qu'ils fassent exactement le contraire,

souligne Joseph E. Stiglitz (2002). Les institutions de Bretton Woods et les institutions financières internationales ne vont pas, bien entendu, aller jusqu'à permettre aux pays en développement d'en faire autant. Mais suite aux échecs cuisants des politiques d'assainissement des années 1990 et des crises financières, un certain retour mesuré à la régulation et à l'institutionnalisme semble s'opérer au niveau international. La Banque mondiale prône la mise en place d'une *bonne gouvernance* (développement de l'éducation et des infrastructures, protection l'environnement, répartition des ressources plus équitable) comme condition nécessaire au bon fonctionnement des marchés. Un système de lois est indispensable pour réguler l'ouverture à la concurrence des marchés des produits, du capital et du travail afin d'éviter les dérives de la fuite de capitaux et du gonflement des activités illicites et informelles. Puis, la reforme des institutions s'impose pour mieux surveiller l'économie et enrôler tous les acteurs de l'économie (politiques, entreprises, syndicats) dans le processus décisionnel. Enfin, le système fiscal doit veiller à la répartition convenable des revenus. Mais aussi il faudra veiller à ce que les pauvres « accèdent à des actifs » : instruction, titres de propriété, microcrédit, réforme agraire Il ne s'agit pas, selon leurs dires, de revenir à l'État hypertrophié, corrompu et dispendieux, mais à un « *État astucieux* ».

Malgré des nouvelles recommandations des institutions internationales pour un « État astucieux », le cadre néo-mercantiliste d'accumulation à l'échelle mondiale est défendu avec moult astuces par la première puissance néo-mercantiliste du monde : les États-Unis. L'ancien conseiller du président des États-Unis, Z. Brzezinski, est très lucide à ce sujet : « Jamais par le passé, une démocratie libérale ne s'est élevée à une telle suprématie. [L'Amérique cherche] à court terme le maintien de son statut de superpuissance planétaire et, à long terme, l'évolution vers une coopération mondiale institutionnalisée » (Bzrezinski, 1997). Ainsi, ce pays revient au bilatéralisme pour organiser ses marchés à l'exportation. Alors que le FMI est revenu, depuis la crise asiatique, sur ses positions à propos de la libéralisation incontrôlée des mouvements de capitaux, le gouvernement américain négocie bilatéralement, en dehors de l'OMC, avec certains pays comme le Chili ou Singapour pour qu'ils lèvent toute réglementation sur les entrées de capitaux. L'administration américaine qualifie de « coalition de libérateurs » l'ensemble de pays qui rejoignent les États-Unis par des accords bilatéraux ou régionaux de « libre échange ». Le Brésil et l'Argentine souhaitent une meilleure coopération entre les pays latino-américains, mais aussi un meilleur accès au marché des États-Unis pour la viande de bœuf, le jus d'orange, le coton ou le tabac. Cependant, le gouvernement américain riposte par la signature d'accords de libre échange et la négociation avec d'autres pays d'Amérique latine, mais aussi d'Asie (l'ASEAN), du Moyen-Orient, d'Afrique (l'Union douanière de l'Afrique du Sud, le Maroc) et d'Océanie (Australie). Selon les prévisions, à la fin de 2005, outre le Canada, le Chili et le Mexique, douze autres pays d'Amérique latine intégreront la sphère de libre-échange initiée et organisée par les États-Unis (Colombie, Équateur, Pérou, etc.).

Cette politique, appelée aussi politique de « libéralisation compétitive » (Barry, 2004, www.americaspolicy.org/), est une réponse aux aménagements réglementaires du cadre légal mondial d'accumulation qui font suite aux protestation des certains gouvernements du Sud. Mais, pour les États-Unis cette politique néo-mercantiliste est vitale pour la sauvegarde de leur puissance militaire et monétaire et de la puissance de leurs grandes firmes. Tandis que pour les gouvernements et les couches privilégiées des pays alliés, la « libéralisation compétitive » comporte deux risques majeurs : leur faible capacité de négociation face à une telle puissance économique, les conduira aux mêmes impasses que l'application des mesures, revues et corrigées par les institutions financières internationales, du « consensus de Washington ». D'un autre côté, il sera difficile pour ces pays en développement de constituer leurs propres groupes de négociation lors de conférences internationales. Les options du gouvernement américain empêchent la réforme tant attendue des institutions internationales et du cadre légal d'accumulation au niveau mondial. Mais, l'acceptation de la position unilatérale des États-Unis par de nombreux gouvernements de pays en développement ou même industriels en est tout aussi responsable.

B. *Développement et renouveau institutionnel*

Le cadre légal mondial d'accumulation officialise les politiques néo-mercantilistes des grands pays industriels tout en promettant aux pays en développement l'accélération, grâce au libre-échange, de leur industrialisation. Il s'agit d'appliquer un modèle économique sur des sociétés « sans tenir aucun compte de l'idée de processus historique » (Galbraith, 1984). J. K. Galbraith, tout au long de son œuvre sur le développement, a toujours soutenu la thèse de la prise en compte des particularités historiques des économies sur lesquelles les grandes puissances appliquent des programmes tous faits de développement. Ces programmes expriment l'état de l'économie de ces puissances et laissent peu de place aux conditions sociopolitiques sur lesquelles pourrait s'appuyer la formation du capital.

Dans une économie ouverte, quelle orientation peut-on donner au développement ? Quelles en sont les conditions et quels types d'outils institutionnels peuvent être utilisés pour stabiliser les économies, contrôler les flux et maîtriser les stocks ? Les institutions internationales se sont rendues compte que sans État, en l'absence d'un système politique représentatif, les économies sombrent et les sociétés s'effilent. Pour Galbraith, tirant les leçons des expériences des vieux pays industriels, la condition préalable au développement économique est le développement politique, lui même conditionné par la démocratisation de l'éducation. Le système politique doit être stable et prévisible, honnête et efficace ; les citoyens (éduqués et informés) doivent y être parties prenantes. Mais pour ce faire, les citoyens doivent être éduqués. L'éducation est le fondement de l'organisation politique à partir de laquelle émerge le processus du développement. L'enseignement « gratuit, obligatoire et de bon niveau brise l'accommodation à la culture de la pauvreté. Mais il a également un lien étroit avec le régime démocratique »[7]. Puis, une bonne culture générale ouvre la voie à un enseignement plus spécialisé dans le domaine technique, scientifique ou administratif. Lui même formant le « capital humain » indispensable pour le choix, la conception et/ou l'absorption, l'utilisation et le perfectionnement des technologies nécessaires et compatibles avec le projet de développement économique. L'éducation générale et spécialisée est aussi incontournable pour la

---

[7]   *Idem*, p. 36.

formation d'un système politique stable et capable à donner un sens au développement et à constituer dans l'économie les ressources matérielles, financières, cognitives et institutionnelles nécessaires pour y parvenir.

Le schéma suivant présente d'un côté les dégâts que l'application d'un cadre légal libéral d'accumulation provoque sur les économies les plus fragiles ; de l'autre côté, il présente certains arrangements institutionnels nécessaires pour sortir de l'accommodation du sous-développement.

Développement et renouveau institutionnel

Libéralisme, mondialisation et crise du développement	Renouveau institutionnel et maîtrise du marché
– Instabilité et crises politiques – Chômage, paupérisation, accentuation des inégalités sociales – Marchés défectueux, pratiques informels – Institutions financières et réglementation balbutiantes – Infrastructures collectives délaissées – Économie soumise aux aléas de l'environnement international – Fragilité due aux mouvements imprévisibles de capitaux	– Promotion d'un système politique prévisible et réhabilitation du rôle de l'État – Priorité à l'éducation et aux infrastructures sociales collectives – Système de coordination des acteurs des marchés et capacité décisionnelle de l'État – Procédures de contrôle des ressources nationales de production (formation du capital, revenus, monnaie) – Système de centralisation de l'épargne domestique – Ouverture internationale différenciée en fonction des objectifs nationaux

Ce schéma indique que la sortie de crise pour les économies en développement (largement tributaires des rapports économiques internationaux) dépend, tout simplement, de leur organisation. Il s'agit pour elles de « faire système »[8]. Combien de pays qualifiés de pays en développement à l'époque de l'apogée de l'économie politique du développement (années 1960-1970) ont, en effet, suivi, depuis, les maîtres à penser pour obtenir le triangle magique : croissance pour la satisfaction des besoins du plus grand nombre ; constitution d'un système d'économie nationale capable d'assurer un processus endogène d'accumulation du capital ; émergence d'un processus politique autonome de définition du projet national ? La plupart des pays en développement sont des entités politiques nées des contraintes extérieures et ne reflètent pas leurs structures économiques et sociales présentes (ni passées). Le plus souvent leurs systèmes politiques sont largement importés et ne reflètent qu'un état socio-économique projeté, étranger, pour lequel ils ne peuvent qu'aspi-

---

[8] Voir à ce propos Mandrara, 2003.

rer. À partir du moment où l'identité nationale ne s'est pas accompagnée d'une emprise du système politique sur le modèle, la structure et le rythme du développement, toute recette de politique économique provient du cadre légal mondial d'accumulation sur lequel les grandes puissances pèsent de tout leur poids. Dans ces conditions la formation et la consolidation d'une économie nationale sont prioritaires. Maîtriser l'accumulation signifie maîtriser le marché, maîtriser les ressources naturelles et de production, lancer des procédures de régulation et de réforme de l'économie.

La politique économique de développement est ainsi soumise à six conditions : a) la connaissance des moyens dont le pays dispose ; b) la capacité de les mobiliser et de les renforcer ; c) la définition des objectifs à atteindre ; d) le repérage des goulots d'étranglement ; e) le choix des techniques ; f) la capacité réformatrice de l'État. L'organisation économique donne des arguments au politique ; le politique puisant dans l'économie sa force de légitimité. La centralisation et la distribution du surplus supposent la constitution d'un système national de crédit relativement indépendant par rapport aux flux financiers internationaux garantissant la capacité nationale de création monétaire et le contrôle de la devise nationale. Mais pour ce faire, il est important de se doter des moyens permettant le « re-cyclage financier ». L'effectivité et l'efficacité du système financier centralisé dépendent de la maîtrise nationale de la reproduction de la force de travail, de l'éducation et de la formation des ressources humaines[9]. Le développement de l'emploi n'est pas étranger aux modes de répartition et d'allocation du surplus, lui-même corrélé à la maîtrise du marché, des ressources naturelles ou des technologies. Contre le mercantilisme, le tout est de savoir comment formuler une politique et comment se doter des outils (commerciaux, financiers, réglementaires, militaires ?) tout aussi mercantilistes. Les institutions internationales doivent y répondre…

J. K. Galbraith milite pour que le FMI soit plus déterminé dans son « action hygiénique » à l'égard « des banquiers et des hommes d'affaires incompétents » et plus bienveillant à l'égard « des peuples innocents qui souffrent et dont la demande globale est nécessaire à l'économie » (Galbraith, 1997). La concertation internationale est indispensable Il faut donc accepter, comme le soutient Joseph E. Stiglitz, l'ouverture internationale progressive et différenciée en fonction des objectifs nationaux des pays en développement comme l'ont fait (et le font toujours) les grandes puissances néo-mercantilistes qui ont édifié leurs économies en protégeant les secteurs-clés de leur industrialisation et leur frappe com-

---

[9] Sur l'importance de l'éducation dans la formation du capital, l'évolution des marchés, mais aussi sur la régulation démographique, voir Tamim, 2002.

merciale. Mais l'OMC empêche les pays en développement de protéger leurs industries soit en substituant les importations par des productions locales, soit en appliquant des mesures de la hausse du « contenu local » dans les cas d'investissements étrangers directs (Agreement on Trade-Related Investment Measures – TRIMS). Il oblige aussi ces pays d'appliquer une législation très stricte en matière de la protection de la propriété intellectuelle (Agreement on Trade-Related Aspects of Intellectual Property Rights – TRIPS), ce qui rend vain tout effort d'absorption et de développement de technologies nouvelles. La nouvelle pensée officielle sur le rapport entre développement et rapports internationaux se réconciliant avec l'État et les institutions n'est pas prête d'ouvrir de nouvelles formes d'organisation de l'économie mondiale.

Conclusion

La « mondialisation » exprime le fait que les besoins et les aspirations des acteurs du système économique fondé sur le marché et le profit ne peuvent être satisfaits et accomplis que dans un contexte de rapports marchands englobant le monde entier. L'entreprise voit dans le monde le seul espace de réalisation et d'écoulement de sa production. Mais l'entreprise, les managers, les actionnaires, craignent l'incertitude. L'activité de l'entreprise doit ainsi être garantie, encadrée, protégée. L'aspect mondial de l'accumulation actuelle du capital est indissociable des politiques d'ouverture des économies aux flux internationaux de marchandises et de capitaux, des politiques d'« assainissement » qui s'y associent et des politiques d'organisation du cadre institutionnel de la concurrence et de l'investissement. Les règles commerciales, financières et de production définies et imposées, en tant que lois coercitives, reflètent les ambitions politiques des grands pays industriels. Ceux-ci, conduits par les États-Unis, veulent résoudre ainsi le problème de l'utilisation des capitaux de leurs plus puissantes sociétés. C'est ainsi que prend forme le cadre légal d'accumulation qui doit satisfaire les objectifs néo-mercantilistes des grands pays.

Nous pouvons constater dans les conflits d'intérêt qui opposent les États-Unis aux autres nations industrielles (ou néo-industrielles : exemple, la Chine) la tendance naturelle du nouveau mercantilisme : les États abandonnant le pouvoir qu'ils veulent abandonner sur leurs territoires, prolongent leur action organisatrice de l'espace du capital des grandes entreprises et des grandes fortunes nationales à travers les organismes, les traités et les conventions internationaux. Bien entendu, ce qui est constant dans l'histoire du système des marchands, « chaque nation veut avoir un excédent » (Joan Robinson). Mais le nouveau mercantilisme associé à la finance actuelle comporte une grande différence par rapport à l'ancien : la locomotive et le pivot de l'économie mondiale (les États-Unis) peut, en même temps, avoir une grande part dans l'activité mondiale (grâce à ses firmes, sa technologie militaire, sa finance et sa monnaie) tout en ayant des comptes extérieurs déficitaires. La compétition politique qui s'engage alors découle de l'instabilité des relations économiques internationales et développe l'esprit inventif des États en matière de protectionnisme. En économie ouverte, où la finance sanctionne la décision et l'acte de production, les États utilisent la réglementation pour justifier des effets d'expansion ou de repli relatif.

Dans ce contexte que deviennent les pays en développement ? Que devient le « développement » lui-même. Nous avons présenté les vains efforts fournis pour résoudre le problème par l'application de mesures dites libérales. Échec... La question du renouveau institutionnel s'est alors posée, y compris aux organismes internationaux. Mais quel type de reforme est-il nécessaire ? Le tout est de savoir comment peut-on sortir des certitudes néoclassiques. La représentation de l'économie marchande repose sur l'effort privé d'accumuler des capitaux, mais la neutralité de la monnaie et de l'État fausse l'analyse de l'organisation sociale et de sa dynamique réformatrice et adaptative. L'Histoire, par contre, confirme les réalités les plus élémentaires et révèle en termes corrects les problèmes fondamentaux du développement : création monétaire, révolution fiduciaire, État, formation de système, dominance internationale de systèmes nationaux particuliers, mais aussi forte emprise de la doctrine classique, smithienne – base de la « pensée unique » – devenue en soi réalité déterminante.

Références

Banque mondiale, *Global Development Finance 2004*, Washington, 2004.

Barry, T., *Coalition Forces Advance, Americas Program, Interhemispheric Resource Center*, Silver City, juillet 2004, www.americaspolicy.org.

Bzrezinski, Z., *Le grand échiquier, l'Amérique et le reste du monde*, Bayard, Paris, 1997, p. 63.

Eastery, W., « The Lost Decades : Explaining Developing Countries' Stagnation in Spite of Policy Reform 1980-1998 », *Journal of Economic Growth*, vol. 6, n° 2, 2001.

Galbraith, J., *La voix des pauvres, ou ce qu'ils ont à nous dire sur l'économie*, Gallimard, Paris, nouvelle édition, 1984, p. 21.

Galbraith, J., *Pour une société meilleure. Un programme pour l'humanité*, Éditions du Seuil, Paris, 1997.

Harrod, R., « Economic Dynamics. Modern Revivals », in *Economics, Ashgate*, Londres, nouvelle édition, 1993.

Kozul-Wright, R. et Rayment, P., « Globalization Reloaded : An UNCTAD Perspective », *Discussion Paper* n° 167, United Nations Conference on Trade and Development, Genève, janvier 2004.

Krugman, R., *La mondialisation n'est pas coupable. Vertus et limites du libre-échange*, La Découverte, Paris, 2000.

Mandrara, E., *Court Traité du développement*, L'Harmattan, Paris, 2003.

Petras, J., « Capitalisme et démocratie. Conflit, compatibilité et instrumentation, Innovations », *Cahiers d'économie de l'innovation*, Paris, n° 11, 2000.

Robinson, J., *Développement et sous-développement*, Économica, Paris, 1979, p. 92.

Robinson, J., « Le nouveau mercantilisme », 1965, in *Contributions à l'économie contemporaine*, Économica, Paris, 1984.

Stiglitz, E., *La grande désillusion*, Fayard, Paris, 2002, p. 308.

Tamim, M., *Le spectre du tiers-monde. L'éducation pour le développement*, L'Harmattan, Paris, 2002.

Uzunidis, D., « Les pays en développement face au "consensus de Washington" », *Histoire et avenir*, Annuaire français de relations internationales, Paris, vol. 6, 2005.

Uzunidis, D., *Nature financière et économique des transnationales et cadre légal mondial*, Alternatives Sud, Paris, vol. IX, 2002.

Williamson, J., « Un train de réformes devenu un label galvaudé. Consensus de Washington : un bref historique et quelques suggestions », Finances et Développement, Banque mondiale, pp. 10-13, septembre 2003.

Liste des contributeurs
et principales publications

Jean-Christophe Berthod est étudiant chercheur à l'Institut français de géopolitique (Université de Paris VIII).

Étude du phénomène offshore dans le secteur informatique : épiphénomène ou tendance lourde pour le marché des logiciels et services informatiques ?, avec M. Jack Toupet. étude réalisée pour le groupe Alpha, Paris.

Dorval Brunelle est professeur au département de sociologie, directeur de l'Observatoire des Amériques/UQAM. Il complète actuellement une recherche sur l'altermondialisme et les mobilisations dans les Amériques.

Dérive globale, Éditions du Boréal, Montréal, 2003.

L'ALENA : le libre-échange en défaut, (co-direction : Christian Deblock), Éditions Fides, Montréal, 2004.

(dir.) *Main basse sur l'État : les partenariats public-privé au Québec et en Amérique du Nord*, Éditions Fides, Montréal, 2005.

Main basse sur l'État : les partenariats public-privé au Québec et en Amérique du Nord, Éditions Fides, Montréal, 2005.

Guy Caire est professeur émérite à l'Université de Paris-X Nanterre.

Histoire de la pensée économique, Bréal, Paris, 2000.

Économie du travail, Bréal, Paris, 2001.

Dictionnaire économique, 2ᵉ édition, Dalloz, Paris, 2003.

François Chesnais est professeur émérite à l'Université de Paris XIII-Villetaneuse.

(dir.) *La finance mondialisée : racines sociales et politiques, configuration et conséquences*, Éditions La Découverte, Paris, 2004.

« Compétition économique et défaite de l'homme », in *Les Barbares*, Revue *Illusio*, n° 2, avril 2005.

Christian Deblock est professeur titulaire à la faculté de science politique et de droit, directeur du Centre d'études international et mondialisation (CEIM).

L'ALÉNA. Le libre-échange en défaut, (co-direction : Dorval-Brunelle), Éditions Fides, Collection Points chauds, Montréal, 2004.

Le bien commun comme réponse politique à la mondialisation, (co-direction : Olivier Delas), Bruylant, Bruxelles, 2003.

Suivre les États-Unis ou prendre une autre voie ? Diplomatie commerciale et dynamiques régionales au temps de la mondialisation, (co-direction : Sylvain Turcotte), Bruylant, Bruxelles, 2003

Floriana D'Elia est chercheur dans l'Unité « Microéconomie » à l'ISAE, Istituto di Studi e Analisi Economica – Institut d'études et d'analyses économiques – Rome.

« Sistemi fiscali e gettito nei paesi in via di sviluppo » (Systèmes fiscaux et recettes dans les pays en développement), in *Rapporto trimestrale ISAE Finanza pubblica e redistribuzione* (Rapport trimestriel ISAE Finance publique et redistribution), Rome, octobre 2004.

« Globalizzazione e sviluppo umano » (Mondialisation et développement humain), avec Isabella Sulis, in *Rapporto trimestrale ISAE Finanza pubblica e redistribuzione* (Rapport trimestriel ISAE Finance publique et redistribution), Rome, octobre 2003.

Marc-Hubert Depret est titulaire de la Chaire de recherche du Canada en gestion de la technologie, Université du Québec à Montréal.

La nouvelle économie industrielle de la pharmacie : Structures industrielles, dynamique d'innovation et stratégies commerciales, Éditions Scientifiques et Médicales Elsevier SAS, Paris, 2001.

Daniel Drache est directeur du Centre Robarts d'études canadiennes, Université d'York.

Borders Matter : Homeland Security and the Search for North America, Halifax, Fernwood, 2004.

The Market or the Public Domain : Global Governance and the Asymmetry of Power, Routledge, Londres, 2001.

Stefania Gabriele est directeur de l'Unité « Microéconomie » à l'ISAE, Istituto di Studi e Analisi Economica – Institut d'études et d'analyses économiques – Rome.

« Globalizzazione : pro o contro ? » (Mondialisation : pour ou contre ?), avec Fiorella Kostoris Padoa Schioppa, in Stefania Gabriele et Fiorella Kostoris Padoa Schioppa (dir.), *Globalizzazione, sviluppo e diseguaglianza* (Mondialisation, développement et inégalité), LUISS University Press, Rome, 2005.

« Il bilancio pubblico e lo sviluppo umano nei PVS » (Le bilan public et le développement humain dans les PED), avec Germana Bottone, in *Rapporto trimestrale ISAE Finanza pubblica e redistribuzione* (Rapport trimestriel ISAE Finance publique et redistribution), Rome, octobre 2004.

Abdelillah Hamdouch est maître de conférences, chercheur au Clersé (UMR 8019 du CNRS), Chercheur associé au Matisse (UMR 8595 CNRS – Université de Paris I – Panthéon-Sorbonne).

La nouvelle économie industrielle de la pharmacie : Structures industrielles, dynamique d'innovation et stratégies commerciales, Éditions scientifiques et médicales Elsevier SAS, Paris, 2001.

Claire Mainguy est maître de conférences à l'Université Robert Schuman (Strasbourg), co-rédactrice en chef, *European Journal of Development Research*.

L'Afrique peut-elle être compétitive ?, Karthala, Paris, 1998.

(dir.) « Les investissements directs étrangers dans les pays en développement : la diversité des impacts », *Région et développements*, n° 20, L'Harmattan, 271 p., Paris, novembre 2004.

(Dir. avec Géraldine Froger, Hubert Gérardin et Jean Brot), *Quels acteurs pour quel développement*, Karthala, Paris, septembre 2005, 288 p.

Sandrina Berthault Moreira est professeur à l'Escola Superior de Ciências Empresariais, Instituto Politécnico de Setúbal, Assistant, Portugal.

« Evaluating the Impact of Foreign Aid on Economic Growth : A Cross-Country Study », *Journal of Economic Development* 30(2) : 1-24, 2005.

« O Paradoxo Micro-Macro da Eficácia da Ajuda : Morto ou Vivo ? Uma Revisão da Literatura Empírica Cross-Country », *Economia e Gestão Global* X(1) : 33-61, 2005.

Sandrine Rousseau est maître de conférences, Université Lille II.

« Dimensions humaines et sociales du développement durable : une problématique séparée du volet environnemental ? », in *Développement Durable et Territoires*, dossier « Dimensions humaine et sociale du développement durable », 6 novembre 2004.

« Rente sur l'environnement et localisation », *Géographie, Économie et Société*, Volume 5, n° 1, pp. 77-91, janvier-mars 2003.

Alexis Saludjian est docteur en Sciences économiques à l'Université de Paris 13-Villetaneuse, UFR Sciences économiques et gestion, CEPN-CNRS UMR 7115 et GREITD.

Hacia Otra Integración Sudamericana : Críticas al MERCOSUR Neoliberal, Ed. Libros del Zorzal, Buenos-Aires, 2004. À paraître en 2006 chez L'Harmattan.

Claude Serfati est maître de conférences en économie, et responsable de l'axe de recherche « Mondialisation, gouvernance, développement durable » au CED. Ses recherches portent sur l'économie industrielle et de l'innovation dans les industries d'armement, ainsi que sur les dynamiques et les enjeux de régulation de la mondialisation contemporaine.

« Le rôle du pouvoir militaire des États-Unis dans la mondialisation », in Philippe Hugon et Charles-Albert Michalet (dir.), *Les nouvelles régulations de l'économie mondiale*, Karthala, Paris, novembre 2005.

« L'économie politique de la finance globale », in Michèle Rioux (dir.), *Globalisation et pouvoir des entreprises*, Collection Économie politique internationale, Éditions Athéna, Québec, mai 2005.

Dimitri Uzunidis est directeur du Laboratoire de recherche sur l'industrie et l'innovation Lab.RII, ULCO.

L'Innovation et l'Économie Contemporaine, De Boeck, Bruxelles, 2004.

John Kenneth Galbraith and the Future of Economics, Palgrave Macmillan, Londres, 2005.

Innovation, Evolution and Economic Change, E. Elgar, Londres, 2005.

REGARDS SUR L'INTERNATIONAL

« Regards sur l'International » regroupe des études d'inspirations disciplinaires différentes et croisées, offrant des visions nouvelles sur les enjeux et bouleversements de la scène mondiale. Cette collection s'attache à aborder de manière critique et ouverte les questions à la fois théoriques et empiriques posées notamment par les guerres du 21e siècle, les phénomènes transnationaux et la mondialisation, les nouvelles formes d'organisations mondiale et régionales, les usages politiques du droit international et les transformations du rôle de l'État dans les relations internationales.

Cette collection constitue un creuset de débats autour de ces nouveaux enjeux intellectuels au sein de la communauté des chercheurs et des étudiants en Relations internationales. Elle mêle manuels de référence, ouvrages théoriques et études empiriques.

La collection dispose du soutien logistique du Réseau d'Études en Politique internationale (REPI) et du Pôle Bernheim d'Études sur la Paix et la Citoyenneté de l'Université libre de Bruxelles.

Directeur de collection : Éric Remacle, Professeur de relations internationales et d'Études européennes à l'Université libre de Bruxelles et Directeur du Pôle Bernheim d'Études sur la Paix et la Citoyenneté.

Titres parus

N°1 – CALAME P., DENIS B. & REMACLE É. (dir.), *L'Art de la Paix. Approche transdisciplinaire*, 2004.

N°2 – GEERAERTS G., PAUWELS N. & REMACLE É. (eds.), *Dimensions of Peace and Security. A Reader*, 2006.

N°3 – DENÉCHÈRE Y. (dir.), *Femmes et diplomatie. France – 20ᵉ siècle*, 2004, 2ᵉ tirage 2005.

N°4 – UETA T. & REMACLE É. (eds.), *Japan and Europe, Partners in Global Governance*, 2005.

N°5 – DELCOURT B., DUEZ D. & REMACLE É. (dir.), *La guerre d'Irak, Prélude d'un nouvel ordre international ?*, 2005.

N°6 – SERFATI C. (dir.), *Mondialisation et déséquilibres Nord-Sud*, 2006.